美国第一夫人回忆录

〔美〕塔夫脱总统夫人 著　李丽华 译

RECOLLECTIONS OF FULL YEARS

图书在版编目（CIP）数据

美国第一夫人回忆录/(美)塔夫脱总统夫人著；李丽华译.--北京：华文出版社，2019.3

（华文全球史）

ISBN 978-7-5075-5053-5

Ⅰ.①美… Ⅱ.①塔… ②李… Ⅲ.①海伦·赫伦—回忆录 Ⅳ.①K837.128.5

中国版本图书馆CIP数据核字(2018)第292082号

美国第一夫人回忆录

作　　者：[美]塔夫脱总统夫人
译　　者：李丽华
选题策划：华盛杰也
插图供应：029—85504182
责任编辑：董云梅
出版发行：华文出版社
社　　址：北京市西城区广外大街305号8区2号楼
邮政编码：100055
网　　址：http://www.hwcbs.com.cn
电　　话：总编室010—58336239
　　　　　发行部010—58336212
经　　销：新华书店
印　　刷：三河市国英印务有限公司
开　　本：710×1000　1/16
印　　张：31.75
字　　数：410千字
版　　次：2019年3月第1版
印　　次：2019年3月第1次印刷
标准书号：ISBN 978-7-5075-5053-5
定　　价：118.00元

版权所有　侵权必究

序 言

19世纪中叶,海伦·赫伦出生在繁荣的"王后城"。赫伦家族是一个政治世家。成年后,海伦·赫伦嫁入美国十大政治家族之一,这注定了她的一生会不平凡、不平静。在世界格局重写的乱世,海伦·赫伦随丈夫威廉·霍华德·塔夫脱任职海外,先后获菲律宾第一夫人、古巴第一夫人的荣耀,最终成为美国第一夫人。担任美国第一夫人期间,她对华盛顿公共建设项目、白宫内部管理和礼仪等产生了较大影响。《美国第一夫人回忆录》(1914年)是第一部由第一夫人撰写的回忆录,由纽约知名出版公司Dodd Mead&Co.出版发行。Dodd Mead&Co.一向以经营善本闻名,历史悠久。海伦·赫伦是第一位自己开车的第一夫人、第一位支持妇女选举权的第一夫人,第一位吸烟的第一夫人。听起来,她多少像一个离经叛道的女权主义者。

1899年,美国大败殖民帝国西班牙,接手动荡不安的古巴和菲律宾群岛,标志着由西方维持了几百年的初级现代化模式式微,美国将引领世界进入现代化的新阶段,制度化和技术化是其中两个最突出的维度。

然而，与此同时，美国传统外交战略——国土疆域不超出美洲的宪法规定遭到严重挑战。在美国何去何从的关键时刻，威廉·霍华德·塔夫脱扮演了重要角色，海伦·赫伦也以第一夫人的角色参与、见证、推动和促进了美国崛起为世界领袖的这一过程。

《美国第一夫人回忆录》以丰富的叙事手法和修辞手段，艺术地再现了美国在菲律宾、古巴等地不同于西班牙殖民者的多重历史意义，尤其是上海厨师阿新的塑造深具艺术气息。在排华势力凶猛的时代，海伦·赫伦敢于跨越种族偏见和阶级藩篱，十分难得。阿新与第一夫人之间并非表面上单一的主仆关系，而是有礼有节、互相尊重。在叙事艺术上，多变的大自然总是以这样那样的方式推动着故事情节的发展，美式幽默和自我嘲弄则像暗涌的泉眼，其深层意义的指向是发散式的，有待不同知识面、不同审美情趣的读者亲自捕捉、体会、发现。书中还摘录了大量美国政要间的私人信件、相关报刊节选等。《美国第一夫人回忆录》全书文风曲折、冲淡、幽默，可以说是一部颇具艺术价值的历史文献。

一、叙事艺术

作者很擅长双线并行的叙事艺术，尤其是大自然对故事情节的推波助澜，使文本产生了意想不到的多重意义。壮观的山峦、浩渺的大海、陡峭的崖壁、肆虐的台风、无尽的黑夜，既可以是人们行走在陌生国度的诱因，又可以是带来无尽恐惧的地狱；在无望时给予人们前行的动力，在极乐时又生出悲情。

因为在美国外交政策转型、国内纷争日渐加剧、世界格局重新整合的时期扮演了极其重要的角色，威廉·霍华德·塔夫脱一跃成为总统（1909—1913）。他的上台看似出乎意料，实则顺理成章。

然而，万众瞩目的总统就职典礼却出人意料地狼狈不堪。一场突如其来的暴风雪让早春三月的就职典礼陷入一片混乱，"大西洋沿岸的铁路、电报等通讯完全中断。电线东倒西歪，交通完全停滞。前往华盛顿参加庆典的成千上万的人被迫滞留在华盛顿城外"。两位交接的总统则戏称这是大自然对自己的惩罚。在冰雪覆盖的世界里，作为第一夫人的海伦·赫伦加入就职典礼的游行行列，马车跟跟跄跄地走在宾夕法尼亚大道上，根本无法保持平稳行进。没有任何计划，也没有任何预谋，海伦·赫伦就这样刷新了总统就职典礼游行行列没有女性的历史。她虽然宣称自己并不想做个指手画脚的女权主义者，但不失为身先士卒的行动派。作者很善于运用既相互补充又相互对立，有时甚至相互颠覆的表意方式，使语言意义更具多重性和可变性，以此带动主题呈现层层叠叠的多重叙事艺术特征，供读者咀嚼、品味。

回忆录中处处闪耀着灵动的艺术光芒、美式幽默和自我嘲弄。作者驾乘艺术的马车走进历史，为我们呈现了一部颇具艺术价值的历史文献。因此，无论文学艺术研究者、文化研究者还是普通读者，读《美国第一夫人回忆录》都会获得出乎意料的阅读体验。

海伦·赫伦笔下的白宫既正式，又混乱，琐碎的日常生活、频繁的招待会让读者忍俊不禁。按常识，我们以为美国人最普遍的见面礼是拥抱和贴面，其实不然，拥抱和贴面是西方人或者说是欧洲人的见面礼仪。在一定程度上，作者刻意区分美国与西方的不同，尤其在威廉·霍华德·塔夫脱大选期间。

书中提到最多的礼仪是舞会和握手，尤其握手。"人们早就知道，美国总统的主要工作就是握手……这一握，为所有善良的美国人所珍视。没有比这更疲劳、更锻炼人的工作。"这颠覆了一般读者认为的最简单的握手礼仪的体验。在第一夫人的倡导和多方努力下，华盛顿人的公众生活发生了巨大变化。一是效仿马尼拉的卢内塔公园，每周在波托马克公园举办一次室外音乐会；二是效仿日本皇家私家园林的樱花节，在波托马克公园种植了三千多株来自日本的樱花树，供公民观赏和消遣。一百多年来，这些举措一直深刻影响着华盛顿的公众生活。

有关白宫的修缮问题，也就是总统之家的修缮问题，令人匪夷所思的是，居然反复申请多次后才获得众议院拨款委员会的批准。所谓民主的意义就在于此，又不止于此。不过这只是第一步，海伦·赫伦住进白宫后，从女性视角、少数族裔视角对白宫礼仪和管理方式做了很多调整。

如果结合回忆录篇幅最多的远东生活，也就是我们熟悉的用词——在亚洲菲律宾群岛的日子，海伦·赫伦的一生可谓"无限风光在险峰"。

二、对西班牙殖民者和新贵日本的批判

全书十九章，绝大部分内容讲述海伦·赫伦随夫前往菲律宾群岛组建国民政府的经历（1900年4月—1903年12月），很多篇幅极尽溢美之词，歌咏菲律宾群岛的湖光山色。在情节发展中，大自然不断变换背景，为本书奠定了叙事基调。有意思的是，"亚洲"一词在回忆录中只出现过一次，其余均用"远东"指代。

《美国第一夫人回忆录》的史料价值，源于它见证了美国迅速崛起的几个关键时间点以及当时美国和亚洲各国的关系。从残酷的南北战争（1864年）到跻身世界列强，美国仅仅用了三十几年时间。

海伦·赫伦在书中大量引用自己与丈夫的通信，通信内容大多是关于国事和政事的，她几乎是丈夫及其委员会决策时的第一建议人。此外，还有威廉·霍华德·塔夫脱与威廉·麦金利总统、西奥多·罗斯福总统以及当时政要的多封私人信件，内容主要与个人前途及国家命运有关。另外书中还收入报纸杂志的节选，甚至不乏对当时漫画的描述，还插入了四十余张个人生活照片等。

具体来说，当时的美国凭借强大的国力和海军力量，于1899年大败西班牙。一方面，美国大举接收西班牙殖民地；另一方面，由于西班牙修士建立的传统秩序瞬间土崩瓦解，美国国内民主人士与殖民地人民形成反帝国主义、反修士的各种同盟，菲律宾群岛的暴乱此起彼伏，各种利益诉求难以调和。正是在此关键时刻，1900年初，威廉·霍华德·塔夫脱受命前往由美国政府控制的菲律宾群岛。根据不同政要的意见，威廉·霍华德·塔夫脱在菲律宾以反帝国主义者的姿态行使帝国主义权力。

然而，美国的进步性在于，虽然接手西班牙殖民者统治了三百多年的菲律宾群岛，但没有接着走西班牙殖民者的老路。相反，美国善于从西班牙人的失败中吸取教训。西班牙人除了传教、修建大教堂外，并没有以欧洲启蒙思想开启菲律宾民智，菲律宾底层几乎没有懂西班牙语的民众，更不用说将菲律宾建设成一个现代国家。西班牙殖民者只是以独断的教会管理模式掠夺当地资源，甚至刻意蒙蔽当地人的心智。

美国在争夺殖民地的第一轮大战中，迈向帝国主义列强行列，但明显有别于西方，美国也的确处处彰显它与西方的差异。美国摒弃传教士掠夺式和愚民式的管理，使菲律宾迅速走向现代化国家模式。譬如，投资菲律宾公路、铁路、医院、学校等进行基础设施建设；从美国本土吸引大批年轻志愿者前往菲律宾，教授当地人英文；按照原有的宗族和部落，成立省级管理机构和行政区划；建立菲律宾群岛第一个立法机构；组建菲律宾人自己的警察局，带去现代文明的种子；海外投资力压传统英国、法国等殖民国家及其海外垄断辛迪加；合理买卖菲律宾优良的橡胶材料。针对摩尔人原始的破坏性采集树胶的方式，以及从未有过科学保护橡胶树的意识，威廉·霍华德·塔夫脱与当地酋长皮昂商量，计划给当地"派一名懂得如何保护橡胶树的专家，摩尔人只需执行专家制订的相关规定即可"。美国式超前的生态文明、法制、自由、民主之花开遍菲律宾群岛。

美国对待殖民地的治理方式有别于殖民新贵日本。威廉·霍华德·塔夫脱被任命为战争部长后，从菲律宾返回途中顺访日本。儿玉源太郎将军认为，美国在菲律宾遇到的问题和他在台湾遇到的问题相似，并告诫威廉·霍华德·塔夫脱："我们不得不消灭那些迟早会变得很优秀的人，然后该怎么样，你懂的，你当然明白……"有生之年，威廉·霍华德·塔夫脱从来没有杀害过一个菲律宾人，也没有下令杀害任何一个菲律宾人。他一直致力于如何友善地与菲律宾人联合起来，并劝导他们不要让自己陷入因为反对美国而带来的危险之中。回忆录不仅见证了菲律宾走向现代化国家的进程，更见证了美国越来越强大的原因、引领世界的重要时间点和美国不同于西方传统帝国的理念。

因此，我个人以为，未来想要引领世界，除了技术领先，理念将与之相伴而行，成为另一个强大动力。即便后人类时代的学者们反对无休止的技术对大自然及人类自身的残害，但科技已然成为人类世界运转的模式。

三、中国印象及与中国的关系

担任第一任菲律宾总督后，威廉·霍华德·塔夫脱一家在强大的海军舰艇的保护下，游走于亚洲诸国及太平洋诸岛之间。夏威夷、日本、中国、东南亚、太平洋岛国在一定程度上息息相关，牵一发而动全身。

塔夫脱夫妇远离熟悉的白人世界。菲律宾群岛，尤其马尼拉其实是个多民族混居的社会。不同部落的人种、外貌大相径庭。此外，还有外来的西班牙人、英国人、美国人、中国人及其他混血人种。在海伦·赫伦看来，菲律宾是世界上唯一认为混血人种比纯种人更聪明的国家。菲律宾的名流、文人多为外来人和混血人种。这些林林总总的人种中，威廉·霍华德·塔夫脱夫妇最信任的是中国人，家里用的都是中国仆人，卧室的贴身细活、色香味俱全的饭菜,都是由信得过的中国仆人来做,抹地板、修花园和驾驶马车等粗活则由菲律宾人打理。

模样有些奇怪的中国上海大厨阿新"会以极其尊重的态度听从我的指导和建议,小心地重复一遍我设计的菜谱,然后说:'好的,夫人。'回到厨房后按照自己的理解来做"。中国大厨自有其价值,阿新平日非常喜欢制作精美甜点。在炎热的菲律宾,光是看着各式冰镇甜点,就能让招待会上的来宾大吃一惊。高效而又专注、充满艺术气质的中国大厨,与花园里磨洋工、工作效率低下的菲律宾人形成鲜明对比。

作为中国读者,难免会有些许独特的自豪和快感。相比美国华人移民作家自我贬低的华裔人物形象,这样的人物形象的确更吸引人。尤其这样的华裔人物出自一位身居高位却自感时常陷入无可奈何之情状的女主人的叙述,更增加了人物的艺术感染力。这种艺术感染力来自叙事艺术上的妙笔生花,勾勒出人物性格的多重复杂性。总督夫人和厨师既相互尊重又保有各自的独立和独特性。所谓美国式幽默和美国式包容,以及华人厨师作为艺术家的感染力都跃然纸上。

作为菲律宾第一位总督夫人,海伦·赫伦的确担得起冒险家的声名。她敢于专程前往北京目睹八国联军围困北京时的动乱,并随美军将领罗伯森上校前往美军部队驻扎的天坛看望美国士兵。叙事艺术上,她再次将天坛的和平庄严气氛与舞刀弄枪的士兵对立起来,形成第一夫人式的、鲜明的批判意识,并不忌讳称美军为侵略者。"到访过天坛的人都会感受到平和、肃穆的气氛,而干着'外国恶魔'勾当的侵略者扰乱了神明的灵性。"

无论如何,美国第一夫人以娴熟的叙事艺术为读者呈现了多重意义的表达。或许因为她曾经身处殖民地,有很多在其他国家生活的特殊经历,所以能够深刻地体会作为外国人和异族人的经验,形成了第一夫人及其《美国第一夫人回忆录》格外包容又深具反思的叙事动力。无论在菲律宾期间还是入主白宫后,她与丈夫都不被习俗所困,锐意改革,以夫妻一体的模式推动和平理念,致力于消除种族、宗教、宗派之间,甚至人与人之间,国与国之间,人与自然之间的矛盾。《美国第一夫人回忆录》也的确担得起作为稀缺品类的价值。

李丽华

2018 年秋

于赣江之滨

目 录

第 1 章 "王后城"和我的家人 ………………………………… 001
第 2 章 辛辛那提和华盛顿 …………………………………… 033
第 3 章 前往菲律宾 …………………………………………… 059
第 4 章 在日本 ………………………………………………… 099
第 5 章 初识马尼拉 …………………………………………… 127
第 6 章 陌生的环境和习俗 …………………………………… 159
第 7 章 "帝国岁月" …………………………………………… 183
第 8 章 具有历史意义的旅行 ………………………………… 197
第 9 章 荒野中的家与国 ……………………………………… 227
第 10 章 塔夫脱总督 …………………………………………… 251
第 11 章 罗马之行 ……………………………………………… 281
第 12 章 菲律宾的最后岁月 …………………………………… 303
第 13 章 战争部长 ……………………………………………… 327
第 14 章 繁忙的岁月 …………………………………………… 367
第 15 章 环游世界行色匆匆 …………………………………… 381

第 16 章 美国总统 ·· 401
第 17 章 白宫 ·· 429
第 18 章 白宫的礼节 ·· 447
第 19 章 尾声 ·· 465
专有名词中英对照 ··· 483

第 1 章
"王后城"和我的家人

19世纪60年代,我出生在辛辛那提。在儿时的记忆中,辛辛那提充满污垢、喧闹,一切看起来都毫无吸引力。然而,它亦有某种特点,足以配得上西部"王后城"的美誉和骄傲。

那就是它的繁荣。辛辛那提的繁荣连芝加哥都无法超越,克利夫兰更无法与之匹敌。辛辛那提之所以成为纽约以西、密西西比河以东最重要的城市,有很多原因。

首先,得益于其早期发展过程中得天独厚的位置优势。王后城地处贯通东西的核心要道,从东部的巴尔的摩和华盛顿可以抵达西部门户坎伯兰;越过阿利根尼山脉可至匹茨堡,从匹茨堡过俄亥俄河可至圣路易斯;往南可至新奥尔良,辛辛那提吸引了新奥尔良以北广大地区的大量贸易。然而,无论你说什么,即便是最爱王后城的公民,恐怕也不会认为这个城市真的美丽。城市里的建筑物一点也不可爱,街道设计糟糕,卫生状况极差。整个城市笼罩在一层薄薄的煤烟中。乌黑的煤烟给城市的一切都打下了烙印,即便是生活在其中的居民也不例外。

尽管很丑,但辛辛那提依然是个令人自豪、与众不同的地方。19

辛辛那提

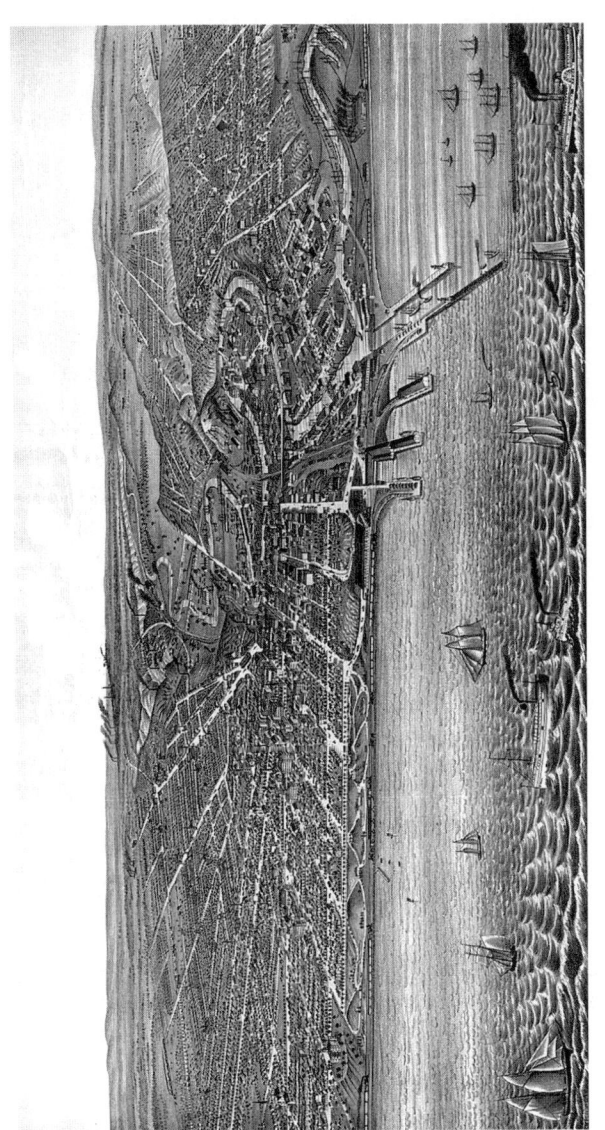

克利夫兰

世纪上半叶，由于快速发展的前景，东部和南部地区很多家境良好又有能力的年轻人都喜欢移居于此，其中多数来自新泽西、新英格兰、弗吉尼亚和肯塔基。当时炫耀个人身份、地位和资本并不能体现家庭财富和文化水平，家里的体面整洁及家庭的乐善好施才是人们重视的精神品质。郊区的乡村景色秀丽迷人，东沃尔纳特山①、北边和东边的奥本山高地、克利夫顿等，都是闻名遐迩的地方。

此外，还有大量德国上流人士定居在辛辛那提市，其中多数人接受过大学教育，1848年德国革命后移居于此。其中的佼佼者有弗雷德里克·哈索尔克，奥古斯特·威利将军②和约翰·伯恩哈德·斯塔洛法官③等，卡尔·舒兹④最近搬到圣·路易斯去了。

德国人对社区的贡献和改变尤其显著，譬如教堂礼拜日越来越自由，公立学校开始学习德语。他们还提高了整个社区对上流音乐的品位。的确，在我少女时期，辛辛那提的音乐堪称全美一流，仅次于纽约和波士顿。当时音乐学校的校长西奥多·托马斯⑤组织了一个交响乐团并担任指挥，直到1890年他搬到芝加哥后才卸任。

彼时的辛辛那提，其教养、财富和公共精神在文化和品位上远超密西西比峡谷中的任何一座城市。当时，人们对各种学术派别和智思活动抱有极大兴趣，回想1848年成立辛辛那提文学俱乐部的那些人，除了威廉·霍华德·塔夫脱先生的父亲和我父亲，还有拉瑟福德·伯查德·海

---

① 这里的社区始建于1867年，最初只是个独立的小村庄，种族和经济上都很多元化。后来逐渐形成一个时尚社区，许多辛辛那提的名人都居住于此。——译者注
② 奥古斯特·威利（1810—1878），德国早期共产主义运动的主要支持者。1847年，他放弃了贵族头衔，移民美国，在美国内战期间成为联邦军队的将军。——译者注
③ 约翰·伯恩哈德·斯塔洛（1823—1900），德裔美国学者、法学家、哲学家和大使。——译者注
④ 卡尔·舒兹（1829—1906），美国政治家、记者和改革家。——译者注
⑤ 西奥多·托马斯（1835—1905），生于德国，美国第一个著名管弦乐指挥家，也是芝加哥交响乐团的创始人和第一个音乐总监。——译者注

第1章 "王后城"和我的家人

斯、斯坦利·马修斯①、曼宁·F. 福斯②、斯塔福德先生。斯塔福德先生后来担任国会图书馆馆长。这家文学俱乐部一直是我很珍视的公共组织，其文学趣味和思想追寻构成了我少女时期生活中最重要的一部分。

我父亲约翰·威廉姆森·赫伦③和本杰明·哈里森④是校友，同毕业于俄亥俄州迈阿密大学牛津分校⑤。后来，父亲得到机会，担任学校董事长达五十年之久，一直为学校的利益奋斗。

本杰明·哈里森（1833—1901）

---

① 斯坦利·马修斯（1824—1889），美国最高法院大法官。——译者注
② 曼宁·F. 福斯（1824—1899），俄亥俄州律师、法官和军人。美国内战期间因英勇作战而获得陆军荣誉勋章。——译者注
③ 约翰·威廉姆森·赫伦法官是本杰明·哈里森的大学同学，也是拉瑟福德·伯查德·海斯的律师合伙人。——译者注
④ 本杰明·哈里森（1833—1901），美国政治家、律师，1889年至1893年担任美国第二十三任总统。——译者注
⑤ 一所公立研究型大学。——译者注

我丈夫的父亲、大法官阿方索·塔夫脱①是耶鲁大学 1833 届学生，长期担任耶鲁董事会成员。他的五个儿子都毕业于耶鲁大学。另外还有我母亲的哥哥，法官伊萨克·克林顿·柯林斯②和我的一个哥哥也毕业于耶鲁大学，我另外一个哥哥毕业于哈佛大学。可见，我和我丈夫的成长环境里，大学传统非常浓郁。

书写童年非常不易，很多记忆一涌而上。尽管童年记忆亲切而又美好，然而一旦进行筛选，却会发现它们又太过普通，几乎不值得一写。

阿方索·塔夫脱（1810—1891）

---

① 阿方索·塔夫脱（1810—1891），美国法学家、外交家、政治家、总检察长，尤里西斯·辛普森·格兰特总统时期的战争部长。——译者注
② 伊萨克·克林顿·柯林斯（1824—1879），美国法官、政治家。——译者注

第 1 章　"王后城"和我的家人

我的记忆并没有那么"早",我的意思是,我并没有在很小的时候就有某种极有价值又有特色的记忆。坐在门廊的台阶上看人行道上人来人往,反倒成为最久远而又模糊的记忆,也是我最初的记忆。但街上来往的行人其实是士兵,当时我还太小,并不知道我所见证的正是美国内战结束时的和平庆典。

我父亲四十岁左右时,我们一家搬到了俄亥俄州。父亲靠做律师养活我们,后来先后任州议员和总统本杰明·哈里森政府时期的联邦代理律师。但因为要养活一大家,所以父亲两次拒绝接受主审法官的任命。全家一共有十一个孩子,八个女孩,三个男孩,我排行老四。可惜,我记事之前,夭折了一个男孩和两个女孩。

派克大街位于辛辛那提市最东边,我家就在那里。附近成片的灰砖房算是当时很时尚的居所。派克大街一直延伸到陡峭的斜坡上。后来这条路铺上了鹅卵石,四轮马车从河边上岸赶路时会发出沉重的踢踏声。永不停歇的得得声和叮当声简直毁了我儿时的记忆。

我们家的房屋与周边房屋很相像,并没有什么与众不同之处,我在这里度过了自己成长过程中最快乐的时光。但派克大街对面有两栋房屋与周边房屋风格迥异,看起来壮观得多。正对面有一栋高大华丽的红砖房,方方正正,看起来很威严,那是拉兹·安德森先生的家。拉兹·安德森家有十个男孩,都比我大许多,早在我成年前,他们大多已经去别处了。由于拉兹·安德森家的男孩查尔斯·安德森与我姐姐詹妮·赫伦的婚姻,我一直记得这个幸福的家庭。尤其在我少女时期的最后几年,两家关系明显亲密起来。

紧挨着拉兹·安德森先生家北边有个邻居,据说姓辛顿。他家的房屋结构与其他人家完全不同,采用殖民时期低矮的建筑样式,四周绿草如茵,园子里的灌木长得很好。显然,辛顿家的房子也是目前辛辛那提最美,甚至是全美国最美的住宅建筑。你一看见它,就会想起白宫。事实上两栋房子也的确出于同一位设计师——爱尔兰人詹姆斯·霍本①之手。辛顿家的房子轮廓与白宫一样经典，因为只有一层和地下室，看起来比白宫低矮许多。但历经岁月沧桑，这栋房子形成了自己独有的特点。

这栋房子约在1800年左右由马丁·鲍姆先生②建成。19世纪初，房子第一次转手卖给了尼古拉·朗沃思先生，后来，尼古拉·朗沃思家几代人一直生活于此。在我记事前，俄亥俄州最成功的商人之一——大卫·辛顿③先生买下了这栋房子。在我看来，这栋房子一直属于辛顿家。

詹姆斯·霍本（1755—1831）

---

① 詹姆斯·霍本（1755—1831），爱尔兰建筑师，以设计白宫而闻名。——译者注
② 马丁·鲍姆（1765—1831），美国商人和政治家。——译者注
③ 大卫·辛顿（1808—1900），生铁实业家，美国早期最富有的企业家之一。——译者注

第1章 "王后城"和我的家人

我十二岁的时候,大卫·辛顿先生的女儿安妮·辛顿嫁给了我丈夫的哥哥查尔斯·菲尔普斯·塔夫脱[①]。他们一直住在这座老房子里。1901年,大卫·辛顿先生去世后,这儿就被看作是"塔夫脱的家"。

我丈夫的父亲去世后,家里的房屋很快转手给了他人。因此,辛顿家的房子的确是塔夫脱家族在辛辛那提唯一的住处,我一生中的很多重大事件都与之相关。我丈夫在那里接到了总统任命书,并在门前发表接受任命的演讲。1908年12月6日,收到总统任命书的当晚,也是在这里,查尔斯·菲尔普斯·塔夫脱召集了一帮好朋友共同庆祝选举获胜。每次回辛辛那提我们必定会在那里歇脚,查尔斯·菲尔普斯·塔夫脱夫妇也必定会给予我们最慷慨的招待和礼遇。

少年时期的查尔斯·菲尔普斯·塔夫脱(1843—1929)

---

① 查尔斯·菲尔普斯·塔夫脱(1843—1929),美国律师、政治家,曾任《辛辛那提时代星报》编辑。——译者注

我在诺斯女士的学校度过了少女时代最平静的一段日子，这所学校是辛辛那提广为人知的"托儿所"。赫伦家的姑娘们和塔夫脱家唯一的女孩范尼·塔夫脱都在这里接受过教育。诺斯女士是缅因人，接受过全面的新英格兰教育，完全用新英格兰的方式传授知识，坚持文学和语言教育。完成常规学业任务后，大部分时间我都在学习音乐。我每天都会在家里的钢琴上奋力弹奏音节练习。有时我真的很奇怪，周边邻居居然没有抗议。那些年，音乐是我的生活中最有趣的一件事，也给我的梦想和人生目标插上了翅膀。

我们家的房子有点小，并不够全家人生活在一起。好在我们兄弟姐妹之间年龄相差很大，譬如我最小的妹妹还在襁褓中，大姐就已经结婚了。那时候出去上大学的男孩很少待在家里，因此，家庭成员并不经常在一起。大家庭虽然住房拥挤，收入一般，但全家人在一起的日子显得无忧无虑。

我母亲哈里特·柯林斯十七岁就随其祖母从纽约的劳维尔市搬到了辛辛那提，与其哥哥伊萨克·克林顿·柯林斯法官一起生活。伊萨克·克林顿·柯林斯是我父亲的法律伙伴，后来和我父亲一起工作五十余年。我母亲的父亲，也就是我外公伊莱·柯林斯，曾经任纽约劳维尔地区参议员。我母亲不仅外貌光彩照人，其他各方面也都很优秀。她在很多场合充分表现出了才思敏捷、机智幽默的个性。要知道，因为要养育很多孩子，她原本没什么时间享受家庭以外的娱乐。但我母亲在当地社交圈中很受欢迎，即便最忙碌的日子，她也会挤出时间参加社交活动。我母亲有某种能让人兴奋起来的性格魅力，我当然知道她这样做是为了让家庭氛围充满欢乐与趣味。

少女时期，我有一次非同寻常的经历，居然应邀作为总统拉瑟福德·伯查德·海斯和海斯夫人的客人造访白宫。拉瑟福德·伯查德·海斯先生曾经是我父亲律师事务所的合作伙伴，他们多年来一直保持着亲

拉瑟福德·伯查德·海斯（1822—1893）

海斯夫人(1831—1889)

密联系，彼此热情关怀，堪称终身挚友。拉瑟福德·伯查德·海斯先生刚当选总统不久，我最小的妹妹恰巧出生。我父母给妹妹取名露西·海斯·赫伦，名字随海斯夫人叫露西，并在白宫接受洗礼。我母亲几次到访白宫。我姐姐詹妮·赫伦结婚后，也曾经应海斯夫人的邀约，与查尔斯·安德森先生一起在白宫逗留了一周时间。令我兴奋的是，我姐姐希望我能陪同她一起前往。那年我十七岁，之前从未去过华盛顿，因此，这次旅行对我来说是件大事。但事实上，我并没有多少兴趣出门玩耍，因为原本以为白宫会有太多豪华派对，会见到各种各样不同风度、不同魅力的人。然而，让我庆幸的是，总统阁下一家人生活得很恬静，因此，对我这样性格安静的人来说再适合不过，并不需要像个游客那样一直忙于参观华盛顿的各个景点。

我十八岁才认识我丈夫威廉·霍华德·塔夫脱。我们不仅在同一个城市出生，也在同一个城市长大。我们的父辈友情深厚，曾经在同一座监狱担任执行律师，共事四十余年。其间，两家母亲和儿女间也互有往来。我姐姐玛利亚·赫伦和范尼·塔夫脱同在诺斯女子学校，两人亲密无间。但因为塔夫脱一家住在辛辛那提市郊奥本山地区，威廉·霍华德·塔夫脱从伍德沃德中学毕业后又直接去耶鲁大学接受四年教育，因此，之前我们没有机会认识也不足为奇。

阿方索·塔夫脱法官曾经先后担任尤利斯·辛普森·格兰特总统时期的内阁战争部长和司法部长。当时，威廉·霍华德·塔夫脱还在念大学。就在他毕业前夕，一家人又回到了辛辛那提。威廉·霍华德·塔夫脱毕业后直接回到家乡，很快在辛辛那提法律学校进修法律课程。虽然他当时还只是个学生，但已经在辛辛那提市的《商业报》做法律记者。我和威廉·霍华德·塔夫脱相识于一个冬日的夜晚，至今还记忆犹新。有个专门为年轻人举办的奥本山滑行派对，其中就有查尔斯·菲尔普斯·塔夫脱和威廉·霍华德·塔夫脱兄弟俩。我们选择从奥本山一个陡峭但很

尤利斯·辛普森·格兰特（1822—1885）

适合滑行的山丘开始滑行，其间，有朋友向我介绍了威廉·霍华德·塔夫脱。然后，我们一起乘长雪橇滑下了山坡。那以后我们就经常见面，而且越来越频繁。

我们有个全都是戏剧爱好者的小圈子，大家都对戏剧充满热情。我们在同伴家发起了颇具历史意义的事业，首先排演戏剧《委曲求全》，之后又在查尔斯·菲尔普斯·塔夫脱夫人的客厅排演《一封碎信》。当时我们斗志昂扬，居然专门到纽约请了一位很专业的舞台编剧帮助我们排演。排演时间非常紧张，训练强度有点超出我们的负荷。差错接二连三，一直到关键时刻，就在男主角以为被撕碎了的那封信就在枪管里时，却在最后时刻找不到枪了。但整个故事情节很依赖那封信，男主角一下

第1章 "王后城"和我的家人

子就傻了。另一位同伴，毫无疑问，也因为过度紧张而神情恍惚，把枪带下去了却完全不知晓。当男主角因此而陷入悲剧而不是喜剧情境的时候，造成大错的人又小心翼翼地爬回去，想把枪放回原处。他这样做的时候，对观众乃至整个世界都全然不顾，好像谁也看不见。

我们的热情并没有因这次失败退却。记得威廉·霍华德·塔夫脱曾经专门为派克戏院的慈善活动写了一部滑稽戏。这部戏用法律文体写成，改写自《睡美人》，最后团结俱乐部决定采用他的版本。团结俱乐部一直受一神教会①的尊敬，可想而知，演出取得了巨大成功。我丈夫在戏里出演睡美人，而他身高1.92米的哥哥贺拉斯·塔夫脱出演迷人的夜莺。

那时我们也会在乡村举行派对。当时有很多朋友置办了自己的乡村住宅，东沃尔纳特山的麦迪逊路和格兰丁路算是不错的选择。其中有两位最亲密的朋友同住在一座大宅子里，从中可以俯瞰像褐色缎带一样庄严的俄亥俄河。蜿蜒的河岸起点处有一座圆形露天剧场，剧场内部有商业区。剧场比较远，并不在东沃尔纳特山人们居住的地方。那会儿我还是个姑娘，每次非得乘又笨又旧的公共汽车才能到那里。因为道路没有铺石子、水泥之类的路面，车子行驶的速度很慢，每小时只能走三英里。不过相比剧场丰富多彩的歌舞杂耍和猜字游戏，这点不便算不了什么。而且我们自己也有足够的"才情"奉献一场别开生面的表演，引来众人的目光。

尽管快乐时光耗费了我们很多精力，但威廉·霍华德·塔夫脱的事业依然取得了令人满意的进步。他对公共福祉问题越来越感兴趣，而且可以作为记者激烈批评某些与辛辛那提政治相关的事务。当时有个案件涉及汤姆·坎菲尔②。汤姆·坎菲尔是个很出色的刑事案件律师，但同

---

① 相比三位一体教派，一神教会只相信上帝。——译者注
② 汤姆·坎菲尔（1845—1904），美国律师、共和党政治领袖。——译者注

时涉嫌针对证人和评审团行贿受贿,并被指控在镇上成功设计和制造了一架完全遵从于他的政治机器。

汤姆·坎菲尔因为霍夫曼一案为人所知。作为辩护律师,他涉嫌严重干预陪审团。报道中,威廉·霍华德·塔夫脱费了很多周折从细节上呈现了汤姆·坎菲尔作为律师的性格特征以及汤姆·坎菲尔办案的方式方法,告诉人们自己看见的真相。

这次出众的表现让威廉·霍华德·塔夫脱有机会进入到检察官米勒·欧卡特先生的团队。米勒·欧卡特先生在霍夫曼案件中代表州的利益,竞选为检察长后,又主动提出让威廉·霍华德·塔夫脱做他的助手。当时,威廉·霍华德·塔夫脱从事律师行业还不足七个月。威廉·霍华

青年时期的威廉·霍华德·塔夫脱(1857—1930)

德·塔夫脱做了米勒·欧卡特先生十四个月的助手,负责庭审前的总体准备工作,包括犯人审讯和案件审讯的准备工作、审查证人、庭上辩论及向陪审团总结和陈述等。

对威廉·霍华德·塔夫脱来说,这份工作非常有价值。后来,他之所以能够胜任出庭律师,很大程度是因为之前的经验积累。十四个月后,这份差事因为意外事件提前结束。当时本杰明·巴特沃斯① 少校是切斯特·艾伦·阿瑟② 总统政府时期的辛辛那提地区众议员。总统期待能给美国国税局增加新生力量,于是要求少校举荐一人。由于少校已经和威廉·霍华德·塔夫脱建立了较长时间的友谊,考虑到威廉·霍华德·塔夫脱良好的家庭背景,而且年纪尚轻,政界尚无敌人,于是向总统推荐了他,并写信敦促他尽快接受总统的任命。威廉·霍华德·塔夫脱接受了这个职位,干了一年,很快证明从政经历有碍于他的律师生涯,于是辞去了这份工作,开始和H.P.劳埃德少校一起工作。H.P.劳埃德少校去越南之前和威廉·霍华德·塔夫脱的父亲有着长时间的工作伙伴关系。

1883年夏,威廉·霍华德·塔夫脱去维也纳探望他父亲及母亲。也就是这几年,我们的日子过得最悠闲自在。同时,我们也变得更加成熟,决定找一份稳定的工作,而不仅仅满足于跳舞和业余水平的戏剧表演。于是,我找到一份教书的工作,起初在弗雷丁夫人的学校——后来又任教于沃尔纳特山下的两所私立学校——怀特和赛克斯。工作了两年,我又打算和我的两个闺蜜举办沙龙。办沙龙可以和一帮愿意参与的朋友就某个极其热门的知识和经济问题展开讨论。我们的沙龙只欢迎受邀而来的客人,其中包括威廉·霍华德·塔夫脱和贺拉斯·塔夫脱兄弟二人,还有其他我们共同的朋友。

---

① 本杰明·巴特沃斯(1837—1898),美国律师、政治家。——译者注
② 切斯特·艾伦·阿瑟(1829—1886),美国第二十一任总统。——译者注

本杰明·巴特沃斯(1837—1898)

切斯特·艾伦·阿瑟(1829—1886)

后来，有两个人因为我们举办的沙龙结为夫妇。威廉·霍华德·塔夫脱建议，找对象谈恋爱也可以是参加沙龙不言自明的目的，但沙龙并不对此真正负责。我们的主要目的在于创造一个融洽的氛围，使之足以"提升我们的思想和心灵"。讨论过程中，如果话题涉及个人既得利益，我们也会暂时停下选定的抽象话题，转而讨论整个社区关注的问题。

多亏汤姆·坎菲尔及其下属的积极参与，某个品行恶劣的人造成的辛辛那提的政治失序及时得到了纠正。我们的小圈子因为以压倒一切之势关注当地人的福祉，发展公民精神而显得格外突出和深具活力。威廉·霍华德·塔夫脱与改革运动关系密切，除了参与运动，我们还在沙龙聚会上热忱讨论改革运动。总而言之，无论结果是好还是坏，是得意还是失望，那段历史都已经融入我们的生命之中。

接下来是著名的"伯纳案"。1884年，伯纳犯下令人震惊的抢劫和蓄意谋杀案，而且事后依然非常张狂。案件进展受到当地社区的普遍关注。虽然多方意见一致认为伯纳必须被处以绞刑，但伯纳的辩护律师汤姆·坎菲尔以过失杀人罪助他逃脱了法网。没人看得懂诚实的陪审员原本会给出一个怎样的裁定和结论，整个城市都处于极度愤怒中。民众集会谴责汤姆·坎菲尔贿赂陪审团，背信弃义。

谴责汤姆·坎菲尔的集会的当晚，我们也召集了一次沙龙集会。整个讨论集中预测了声名狼藉的伯纳审判会何去何从。我们对此情绪高涨。我记得那天晚上很特别，因为发生了一些恐怖事件，街上发生了严重骚乱，我们前去查看到底发生了什么。

大众集会在音乐厅举行，由肯珀博士主持。肯珀博士是个很有影响力的演讲者。众人极度愤怒，很快就通过了如何谴责汤姆·坎菲尔的方案。但如果愤怒和仇恨的火药没有遇到火柴，原本一切都可以平静地得到解决。集会在人们愤怒的喊声中结束："咱们一起冲到监狱去，把伯纳揪出来。"

第1章 "王后城"和我的家人

愤怒的人群被激起了聚众滋事的快感,他们大声喊叫,向监狱奔去,一切都变得不可控制。他们袭击了法院后面的监狱。因为军队的介入,人群才散去。之后,发怒的公众又绕道法院前门,放火焚烧法院。愤怒的人群在街上散布开来,火势几乎无法控制,房屋被完全烧毁。

军队加剧了暴民的愤怒,有人提议抢劫售卖枪支的商店,立即得到了其他人的响应。其中靠近第四街和主街的鲍威尔的枪支店受到袭击,但店主的应对看起来有条不紊。我想,要么有人提前预警,要么他很有预见性。首先鲍威尔尽可能地将店门口燃得火光冲天,然后和两三个专

辛辛那提的民众走上街头抗议司法不公

业射击手一起躲在路障后。暴民一进来，尤其是头目闯进来的时候，掩体后的人立即射击，暴民人还没进门就被击毙。四五个人横七竖八地倒在地上，后面的人完全没有预料到这一幕，立即恢复了理智。这件事发生在1884年。

毫无疑问，这类突发事件给辛辛那提打上了耻辱的印记，而且将汤姆·坎菲尔推到了风口浪尖。辛辛那提因此成立了十人监狱委员会，其中包括我父亲和威廉·霍华德·塔夫脱，主要目的是帮助社区摆脱由此造成的恶名。委员会全面调查汤姆·坎菲尔的品行和记录，并准备指控汤姆·坎菲尔。1884年6月，我父亲作为委员会主席走访了三所地区法院，如果指控成立，就会针对取消汤姆·坎菲尔的律师资格裁决举行听证会。

汤姆·坎菲尔被控企图贿赂伯纳案件的陪审团成员。负责这起案子的公诉人鲁弗斯·史密斯先生是我们的密友兼同事。1883年，他和威廉·霍华德·塔夫脱一起去过欧洲。虽然证据明显不利于被告，但陪审团以八比四的票数让案件悬而未决，结果再次燃起众人仇恨的怒火。当然，我们的小沙龙肯定不是辛辛那提唯一热烈讨论汤姆·坎菲尔重审案的地方。富勒克①先生当时是汤姆·坎菲尔的辩护律师，不久被任命为俄亥俄州州长。

同年，即1884年11月，举行了取消汤姆·坎菲尔律师资格的听证会。中间有六个月时间听取非常驻证人的证词。监狱首席辩护律师基特里奇先生和拉姆西先生依然是委员会的主要公诉人。威廉·霍华德·塔夫脱和我们的挚友，霍姆斯先生是初级顾问，负责整理证据。为了收集证据，两人在全国各地奔走。我和威廉·霍华德·塔夫脱时不时地保持联系。委员会全体成员满心期待这次困难重重的调查取证工作可以让委

---

① 约瑟夫·本森·富勒克（1846—1917），俄亥俄州第三十七任州长，1897年至1909年任美国共和党参议员。——译者注

《哈珀周刊》关于"伯纳案"的漫画:一个凶手及时得救

员会在业内树立良好的名望。委员会认为汤姆·坎菲尔一定会毫不犹豫地采取一切可能的手段损害他们的名声。无论如何，委员会决定义无反顾地向前。

审判日即将到来时，高级顾问拉姆西先生身染重病，不得不卧床休息。这次意外给了威廉·霍华德·塔夫脱一次开庭陈词的机会。年轻的他抓住机会，在庭上表现出色，让人大吃一惊。当时，威廉·霍华德·塔夫脱只有四年法庭工作的经验，但因为从开始就一直在为收集证据做准备，因此很熟悉这起案子。法庭陈述持续了四个半小时，威廉·霍华德·塔夫脱认为对他来说是个极好的提升机会。我必须承认，这次机会在威廉·霍华德·塔夫脱的职业生涯中起到了很特殊的作用。

汤姆·坎菲尔案起初颇令人失望，因为关于取消汤姆·坎菲尔律师资格证的听证会发现被告的犯罪情节很轻微，投票结果以二比一裁定不予采纳取消汤姆·坎菲尔的律师资格的请求。但公众并不支持法院，道义上的谴责让汤姆·坎菲尔不得不离开辛辛那提和俄亥俄州。这也达到了律师协会的目的。

对汤姆·坎菲尔的审判于1884年12月结束。1885年1月，威廉·霍华德·塔夫脱得到鲁弗斯·史密斯先生的助手一职。鲁弗斯·史密斯是我们的故交，当时正在郡律师事务所任职。这份工作的明显优势在于每年有二千五百美元的收入。此外，他还可以和老搭档陆军少校H.P.劳埃德一起继续司法实践工作。

1885年5月，我和威廉·霍华德·塔夫脱订婚，1886年6月结婚。

1885年夏，我想可能是受到童年的怀旧情绪驱使，母亲决定带我们几个还在她身边的孩子去劳维尔的阿迪郎沃克露营。因为两位长姐早已结婚，所以家里就只有我们六人。虽然我们都个性鲜明，多少会惹些麻烦，但母亲对我们一视同仁。出发那天，我们装了满满一车日常用品。木条铺成的路很难走，抵达的时候恰好夜幕降临。我们住在湖畔的乡村

第1章 "王后城"和我的家人

小别墅里。湖畔风光很美，附近山丘上满是松树，景色宜人。可惜小别墅有点小，全家住一起的确太挤。当晚我们在寄宿家庭芬东家用餐，唯一上得了菜单的食物只有新鲜牛排。我们大家都很喜欢"这里原始而又粗糙的一切"，但户外生活产生的好胃口需要丰盛的食物才能满足，显然，这里的生活无法满足这一点。威廉·霍华德·塔夫脱则选择整个夏天都留在辛辛那提，因为可以攒下不小的一笔钱。

威廉·霍华德·塔夫脱的决定有点斯巴达式，但我们都很赞同。对威廉·霍华德·塔夫脱来说，可能只是因为从派克街到劳维尔路程太长的缘故，毕竟他还要上班。我相信母亲为了重温青春记忆做了很多准备，可随着时间的流逝，新鲜牛排对我们也不再具有诱惑力了。

威廉·霍华德·塔夫脱其实很想加入我们的露营活动中，但没什么好借口收回自己之前留在辛辛那提的决定。我曾经给他去信讲述这里的食谱问题，这是唯一比较好的借口，他就可以给我们挑些吃食然后亲自送来劳维尔，这样就不会被大家看作是缺乏毅力。威廉·霍华德·塔夫脱去比伯杂货店买了个大型旅行箱，装上他想得到的各种美食，有些是我向他提起过的吃食，然后带上箱子来到劳维尔。

威廉·霍华德·塔夫脱到的时候，太阳已经下山。我们一起泛舟湖上，奋力划了一阵后，很快到达了湖中央。他突然扔下手中的船桨，从口袋里掏出一封信，笑着把信递给了我，然后什么也没说，拿起桨继续往前划。展开一看我才知道他父亲阿方索·塔夫脱法官已经从维也纳调到圣彼得堡任公使。威廉·霍华德·塔夫脱去信告知他父亲我们订婚的事，以及他打算整个夏天留在镇上工作，一心扑在事业上，尽可能多攒钱的计划。我手里拿着的正是他父亲的回信。

阿方索·塔夫脱法官在信中对我多有溢美之词，并向我表达了最热烈的祝贺和祝愿。信的结尾则对儿子威廉·霍华德·塔夫脱暑期留在辛辛那提的决定称赞有加，并认为"自己能照顾自己是一件再好不过的事，而且暑期不仅可以获得宁静,还可以因为待在家里而攒下一大笔钱,我也很高兴你越来越坚强能干了"。自从威廉·霍华德·塔夫脱来了劳维尔,我们在芬东家度过的夏天就变得愉快起来。

父亲送了块极好的地给我。这块地靠近麦克米兰顶头的采石场,风景很好,从这里可以将俄亥俄河及其周边乡村的美景尽收眼底。我和威廉·霍华德·塔夫脱决定在这里建栋自己的房子,蜜月旅行回来后就能入住。因此,婚礼前的冬天我们一直忙于和建筑师讨论图纸,讨论承包商的评估和所有其他令人着迷的房屋设计的细节。我想我们最后敲定的房屋设计方案既满足了高雅品位又不乏现代化和舒适。

我们选择出国蜜月旅行,这也是我梦寐以求的异域之行。我们乘坐的"切斯特之城"号游轮是因曼公司最老的船。之所以做此选择,是因

俄亥俄河

第1章 "王后城"和我的家人

为"切斯特之城"号是因曼公司最便宜的游轮，很适合我们当时的经济状况。但令人吃惊的是，我们几乎是唯一自愿选择这艘游轮的游客，其他人可能是因为某种不幸事件而不得不乘坐这艘船。有一个人因为必须腾出时间看牙医错过了"日耳曼"号。还有一个乘客正准备乘"大不列颠"号出发时，收到法院传票。这两艘船都是当时大西洋上最有名的航船，比"切斯特之城"号受欢迎得多。特别荒谬的是，两位乘客觉得乘"切斯特之城"号有失颜面，因此得罗织些理由。我们不觉得有什么羞耻，绝不会因为过于挑剔舒适而放弃快乐。此外，我们很高兴地意识到，这样可以省下不少钱，等到了国外再花岂不更好？

整个旅程充满乐趣。我们在英格兰游玩了大半个夏天，参观了伦敦和许多天主教小镇。从荷兰到巴黎是我们前往欧洲大陆的唯一旅程。我记得我在阿姆斯特丹买了些古旧的代尔夫特陶瓷盘子，因为体积太大，没法放进随身的旅行箱，于是又买了个柳条篮专门装盘子。之后这些盘子成了我们手提行李的一部分。这件事让我和丈夫对什么是旅行的真正目的产生了一些分歧。旅途中我丈夫不停地唠叨："提着这该死的玩意逛遍欧洲，别等到了辛辛那提又全成了碎片。"一语成谶，欧洲旅行期间，他一直提着篮子，等到了纽约，我们委托一家公司将篮子托运回辛辛那提。结果可想而知，我们在辛辛那提打开篮子后看见的只是成套的碎片，只有专业人员才能拼接好。这些碎片居然成了纪念品，我丈夫认为它记录了我们之间第一次不愉快的经历。

从辛辛那提出发到返程，整整一百天的旅程，花费了一千美元，每人每天五美元。我可以打赌，如今不可能做到了，哪怕像我们这样精明的人也做不到。

两年后的出国旅行完全不同，我们完全沉迷于音乐。先去拜罗伊特参加瓦格纳音乐节，欣赏华丽的歌剧表演《帕西法尔》[①]和《名歌手》，

[①] 三幕歌剧，1882年首次公演。——原注

巴黎

阿姆斯特丹

随后又去了慕尼黑欣赏歌剧和音乐会。威廉·霍华德·塔夫脱忍无可忍，最后提出抗议，我才就此罢休。

威廉·霍华德·塔夫脱说他听了太多音乐，一点也不亚于大人物。可是旅行所获得的东西远比日夜不停地听交响乐和歌剧多。

因此，我们又去了意大利。具有贝德克风格的罗马和佛罗伦萨就在我们眼前。抵达罗马时，我们翻看旅游指南后发现，人们说罗马不利于健康简直是无稽之谈。相反，一年四季，除了八月的前两周不宜参观罗马，其他时间都很好。我们恰巧就是在这个时候去罗马旅行的。

蜜月结束到家时，我们的房屋依然没有完工。不得已，我们只能和威廉·霍华德·塔夫脱的父母一起在奥本山山脚下的老房子里住了一个月。老房子很不错，面积大约有三英亩，但房子处在附近工厂烟囱的下风处，周围空气里满是煤烟。奥本山像个岬角一样矗立在城市一角，煤烟正好和房子齐平，空气能把很远的煤烟带到房子四周。

罗马斗兽场

第1章 "王后城"和我的家人

阿方索·塔夫脱夫妇从欧洲抽身，专程回来参加我们的婚礼。因为阿方索·塔夫脱法官在圣彼得堡生病，一家人忧心忡忡。好在经过一段时间的静养后，他又重返工作岗位。

我丈夫的父亲非常温和，他的温和超过我认识的任何人。但同时，他也很坚定，是个做事一定要成功，而且又不失为可爱的人。他豁达大度，慈悲善良，对谁都报以超越常人的同情和理解，结交了很多朋友，他的朋友们也很了解他的性格。

威廉·霍华德·塔夫脱的母亲虽然很讲究，但为人善良。因此，我做新娘子的那段时光很快乐。阿方索·塔夫脱夫妇创造的家庭氛围尤其可贵，孩子们沐浴在一种理想而崇高的氛围中，由此激发孩子们在道德和智思上不断努力，与家庭设置的准则相一致。阿方索·塔夫脱夫妇带领下的家庭氛围很安宁。他们对孩子们的未来充满信心，这种自信也极大地影响着孩子们对自己未来的判断。可以说他们内心坚定，知识广博，善良得体。

我们在一起生活后的一天，我丈夫突然来找我，一脸严肃，完全不是以征求意见的方式对我说：

"内莉①，父亲不小心惹麻烦了。我希望你能帮他摆脱，别让他太为难了，你知道怎样让他感觉舒服些。事情是这样的，父亲曾经有个信使在华盛顿美军战争部。这人是个很聪明的黑人，当然，他对父亲很忠诚。刚才这人在商业街区自己的私家车里与父亲会面。父亲还说，他曾经是个很不错的门房。父亲得和他谈谈，他们之间的确有很多事情得谈。这人还说想见见母亲，而父亲也正好准备回家吃午餐，于是当时就马上邀请他来家。你知道，对于这种事父亲不会考虑太多。他现在在楼下，说突然意识到这事有点麻烦，感觉很抱歉。父亲还说如果我能让你别介意，他就能说服母亲。"

---

① 本书作者海伦·赫伦的昵称。——译者注

我倒是为这种长篇大论又非常细致的解释感到开心。我在楼上待了几分钟,控制住自己的喜悦之情,然后下楼用餐。我和阿方索·塔夫脱太太都不介意,反倒是因为我的严肃庄重,黑人管家杰克逊的表情有些夸张。客人礼节周全,午餐并没有出现什么意外。

　　搬进新宅子之前,我又回派克大街的娘家小住了一段时间。1887年来临之际,我们住进了自己的房子。尽管房子是依靠分期付款建成的,但非常令人满意。

第 2 章
辛辛那提和华盛顿

我们结婚不到一年,一天,我丈夫下班回家,一看他故作漫不经心,我就知道他有什么事想告诉我。

"内莉,有件事要和你商量。"他很随意地开口道。

"如果我被委任为高等法院的法官,你觉得怎么样?"

我大声回答道:"噢,别开玩笑了,完全不可能。"

但我丈夫很快向我证明,他说的并非完全不可能。我父亲刚刚拒绝大法官的任命,因此,我很难相信这么重要的职位会给他这样的年轻人。当时他只有二十九岁。因为法官加德森·哈蒙①退休,所以空出了这一职位。加德森·哈蒙一直是我丈夫的上司。

霍德利、约翰斯顿和柯尔斯顿一起在辛辛那提经营一家律师事务所,在当地享有很高的声望。霍德利先生和约翰斯顿先生受爱德华·劳特巴赫②之邀,前往纽约合作,生意做得如日中天。

---

① 加德森·哈蒙(1846—1927),曾在格罗弗·克利夫兰总统手下担任美国司法部长,后来又担任俄亥俄州第四十五任州长。——译者注
② 爱德华·劳特巴赫(1844—1923),美国著名律师。——译者注

加德森·哈蒙(1846—1927)

爱德华·劳特巴赫(1844—1923)

他们一走,意味着辛辛那提的公司没人打理。柯尔斯顿先生邀请了当时还在高等法院工作的加德森·哈蒙法官,继任霍德利先生的职位。加德森·哈蒙法官决定接受职位变动,但难免有点儿焦虑。突然辞去法官职位意味着这一职位会有很长的闲置期,因为一时半会儿很难找到更好的继任者。法官必须由选举产生。按照法律规定,选举前三十天内空出的职位必须在下一年选举产生。十四个月的最低任职期限到期后,加德森·哈蒙法官才辞职。由于我父亲拒绝,机会落在了我丈夫威廉·霍华德·塔夫脱和贝拉米·斯托勒先生身上。威廉·霍华德·塔夫脱一直以为,如果不是因为汤姆·坎菲尔的案子,加德森·哈蒙法官不会推荐他,州长约瑟夫·本森·富勒克也不会任命他为法官。因此,在追踪自己成

贝拉米·斯托勒(1847—1922)

功之路的时候，我丈夫常喜欢回顾那桩案子。在汤姆·坎菲尔一案中，富勒克先生是反方的法律顾问，但他很欣赏像我丈夫这样为自己的事业奋斗的律师。

最初的荣耀感过后，我开始思考为什么我丈夫能得到这个职位。我想，绝非偶然。和他亲密共事的人几乎全都比他大，最少大十五岁，多数比他大更多。突然承担需要成熟稳重个性的工作，其实这份工作与他的实际年龄有点不匹配。我很害怕看到我丈夫过早在司法界停顿下来，失去与世界进行更广泛接触的青春热情，尤其是失去克服重重

约瑟夫·本森·富勒克（1846—1917）

困难后取得成功的喜悦和激情。换句话说，当时，我甚至害怕这一职位会使他今后抗拒尝试多样化的体验，而多样化的体验能让他有更广阔的职业发展。

我丈夫并没有和我同样的忧虑，因为高等法院的任命为他提供的职位也正是他想要得到的。十四个月的服务期满后，他成为候选人，成功当选为期五年的高等法院法官。当选总统前，这是我丈夫唯一经过选举得到的职位。

那年冬天，我基本在研究房屋和家居的装饰艺术。我主张房屋的外在必须让人印象深刻，内在空间必须宽敞舒适。我们的房屋设计成框架结构，木瓦盖顶，飘窗产生的空间感让我特别满意。事实上，因为作为用户的我们直接参与了设计，所以建筑师为了满足我们的愿望，付出了

不少努力才达到某种原创效果。不过，原创性是否意味着建筑学上的成功恐怕多少有些争议。在我看来，只要不是失败，它可以是任何东西。另外，俄亥俄河及其周边乡村的景色的确妙不可言。

但我对周遭的满意感并没有持续多久。曾经是采石场的一块地最后作为补偿赠给了一个人，因为这个人填平并修整了大片被采石机严重破坏的土地。这块地基已经建起两栋高楼，恰巧就在我们房子所在的街道对面。这个人立马着手建起了联排别墅，看起来像巨大的储物盒。我感觉联排别墅完全掩盖了邻里其他房屋的风格，而这种风格一直都是我的自信所在，也是我家的房子赋予街道的特色。我猜想房子的主人大概叫杰瑞，住在其中一侧，另外一侧出租。杰瑞会把衣服挂到前窗外晾晒。联排别墅唯一的好处在于它的空间尺寸。我们很快发现两栋建筑物的审美品位有明显差别。估算一下，我们的房子得交四千美金税额，我丈夫对此深感不安。尽管我多次安慰他，税收员一定熟悉自己的业务，但他还是请来了税收调查委员会的工作人员重新评估。工作人员来评估的时候，我特别希望我丈夫不在家，但他特意留在家里招待他们，并且尽可能给予必要的帮助，甚至来不及等评估结果，直接与其中一个叫莱恩的爱尔兰工作人员交谈。

我丈夫说："你看看，莱恩先生，我知道杰瑞，也就是我街对面的邻居，他的房产税估价五千美金。可是我觉得不公平，我们的房产税远不止四千美金，得值六千美金。我现在是高等法院的法官，该付多少是多少，我没想要少付。"

莱恩先生说："好吧，尊敬的法官大人，您的态度与您的地位很匹配。待我去了解了解杰瑞的房子，然后再过来重新评估您的房子。"

我观察工作人员怎样察看别人的房屋，看着他们在街上走来走去，从各种可能的角度细致地察看我们的房屋。按我的估计，等他们勘察完毕，一定会公正地告诉我们，我们的房子税额的确应当疯涨。

第2章　辛辛那提和华盛顿

莱恩先生开始发话："尊敬的法官，我想您不必让自己陷入不必要的忧虑中。我们是在估计房屋的价值所在，而不是房屋的成本所在。尽管您的房子无疑很适合您的品位，但它的建筑款式过于独特，不会是那种大众普遍喜欢的建筑。所以我确定你们两家的房子没有可比性。法官先生，供出租的房子得有时尚现代感。"

1889年9月，我儿子罗伯特·阿尔方索·塔夫脱出生在位于麦克米兰大街的房子里。1890年2月，本杰明·哈里森总统委任威廉·霍华德·塔夫脱为美国司法部副部长，我们平静的生活意外泛起了令人愉快的涟漪。辞去自己钟情的法官职位，威廉·霍华德·塔夫脱难免有些

罗伯特·阿尔方索·塔夫脱（1889—1956）

遗憾。我想这次一定又是本杰明·巴特沃斯少校举荐的结果。我很开心，主要因为这次机会让威廉·霍华德·塔夫脱可以从事我希望他从事的工作。这些工作可以锻炼和发展他的独创和原创能力。此外，我的确期待有朝一日可以去华盛顿住一段时间。

威廉·霍华德·塔夫脱只身前往华盛顿任职。当时，我的儿子罗伯特·阿尔方索·塔夫脱才六个月大。我决定留在辛辛那提，等威廉·霍华德·塔夫脱为我们安排好舒适的家后，再前往华盛顿。根据威廉·霍华德·塔夫脱的描述，他抵达华盛顿的第一天相当滑稽。

1890年2月某天的早晨6时，天气寒冷阴郁。在肮脏老旧的宾州火车站下车后，威廉·霍华德·塔夫脱徘徊在街道上，提着行李想找个搬运工，但满大街一个搬运工都看不见。他驻足而立，看着面前的国会大厦。国会大厦庄严宏伟，令人望而生畏。他突然有种莫名的渺小感，不知道自己为什么要来到这里。他确信，自己为了得到一个好职位而放弃温馨快乐的家庭，放弃人人都熟知他的圈子无疑是个致命错误。这地方谁都不认识他，谁也不想认识他，他也不认识任何人，这里陌生又可怕。他吃力地拖着行李，等到了古老的艾比特大厦①，一个人用早餐难免显得凄凉孤寂。然后，他去司法部宣誓就职。典礼结束后，他和司法部长握手相见，找到自己的副部长办公室。结果，他看到了这一天最沮丧的景象。"办公区域"——四楼某个单间完全超出了他对司法部副部长办公室的想象，可以说和他的想象没有任何相似之处。副部长办公室的一级职员就是速记员，还兼任电报员，任务是给副部长提供服务。总体来看，那地方让人感到前景黯淡。

威廉·霍华德·塔夫脱坐下来想看看简报和文件，试着从自己的新工作中找到清晰的思路。这时，有个邮差拿着一张卡片进来。

---

① 一个古老的酒店。——译者注

美国国会大厦

艾比特大厦

第 2 章 辛辛那提和华盛顿

卡片上写着:"威廉·马克斯韦尔·埃瓦茨先生①,纽约。"

当时,威廉·马克斯韦尔·埃瓦茨先生很有名气,但威廉·霍华德·塔夫脱很难相信,威廉·马克斯韦尔·埃瓦茨家族会有人来拜访自己。威廉·马克斯韦尔·埃瓦茨先生是威廉·霍华德·塔夫脱父亲的朋友,当时是美国律师行业的领导者,并当选纽约州参议员,在他就职当天来访实属不易。

威廉·马克斯韦尔·埃瓦茨先生走进他的办公室,边打招呼边向我丈夫伸出了热情的手。"威廉·霍华德·塔夫脱先生,我和你父亲很熟。我是耶鲁1837届毕业生,入校的时候,你父亲已经毕业,但他留校做了助教。我非常珍惜和他的友谊。"

随后来访者直接进入主题。

"我和夫人打算今晚宴请以前的一位伙伴和他的妻子,约瑟夫·乔特②夫妇来舍下用餐。很不幸,现在有一位客人捎信说他来不了。约瑟夫·乔特先生专程来此讨论高等法院的有关案件,他只在华盛顿短暂逗留几天。考虑到我和你父亲之间的长期友谊,你可否不那么在意礼节而代替这位朋友,接受我们的临时邀请?"

我丈夫欣喜若狂地接受了邀请。上任当天就有客人来访让他备感温暖。他相信,一旦熟悉了,华盛顿一定会像辛辛那提一样友善。

关于这天,威廉·霍华德·塔夫脱还特意提到晚宴时发生的事。他刚坐下时,两侧的女士连忙探过身子看了看他的席位牌。但只有"副部长"三个字,没有姓名,所以她们并不知道这位副部长到底姓甚名谁。恰巧,威廉·霍华德·塔夫脱也没想起来要介绍自己。等到他意识到这

---

① 威廉·马克斯韦尔·埃瓦茨(1818—1901),美国纽约律师、政治家,曾任美国国务卿、司法部长和参议员。——译者注
② 约瑟夫·乔特(1832—1917),参与过美国历史上许多最著名的诉讼案件,包括《堪萨斯州禁酒案》和《排华法案》。——译者注

一点，想礼貌地提醒时已经晚了，只好由着她们称呼自己"副部长先生"，而她们的名字却明明白白写在席位牌上。他暗中记下她们的名字，尊称她们亨利·卡波·洛奇夫人和约翰·海伊夫人。

我丈夫抵达华盛顿两周后，我就搬去和他一起生活。我们在杜邦广场①购得一幢小房子。想起那两年，有时令人发笑，有时令人兴奋，但大多数时候都琐碎平淡。

那时候的华盛顿社交圈比现在简单很多。大批有钱人前往华盛顿，主要是因为华盛顿有超乎寻常的吸引力，以及作为宜居城市有无数优

19世纪末的华盛顿

---

① 也译作杜邦圈或杜邦环岛，是华盛顿西北部的交通枢纽所在，集中了公园、居民区，既有时尚气息，又不乏历史特征。——译者注

势。有钱人将华盛顿打造成世界上最繁华的社交中心。各种大型晚宴、舞会、招待会和音乐会及其他娱乐活动，一年四季，昼夜不停。不仅如此，街道景观也发生了巨大改变。时尚街区密密麻麻连成一片的小红砖房屋，甚至黑人棚户区、廉租公寓等，都被改建成大理石和花岗岩材质的豪华住宅。

1890年的华盛顿社交圈主要由老城的"模范家庭"、外交使团及最高等级的政府官员组成。十二人的晚宴依然被认为是较大的派对，只有少数人一整周晚上都待在家里，偶尔也会有大型招待会。那时候的日子很简单，不像现在，生活节奏快得离谱。

1891年，我女儿海伦·塔夫脱·曼宁出生。因此，在华盛顿的第一年，我得照顾两个孩子。为了能得到更多必要的锻炼，威廉·霍华德·塔夫脱买了一匹马。幸运的是，这是一匹适应力很强的马。开始我们以为这是匹乘骑马，但其实它还有更广泛的用途。司法部长借了一辆他暂时不需要的马车给我们。马套在车前，我们称之为轻型四轮马车。周日下午，这辆马车常常载我们一家人去"老兵之家"。这是那时候很流行的出行方式，或者从有渡槽的路前去华盛顿地区最长的石孔桥。我姐姐玛利亚·赫伦来我家的时候总喜欢对着马喊"驾"。根据博比①的解释，这是他父亲和那些乖巧闲适的牲口打招呼的方式。可怜的老马！我以马的感觉揣测，最后意识到，它在马车前引领着大家，却最终过着没有丝毫尊重的双重生活。因此，早在我们离开华盛顿前，这匹马就死了。

威廉·霍华德·塔夫脱接触最多的人应该是高等法院的法官和司法部长。他们的妻子都很友善，也很关心我们，时常邀请我们参加愉快的派对。首席法官富勒审判长夫妇非常好客，给我留下了非常愉快的回忆。

---

① 博比是罗伯特·阿尔方索·塔夫脱的昵称。——译者注

海伦·塔夫脱·曼宁（1891—1987）与父亲威廉·霍华德·塔夫脱

法官格雷娶了法官马修斯先生的女儿马修斯小姐。至于格雷夫人，早在她结婚前在辛辛那提的时候我们就认识。

刚到华盛顿的前几周，威廉·霍华德·塔夫脱煞费苦心地多次催促我赶紧去拜访格雷夫人。第一次拜访时礼节很重要，因为我们是这届政府新任官员中来得最晚的人，我必须在他们认识我之前去拜访我丈夫上司的妻子。尽管如此，拜访格雷夫人还是拖延到一个月之后，当时我真的有点不安。然而，到格雷夫人家后我才发现，她不仅热情好客，还非常理解我的处境。尤其听我说因为安置新家和婴儿等诸多事宜没及时来访后，一点也没有责怪我的意思，反而安慰我。

第 2 章 辛辛那提和华盛顿

格雷夫人说:"的确,亲爱的,我知道你们家里有小婴儿,意味着你根本很难有自己的闲暇时间。实际上,应该是我忽略礼节到府上去拜访您一家,欢迎你们来华盛顿。当然,有件事情我没法原谅,威廉·霍华德·塔夫脱先生至今也没拜访过格雷法官。"

回家后我把这件事告诉我丈夫,他的表情很有趣,难得见到他开心和满意。

尽管格雷法官和其他人都很友好,但我们真的很少出门。有一次我姐姐玛利亚·赫伦到华盛顿和我们一起住了几周。其间,我们到一位女士家参加晚宴。玛利亚·赫伦和她早在辛辛那提时就很熟悉。这位女士一向认为自己的社交相当成功,这次专门来华盛顿过冬。晚餐期间这位女士一直兴致勃勃地聊天,主要介绍她和哪些大人物一起吃过饭。末了,我们要回家的时候,她转而问我姐姐:

"亲爱的玛利亚·赫伦,想必你也一定去过不少宴会?"

我姐姐说:"哦,当然,我一直都很自得其乐。"

女主人坚持问道:"那么,亲爱的,你都和什么人一起吃过饭?"

"哦,和很多人吃过饭的,有安德森一家,有德国大使、大法官以及莫里斯一家,还有法国大使。"

我们的女主人明显对此印象深刻。

她由衷地赞叹道:"哎呦,你一直都那么耀眼。难道不是吗,亲爱的?"

等我们上了回家的出租马车,我姐姐转而对我丈夫说:

"刚刚我说话的时候一直看着你。我肯定你在控制自己不要戳穿我,因为我只是在同一次晚宴同一次派对上和这些人一起用餐而已,我感觉你只差没脱口而出了。"

1892年3月,本杰明·哈里森总统委任我丈夫就职于联邦巡回法院。因此,我再次见证了他与一群年龄几乎比他大两倍的人一起共事。我其实很害怕他会就此安稳无忧地度过一生。我丈夫自己很自豪，三十四岁就有一份体面而又有责任感的工作的确太难得。我想这份工作比他之前干过的任何事都更有意思，所以他才会一干就是八年。

我搬回了辛辛那提市。威廉·霍华德·塔夫脱在俄亥俄州、肯塔基州、田纳西州以及密歇根州的一些地方巡回考察，从卢考特山到马凯特。从此，威廉·霍华德·塔夫脱常常离家出差。那些年，我在辛辛那提的生活非常繁忙，生活都被家庭和朋友填满了。此外，我还对民权运动产生了兴趣。

我的主要工作是组织和管理辛辛那提的管弦乐队协会。我发现，这居然是表达我的爱、运用我的音乐知识最有效的方法。

卢考特山

第 2 章　辛辛那提和华盛顿

自从西奥多·托马斯离开辛辛那提市之后,辛辛那提就再也没有一家像样的交响乐团。然而,就我们这里热爱音乐的人来看,只需要有人带头唤起大家的热情,并让这种热情持续下去。很多人颇有公共精神,其中有些是真正热爱音乐的德国人。我找不到理由不支持自己热爱的事业,因此对此充满信心。起初,大家积极响应且非常慷慨,协会轻易就可以筹集到举办演出的资金。除售票的收入,我们还得确保每年有三万美元的收入。如果不是慷慨的朋友,比如我的哥哥姐姐们、查尔斯·菲尔普斯·塔夫脱夫妇、查尔斯·克里本道夫先生、英格尔斯先生、L.A.阿尔特夫妇、查尔斯·弗莱什曼夫人以及施米德拉普先生等人伸出援手,我的项目不可能完成。

第一年,我们有三位不同的负责人,塞德尔夫人、施罗德克先生和范德·斯塔肯先生。他们来辛辛那提后每人负责两次音乐会。然后我们请范德·斯塔肯先生负责,他果然在乐团干了十年。

离开乐团是我随威廉·霍华德·塔夫脱前往菲律宾时最遗憾的事,但好在有既优秀又受过良好训练的人接手。C.R.霍姆斯夫人接手我的主席职位,和我嫂子查尔斯·菲尔普斯·塔夫脱夫人一样,她在乐团早期的组织和管理工作中起到了很大的作用。因为 C.R.霍姆斯夫人的努力,所以乐团得到不断发展和改善,目前依旧是值得辛辛那提人骄傲和炫耀的一部分。查尔斯·菲尔普斯·塔夫脱夫人现在仍担任主席。因为她投入了巨大的激情和慷慨的捐赠,管弦乐队也越发正规了。

除了操持乐队的事,我们的生活平静如水,也可以说很安逸,既有家务琐碎的烦恼,也有养育孩子的幸福。1897 年,我最小的一个孩子查尔斯·菲尔普斯·塔夫脱出生,至此家庭算是圆满了。

现在,我得前往菲律宾群岛。我也要讲述我们命运发生转变的过程和缘由。

我们家对美西战争的影响和结果从来都没什么特别的兴趣。当然,我们也像大部分爱国的美国公民一样，一旦战争取得进展，就会极度兴奋，每个不同的阶段都是我们讨论的话题。我们也会根据不同情形，表达支持或者反对。然而，战争和我们并没有直接联系，我们只是美国公民而已，和大多数美国公民一样，战争并没有直接触动我们。然而，战争逐渐影响到我们的个人生活。我丈夫个人职业生涯的轨迹在战争结束后受到极大的影响和改变。

《宪法》要求美国的疆界必须保持在其大陆范围内，因此，从《宪法》角度看，美国理应反对帝国主义。但威廉·霍华德·塔夫脱并不是从《宪法》意义上反对帝国主义，而是从双向远距离控制菲律宾的角度

美西战争——美军进攻西班牙位于古巴岛上的堡垒

第 2 章　辛辛那提和华盛顿

出发看待这个问题。从地理位置上看，菲律宾和美国一东一西，一南一北。由此，威廉·霍华德·塔夫脱认为接管菲律宾只会使美国产生更多问题，承担更多责任，无论如何，不可能提高政府的效力和效用。

说来有些奇怪，西班牙战争期间，因为凑巧与几个法官一起用晚餐，威廉·霍华德·塔夫脱表达了自己的意见和看法。其中有哈兰法官，虽然他后来成了反帝国主义者，但当时强烈支持占领两大洋之间的西班牙领土。

当时，威廉·霍华德·塔夫脱对菲律宾人的了解程度和大多数美国人差不多。他认为菲律宾人遭受西班牙殖民统治长达三百年，因此由衷地支持他们获得政治独立。

1900 年 1 月的一天，威廉·霍华德·塔夫脱满心欢喜地回到家中，拿了一封电报给我看，并跟我说："你猜猜这意味着什么？"

电报上写着："我希望几天内可以在华盛顿和你相见，共同商讨一些重要的事情。如果可能，希望周四可以见到你。"后面有威廉·麦金利[①]的署名。

我们不知道而且也无法猜想总统有什么事情要和我丈夫商谈。我开始幻想，会不会是得到了最高法院的任命呢？虽然我确信最高法院的任命绝不会以这样的方式出现，而且压根就没有空职位。

威廉·霍华德·塔夫脱来不及回复总统，我只能在家中耐心等候消息。三天后他回来的时候看起来很沮丧，以至于我以为他摊上了官司。但听完他的讲述后，我倒觉得这是一件值得高兴的事。

他以一贯的口吻说道："总统先生想让我离开美洲大陆，跳出法院圈子，希望我去菲律宾群岛。你想去吗？"

我毫不犹豫地回答："当然想去。"虽然我不能马上确定这对我们

[①] 威廉·麦金利（1843—1901），美国第二十五任总统，第二任任期内被刺杀身亡。威廉·麦金利任期内，美国获得美西战争胜利。他提高保护性关税以促进美国工业的发展，并使美国从银本位走向金本位制度。——译者注

来说意味着什么，但我不想失去这次难得、重要而又奇特的机会。既然有机会去看看新的国家，在困难面前退缩可不是我的性格。此外，我从不后悔冒险。

威廉·霍华德·塔夫脱说："总统和伊莱休·鲁特先生想在菲律宾建立国民政府，他们想让我以委员会主席的头衔去完成这件事。我接受了离家万里之遥的任命后，他们还要求我谈谈对菲律宾事务的态度。"

在回答总统提出的问题时，威廉·霍华德·塔夫脱首先表明他对接管菲律宾的态度。其次，他认为自己完全不懂如何建立殖民政府，也没有任何真正的从政经验。然而，威廉·麦金利先生最后并没有接受他提

伊莱休·鲁特（1845—1937）

第2章 辛辛那提和华盛顿

出的异议,而是请来战争部长伊莱休·鲁特先生,也就是威廉·霍华德·塔夫脱的长官。两人向我丈夫说明了当时的情形,我丈夫没法拒绝。真正的问题是,无论是威廉·麦金利先生还是伊莱休·鲁特先生,都不认为接管菲律宾是一件很乐观的事。美国理所当然地认为,拿下菲律宾后,理应成为其统治者,一直到菲律宾人真正学会自我管理。

伊莱休·鲁特先生说:"菲律宾的工作与利文斯顿①、路易斯安那的工作一样伟大,是一次个人为国家立功,同时又在最有建设性的工作中为自己赢得声望的绝好机会,是你事业上的又一次运势。虽然你才四十出头,但已经在联邦法官的职位上干了八年,以及三年州立高级法

威廉·麦金利(1843—1901)

① 利文斯顿,美国新泽西州东北部城镇。——译者注

院法官经验，两年副部长。你都做得很好，但这两个职位毫无牺牲精神可言。这次任务意味着危险和牺牲。你的国家现在面临着历史上最严重的问题。此外，威廉·霍华德·塔夫脱先生，现在是国家请你立即到离家七千英里以外的地方去，并采取必要的行动帮助国家解决菲律宾问题，是你人生中最关键的抉择时刻。你是愿意选择一条阻力较大的、艰难的路，同时也是服务于国家的机会，还是因为这条路有风险，需要牺牲精神而拒绝为国家服务的机会？选择一条途中充满危险却收获颇多的路需要更大的勇气。菲律宾会给你带来建立和管理政府的经验，让你研究如何用法律管理百姓。这一经验一定会开阔你的眼界，让你具备更好的判断力，以便日后回来更好地服务于你的祖国。"

我丈夫答应，先回家和我以及兄长查尔斯·菲尔普斯·塔夫脱商量商量，预备几天内做出答复。他不确定我是否愿意一起前往菲律宾，但这个问题很快就确定下来了。

我丈夫的确对是否辞去法官一职犹豫不决。但总统认为没必要辞职，菲律宾的工作只需六个月时间，最长九个月。我丈夫可以先挂职，不承担具体的职责，这样的话，大可不必害怕产生什么不良后果。威廉·霍华德·塔夫脱调研了当时的局势后立即意识到威廉·麦金利先生的预期并不准确，在菲律宾建立政府的工作不可能那么快就完成。伊莱休·鲁特先生也没有意识到这一点。接受任命函之后，威廉·霍华德·塔夫脱立即去华盛顿和威廉·麦金利先生、伊莱休·鲁特先生讨论当时的整个局势，并确定了另外四位与他一起服务于委员会的同僚。在华盛顿，他认识了第一届菲律宾委员会成员迪安·C.伍斯特[①]先生，掌握了大量有价值的信息。如果委员会首任主席舒曼教授再次进入委员会成员名单，

[①] 迪安·C.伍斯特（1866—1924），美国动物学家，曾担任菲律宾群岛内政部长。1887年，他第一次以科学考察的初级成员身份前往菲律宾，并根据自己在菲律宾的经历，于1899年在美国早期殖民政府中开始了其颇具争议的职业生涯。他强烈反对菲律宾独立，坚信殖民使命。——译者注

第 2 章 辛辛那提和华盛顿

自然会继任主席职务，但他并没有再次入选委员会。于是，主席的职位自然落到了威廉·霍华德·塔夫脱身上。他被任命为美国第一任菲律宾总督，一直到菲律宾国民政府建成。

威廉·霍华德·塔夫脱去华盛顿后，我立即开始为我们新一轮的冒险之旅做准备。我非常开心，也非常乐观。我不得不说，这次冒险的确诱惑太大，尽管我完全不知道前往一个遥远而又有趣的国家会发生什么。我完全沉醉在各种有关菲律宾的介绍中，花了很大力气找到了一些书。那些书也没让我看明白什么。那些书上面都是些模棱两可、难以描述的介绍，但让人感到愉快。这也是当时美国人对菲律宾的普遍感受。甚至到现在，这种感觉还留在我的脑海，一直无法消散。

我腾出了辛辛那提的房屋，家庭财物等一并打包存在那里，一些必要的东西打包随船运到东方。我们得立刻出发，几乎没多少时间去做太多的事。威廉·霍华德·塔夫脱很快就回到辛辛那提，我们开始忙于和亲朋好友道别。我们熟知的几乎每一位朋友都想为我们举办一个送别晚宴或类似的娱乐活动。小镇人的热情让威廉·霍华德·塔夫脱意识到自己多么受人爱戴。以众人的眼光看，我们像是要去世界尽头。很多朋友为此而悲伤，似乎他们已经预见到我们将要经历一场致命的冒险。

晚宴、午宴、招待会和茶点等各种送别活动结束后，所有演讲都完成了，所有送别的话都倾诉殆尽。威廉·霍华德·塔夫脱再次赶到华盛顿，和同事一起确定最后的行程安排。我们见面时已经身处旧金山，离我们启程时间只有一周。

第一年我邀请姐姐玛利亚·赫伦和我一同前往菲律宾，她也欣然接受了。因此，1900 年 4 月上旬的一个早晨，我们从火车站出发，难免心情激动，好像新世界正在向我们招手。火车向新奥尔良的南太平洋铁路进发，一路向南，把我们带到了洛杉矶，最后到了旧金山。

三个孩子罗伯特·阿尔方索·塔夫脱、海伦·塔夫脱·曼宁和查尔斯·菲尔普斯·塔夫脱也和我们一起踏上征程。大儿子罗伯特·阿尔方索·塔夫脱十岁，女儿海伦·塔夫脱·曼宁八岁，小儿子查尔斯·菲尔普斯·塔夫脱只有两岁。我没想过带上他们长途旅行会是一种负担，也没想过这场冒险里他们会遇到什么危险。他们平凡、健康且独立。但后来我还是很震惊，因为多数人决定把孩子留在家里，说害怕菲律宾的气候会影响孩子们的健康。某天我正在旧金山的古宫酒店照看查尔斯·菲尔普斯·塔夫脱，他在酒店长廊里上蹿下跳，我也顺便心不在焉地看看书。这时一个长相古怪的老绅士走了过来，停在查尔斯·菲尔普斯·塔夫脱身边，脸上露出和善而有趣的微笑。查尔斯·菲尔普斯·塔夫脱是个讨人喜欢的小家伙，我也已经习惯人们停下来注视他。因此我只不过看着而已，并没有往坏处想。他双眸又大又黑，有一头松软的棕色卷发，还有一对深深的酒窝，总是绽放着迷人的微笑。老绅士站着看了好一会儿，表情渐渐变得凝重起来。我想知道他在想什么。他好像很快意识到了我的疑惑，不一会儿故意走到我跟前说：

"夫人，我知道你正准备去菲律宾群岛，那里到处都是害虫。我现在想知道你是否要带这个出色、大方又可爱的孩子去经历磨难。"

我赶紧抱着我的孩子离开，冲回了房间。不管怎么样，我还是感到安慰，毕竟人人都知道菲律宾恶劣的天气会对孩子有不良影响。

抵达加州和旧金山后，我们终于发现这一使命的利害所在。如果那里真有反帝国主义者，我只能说他们太隐蔽。当时，美国东部已经拥挤不堪，然而，西海岸从大量与菲律宾的贸易中获得了很多利益和利润，这可能与加州人讨人喜欢的态度有关。当然，我们绝不能怀疑他们的爱国热情，而应该或多或少地认为，也与菲律宾有关。菲律宾人自己早就在那片土地上创造了进步与希望，现在我们却想对菲律宾采取傲慢的控制态度，企图控制菲律宾人天性中顽强不息的进取心。

一切有利于新一届委员会的事都准备就绪后，委员会认为，其成员

昔日的旧金山

的权利应当得到谨慎界定,以便避免和正在执管当地事务的军政府之间产生分歧。我们享有的海军礼遇和优先权等与全权公使相同。伊莱休·鲁特先生还草拟了一份由总统签署的指令信,里面详细准确地概括了委员会的职责。后来,批准在菲律宾成立国民政府时,里面的内容全部被国会采纳和认可。

以这种有趣的方式,我们开启了漫长的行程。当然,无论从哪种角度看,一切都会顺利。

第3章
前往菲律宾

我们的菲律宾之行从旧金山出发，目的地是马尼拉，由美国陆军运输舰"汉考克"号护航。1900年4月17日，天气宜人。正午时分，"汉考克"号驶离繁忙的码头，前往金门大桥，然后跨越太平洋，驶向世界的另一端。我们一行共四十五人。虽然大部分人在旧金山是初次见面，但一出现在甲板上，我们就很快熟悉起来。大家都急于证明自己的友好，证明自己是最好相处的旅伴。

"汉考克"号由"亚利桑那"号改造而成，之前被称为大西洋上的"灰狗"，后来被政府收购后改装用作陆军运输船。当时大量类似的运输舰往返于太平洋，在美国和菲律宾之间运送士兵，不过现在明显减少。生活在东方国家的那几年，我突然开始熟悉这些古老的船。有时，看着来来往往的船，一个个读着它们的名字，听起来非常亲切，感觉十分有趣。"格兰特"号、"谢尔曼"号、"谢里丹"号、"托马斯"号等，都是以美国杰出的将军命名，让人忆起那些美好的往昔。陆军后来把"汉考克"号移交给海军,主要原因是其耗煤量过大。如今,"汉考克"号被用作征兵船,停靠在布鲁克林海军基地①。

"汉考克"号主要为运送大量官员和随行人员设计,因此,船上的房间格外宽敞,十分舒适。船上除了我们,几乎没有其他乘客。因为有上级的特别指示,所以船上的物资供应十分充足,食物供给非常丰富。我想,这主要得感谢好心周全的威廉·麦金利先生。

威廉·麦金利先生在自己的任期内,一直很关心部下的生活起居。他来菲律宾委员会和我们住在一起时,这一点尤其让我印象深刻。我们还会时不时地收到总统适时发来的一两封电报,他常常夸奖我们的工作,或给我们提供一些其他消息。因为总统的鼓励和关心,在他周围工作的人总可以一直处于积极的思考状态,尽心尽力地服务于他,竭尽全力让

"汉考克"号

① 布鲁克林海军基地建于1801年,最初被称为纽约海军造船厂。——译者注

自己手头的工作更令他满意。我最美好的回忆或多或少都与威廉·麦金利总统领导下的政府有关。

第二届菲律宾委员会的组成人员除了我丈夫威廉·霍华德·塔夫脱，还有来自田纳西州孟菲斯市的卢克·E.赖特将军[①]、佛蒙特的亨利·C.伊德法官[②]、密歇根大学的迪安·C.伍斯特教授以及加利福尼亚大学的伯纳德·摩西教授。我觉得有必要简要介绍一下随我丈夫一起去菲律宾的同僚以及他们的家庭成员。待在菲律宾的四年是我人生中最美好的时光，能遇见他们真的很幸运。当时，我们奔着同一个目标而去，可以说命运时刻相连。初到马尼拉时，我们遭遇的重重困难让必须团结一致的友谊纽带变得更加牢不可破。其中有菲律宾人的抵抗，也有军政府人员的故意拆台——因为委员会即将取而代之，所以他们并不甘心。

委员会成员来自美国各地的不同社区，口音和家庭传统截然不同，各自的工作性质也完全不同。

卢克·E.赖特将军是民主党人，也是田纳西州数一数二的律师。早在美国内战时，他就已经担任联邦陆军中尉。接受菲律宾外派任务时，他在孟菲斯法律界已经颇有名气。然而他获得的最高荣誉并非源于战争中的勇敢，而是因为他敢于拯救孟菲斯于危难之中。孟菲斯当时完全笼罩在流行性黄热病的巨大恐惧之中，卢克·E.赖特将军不遗余力地救民于水火。虽然不记得具体时间，但那时候流行病迅速蔓延并失控，只要能走的人都离开了这座城市，唯有卢克·E.赖特将军留了下来，并竭尽所能控制疾病的疯狂蔓延。

卢克·E.赖特夫人是联邦海军舰队司令塞姆斯将军的女儿，战后一段时间曾随父亲游历墨西哥及其他国家，因而年纪轻轻就见多识广，

[①] 卢克·E.赖特（1846—1922），美国著名政治人物，1904年至1906年期间担任菲律宾总督，1908年至1909年期间担任美国战争部长。——译者注
[②] 亨利·C.伊德（1844—1921），美国法官、殖民地专员、驻菲律宾大使和总督。——译者注

卢克·E. 赖特将军（1846—1922）

亨利·C.伊德（右）（1844—1921）与威廉·霍华德·塔夫脱（中）

开明豁达。塞姆斯将军是个杰出的语言学家。卢克·E. 赖特夫人继承了他的天赋,早在少女时代就学会了西班牙语,因此,刚到马尼拉那会儿,她只是恢复使用西班牙语而已。卢克·E. 赖特将军夫妇只带了十四岁的女儿卡特里娜一同前往菲律宾。他们的儿子①起初并没有一起前往菲律宾。

总体看,卢克·E. 赖特将军无疑很擅长社交,是委员会中最讨人喜欢的人之一,极其幽默。他讲述个人经历时尤其显得机智诙谐,让大

菲律宾委员会成员合影,其中坐着的人为卢克·E. 赖特将军(左)和威廉·霍华德·塔夫脱(右)

---

① 其中一个是海军军官。——原注

家乐得与之相伴。他很爱玩皮纳克尔①纸牌，船上几乎所有人都学会了这个游戏。卢克·E.赖特将军从不轻易发怒，说话亲切沉稳，与他妻子形成鲜明对比。卢克·E.赖特夫人易冲动，被卢克·E.赖特将军戏谑为"女人的道理"。

亨利·C.伊德法官是一个地地道道的佛蒙特人。他为人坚毅、果敢、粗犷，绝不是犹犹豫豫、新英格兰式的谨小慎微之人，他拥有典型的绿岭之州②性格。他在新罕布尔州和佛蒙特州各经营一所律师事务所，业务繁忙。他还与银行业有不少联系。比起一般律师，他了解一些与商贸、金融业相关的知识。此外，因为长期担任萨摩亚群岛③首席法官一职，他积累了足够的外交经验，通晓波利尼西亚种族的多样性特征。这一切对他后来开展菲律宾工作大有裨益。作为首席法官，他负责外交、领事和司法事务。当时英国和德国都是萨摩亚群岛的保护国，因此，他必须与英国和德国负责这些事务的政要打交道。事实上，亨利·C.伊德法官与许多国家的海军军官有社交往来，他们的船一旦出现问题就会从阿皮亚④打来电话。亨利·C.伊德法官是个鳏夫，有两个年幼的女儿，分别是安妮·伊德和玛乔丽·伊德。

亨利·C.伊德法官的两个女儿十分美丽动人，讨人喜爱，当时被人们称为"伊德姐妹花"。她们在萨摩亚度过了少女时代。萨摩亚风景如画的自然教育造就了她们行事毫无清教徒传统痕迹的特点。两姐妹都

---

① 皮纳克尔是一种有四十八张牌的扑克牌游戏，通常为二到四个人玩。玩家可以通过玩"恶作剧"得分，也可以通过将纸牌组合成游戏得分。因此，它被认为是"魔法结合"的一部分。——译者注
② 代指佛蒙特州。佛蒙特州是美国东北部新英格兰地区的一个州，是美国五十个州中人口第二少、面积第六小的州。2016年，它被评为美国最安全的州。——译者注
③ 萨摩亚群岛位于南太平洋中部，面积三千零三十平方公里，是波利尼西亚和大洋洲更广大地区的一部分。——译者注
④ 阿皮亚是萨摩亚的首都和最大的城市。——译者注

是彻头彻尾的乐天派,不受过时而无用的习俗和惯例的约束。对于在东方长大的西方人来说,能保有这样的性格实属不易。

两姐妹都曾经是罗伯特·路易斯·史蒂文森①的挚友。罗伯特·路易斯·史蒂文森是个体弱多病的作家,但极其热爱美丽的事物,姐姐安妮·伊德尤其招他喜欢。从他们互通的信件中可以发现,安妮·伊德出生于圣诞前后,童年缺乏照顾和关爱。

罗伯特·路易斯·史蒂文森不知怎么得知安妮·伊德完全不懂如何举办生日庆典,于是主动邀请安妮·伊德来家为他举办了一次生日庆典,

罗伯特·路易斯·史蒂文森(1850—1894)

---

① 罗伯特·路易斯·史蒂文森(1850—1894),苏格兰小说家、诗人、散文家、音乐家和旅行作家。他最著名的作品有《金银岛》《被绑架》等。——译者注

像庆贺自己的生日一样庆贺罗伯特·路易斯·史蒂文森的生日。我想,这也是一种值得保存、难以忘怀的经历与安慰。

自打我们第一次同行的旅程开始,我就以极大的热情和兴趣关注玛乔丽·伊德的发展。相比安妮·伊德,玛乔丽·伊德更加自由和无所顾忌。玛乔丽·伊德对旅途冒险的描写让人佩服至极,其中描写的很多人都是她和父亲旅途中初识的,她对追求者滑稽的描写常常会震撼到我们。与我们同行的还有坎德勒医生一家。坎德勒医生是个外科医生,带着妻子和两个小女儿。两姐妹非常聪明活泼,对什么都好奇。年轻的绅士和小姐们常常很吸引她们的注意力,其中也包括"伊德姐妹花"。但伊德姐妹俩偏偏不愿意被她们关注。这让两个小姑娘很生气,于是不礼貌地用手指着她们说,"黯然失色的伊德姐妹"。这样的幽默反而让伊德姐妹高兴。之后十三年,每次碰到我和威廉·霍华德·塔夫脱,伊德姐妹都会戏称自己为"黯然失色的伊德姐妹"。

伊德姐妹在马尼拉生活了六年。这六年中,马尼拉社交圈无人能超越她们的美丽。于是,伊德姐妹也就进入了更大的社交圈。亨利·C.伊德法官离开菲律宾后,安妮·伊德嫁给了伯克·科克伦先生,玛乔丽·伊德继续陪伴父亲。亨利·C.伊德法官后来被任命为西班牙公使,玛乔丽·伊德随父亲前往马德里,全面负责使馆内部事务,直到她与谢恩·莱斯利先生结婚并定居伦敦。

卢克·E.赖特将军、亨利·C.伊德法官和我丈夫都是律师出身,熟知法律和行政事务,这极大地促进了委员会组建菲律宾国民政府时的部署力。

迪安·C.伍斯特先生是密歇根大学的助理教授,也是佛蒙特人。他和亨利·C.伊德法官一样刚强坚毅,但不像亨利·C.伊德法官那样骨子里一本正经。也许亨利·C.伊德法官的个性正是源于萨摩亚的生活体验。

我们这群人中只有迪安·C.伍斯特先生从前去过菲律宾。在菲律宾的监护权因马尼拉湾战役①而落入美国之手前，迪安·C.伍斯特先生曾两次到菲律宾进行科学考察。访问期间，因为能讲一口流利的西班牙语②，迪安·C.伍斯特先生得以深入了解当地人文风俗以及岛上的动植物。乔治·杜威将军③的胜利让以往从未关注过这个角落的美国人睁大了眼睛。迪安·C.伍斯特先生有关菲律宾的书恰在此时出版。他首次被派往菲律宾也是因为这本书的缘故，但再度受总统先生委派完全是因为他恪尽职守、尽忠尽责。

迪安·C.伍斯特先生个头很大，看起来精明强干，也很有雄辩能力，虽然有时候显得粗鲁，但处事果敢。他夫人的外貌特征正好相反，典型的柔弱小女子，面容姣好，举止文雅，显得羞怯胆小。但事实上她有钢铁般百折不挠的意志。记得那时候我们都很担心她受不了菲律宾的气候，但她坚持下来了，陪着丈夫历经艰难险阻，走过千山万水，踏过丛林险滩，深入荒蛮的原始部落，从未有过任何怨言。她身体非常健康，仿佛生动地批驳了夸张的说法——菲律宾的气候对儿童身体有不良影响。他们带着两个小宝宝。当时，两个孩子都还小，都有一头纯白色的头发。其中一个当时相当娇弱，反而是在菲律宾变得强壮和健康起来。他们在菲律宾接受了正规学校教育，当然全都在美国政府创办的学校。

委员会最后一个成员是加利福尼亚大学政治与历史系教授伯纳德·摩西。他是康涅狄格州人，学术背景深厚，具有渊博的商贸知识，

---

① 马尼拉湾战役发生在1898年5月1日，美西战争期间。乔治·杜威海军准将率领的美国亚洲中队在帕特里西奥·蒙托乔海军少将的指挥下，与西班牙太平洋中队交战并摧毁了该中队。这场战役发生在菲律宾马尼拉湾，是美西战争的第一次主要交战，也是菲律宾历史上最具决定性的海战之一，标志着西班牙殖民时期的结束。——译者注
② 当时西班牙语是菲律宾通用语。——原注
③ 乔治·杜威（1837—1917），美国海军上将，美国历史上唯一一位获得这一头衔的人，因在美西战争期间赢得马尼拉湾战役而闻名。——译者注

乔治·杜威将军（1837—1917）

马尼拉湾战役中的西班牙舰队

马尼拉湾战役

同时又是历史学家和经济学家,而且还在学习政治学。伯纳德·摩西教授尤其熟悉西班牙和美洲的国家,曾经在南美许多共和国游历,并著有关于哥伦比亚宪法的读物。我丈夫一直认为威廉·麦金利总统在选择委员会成员的问题上非常明智。这些人在政府实务和基础研究等诸方面各有千秋。

伯纳德·摩西教授的妻子毕业于加利福尼亚大学,也是个很有魅力的女人。她有超凡的才智,能生动地描画所见所闻,非常有趣地叙述她观察到的和别人完全不同的事物。

伯纳德·摩西夫人写了本书叫《一个公务员妻子的非公务快报》。这本书生动准确地描述了菲律宾人在美国部队各种规章制度限制下的日常生活。这段时间通常被看作马尼拉历史上的"帝国时期",但同时正是开始筹建美国民权政府的时期。她的诙谐暗藏讽刺,日常生活中也非常幽默,给我们带来了许多快乐。

当然,我们这帮人中还有其他有趣的人,包括西班牙公使阿瑟·弗格森先生和妻子,出纳弗兰克·布兰根先生和妻子,以及几个带了家眷的私人秘书。从旧金山到檀香山的航程很轻松,航程转向热带方向后,气候逐渐温暖起来,船上最受欢迎的地方当然就是遮荫的甲板。"汉考特"号上的散步甲板很长,一直从船头延伸到船尾。按照专业术语,这种结构可以称为"全甲板"游轮。但对我而言,它就是一条很长的甲板,是一个可供活动的绝佳场所。委员会定期在某个船舱举行事务性会议,因此,船舱也就是会议舱了。工作之余他们每天都会绕着甲板长时间散步。我丈夫最勤快,走了一圈又一圈,直到和他一起散步的人都精疲力尽地逃走了,剩他一个人继续"长途跋涉"。我丈夫每天绕着甲板走上好几英里,每天走好几圈。计算圈数需要集中注意力,他对这项运动的热爱着实使懒散的旁观者紧张。我转了一圈后,更喜欢把时间花在皮纳克尔纸牌上。

第 3 章 前往菲律宾

总体看,那段海上时光很惬意。到檀香山时,我们已经像一个和谐而有趣的群体。

檀香山算是我第一次真正见识到的让人着迷的热带地区。一个四月的清晨,太平洋中部岛屿突然映入我的眼帘。白浪滔天的大海里,隐隐约约却又巍然矗立的远山,薄雾掩映下,让你找不到词描绘它的美。

美国式的活力、野心和进取后来给菲律宾群岛带来了实质性的变化,这些变化不仅在当时意义重大,还经住了时间的考验。我们一直对此交口称赞。提起瓦胡岛,难免想起夏威夷,我们的船经过钻石山①,直抵檀香山港口。威基基海岸两侧不断激起一层层滔天巨浪,蔚为壮观。檀香山是个现代化小城,放眼望去,群峰环抱,坐落在平缓狭小的绿色峡谷中。

从檀香山遥望钻石山

---

① 夏威夷岛上的一座火山。——译者注

庞奇包尔死火山[①]与远山相互呼应,美丽壮观的岛屿屹立于海上,无言地诉说着岿然不动的静态美。从科学测量结果看,这些岛屿离我们的物理距离并没那么遥远,但时间上却早于人类很多年。游客进港后印象最深的就是庞奇包尔死火山。火山上的一层光晕像金缕玉衣一样辉煌华丽,让游客赞叹不已。

甲板上映出满目苍翠的华彩。群山矗立之中,刺眼的阳光与跌落的树影交相辉映,形成鲜明对比,一派热带地区独有的旖旎景象。上岸后,看到的却是另一番景象。绿叶转而成为背景,花园里开满了鲜艳的木槿花,耀眼夺目,分外妖娆。我们离开檀香山的时候,檀香山就像一片花的海洋,大家全身挂满了"花饰"。"花饰"是当地人送别朋友或游客时常用的长彩带,用花瓣编制而成。

檀香山的繁花绿叶和高大的棕榈树总是让人流连忘返。让游客难以忘怀的还有独具特色的当地音乐。当地人以音乐表达永不停息的节日气氛,会在游客抵达码头的时候唱着歌表达好客之情。我们乘船离开时,歌声久久回荡在航船上空不肯散去。渐渐地,我们再也听不见一声声的道别。送别的歌曲最后唱道:"直到我们相见,直到我们再次相见。"游客无法忘怀夏威夷人的热情好客,歌声常驻游人心间。

刚一抵达檀香山港口,我们就得知黑死病已经在此肆虐很久,这也是我们第一次接触黑死病。之前已经有七十一起病例,死亡六十一人。有六位欧洲感染者,其中四人死亡。因此,我们刚泊好船,就由当地的卫生医疗人员卡麦医生接待。卡麦医生是海军医院的服务人员。陪同人员还有美国公使西维尔先生和总领事海华德先生。他们希望我们能上岸,但我们很犹豫,因为檀香山还在隔离期。如果上岸,他们也无法保证等我们到达横滨时,日本卫生人员会让我们通行。上岸意味着我们可能会

[①] 庞奇包尔死火山是一座位于夏威夷州檀香山上的死火山,也是太平洋国家纪念公墓的所在地。——译者注

第3章　前往菲律宾

陷入长期的隔离检疫，其中的不便和尴尬不必多说，但我们更耽误不起的是时间。因为过去的二十四天并没有新的疫情报告，所以上岸并没有特别的危险，主要问题是我们得推迟抵达日本的时间。出乎意料，众人对此意见完全一致。想到以后不可能再来此地，檀香山居然变得越来越有吸引力，于是大家决定在这里多待几天。但在登岸前，我们必须计划计划。我们给日本副领事写了封信，向他解释事情的起因和经过，最后他居然同意帮我们申请免除隔离。但日方也提出了条件，我们的航船只能停靠在洋流处，远离船坞。逗留期间，任何船员都不得离开船只上岸。我们一一应允，并开始着手计划这段时间的生活。留在檀香山的那几天我们一直住在船上，但有许多港务艇供我们使用。

旅居檀香山的美国人热情款待了我们。当时国会正在试图通过法案将夏威夷群岛归入美国管辖范围，对此大家难免忐忑不安。委员会的头等大事是去拜访夏威夷临时总统桑福德·巴拉德·多尔先生[①]，并随他一道面见财政部长戴蒙先生和内政部长杨先生。我们会见了几乎所有管理菲律宾群岛公共事务的人员，当然也受到热情款待。我们发现大家一心期待菲律宾能够归属美国。他们认识到我们这次菲律宾之行的重要使命，迫切希望能和委员会一起讨论这次远距离冒险对夏威夷群岛未来发展可能产生的影响。在我看来，没什么可以影响他们的热情好客。他们热情周到，给我们安排了很好的晚餐、午宴、茶会和招待会，偶尔还有观光旅游。

在檀香山我们可以做很多事。我很想写本书，但无论如何，我不想写成游记，而是记录下记忆向我涌来时我的真实感受。

夏威夷群岛有一段颇为浪漫的历史。因此，那儿的博物馆、公共建筑，甚至公墓都变得格外有趣，此外还有许多美丽的奇观值得一看。

---

① 桑福德·巴拉德·多尔（1844—1926），夏威夷群岛的律师和法学家。在推翻君主制之后，他一直担任夏威夷共和国的总统，直到夏威夷被美国吞并。——译者注

桑福德·巴拉德·多尔（左二）（1844—1926）

  人们会告诉你，到了檀香山，首先要去的地方就是努阿努帕里①。起初，我们一点也不明白到底为什么先去那里，但努阿努帕里就是一个必须要去的地方，所以我们第一天就去了。我们的车子在蜿蜒的公路上缓缓行驶，沿途有清澈见底、川流不息的山涧小溪，穿过一排排美丽的乡村住宅，一直走到帕里。"帕里"意为"跳伞的地方"。公路在悬崖峭壁处急转直下，蜿蜒地通向峡谷的另一面。以为是悬崖峭壁处，却突然发现前方有路可走，着实让人吃惊。帕里是太平洋各种飓风的通风口，还没形成强大威力的飓风几乎都要从此而过，其特点不言自明——从来

---

① 努阿努帕里是位于瓦胡岛努阿努帕里山谷的迎风悬崖。它可以俯瞰瓦胡岛的迎风（东北）海岸。——译者注

不平静。走过通风关口的悬崖峭壁,山势逐渐趋缓,我们紧贴着崖壁,风还是掀翻了我们的帽子,大家只好裹紧大衣外套。尴尬难行之时,眼前的景色却壮丽非凡。只见阳光穿透了海水,把珊瑚礁照耀得五彩缤纷,紫色的、玫瑰色的、湛蓝色的,一片刀削斧劈的崖壁怪石凌云地直指天空。绿色平原一直铺展到海岸,被海水冲刷过的沙滩像丝带一样环绕着大海,放眼望去,一切美景尽收眼底。现在想想当时的情景,乍看起来,帕里并没那么壮观,但一旦你知道这里曾经上演过的一段野蛮的历史,就会发现它的奇异之处。帕里曾经是各大暴徒联合反抗卡美哈梅哈二世①统治的地方,卡美哈梅哈二世曾经在这里被逼上绝路。当然,游

卡美哈梅哈二世(1797—1824)

---

① 卡美哈梅哈二世(1797—1824),夏威夷王国的第二位国王。——译者注

牧部落的人也无路可逃，身后全是卡美哈梅哈二世荷枪实弹的部队，双方都在劫难逃。这类真实事件远比神话更有魅力，也给帕里的壮美增加了几分惊险和刺激。

彩绘鱼水族馆的美同样让人无法描绘。强烈阳光的照耀下，热带海洋珊瑚浅滩和鱼都像是渡上了五彩缤纷的颜色。离开水族馆，卡特先生带我们去威基基海滩冲浪，晒日光浴，或者更确切地说，去玩水上冲浪。卡特先生是美属殖民地重要的管理人员，后来担任夏威夷群岛总督。

在威基基海滩，冲浪是一项特别刺激的活动。浪头看起来又高又猛，一般人不敢轻易尝试。但当你看到棕色皮肤的当地人泰然自若地站在一块狭长的冲浪板上，像赫尔墨斯一样俊美，穿条泳裤在汹涌的浪涛里翻滚驰骋时，也会忍不住跃跃欲试。禁不住大家鼓动，我终于下决心和其他人一起下水冒险一试。穿上泳衣后，有人把我们带上远离浪头的独木舟。独木舟很长，每条船舷外都有支架。我们骑在浪头上闯入波涛翻滚的大海，船头船尾也都有当地人坐镇，划着宽大的船桨保持航行方向不发生偏离。这种完全不同的冲浪形式比单独冲浪更安全，但当地人充满冒险的表演对我们来说依然惊险异常，随时可能有生命危险。我们一行人没人是游泳健将。每个人都忐忑不安，刚开始，有人往浅滩的水里跳，一个接一个，跳进泡沫翻滚的海水里，然后人群一阵骚动。事实上，有两个同伴险遭不测，我们竟然丝毫没有察觉。卢克·E. 赖特将军和亨利·C.伊德法官被凶险的浪头打翻了，亨利·C.伊德法官立刻开始大声呼救，竭力引起大家注意，但我们误以为他的求救信号是太过激动的表现。好在海水把他冲上了岸，不然十有八九会淹死。卢克·E.赖特将军虽然更通水性，自救能力更强，但两人爬上岸后，全都一副惊魂未定的样子。

第3章　前往菲律宾

夏威夷号称"太平洋上的天堂",我们在夏威夷待了四天,其间去了很多有趣的地方,了解了不少当地奇怪的风俗,出席了很多盛会。我得说,我们并不是经常有这样的机会,偶尔而已,所以特别吸引人。由于礼节的原因,我这一生品尝过各种奇怪地方的奇怪食物,甚至可以说其中一些食物真的有点难以接受。但对我来说,山芋就是山芋,没什么特别之处,但在当地是一道正宗的夏威夷菜。当地人常拿它待客,就像我们与远道而来的朋友一起共进"圣餐",以示礼节和款待。常住檀香山的美国人会把这道菜介绍给宾客——多半出于习俗,加上当地其他食物,共同组成"山芋全席"。尤其在夏威夷的时候,我们吃了很多次。山芋外皮有种很难闻的气味,像极了蟑螂贴。我尽可能去适应这种味道,但发现怎么也喜欢不起来。旅居檀香山的外国人都喜欢这种食物,在檀香山的美国人吃得津津有味,完全是夏威夷人的吃法,用手蘸着吃。

我们在檀香山的最后一天排得特别满:上午参观游玩,午宴过后冲浪一小时,然后去参加大型下午茶,晚上吃一餐菜色更丰富的"山芋全席"。我们穿着当地服饰席地而坐,头上、脖子上戴满了"花环"。外交部长莫特·史密斯先生特地邀请夏威夷乐队助兴。从夏威夷以前的国王威廉姆到最后一任卡拉卡瓦一世[①]都曾担任过乐队的队长。乐队表演了美妙的夏威夷小夜曲,其间不时穿插着精挑细选的歌剧。姑娘们身穿美艳的宽大长罩裙,头戴五彩花饰,为大家表演民间舞蹈。音乐、灯光、色彩,如此美丽,一直围绕在我们身边。再加上鱼和山芋等食物,每个人坐的位置都很窄小。很快我就完全没了感觉,疲惫不堪。送别的歌声响起时,我累到连说句"谢谢"的力气都没了。泊在港口的船只已经做好启程准备,黎明时分起锚开往日本。

---

① 卡拉卡瓦一世(1836—1891),夏威夷王国的最后一位国王,1874年2月12日登基,直到1891年1月20日在加利福尼亚的旧金山驾崩。——译者注

卡拉卡瓦一世

卡拉卡瓦一世(中)(1836—1891)与他的军事参谋人员

1900年5月10日晚上,我们的船航行到横滨①附近的入海口,再往前就是东京。我们沿着一段低洼的海岸线行驶了两个多小时才看到南边陡峭的悬崖,那里形成了一个巨大的外海港。

远处依稀可见的只有富士山。富士山高耸的山峰绵延不绝,我们不由地被深深吸引。我以前从屏幕上、扇面上和瓷器上见识过富士山,但完全想象不出它是什么样子。或许用富士山的别名"山峦皇后"更能准确表达它的婀娜多姿。整个山体高出海平面一万三千英尺,姿态优美,

19世纪末的横滨

① 横滨是日本第二大城市,仅次于东京,也是日本人口最多的城市。它是神奈川县的首府,位于东京南部的东京湾,本州岛主岛的坎托地区,是大东京地区的一个主要商业中心。——译者注

第3章 前往菲律宾

雄伟壮观。山巅上白雪皑皑，太阳西下的时候，被阳光照射得熠熠生辉。然后，巨大的黑暗的幕布滑落下来。

午夜光线暗淡，船行驶过防波堤之后几乎什么也看不见了，除了一些船只，以及一排排高大的建筑物，轮廓时隐时现，黑黢黢的难以辨认。往下看，街灯在一条宽大临水的街道上无限地延伸着，几乎看不到尽头。后来我才知道这是外滩。

我们想上岸，但明显不可能，只能停在防波堤外，等着医生上船。"等着医生上船"是每个到东方港口的游客必须的经历，到日本更是如此。一到横滨就要接受检查。沿海岸线往前拐个弯就是神户，在那里也一样得接受检查。从内海到长崎还要接受检查。无论你从哪里登上这片小心谨慎的国土，都得"等着医生上船"。

所幸，医生并没有让我们等太久。

1900年5月11日早上8时左右，六位很重要的系着金丝带医生标志的小个子男人从踏板上走来。我们其实很担心自己的勇敢行为是否真的让自己感染上了瘟疫，衷心祈祷船上没人出现病症。但因为有檀香山日本副领事的信任，我们着实希望日方能善良仁慈，友好处理。他们的确没让我们失望。医生仔细检查了船上的随行人员，但对我们只是走形式。事实上，他们还一个劲儿不停地道歉。开了健康证明后，他们便鞠躬致敬很礼貌地出去了。但我们也差点在劫难逃。第二天下午，查尔斯·菲尔普斯·塔夫脱的奶妈出现疑似咽喉肿痛症状，我们因此为查尔斯·菲尔普斯·塔夫脱和其他孩子担忧了好多天。下文我会进一步告诉你这种担心并非毫无根据。

为了写这本书，我读遍了我和丈夫此次旅途中写的信，居然发现当时我们提得最多的人是查尔斯·菲尔普斯·塔夫脱。我想那时候查尔斯·菲尔普斯·塔夫脱真的备受宠爱，人人都惯着他，表面上不许他这样那样，暗地里却纵容他，结果让他对错不分。好在他对此颇具幽默感，因而产生了意外的效果。无论好坏，所有后果的承担人当然是我。在给哥哥查尔斯·菲尔普斯·塔夫脱的信中，威廉·霍华德·塔夫脱是这样说的："查尔斯·菲尔普斯·塔夫脱还是一如既往地精力充沛，行事我行我素。我们都喊他龙卷风。刚上船的时候，我们都还在甲板上，他就在所有孩子中制造了轰动效应。我感觉他急需管教，希望他能够规规矩矩。玛利亚·赫伦、内莉和他姨妈安妮·赫伦都快成他的奴隶了，而我居然成了改善他道德修养的唯一希望。"这听起来像普通人家父亲的所思所想，因此，我觉得有必要在此转述。

查尔斯·菲尔普斯·塔夫脱的保姆贝西因发现可疑病症被带走并隔离起来，其间我们给他找了个日本奶妈。可能是因为害怕，日本奶妈一开始不愿给他喂饭。但她其实很耐心，像个忠犬一样跟在查尔斯·菲尔普斯·塔夫脱身后跑来跑去。结果查尔斯·菲尔普斯·塔夫脱很快就喜欢上她了，很快可以在少许实用的日语和英语之间互相切换。

横滨港首先引起我们注意的是美国巡洋舰"纽瓦克"号。"纽瓦克"号是亚洲舰队的旗舰，海军上将柯普福担任指挥官。我们刚走进防波堤，"纽瓦克"号就连发十七枚礼炮致敬。我们完全没明白是什么意思，之后才想起委员会成员都是部长级全权大使，礼炮是为我们一行人准备的。这是我丈夫有生以来第一次接受礼炮致敬，后来他坐到一定职位的时候，为了躲避向他怒吼的海军军舰礼炮的轰鸣，情愿乔装出行。我想，我丈夫职业生涯的第一次礼炮礼遇其实很令他欢欣鼓舞。

后来，我们知道"纽瓦克"号军舰由我们的一位老朋友麦卡拉舰长指挥。我们早在华盛顿的时候就认识麦卡拉舰长，那时候我丈夫担任司法部副部长。麦卡拉舰长曾经因揍了一位不守纪律、不服从指挥的水手被判停职一年，案子引发了公众的极大不快。应麦卡拉先生的要求，我丈夫威廉·霍华德·塔夫脱仔细研究了军事法庭的记录。当时，肖特先生担任他的法律顾问。麦卡拉舰长后来因为在古巴的关塔那摩战役中表

"纽瓦克"号

现勇猛而官复原职。他在菲律宾群岛任职期间也表现出色,成功地在卡加扬河①一带受降陆军和空军上将阿奎那多②。

麦卡拉舰长的智慧和热忱超乎寻常,之后联合远征军在中国为北京使馆区解围时③,他身先士卒,身负重伤。麦卡拉舰长十分清楚委员会菲律宾之行的重要性,不失时机地在他职权范围内给予委员会成员很周到的礼数。

上岸后不久,我们在格兰特大酒店舒舒服服地安顿下来。一位"纽瓦克"号军舰的海军上尉特意过来询问委员会什么时候可以接见上将,

阿奎那多(前排中间)(1869—1964)

---

① 卡加扬河是菲律宾最长、水量最大的河流。——译者注
② 阿奎那多(1869—1964),菲律宾革命家、政治家、军事领袖,被公认为菲律宾第一任,也是最年轻的总统(1899—1901)和亚洲宪政共和国的第一任总统。在菲律宾革命后期(1896—1898),他领导菲律宾军队首先对抗西班牙,最后是在美菲战争(1899—1901)期间对抗美国。他最终在宾州被捕,结束了总统生涯。——译者注
③ 有关八国联军侵华战争(1900年5月),中美对这段历史说法各有不同。——原注

第3章　前往菲律宾

并定下正式会晤的时间。麦卡拉舰长之前的来访属于非正式聊天。他给我们讲述了十一天来发生的很多事情。在海上航行的十一天，我们对世界几乎一无所知，正渴望着能有所了解。无线电时代到来之前，出海真的就是出海，你会对这个世界知之甚少。1900年是令人激动的一年。每个人都以恐怖的语言聊起可怕的义和团起义。麦卡拉舰长说"纽瓦克"号已经整装待发，随时准备开往中国。当时英国人正把南非的布尔人①往北逼，而我们自己也在菲律宾陷入重重困境。我们在菲律宾战场有支七千人的部队，听说杨将军正率军和吕宋②北部的狂热的宗教叛乱分子决战。那时候，我们感觉自己总是与世界大事有着千丝万缕的关联。

委员会离开"纽瓦克"号回访舰长，返回时带回了很多有价值的讯息。譬如，如何在日本旅行，东方人如何理家以及其他一些重要事情。其中还有一条让人兴奋的好消息得告诉他们的妻子，即我们会得到日本皇室的接待。这个消息真是令人兴奋。

海军是我印象中最正式的政府部门。你恐怕也会说联邦政府的各个部门也都很正式，但我对此深表怀疑。舰艇上非常注重礼仪，每个军官可能都记得自己曾经因为违背礼节和规章制度而受到严厉惩罚。因此，他们都得接受专业的外交培训，清楚交际礼仪，能机敏应对各个国家同行的交际礼节。

麦卡拉上校认为委员会成员相当于代理领事，等同于美国外交代表，因而觉得应该让日本皇室知道这件事，而且认为我们有必要见见日

---

① 布尔人指18世纪和19世纪大部分时间居住在南非的东开普省的荷兰语定居者的后裔。1652年到1795年，荷兰东印度公司控制了这个地区，但英国在1806年将其并入大英帝国。——译者注

② 吕宋岛是菲律宾最大、人口最多的岛屿，陆地面积在世界上排名第十五位。它是菲律宾的经济和政治中心，是菲律宾首都马尼拉和人口最多的城市奎松城的所在地，是世界上人口数量第四的岛屿。——译者注

义和团起义——义和团与八国联军交战

布尔战争中的英军

本天皇。但委员会成员从来没想过这件事。他们满脑子都是马尼拉那些不得不面对的重大问题，对繁文缛节几乎不去理会。我丈夫甚至调侃，天皇不会因为见不到他们而失眠。但从礼仪上考虑，我们理当前去拜访天皇。麦卡拉舰长也认为委员会成员的言行不能太过随意，最终说服委员会成员和常驻东京的美国公使申请与天皇会晤。委员会很快就得到消息，天皇说他一直都很期待他们的到来，而且相关事宜已经安排妥当。

委员会只有一周时间在日本逗留，停靠日本的初衷只是添加燃料，购置适合热带气候的衣物。很自然，大家也希望逗留期间可以在日本各处转转，因此，每天的行程安排都很满。横滨、东京和周围的景点都逛了个遍。我和姐姐玛利亚·赫伦打算留在日本避暑，因此，很多地方并没有与大家一同前往。

因为有我丈夫的参与，所以前往日光①的旅行令人难忘，主要是由于他高大身躯引来路人侧目。日本人对他的个头和身板很感兴趣。

日光位于东京以北，到东京的路程只需一天。到东京后，我们才发现火车站离宾馆很远，而且一路尽是陡坡，人力车成了唯一合适的交通工具。我丈夫爬进其中一辆人力车时，拉车的车夫发出一声怪叫。他翻着白眼，意思最明显不过，这位客人太重，让他不堪重负。最后，车夫说服了另外一个人来帮他推车，但他的压力并没有减少。车夫上第一个坡时，很多村民被他的怪叫声吸引，都跑出来盯着我们，和我们以前遇见过的情景一样，笑个不停。小个子人力车夫开始对着村民喋喋不休起来，呲牙咧嘴一副怪样子，结果村子里一多半人跑出来帮忙推车，车子好不容易才到了山顶。

"汉考克"号即将出发前往马尼拉的前两天，我们到访日本的消息不胫而走。其间，我们打算面见天皇和皇后。

---

① 日光是日本的一个市，日本和国际游客的热门旅游胜地。——译者注

第 3 章 前往菲律宾

1901 年印刷的日光各景点的海报

女士们最关心的自然是"我得穿什么衣服去?"我觉得我们应该穿晚礼服,很幸运我刚好买了 件,还从未上身,非常漂亮,很适合这样的场合。但前一天下午我们接到通知,一律穿高领拖裙裾的礼服。有裙裾的礼服很难配到合适的上装。我没有那样足够漂亮又符合要求的便宴服,因为我们要去的目的地是热带,衣料通常都是细薄棉布和亚麻制品,日本寒冷的五月根本没法穿。卢克·E.赖特夫人、迪安·C.伍斯特夫人、伯纳德·摩西夫人全都和我一样头疼。不过最终有关穿什么衣服的问题还是得到了圆满解决。我请一位在横滨的中国裁缝连夜赶制了一件花边衬衫,搭配晚礼服再好看不过。

亨利·C.伊德法官对这次会晤特别感兴趣,他非常开心女士们也可以一同前往。但后来,他才知道所谓的"女宾"只包括委员会成员的妻子。他懊恼不已,意味着他的两个漂亮女儿去不了。因此,我们也都理解会晤期间他的没精打采。

东京的皇宫并非古城北京的紫禁城，但从外围看，的确有点"禁"的意思，或者比后者还过。四周有一条又阔又深的护城河，河上间或架有拱桥。桥上的拱形扶栏修得雅致，很有观赏性。高大的石头墙在护城河的另一边特别显眼，除了低矮的屋顶从树梢间露出的层层叠叠的瓦片，宫殿里头的其他风光一样也看不见。皇家花园远比皇宫更吸引人。高墙里有好几个花园，如果不是急着去会晤天皇和皇后，我一定会在园子里逛逛，逗留片刻，看看四周有趣的景物。我们乘坐的马车只是匆匆而过，略过一幅幅令人陶醉的人工合成的艺术景观。湖中假山假石像极了湖心岛，岛上还有迷你的亭台楼阁矗立着，飞檐走壁上的青瓦依稀可见。刚修过的树木，雪白的纸窗，哪怕只是过目一扫，就那么片刻时间，一切都美得让人流连忘返。很快我们就在一幢低矮的灰色建筑物前停了下来，可是站在皇宫门口，我们依然感受不到自己已经抵达目的地。

来迎接的人带我们进了一间很宽敞的接待室，里面的陈设既不像日式也不像欧式，看起来是两者混搭。四壁装扮成一片金色树叶的模样，还有作装饰的日本画，颜色柔和，画面精致。但家具款式多半是厚重的舶来品样式，让我很意外。日本并没有被西方国家入侵过，却无端地承接西方习俗，甚至将西方习俗生硬地嫁接到自己独特的东方文明中。看起来，要么日本人真的喜欢西式又丑又笨的家居款式，要么不过是向我们表示友好，认为这是一种礼貌的恭维。

没过多久会晤就开始了。家眷和男人们分开，去另一个接待室。房间看起来大同小异，皇后和宫里三四个宫女一起在里面等候。见了她，我们深深地鞠了一躬，算是行大礼。虽然之前反复操练，但对我们来说还是有些困难。我们要等皇后陛下微笑着回了礼之后，才能站直了，然后偷空观察她。皇后陛下和宫女都穿着西式洋服，相比较穿她们自己的和服，看起来更瘦小了些。皇后陛下的脸庞看起来甜美，甚至多少有点羞怯，声音十分温柔。有个口译员翻译我们的谈话。谈话内容很普通，

明治皇后一条胜子(1849—1914)

日本明治天皇（1852—1912）

第 3 章　前往菲律宾

但皇后举止优雅，态度和蔼。我刚好阅读了有关日本历史的书籍，对日本古代天子制度很感兴趣。她对我们每一个人都赞美有加。过后不久我们行了女宾屈膝礼，然后退下，就这样结束了会晤。

我们的丈夫与天皇会晤，礼仪也差不多，当然，天皇陛下是单独依次地接见他们的。威廉·霍华德·塔夫脱第一个跟随内务部专管宫廷内部礼仪的大臣面见天皇。他进屋就鞠了躬，走到一半又鞠了躬，到天皇跟前再鞠一躬。其他人紧跟其后，学着样鞠躬。只不过在天皇接见我丈夫的时候，其他人得等在会晤室门口。长崎先生担任翻译，他说天皇陛下对菲律宾委员会的到来感到由衷的高兴，威廉·霍华德·塔夫脱则对此次会晤深表谢意。天皇问他以前是否来过日本，威廉·霍华德·塔夫脱回答"没来过"。天皇又问他何时离开日本，他回答道"两天之内，陛下"。这样一来一去，简单地结束了和天皇的会晤，退出房间，其他男士也一一接受类似的接见。

男士们在会晤结束后又重新与我们会合。在相关人员的带领下，我们兴致盎然地参观了皇宫其他房间。所有房间的布置一看就是日式和欧式艺术混搭。只要看一眼这样奇特的混搭场景就明白，日式物件和家居摆设明显漂亮得多。

日本皇室非常喜欢模仿欧洲的日常所用风格，效果令人叹为观止。数年后，我丈夫又独自出访日本。皇后请他转交给我一块仿哥白林双面挂毯，上面是哥伦比亚和伊莎贝拉女王会晤时的场景，精美得难以形容，但挂毯上的人看起来都有一种迷人的东方色彩。

我必须讲讲和这块挂毯相关的故事。当时我丈夫任战争部长，但我想强调的是我自己。因为挂毯的赠与对象是我，也的确和我相关。到家后我丈夫怀着极大的骄傲和满足把礼物拿出来欣赏，但在我看来，这张挂毯太大了，照我们当时的情形没法用。我表示很奇怪，为什么不想个办法改改尺寸。

我丈夫说:"行了,别担心。亲爱的,你应该知道,《宪法》不允许美国政府官员接受任何外国宫廷的赠与。我会把它送给华盛顿的史密森学会①。"

之前我以为遵守《宪法》的相关规定属于爱国行为。但这一次,我特别想留下挂毯。我并不是第一次面对《宪法》。我给我丈夫出了个难题,按照他说的就是个难题。这是日本皇后赠送给我的,我想私自留下来,哪怕就那么一阵子。我费尽口舌说服他。我并非官员,而身为政府官员的他与日本皇后送给我的礼物没有任何关系。

我丈夫一如既往地维护《宪法》,坚决不让步。我只好上奏西奥多·罗斯福总统,请他裁决。总统同意我的请求,并认为我只是个普通

西奥多·罗斯福总统(1858—1919)

---

① 史密森学会于1846年8月10日成立,旨在探索和传播知识,是由美国政府管理的一批博物馆和研究中心。这个机构是以它的创始捐赠者,英国科学家詹姆斯·史密森命名的。最初组织名为"美国国家博物馆"。1967年,这个名字不再作为行政机构名称存在。——译者注

公民，完全有权接受礼物。当然，后来我捐出了挂毯，贵客可以在白宫餐厅的一面空墙上欣赏到它。那些有兴致欣赏这张挂毯的客人总是倾力追根溯源，但全都枉费心机。

还是回到那次集体会晤。最后我们依次在皇室相册上签名，会晤结束。随后，我们有幸去了美国公使馆。公使馆专程为我们安排了午宴。当时，公使馆还没有升级为大使馆。公使先生安排的午宴很丰盛。当时驻东京的公使是乔治亚州的巴克先生，他为人谦和又平易近人，邀请了不少他熟识的外交界同仁介绍我们认识。我们第一次见到俄罗斯公使罗森男爵及其夫人，后来我们一起在华盛顿共事。

用餐时，我左边是公使先生，右边是皇宫内侍三宫男爵，我们曾见过面。我对三宫男爵夫人很感兴趣，她是个英国人，个头是她丈夫的两倍。

威廉·霍华德·塔夫脱曾请求公使邀请他的老同学田尻稻次郎男爵。耶鲁求学时期，大家都称他"田尻"。他和我丈夫名字的前两个字母都是ta，按字母排座位的时候两人同座，相交渐厚。威廉·霍华德·塔夫脱很期待和他在日本重续友谊。田尻稻次郎和大部分日本人身材差不多，略显矮小，因为学英文的时候年龄偏大，他说的英文无法让人轻易听懂。但他在耶鲁大学学到了广博的商业和金融知识，现在是长野财政部长助理。他积极参与了日本货币从银本位发展到金本位的过程，而这一过程又让日本迈向世界权力巅峰的脚步前进了一大步。田尻稻次郎也因此获得终身贵族身份，并进入参议院。午宴上他穿了一件双排扣长礼服。威廉·霍华德·塔夫脱认出来这是19世纪70年代耶鲁大学老同学的标志性服装。当时，这是日本人唯一喜欢穿的外国服装，但只偶尔在特殊的"外交场合"或者法庭上穿穿，平时都叠得整整齐齐地收好，不到必要的时候他们绝不会穿。丝绸的大礼帽也一样，终归是大礼帽。类似的老式物件并不会让他们觉得有什么不好，他们也绝不会在意大礼帽起了绒球。

从长野退职后，田尻稻次郎希望获得财政部长一职。但他却被任命为审计委员会主任——一个终身职位。我丈夫第二次到访日本时从女侯爵那里得知此事。女侯爵现在是大山公主，她告诉我们说，这事让田尻稻次郎一蹶不振，从此过上隐居生活。威廉·霍华德·塔夫脱每次去日本，都试图掘地三尺，想尽办法去找他，但此后再也未见到田尻稻次郎。

我们是第一拨参观了美国政府所有公使馆的美国人，而且非常想去看看驻东京的公使馆。公使馆房屋看起来并不像原本应该有的模样，不过四周很开阔，漂亮的场地像个庭院。相比国会颁布的有失尊严和令人悲哀的有关派驻外国首都代表的政策，我们很乐意把这看作我们的荣耀。这里比我们曾经拜访过的其他美国驻外公使馆好得多。其他公使馆通常几乎什么也没有。

因为卢克·E.赖特夫人和女儿卡特里娜决定和我们一起留在横滨避暑，所以我们一起在悬崖之家租了个小屋，打算让自己过得舒舒服服的。这个地方住了很多外国人。

两天后，委员会成员及其家属等一干人都登上"汉考克"号，启程前往马尼拉。我们从港务码头上向他们挥手告别，目送他们远去。

第4章
在日本

把几个人同时隔离在一个小屋子里，紧闭着的房门背后，每一个人都被打上最危险的标识，严重而黑暗的传染病——白喉。你绝不想在一个陌生而有趣的国家，以感染上这种病来开始一段旅行。

查尔斯·菲尔普斯·塔夫脱的奶妈贝西刚从横滨的隔离区出来，我们的大儿子罗伯特·阿尔方索·塔夫脱就出现了可疑症状，医生确诊为白喉。威廉·霍华德·塔夫脱去马尼拉之前，罗伯特·阿尔方索·塔夫脱出现了咽喉疼痛的症状。威廉·霍华德·塔夫脱很担心，不想离开我们。但新型免疫血清可以治疗白喉，让我们觉得白喉不再那么恐怖。加上我们有个十分优秀的美国医生埃尔里奇，我坚信没理由过于担忧。

海伦·塔夫脱·曼宁、查尔斯·菲尔普斯·塔夫脱和其他小婴儿住在格兰大酒店，由奶妈照料。卢克·E. 赖特夫人、玛利亚·赫伦还有我被隔离了很长一段时间。虽然罗伯特·阿尔方索·塔夫脱的咽喉肿痛没怎么恶化，但一直不见好转。整整三周后，我们才回到这个不太欢迎我们的世界。因为长时间隔离，人人都对我们避之不及，就算医生宣布我们并无威胁也无济于事。

被隔离的三周，我们三人特别希望回到自己的祖国，那里至少会听见朋友远远地打听和问候我们的病情，而不是被隔绝在一个偏远的处所，听着外面街道上陌生的语言。当然，外面世界的每一个角落都是我们渴望探索的地方。

我们租住的房屋妙不可言。事实上，在我看来，几乎所有外国人在日本住的房屋都有一种迷人的美。西方建筑物换以日式精致的室内装修可谓绝配。尤其日本独特的环境，更显出混搭艺术的精妙。日本景观极具日式特色，但无论花园看起来多么外国化，终究不会掩盖它独特而又明了的东方韵味。

横滨租界有个宽敞的商业区，建得十分牢固，正对面是悬崖，与港口的低洼地带相连。悬崖之家是个美丽的花园小区，站在上面俯瞰，一端是港口、城市和太平洋，视野显得很开阔；另一端向内陆延伸，一直

横滨租界商业区外国人的商铺

第4章 在日本

绵延至远处的山峦之巅，又形成深不见底的峡谷。当地居民在峡谷平坦的地方建了许多房屋，一派五彩缤纷的景象，东方式的喧闹声不绝于耳。村子被绿色的梯田环绕着，稻子长得郁郁葱葱。山峦叠嶂的地方尽是深绿色的日本松树，长势奇特怪异。

我们的房子在内侧，是一片联排平房，还有个打理得不错的花园，可以俯瞰峡谷。对面山上有一座日式寺庙，看起来是一栋古色古香的建筑。寺庙屋顶平坦，门前有一块巨大的石刻牌坊。里面和尚的祷告声和木鱼的笃笃声相伴而鸣，一阵接一阵，永无止境。与此同时，狭窄街道上流动小贩的叫卖声不绝于耳。整个夜晚都可以听见盲人按摩师的吆喝声。盲人们拄着探路的竹杖，挨家挨户地兜售生意。我们会时不时地听到寺庙的铜钟传来震耳欲聋的声音。

我们房屋的主人是个英国人，当时正好回英国度假去了。我们一并租下了整座房子，整套家具，还包括一个叫松隆子的女人。她既是女侍者又是女管家，虽然身材矮小但效率很高。除了松隆子，还有一个很棒的厨子。两人精打细算，把家务安排得井井有条。我从来没见过和他们一样好的家佣，有时候甚至感觉他们过于节俭以至于食物常常不够。除去查尔斯·菲尔普斯·塔夫脱，就是我们的小儿子，当时家里有六口人。松隆子每次只准备六份吃食，六份猪排、六份炸肉丸，也许是六份鱼丸，但永远就只有六份，不多不少。有时候我们也会想点办法事先通告一声，说有客人来。

松隆子会问："到底几个人？"

我们回答道："哦，也许两个。"

于是她便奉上八份猪排，或者八份炸肉丸，或者其他一点什么，但只有八份。我们不能每次都使同样的招数，因为担心如果每次客人都来不齐，恐怕等我们真要举办派对的时候就会陷入狼来了的窘境。很庆幸，事实上从没出现过这样的尴尬，松隆子每次都会遵照吩咐。

但也会有客人不期而至的时候,我们只好实施"礼让客人,自家挨饿"的原则。

当然,因为松隆子可以把控好一切,所以我们也没什么可抱怨的。她有当地人的聪明伶俐,从来不会忽略自己唾手可得的利益。此前有人警告我们小心日本仆从,但松隆子的确是个诚实的人,没有一些东方人狡猾奸诈的特质。很大程度上,松隆子让我们可以从家务责任中解脱出来,有闲暇时间逛逛周围吸引人的小店,甚至可以出个远门,开心地徜徉于山水之间。

被隔离的那阵子,我们收到了我丈夫寄来的第一封信。那时他们的船已经航行到对我们来说很远的地方,远到遥不可及。我非常高兴能收到他的信。"汉考克"号经停神户,后来又继续前往长崎逗留两天补充

19世纪末的神户

第4章 在日本

燃料。从那次起，委员会成员因为行程耽搁而大为生气，非常希望早些抵达马尼拉接手工作，但因为一些公事，他们得先去香港。我当时收到的第一封长信就是从香港寄来的。英国当局按常规与他们一行人会晤，不外乎虚伪浮华的相互拜访和晚宴、午宴、贵宾俱乐部、八卦闲聊等一系列活动。但他们真正感兴趣的是首次会见菲律宾顽固分子。

在经历了长达三个世纪的基督教熏陶后，这种唯一的宗教教育形式因为某些原因，譬如教士独大，导致菲律宾人奋起反抗，要求在一定程度上掌控自己的事务，获得自主权和发言权等等。敌对矛盾的形成有很久远的历史渊源，我们的描述只能点到为止。

斗争徒劳地持续了很长时间，但西班牙和美国之间的战争使局势得到彻底扭转。战争出乎意料地将毫无希望的梦想摆在了菲律宾人面前。自从麦哲伦第一次航海到此，菲律宾便开始受西班牙统治。菲律宾人眼看着西班牙败落，从岛上撤出。但同时，另一面国旗在城墙要塞上高高升起。大批菲律宾有识之士、富人和知识分子联合起来开始要求独立，不少美国人也表示支持。一些政府工作人员对这种局面的形成起到了推波助澜的作用。接管菲律宾后，他们完全不顾现实，给予所谓的支持。这是他们早期得以成功的主要原因。

美国人的思想源自我们的先辈，即为独立而奋斗。控制他人实现自己意愿的统治方式和我们所珍视的独立原则大相径庭。然而，他们对菲律宾的现实缺乏考虑。菲律宾人其实都是马来人[①]，接受过基础教育的人连百分之十都没有，大多习惯于神权所控制的极权政府，管理人民事务谈不上有什么好的经验。政府官员没有考虑到在发动独立革命一个半世纪前，我们先辈早就开始了真正意义上的自治。训练和传统使我们更适合自治，同时，也使自治产生的良性效果比世界上任何国家和地区都

[①] 马来人是对东南亚群岛许多不同少数民族的总称。——译者注

更清晰明了。接管菲律宾后，政府官员无视当地传统，强推菲律宾实现自治和独立。他们沉湎于感性情绪，驱逐理性和思想，因此陷入了难以摆脱的局面。西班牙统治期间，菲律宾人从来没有公开表达试图完全独立的想法。然而，高高飘扬着的新国旗却是象征言论自由、舆论自由等一系列自由的国旗。即便最有想象力的菲律宾人，恐怕做梦也没想到过这一点。于是，对抗过西班牙政权的知识分子，以及在反对西班牙宗教统治过程中品尝过权力的甜蜜滋味的人，奋起想取而代之。顷刻间，独立民主、自由平等和不受管束等观念在无知的民众中被当作一种甜蜜的诱惑扩散开来。结果可想而知，即当美国政府真正着手面对这一问题的时候，要求我们立即撤离的呼声几乎完全一致。

但这几乎不可能。阿奎那多尝试执政六个月后，最终归于失败。在他的统治下，政府腐败猖獗，政事一片混乱，国库空虚，国家岌岌可危。美国人很快意识到，"独立"在菲律宾最多只意味着少数人对多数人的无情剥削。菲律宾由此陷入前所未有的困境。我们因此留了下来，但除此之外，我们其实什么也做不了。乔治·杜威上将的军舰开到马尼拉湾时，当地的反政府暴乱此起彼伏。最初我们一筹莫展，几个月后，一个又一个反对派头目来到马尼拉宣誓与美国合作，放弃敌对状态，寻求国泰民安。然而，随着和平进程的推进，个别暴乱头目顽固不化，要么占山为王，烧杀劫掠，要么去中国香港，加入所谓的小菲律宾殖民地。香港的殖民地政府至今仍然存在，俗称"军政府"[①]。他们的营生就是窃取机密、密谋暴动、走私军火、蛊惑人心、筹措钱财和播散敌意，由此体现该组织的价值和存在的必然性。

"顽固分子"采用独特的方式达到自己的目的。主要包括胁迫、暗杀和恐吓生活在菲律宾国内，不想惹麻烦的菲律宾人。他们臭名昭著，

---

① 通常指用武力夺权产生的军政府。——译者注

第4章 在日本

胁迫大麻和烟草种植商按他们的定价交易，然后由他们在中国香港按市价出售，中间差价足以让他们大发横财。

这就是第二任菲律宾委员会抵达菲律宾时的大致情形。我丈夫在香港见到了他平生见过的第一批菲律宾人。这些人并非军政府人员，但都是富裕、厌战，来香港避难的上流人士，通称为西班牙探险家的名字"赫纳恩·科斯特"[①]。很多上流人士长期处于暗杀威胁之中，因为支持反对西班牙政府的暴动被没收财产，试图寻求美国政府庇护和补偿，希望委员会保护民众，加快美国在菲律宾诸岛的和平建设速度。

这时候出现了另外一个人物——阿塔乔。在反抗西班牙统治的暴动中，阿塔乔曾经是阿奎那多的竞争对手。乔治·杜威将军进驻马尼拉时，选择阿奎那多作为菲律宾部队领袖，阿塔乔怀恨在心。他对自己不得不背井离乡，避难于香港耿耿于怀。他公开批评军政府的无知，也没有明确表示对美国政府忠诚。阿塔乔身边有个"秘书"，非常认真地聆听他所说的一切。鉴于阿塔乔说话时的谨小慎微，威廉·霍华德·塔夫脱决定观察观察，看他是否与军政府有某种牵连，至少他要能"保持中立"。事实上，他早就做了"未雨绸缪的打算"。一旦美国在菲律宾成功建立国民政府，和美方建立联系就很容易了。可想而知，他们谈话一定非常具有外交特色，妙趣横生而又灵活机动。

委员会还有一件必须做的事，即保障中国侍者的安全。这很有必要，因为有人告诉他们，由于马尼拉社会长期动荡，请菲律宾人并不可靠。

"纽瓦克"号麦卡拉舰长在横滨的时候曾经给我丈夫修书一封，请他转交给一个叫L.查尔斯的人。L.查尔斯是个中国人，在香港经营一家职业介绍所。L.查尔斯出现在"汉考克"号给威廉·霍华德·塔夫脱送回信时，为我们带来了令人兴奋的好消息：上海来的中国仆人过几天就会到。威廉·霍华德·塔夫脱很吃惊，表示对此毫不知情。但L.查

[①] 赫纳恩·科斯特是最早将南美洲提神醒脑的可可种子带到欧洲的探险家。——译者注

尔斯微笑着向他解释说这是乔治·杜威上将的意思。我丈夫猛然想起几个月前在华盛顿的时候，乔治·杜威上将就提醒过我们，通过 L. 查尔斯认识的中国人阿仁为我们找到了中国仆人，可我丈夫却忘得一干二净。

阿仁送我们一行人上船，其中有人很骄傲地从"布鲁克林"号长官手里拿到了一张便条，由乔治·杜威上将的仆人阿仁转交给阿新：

> 给你介绍的人家是马尼拉新任总督威廉·霍华德·塔夫脱一家。1900 年 4 月 1 日，他从这里出发前往马尼拉。上将让我给你写信，希望你能帮威廉·霍华德·塔夫脱先生找几个得力的中国仆人。他们需要一个像我一样出色的厨师，另外还要两个专门伺候进餐事宜的仆人，一个男管家，一个像你一样尽责尽力的男仆。总之就是要老实尽责，上将将不胜感激。

你的朋友

阿仁

在东方，这事是典型的"走路子"。通俗意义看，就是"熟人好办事"。原本这只是中国人的处事之道，后来在其他国家和地区广为流行。这就是所谓的东方魅力。

委员会成员在日本停留的目的主要是准备适合热带气候的白鸭毛和亚麻衣物。但很不幸，我丈夫找不到任何能穿得上的衣服。一开始我们就热烈议论他应该穿什么款式，并向他保证"直筒上装"是最舒适的男士衣衫。直筒上装圆领很高，扣子一直到下巴，其实就是普通的军装夹克。穿这种衣服除了短裤和长裤，里面不需要衬衫、领子、领带等，很适合热带地区。但出乎我意料的是，这种款式对身材要求很苛刻，我丈夫身材缺陷尽显。所以我试图劝说他只穿男士便装，用短上衣搭配日常

"布鲁克林"号

配饰。横滨让我丈夫心痛，他又满怀希望地奔香港而去，他听说那里有手艺高超的裁缝师傅。但实际情况并非如此，在写给我的信中他对香港的裁缝特别反感和厌恶。他几乎走遍香港所有服装店也没找到合适的衣服。按理，香港有不少大个子英国人，应该有尺码大的男装，结果显然没有。所以他的一切衣物，包括鞋子、袜子、内裤、衬衫、领带和帽子，都只能量身定做，但最后还是穿不了。

我丈夫的来信里满是陌生姓名，还有暗杀、军火走私、阴谋叛变和社会动荡等，让我感到他将要去的国度非常危险，随时可能遭遇谋杀。然后我又安慰自己，我丈夫又不是自己只身前往。阿瑟·麦克阿瑟将军①和七万将士在必要的时候一定会倾力相助保护他们。

我们在横滨的生活很安宁。门口隔离的黄牌取下之后，邻居逐渐开始来拜访我们。我们没有责备邻居的意思，毫无疑问，他们不会那么傻，为了礼节而让自己陷入感染白喉的风险。无论是委员会成员离开前还是离开后，生活在横滨的美国公民 T. 威廉姆·麦基弗夫妇都对我们礼貌款待，热情有加。

T. 威廉姆·麦基弗先生曾经做过美国驻日总领事。我们认识他的时候，他正在经营一家私人律师事务所，代理美国烟草公司和其他大型国外业务。中日战争期间，T. 威廉姆·麦基弗先生正好做总领事。他很关心和照拂中国人，帮助近八千中国人逃离。他还作为代表与日本政府谈判，主要涉及外国在日的商业社区、外国驻日租界区和安置区是否应该纳税一事。

根据条约规定，日本政府授予租界区永久租借权，条件是外国人得按时向日本政府缴纳地租。当然，地租也不得随意涨到超过某个数额。但因为日本政府现在急于用钱，想方设法向民众征税，向这块领土上所

---

① 阿瑟·麦克阿瑟（1845—1912），美国陆军上将。1900 年被派往菲律宾任军事总督，但由于和平民总督威廉·霍华德·塔夫脱发生冲突，他的任期仅一年就结束。——译者注

阿瑟·麦克阿瑟将军（左二）（1845—1912）与下属

有房屋的改造和修缮收税。其理论依据是，所有相关改造和修缮并非原本就有，所以应当属于地产的一部分。但依据民法通则的相关条款，超出地租的不动产都不应征税，日本政府的行为明显与这一条款相悖。由于日本法律并没有过多考虑这个问题，造成了一个新问题：解释的时候应当以日本法律为依据还是以外国法律为依据。我们逗留日本期间，曾反复讨论这个问题，巴克公使还专门征询了华盛顿美国国务院的意见。

我们和西德摩尔夫人共进晚餐，之后又和她有多次交往。西德摩尔夫人是伊莉莎·拉玛哈·西德摩尔的母亲。伊莉莎·拉玛哈·西德摩尔主要写远东国家的故事，我认为她是东方最有名气的外国人。早在日本向世界打开国门不久，西德摩尔夫人就一直居住于此。我们相识的时候，她的儿子正在公使馆工作。她在外滩有一所非常漂亮的房子，里面收藏了一些日本古玩和艺术品。我估计西德摩尔夫人当时已近八十岁，但依然活泼开朗，朝气蓬勃，像个五十岁的女人。我最后一次见到西德摩尔夫人是在长崎，她已经将近九十岁。她儿子那时候任美国领事，招待我们的午宴很丰盛。她衣着讲究，像个时尚的少女，雪白的银发高高盘起，披着一袭白色丝质长裙。她坐在人群中，讨论着时下热门话题，兴致勃勃，反应敏锐。后来，她儿子到大韩帝国的汉城任总领事，她又随儿子去了汉城，帮忙"看护家园"。当然，在那里她依然是交际"女王"。

孩子们有了保姆的照料，卢克·E.赖特夫人、玛利亚·赫伦和我开始四处游历，譬如日光、镰仓和京都等一些很有意思的地方。旅游间隙我们去购物，但其实很多时候我们得控制自己的购物欲。每次看到一个特别有吸引力的小店铺都得控制自己什么都想买的欲望。接近1900年7月下旬的时候，因为实在无法忍受横滨的酷热，我们去箱根

第4章 在日本

山①的宫下温泉避暑。旅途中我们得先乘火车，然后从火车站沿线的一个村子出发，坐两个小时人力车，沿途还得翻越陡坡。那时候压根没什么适合"欧洲人"的客栈，日本客栈对日本人来说极好，但在我们看来似乎并不适合做客栈。下了火车已经是晚上7时，卢克·E.赖特夫人，她的侍女，她女儿卡特里娜，我姐姐玛利亚·赫伦，我的三个孩子，保姆贝西还有我，一行人都只想赶紧吃晚餐，于是我们决定先吃饭。当然，我们必须挑个一切俱为西式的客栈，包括晚餐服务形式、打发那天夜晚的方式等。可以说那是我记忆中所度过的最黑暗的夜晚。我们花了很长时间争论黑夜坐两个小时的人力车是否合适，但车夫喋

箱根山

---

① 日本本州岛东南部城镇。——译者注

喋不休地劝说，当然主要靠手势和表情，居然让我们深信，这是世上最值得一做的事情。顺便提一下，虽然我们不喜欢日本没床的客栈，但我们还是希望尽快到达目的地。于是我们分别坐上八辆人力车出发了。其中六辆坐人，两辆堆满了手提包之类的行李。海伦·塔夫脱·曼宁和罗伯特·阿尔方索·塔夫脱同乘一辆车，我带着查尔斯·菲尔普斯·塔夫脱坐一辆，每辆车另外还有一个车夫在后面推，放行李的车也一样。所以总共有十六个车夫。我们一队人马浩浩荡荡地出发了，真的有点过节的欢乐气氛，让我满心欢喜。但离开市镇后，灯光渐行渐远。我们突然很吃惊，不知何故，车夫都没携带照明器具。我的理解是他们并不需要照明也一样能摸黑行路。我们才刚刚在斯泰格般阴森恐怖的黑暗中[①]走了一小段路，玛利亚·赫伦就忍不了了，任凭怎么劝，都打定主意非得回去找个灯笼打着。没人有心情和玛利亚·赫伦争论，只好一言不发由她去，我们继续赶路。

那时狂风大作，像是从很深远的山谷中猛扑过来，大雨下个没完没了。我的车夫落在后面，如果这时候发生什么事我们必然孤立无援。其他人都已经走出好远，甚至车轮声都听不见了，要知道那时候的人力车是种噪音超大的交通工具。在日本待了两个月，我们和不少人力车夫打过交道，可以说他们是世界上最老实可靠的人。但无尽的黑和狂风暴雨恐怕已经让我开始变得紧张兮兮，因为我觉得这两个车夫可能是强盗土匪之流，故意掉队和大家分开，好打劫行凶。我根本看不清楚路面有多宽，但可以确定另一边是陡峭幽深的峡谷，因为我可以听到山泉奔腾咆哮的声音。两个车夫一路上唠唠叨叨不停，虽然日本车夫一向如此，但我还是觉得他们在密谋动手。我正襟危坐，缄口不言，只能不停地安抚查尔斯·菲尔普斯·塔夫脱。查尔斯·菲尔普斯·塔夫脱因为害怕感到很不舒服，哭泣不止。过了一会儿，事实上我感觉过了几个世纪，终

---

① 即像地狱一样阴森恐怖。——译者注

第4章 在日本

于遇见了其他人。他们正在路边等待，让车夫们喘口气。我压根看不见人，甚至连人力车的轮廓也看不清，但听见了海伦·塔夫脱·曼宁的抽泣声，她嘴里还咕哝着什么，好像她要永远没了妈妈似的。

车夫聊天的语速相当快，根本没法知道他们在聊什么。但从神情看，他们并不比我们更喜欢这样的黑夜。我们站在一起，互相倾诉路上的恐怖和害怕。这时候，远处闪烁着一丝丝微弱的光亮，正在向长长的坡道行来。是勇敢的玛利亚·赫伦打着灯笼追上来了。我们以最热烈的情感欢迎她，玛利亚·赫伦这辈子可能都没有接受过如此热烈的欢迎，每个人都对着她欢呼雀跃，甚至人力车夫也显得很高兴，在灯笼昏暗的灯光下聊天似乎也少了些不开心。我们几个再也没有分开，每个人都想接近那盏灯。它仿佛在告诉我们，至少路面足够宽敞，也足够安全。我们就这样跟着轮子的转动向前，谁也不说话，只静静地听着车轮的咕噜声和泥巴四处飞溅的声音。最后我们终于到了富士屋酒店，一看时间，已经过了晚上10时，真是累得精疲力尽。

宫下温泉很值得一说，很多作家都描述过，所以我就不说了。但位于山顶的富士屋酒店的确不错。酒店地处壮丽的峡谷源头，地理位置优越，经营管理有序，占尽位置优势，是我见过的最令人心旷神怡的地方。

到了那里你会有足够多的事可做。我们乘轿子穿越山口前往箱根湖。山脚下的箱根湖平静如镜，水里的山间美景色彩斑斓，层峦叠嶂，美得让人窒息。

那里还有庙宇、路边神社和茶室。确切地说，茶室随处都有。有一天我们步行回来，挑了一间离酒店不远的茶室坐下来享受片刻时光，恰巧遇见了一个英国女人，她第一次让我们了解到义和团起义的悲惨境况，她给我们讲了一个悲惨的故事。当时她在中国内地做传教士，义和团起义发生后她被迫离开中国，一路上危机四伏，触目惊心。但她丈夫选择留下来坚守岗位。她完全不清楚丈夫的生死，想到那些无尽的折磨，她觉得恐怕丈夫已经不在人间了。我们听了觉得恐惧之极，为她感到难过，可是讲述者一脸平静。她还有个皈依了基督教的年轻中国难民相伴。在那样的情况下，这个基督徒在中国的境况一定比她还难。

临别之前，我们向这位英国女人致以问候，并表达美好祝愿。但我们没走多远，就听到身后有人歇斯底里地大喊：

"你们看到我的孩子了吗？你们在路上见过一个中国孩子吗？"

听起来是那个传教士的声音，揪心地从我们身后传过来。她迅速跑过我们然后以难以想象的速度钻进了小树林，并且一直声嘶力竭地喊："约瑟夫！约瑟夫！"我们想约瑟夫应该是那个中国新教徒的英文名字，因为我们听说所有接受洗礼的人都要取一个《圣经》里人物的名字。我们赶紧跟着她，生怕她突然疯了。但我们并不确定该做什么才能帮到她。等我们出现在拐角处的时候发现她也在向我们折返回来，无奈地苦笑着看着我们这一小队和善的异教徒。她的情绪看起来已经平复，然后停下来解释她刚才匪夷所思的行为。

一开始她说："我很确定那个孩子已经自杀了。"

我问："为什么？你怎么会这样想？"

"唉，这是他写的，我刚发现。"说着，她往我手里塞了一张纸条，上面笔迹潦草写着：

> 像我一样，没有任何恳求，
> 但你要为我流你的血，
> 求你让我到你这里来，
> 神的羔羊啊，我来了。

她解释说，约瑟夫因离开祖国而陷入纠结，无论如何，中国人并不在意生死。一段时间以来，她一直害怕约瑟夫会变得意志消沉，绝望自杀。

第4章　在日本

但约瑟夫站在那里，一脸灿烂地笑着，像一个东方天使一样看着周遭的一切，仿佛正想搞清楚突发混乱的缘由。

可怜的约瑟夫一句英文也听不懂，这张纸条只是依葫芦画瓢学着写英文圣歌，不过是写在纸片上的文字而已。

这时候我丈夫已经抵达马尼拉。他陆陆续续给我寄来了几封信，从中我也逐渐了解到他面临的情形。

给我印象最深的是委员会和以阿瑟·麦克阿瑟为首的军政府之间的意见不合。携手解决菲律宾事务的基础是两方面意见达成一致。换句话说，阿瑟·麦克阿瑟总督并不那么欢迎委员会的到来，凡是委员会提出的方案他都反对，无形中增加了委员会的工作难度。但据我现在可以看到的材料推断，针对军政府一切都反对的外交手段，委员会有时候也很有底气，会采取同样强硬的手段，以牙还牙。

我丈夫在信里对委员会抵达时的情形做了详细描述，我真希望当时和他们在一起，但菲律宾难耐的酷暑让我望而却步。我丈夫说他们抵达菲律宾的时候正值1900年6月，骄阳似火，穿透了"汉考克"号甲板上的凉棚。这些人早已习惯不合身的亚麻薄衫，但其实他们没掌握如何让这种材质的衣服保持整洁不变形。我想他们刚抵达马尼拉的头几天一定蔫得不行。

他们星期天入港，那天访客特别多，也很有趣。阿瑟·麦克阿瑟总督只派了克劳德上校前来慰问，并令他着手安排第二天即将在海滨举行的欢迎仪式。"亲美派"也来了，他们都是支持美国统治的当地人。早在阿瑟·麦克阿瑟总督来菲律宾之前，他们就得到了埃尔韦尔·斯蒂芬·奥蒂斯[①]总督的认可，其中很多人和岛上美国政府的联系紧密。前

---

① 埃尔韦尔·斯蒂芬·奥蒂斯（1838—1909），美国陆军将军。曾在美国内战、美西战争后期的菲律宾和美国战争中服役。——译者注

来拜访的人还有首席法官卡耶塔诺·奥雷拉诺·朗松先生[①]、贝尼特·列加达先生[②] 和帕多·德·塔维拉先生[③]。委员会委员和这些绅士探讨当地形势。委员会西班牙语翻译负责人阿瑟·弗格森先生让我们了解到并不是所有人都对当地形势感到沮丧,当然也没那么乐观。他们一致认为,如果委员会不能克服现有的巨大困难,那么他们自己面临的问题也将非常严重。

埃尔韦尔·斯蒂芬·奥蒂斯(1838—1909)

[①] 卡耶塔诺·奥雷拉诺·朗松(1847—1920)是美国统治下的菲律宾最高法院首席大法官。——译者注
[②] 贝尼特·列加达(1853—1915),菲律宾议员,美国菲律宾委员会成员。——译者注
[③] 帕多·德·塔维拉(1857—1925),菲律宾医生、历史学家和政治家。——译者注

第4章 在日本

　　第二天烈日当空,威廉·霍华德·塔夫脱在信中写道,港口的所有活动都集中在"汉考克"号附近。口哨声响成一片,国旗和舰上的信号旗迎风飘扬,像是护送委员会上岸。他们进城时场面相当壮观,声势浩大。炮兵依次排开,从帕西格河口④一直穿过宽阔的护城河,到大马路之后再通过老城墙门口才能抵达军政府总督阿瑟·麦克阿瑟的办公处——市政大厅。但事实上欢迎仪式不过是走过场,例行公事而已,并不像看起来的那么热烈。接待很冷漠,让人不明就里,直冒冷汗。现场菲律宾人很少,阿瑟·麦克阿瑟总督的接待礼仪很周全,只独独缺乏热情和真诚。让委员会感到很不舒服,好像他们的到来完全没必要。

　　如果委员会对此提出质疑,阿瑟·麦克阿瑟总督会立即坦诚地告知对方,自己并不看重职业生涯中那些曾经发生过的事情。他现有的身份和能力说明了一切,总督职位是由总统亲自委任的。而委员会表示,由于在内战中立下的赫赫战功,他可以继续享有荣耀和特权,可以比任何其他将军统领更多部队,此外还拥有菲律宾群岛最高行政长官的权力。

　　阿瑟·麦克阿瑟总督说:"是的,如果在你们到来之前,我并没一直大权在握就好了。"

　　于是,威廉·霍华德·塔夫脱温和地提醒到,他不过比委员会早来三周而已,也就行使了三个星期的权力,还提醒阿瑟·麦克阿瑟总督不要习惯于大权在握的感觉,这样会阻碍他对现有地位的珍视。之后他们互相交换相关信函,从一开始就对各自的权力范畴产生了巨大分歧。

　　阿瑟·麦克阿瑟总督接替埃尔韦尔·斯蒂芬·奥蒂斯总督的职位掌管美国驻菲律宾部队,但他对前任的政策并不赞同。埃尔韦尔·斯蒂芬·奥蒂斯将军把军队分散成小军团和小分队,遍布群岛各个角落。阿瑟·麦克阿瑟总督发现自己手下掌管大约七万士兵,但只有部分士兵就

---

④　帕西格河是菲律宾境内一条连接拉古纳湾和马尼拉湾的河流。——译者注

近供自己随时调遣。他相信只有把部队集中到吕宋岛，也就是大多数叛乱分子发起军事行动的地方，政府才能真正重建秩序，结束混乱局面。他还认为菲律宾人当下最需要的是严苛的军事统治，而不是为其他任何政府管理形式做准备。但麻烦在于菲律宾群岛成千上万的民众都已经宣誓效忠于美国，或者已经悄悄回到工作岗位。如果撤走军队，他们将在瞬间失去保护，生命处于危险之中。这就是当时菲律宾群岛的形势。

菲律宾真正的叛乱分子和美国军队之间的最近一次交火发生在 1900 年 2 月，那时候委员会还没到菲律宾。阿奎那多的据点在马洛洛斯①，他的内阁成员和追随者中不乏聪明能干的爱国志士。但我们抵达后，这些佼佼者都已经归顺和效忠美国，其他人锒铛入狱，在监狱里慢慢确定自己是否归顺。还有一些人去了中国香港，加入"军政府"。阿奎那多在吕宋岛修建要塞，打起了游击战，并下令手下一举歼灭美国政权。他们的反抗终究失败了。

坚持反抗美国政权的主要是固守要塞的人。他们发现这种生存方式对他们来说很容易，但正常情况下很难搞到钱财，人们拒绝为此奉献自己的财物。人们截获了阿奎那多一名手下的信，说是他发现一个特别顽固不化的镇子，如果想要人自愿把钱交出来必须得先杀掉四五个人才能镇住场面。这帮人惯用的手段就是强取豪夺、劫掠行凶。但最终，这些钱财也并没有真正用于反抗。剩下的"爱国者"多数沦为盗匪，与其说对抗美国势力，不如说是在残害本国民众。

复杂的形势迫使委员会意识到问题的关键所在，那就是组建由美国当局控制的警察部队。只有这样，才能维护菲律宾诸岛的治安。但阿瑟·麦克阿瑟总督与委员会的意见完全不同，他认为让菲律宾人武装起来无疑是愚蠢的决定，还举例说明得到信任武装起来的巡逻兵完全不值得信任。但委员会的提议得到阿瑟·麦克阿瑟部下的支持，最有说服力

---

① 马洛洛斯是菲律宾新生革命政府马洛洛斯共和国政府所在地。——译者注

驻菲美军与叛乱分子交战

埃尔韦尔·斯蒂芬·奥蒂斯将军指挥驻菲美军袭击叛乱分子

的是吕宋岛北部伊罗戈省的一位长官，他保证只需发出通知，二十四小时内就能征募到五千名效忠于美国政府的人，他们会穿上军装按时报到。我想说的是，菲律宾人有数个不同部落，生活在不同地区，许多人并没有参与可以称作"塔加路叛乱"①的暴乱。这支部落虽然并非菲律宾最大的部落，但是最主要的部落之一。

实际上大多数菲律宾人都很不喜欢暴乱造成的恶劣形势，因此，很容易说服他们效忠任何希望在此重建秩序、带来和平的政权。委员会希望从这些人中招募治安警察，但委员会还得等到1900年9月才有权实施计划。阿瑟·麦克阿瑟总督绝对会反对这一决定，他反复重申只有更多数量的美国军队才能解决当前形势。

我丈夫在最早的信中刻画的菲律宾人和他多年以后遇见的差不多。他写到，六七百万笃信基督教的菲律宾民众里只有百分之二的人受过良好的教育，其他人没什么学识，寡言少语，彬彬有礼。他们都是老实本分的普通人，都有些许艺术气质，很迷信，甚至可以说偏执，很容易受到邪恶之心的影响，也很容易变得邪恶起来，做出惨无人道的事。威廉·霍华德·塔夫脱认为很容易把他们改造成有学识的人，完全可以让他们建立自己的政府，实行自治。他还写到，虽然西班牙统治下的大环境使他们变得有些阴险狡诈、口是心非，但权谋并非菲律宾人的天性。其中一些自称知识分子的上层阶级对参与政治阴谋有很大的兴趣。

委员会第一次和菲律宾人打交道时就见识了他们的两面派手段。当时情况复杂，差点造成很严重的影响。如果说菲律宾人算得上有一定爱好的一类人，那么他们最爱的可能是宗教狂欢节。节日当天，音乐雷动，到处插满了旗帜，街上男女老少穿着华服，游行队伍在街上浩浩荡荡，还有众多引人注目的演讲。其中就有一个叫佩德罗·A. 帕特诺②的人，

---

① 指卷入菲律宾反西班牙革命和美菲战争的塔加路共和国革命政府的叛乱。——译者注
② 佩德罗·A. 帕特诺（1857—1911），诗人和小说家。——译者注

油滑得很，一边宣誓效忠于美国政府，进入美国权力中心，一边或多或少地和阿奎那多藕断丝连。他在两者之间周旋，偶尔还向我们承诺，说阿奎那多一定会投降。但明眼人都知道，他不过是两碗水都想喝，极力和双方保持良好关系。西班牙统治期间，他也一样，还促成反对派和西班牙政府之间签订《皮亚那多和约》。佩德罗·A.帕特诺在两边周旋并解释双方的意见和分歧，最后促成"和解"。然而，和平协议的欠妥之处还没有理清之前，他居然要求西班牙政府授予他公爵爵位，奖励他一百万美元。他给西班牙总督的信至今还完好保存着。

一天，佩德罗·A.帕特诺突然提出要举办一个"特赦或招安狂欢节"，向阿瑟·麦克阿瑟总督表示敬意，并希望这天大家可以从敌对状态中放松下来。阿瑟·麦克阿瑟总督觉得此事并无什么害处，但表明他个人并不会参加，也表示宴会上的所有讲话都必须经过严格审查。佩德罗·A.帕特诺欣然同意，马上着手准备宴会，一应俱好，并组建了一个小型组委会，请他们给委员们送宴会请帖。但委员会成员只有三位在当地，他们打听清楚这次宴会的性质后，获知并没有煽动性的讲话，于是决定接受邀请。佩德罗·A.帕特诺兴高采烈，花了几天时间放下其他事务，只讨论这次狂欢和宴会。但渐渐地，威廉·霍华德·塔夫脱听到了一些消息，与之前的约定有出入。他发现上班路过的某些街道拱门上刻有冒犯美国国旗的题词，阿瑟·麦克阿瑟总督居住的马拉卡南宫①前面的拱门上，一边画有威廉·麦金利总统的画像，一边画着阿奎那多。据说阿瑟·麦克阿瑟总督每天路过拱门，但并没有注意到，这恐怕会纵容无知的菲律宾人。但一旦发出警告要求他们除去令人反感的宣传画，他们立马照做不误。宴会的准备工作也在继续，但关于讲话内容的谣言越来

---

① 马拉卡南宫由一组建筑物组成，主要为新古典主义风格。最初作为帕西格河沿岸的避暑别墅，1825年被西班牙政府买下，作为西班牙总督的避暑别墅。——译者注

第4章 在日本

马拉卡南宫

盛。威廉·霍华德·塔夫脱不免担忧起来,他去问阿瑟·麦克阿瑟总督,谁负责稿件审查工作。

总督答:"佩德罗·A.帕特诺。怎么了?你还有什么要问吗?"

威廉·霍华德·塔夫脱回到办公室后马上设法弄到几篇讲稿副件。有些稿件已经送到报社,第二天就会全文见报。因为第二天是宗教狂欢节,街上十分冷清,并不会产生轰动效应。大家对即将到来的宴会兴致盎然。委员会成员浏览了几乎所有刊发的讲稿,发现讲稿无一例外都极富煽动性,于是集体决定不出席宴会。只要到场,他们不可能听凭那些人歪曲事实,无动于衷地坐在那里不去大声反驳。此外,他们也不能让别人觉得他们会听凭早有预谋的事情发生而不予制裁。可以说宴会是专门为阿瑟·麦克阿瑟总督举办的，会上的演讲热情洋溢，几乎对所有事情都做出了承诺，短期如撤军，长期如完全独立。

委员会成员给佩德罗·A.帕特诺先生写了一张便条，非常礼貌地告知他们不可能出席宴会，并对此深表歉意。

威廉·霍华德·塔夫脱和卢克·E.赖特将军住在一起——房子是我丈夫租的。那天晚上他们穿着日常舒适的白色亚麻薄衫，回家吃了一顿非常不错的晚餐。饭后他们坐在外面的阳台上闲聊，阳台很凉快。出乎意料，佩德罗·A.帕特诺突然闯了进来，扑通一声双膝跪下，请求他们一起出席宴会。当时已经过了晚上9时，参加宴会的人全都到齐了。佩德罗·A.帕特诺说，如果委员会不重新考虑出席宴会，他的处境会很难堪。委员会成员问"经过严格筛查"的演讲稿怎么处理，佩德罗·A.帕特诺信誓旦旦地保证不会有人发表演说，也不会有人提及一句类似的话。他说当地人必须见到他们，哪怕就那么一会儿。于是，他们答应了。随后迅速穿上晚礼服，前往宴会大厅。他们安安静静地坐了几个小时，喝了点红酒，挤出了几丝笑容，又和几个人握手示好，然后十分困倦地回家休息，别无其他趣事可谈。但佩德罗·A.帕特诺两边都没有讨好。他本意是想当着委员会成员的面显示自己的诚信，并且否认自己和那些事情的关系和责任。

严格观察军政府的运转形式后我们发现，通常晚上9时过后全城就处于戒严状态，没有通行证的人一概不准在街上游逛。威廉·霍华德·塔夫脱有过几次这样的教训，晚上10时30分离开家忘了带通行证，结果在路上被一个个哨兵用枪指着要求给出解释。

与此同时，威廉·詹宁斯·布莱恩先生正在为竞选美国总统忙碌，借助菲律宾形势，他捞取了大量政治资本。威廉·詹宁斯·布莱恩先生承诺，如果他当选美国总统，会考虑召开众议院特别会议，着手解决菲律宾事务，让菲律宾很快实现自治。于是大批所谓无私和利他的反帝国主义者表示大力支持他，明显错误地理解了利他和无私精神。威廉·霍华德·塔夫脱倾向于认为大赦狂欢宴①是反美示威高潮，策划者很可能是普拉提先生。普拉提是个典型的美国政客，那时刚到马尼拉，特别希望极富爱国精神的演说能够在美国见报，成为助长反帝国主义者气势的有力武器。

与此同时，由于威廉·詹宁斯·布莱恩的处境和地位的限制，和谈进程不得不一再推迟。平息叛乱的最后希望全都寄托在威廉·麦金利是否能成功当选总统。因此，1900年的总统选举引起了整个菲律宾群岛的关注，菲律宾人仿佛比任何人都更关心选举结果。

这些情况实际上都是从我丈夫的信中获悉。看着这些文字，我的想象也开始像野火一样蔓延。我丈夫重任在肩，使命伟大。委员会提议，如果条件许可立即建立自治政府。因此，首要任务是拟定建基于这一届政府的市政方针。他们把计划呈送给阿瑟·麦克阿瑟总督，征求他的意见，但他还是坚持己见，明确表示军事统治最有效。阿瑟·麦克阿瑟总督认为现在建立自治政府为时过早，毫无疑问不过是让自己难堪。他认为，这些市政方针肯定会在关键时刻影响他采取必要的军事行动。这一切都以非常正式的外交辞令加以粉饰，意味着也就这样了，这只是件没什么意义的事。委员会也以同样的外交辞令回复阿瑟·麦克阿瑟总督，让他明白早在来菲律宾之前，华盛顿政府就将委员会的权力界定得很清楚。他们的目的只是和平商讨建立地方自治政府的任何可能性，同时，他们的建议有可能得到华盛顿政府的支持，意思就是他们将尽一切努力达成目的。

委员会已经有了一些很不错的计划，打算建立一个大而全的学校系统，而且已经从马萨诸塞州调派了一个校长过来。另外还有为商业贸易铺路、整治港口、改善医疗条件、建立可靠的司法系统，并在山上修建

---

① 基督教节日。——译者注

一个避暑胜地，让罹患热带病的美国士兵和民众得到恢复和疗养。这样不仅可以拯救更多生命，也可以为政府节省每年支付给部队上百万美元的运输费。他们也已经开始着手解决当初让人烦恼，产生了很多麻烦的修士问题。

马尼拉发生了很多有趣的事情，我丈夫的来信让我很想立即结束日本的行程，火速赶往马尼拉。我丈夫还告诉我，虽然住所修缮改造花了不少力气，但依然令人很不满意。我虽然并不指望在那里能住得多么舒适，但我确定自己会很快适应。我在日本买了许多光鲜亮丽、格调不错的家居饰品。有了这些东西，不管在什么地方都一定会让人侧目。

当时最让我们烦心的是义和团起义。我们很想去上海，但又被告知除了香港，中国其他地方都不安全。那时候我对东方确实不怎么了解，于是就简单地信以为真。然而，我记得当时上海也有很多外国人，他们照样每天若无其事地过日子，好像根本没有义和团的存在。我们打算悄悄地继续旅行。1900年8月10日，我们乘"春日丸"号日本海轮途经上海和香港，启程前往马尼拉。

第 5 章

初识马尼拉

中国海域的天气复杂多变，沿海一带的人很了解台风季和夏季季风。普通水手必须通过天气预报决定出海日期。但即使有天气预报，也可能遭遇不测风云。

我们从横滨前往马尼拉。1900 年 8 月中旬，"春日丸"号抵达香港港口。一场大风暴从南海席卷而来，我们不得不继续航行。船长和海员面临一场惊心动魄的挑战。中国海有大量交叉水流，相遇的时候会让轮船无法前行。交叉水流一旦堆积起来就会由台风变成巨大的波浪，后果不堪设想。

我丈夫发来电报让我乘一艘更大的船。刚好这时候有一艘美国运输船准备离开香港，但我和孩子们觉得在小"春日丸"号上挺舒坦，搬动行李的确让人觉得烦心。我想"春日丸"号已经在南海来来回回很多年，再漂泊一些日子应该问题不大。

我们恰好在两个风暴来临的间歇抵达。大海被汹涌的波涛翻了个底朝天，巨浪在船底翻滚，一路上摇晃不止，但并没有什么危险发生。我真切地开始觉得中国南部海域并没有传说中那么可怕。

一早醒来，明媚的阳光吸引了我的注意力。我走出特等客舱，发现我们已经到了马尼拉。

北边有像山脉一样连绵不断的海岸线。经过一条岩石围绕的狭小海峡时，我们亲眼看到拍打着岩石的海浪被撕碎，抛向空中，变成云雾一样的水汽，美不胜收。

"科雷吉多尔岛[①]。"船长用手指向远处岩石后面又高又绿的山峰。我还是第一次听说科雷吉多尔岛。在很多人眼里它是直布罗陀海峡的另一个名称。马尼拉湾的另一个入口是马里韦莱斯山，这是一座很美的山，沿着海岸线缓缓上升直插入柔媚的白云间。但马尼拉在哪里呢？甲米地[②]在哪儿呢？每个人都在问同样的问题。马尼拉就在离海湾尽头二十英里的前方，甲米地在南海海岸不远处，跨越几个国家。在随处可见的树林里，甲米地显得格外低洼，几乎看不见。

平地是马尼拉海湾给人的第一印象。这是一座建在低地上的城市。低到什么程度呢？我之后才知道，许多地方都低于海平面以下，台风季节经常遭水灾。远离公寓的地方有个高耸的墨色山巅，四周被貌似独立的山峰静静地包围着。

烈日照在明镜一样透明的海湾上，反射的强光让人有点眩晕，刺痛着眼睛和神经。我们得寻找幽暗的小屋躲避阳光。

船距离海岸还有几英里，一片低矮的红色屋顶映入眼帘。其中还有些圆形屋顶，甚至螺旋形屋顶，被烈日照得发白。我们在海岸一边居然真真切切地看见了当年西班牙舰队的残骸，舰队的桅杆和船体在失事的浅滩浮出水面。

但对我们来说，包括我自己、卢克·E.赖特太太、玛利亚·赫伦和孩子们，最重要的景色就是看见了一条及时赶来海湾接我们的小船。我

---

① 科雷吉多尔岛位于菲律宾西北部，形状像一个蝌蚪，现在建起了二战期间菲律宾和美国军队共同抵御日本侵略的纪念馆和露天博物馆。——译者注
② 菲律宾的一个省，位于吕宋岛卡拉巴松地区马尼拉湾南岸。——译者注

第5章 初识马尼拉

丈夫和卢克·E. 赖特将军正站在船头,他们必须早早地赶在"春日丸"号上的乘客排着长队下船前把我们接走。

紧接着我们受到了热烈欢迎,让我们之前的缺席变得意义非凡。孩子们异常兴奋,每个人都兴高采烈地聊着,解释着什么,看起来有永远说不完的话。海关官员不得不打断我们没完没了的聊天。大家议论着马尼拉的热,马尼拉刺眼的阳光,并笑着向我们保证其实这里一点也不热,相反,气候好极了。我们的行李也搬上了汽艇。不经意间,我发现四周全是陌生的景色和陌生人,一问一答中交流着无数问题。这就是最初抵达远东的那一刻,匆忙、热闹、兴奋而又让人充满疑惑。

我们的丈夫立马成了向导,一路指引着我们。汽艇朝帕西格河前进,那是条又宽又深、水流湍急的河流。两岸满是绿色的、小小的,像卷心菜一样的植物。

威廉·霍华德·塔夫脱解释说:"河里到处都是水牛莴苣。"我当时太忙了,居然没功夫问他水牛莴苣到底是什么。

帕西格河

我们还在船上看见了一个老旧但很坚实的要塞,灰色的水泥看起来像中世纪堡垒的一角,城墙一直延伸到我们看不见的地方。

卢克·E.赖特将军给我们介绍:"这是古老的城墙。"我立马意识到我应该会很喜欢这个有古老城墙的城市。

我们有趣的"旅行指南"继续介绍:"城墙最古老的部分建于17世纪,刚才那个转角的要塞就是圣地亚哥,这幢有大屋顶的房子是教堂,另外红瓦屋顶的是僧侣院和修道院。围墙城市里所有的一切都建于中世纪。"部分建筑建于17世纪。

看起来河里停泊的尽是些工艺品。有的船身很长,有着高耸而又笨拙的桅杆。圆形甲板仓顶有茅草垫,颜色艳丽,形状各异。有人告诉我们这是一种特殊的运输船,通常中部省份会沿着帕西格河运来椰子、甘蔗和其他农产品。这些船唯一看得见的推动力就是当地人。纤夫裸着上身,胳膊用力拉动竹筏。长长的竹筏被河底泥浆淤塞得几乎难以前行,他们一起用力让船移动起来。我想照这样的速度,两小时只能走一英里吧。

另外让我好奇的是小商贩。单木凿成的独木舟前面有两根龙骨,通常用竹子做成优美的支架。

从古城墙跨过河流就是海关办事处。有好几次,我们登岸的时候不得不俯身从又低又滑的石头上爬过去上岸。最后,我们终于踏上了菲律宾的土地。

如果说我当时暂且忘了委员会和阿瑟·麦克阿瑟总督之间的矛盾,但后面发生的事立马就让我想起了一切。海关办事处由军政府掌管,守卫的士兵都穿着卡其布军装。我丈夫和卢克·E.赖特将军经过时,他们都一起作稍息状站得笔直。我们取下所有需要的行李,交给后勤兵,这样我们就可以一身轻松地回家。

我丈夫曾经写信告诉我,菲律宾的马和菲律宾的蟑螂一样大,对此

第 5 章　初识马尼拉

我完全有心理准备。但我丈夫大张旗鼓地来接我的时候，我还真的想岔了。两匹高不过我肩膀的小棕马，有着毛茸茸的鬃毛和额头，被拴在维多利亚小马厩里，一间专门为它们建的小屋。我进屋后立即找了个地方坐下，查尔斯·菲利普斯·塔夫脱坐在我腿上。这时，我感觉自己的身体突然大了两倍。等威廉·霍华德·塔夫脱进来后，我真的怀疑房间是否还有足够的空间给他容身。

两边厢房有两个木然的小个子男人，我丈夫称他们为"车夫"和"侍从"。两人身着白色亚麻裤和薄衬衫，但与着装配套的应该是行为举止。他们赤脚穿着无后跟的红色男式地毯拖鞋，但头上戴着宽大的、噗噗作响、毫无形状的草帽。我们到家的时候，他们也不知道应该把帽子取下来以示礼貌。

街上到处都有我们用的运输工具，其他样式的交通工具更让人咋舌。玛利亚·赫伦、罗伯特·阿尔方索·塔夫脱和海伦·塔夫脱·曼宁乘了一辆微型巴士，由一匹马拉着前行，乘客得从后面爬上去。那时候还有双轮敞篷小马车、卡洛马塔斯①、马车和水牛车等。

水牛车比其他任何车型都多，也特别吸引我。车本身没什么，只是用钉在一起的一些厚木板来平衡两只又厚又宽的木轮子。但和牛车捆在一起的牲口真的很不一样。我第一次看见牛有角，两个牛角之间至少有六英尺之阔。的确，它们都有很长的犄角，但它们怎么能在狭窄的街道上行走又不影响交通，真的有点令人费解。水牛车的确会阻碍交通，但不是因为犄角，而是行走得太慢。如果不是亲眼目睹牛车的前进速度，也许没人体会到"慢"的意义。体型壮硕、颜色灰暗、皮厚、毛发少的水牛常常沾满泥巴，只见泥巴不见牛。水牛车行走的速度和水牛吃草料的速度一样慢。坐在马车后面的车夫半裸着身子，打着盹，偶尔往回拉一拉系在牛鼻子上的细绳。

---

① 菲律宾当地地位较高的人使用的一种交通工具，由一匹小马拉的二轮小马车。——译者注

在马尼拉待了一段时间后，我才学会区分什么是二轮敞篷小马车，什么是卡洛马塔斯，什么是普通马车。其相似之处只在于两个轮子套上一匹瘦小但不停劳作的马。当地地位较高的人通常使用二轮敞篷小马车和卡洛马塔斯作为交通工具，马车是平民使用的大中型单马运输工具，看起来总是有多余的位置。我见过许多这样的马车，载满了菲律宾人，车夫还忍不住要吸口烟。车夫通常坐在马的后面。虽然马车载着超重的人或货物拼命往前走，但车夫还是时不时地抽打它，好像它会因为超负荷工作而不认真劳作。每次看到马车上的妇女或街上行走的妇女吸食又黑又粗的雪茄，我都会感到震惊。然而，另一个发现更加令人震惊，即菲律宾人基本上只抽香烟。

马尼拉街头的马车

第 5 章　初识马尼拉

慢慢地，我对菲律宾小马驹也熟悉起来了。但我并不期待我们的棕色小马驹能走多快，我们反而常常以一种慢得惊人的速度出发。好像每个人都是以这样的速度走在鹅卵石路上，一路颠簸摇晃。好在我早有准备。路上车轮挨着车轮，车辆间距离不到一寸，也不会有哪辆车会因此放慢速度。一路上我的心都提到了嗓子眼。终于穿过了狭窄的街道，批发市场像个迷宫，海关就在附近。我们到了一个很宽敞的卖场，威廉·霍华德·塔夫脱说我们已经走到著名的伊斯科塔集贸市场①的尽头。伊斯科塔是马尼拉最主要的商业街。我很高兴我们不必驾车穿过正好够两辆马车通行的街道。街道主要走小马车，但也很拥挤，和其他交通工具纠缠在一起，难分难解。

伊斯科塔集贸市场

---

① 伊斯科塔集贸市场位于菲律宾马尼拉老城区，是一条有着悠久历史的东西走向的老城区，与帕西格河平行。——译者注

当地人服装色彩的多样化给我留下了深刻印象，黄色和红色最突出。士兵们的衣服通常用卡其布面料；军官和公务员穿着整洁的白色亚麻纺制衣服；普通的菲律宾人似乎是世界上最倾向于选择鲜艳的红色和黄色棉布的人。更别说繁多的印花布，花色和款式之多令人目不暇接。

我匆忙地在街角逛了逛，然后又去河岸边的西班牙大桥转了转。威廉·霍华德·塔夫脱一直不停地给我解释各种事由，但夹杂了太多我不熟悉的词，最后我只能得到一个模糊的印象。

西班牙大桥建于1600年左右，算是菲律宾群岛上见证西班牙开发菲律宾时留下的最久远的纪念。到了河流对岸，我们一起走进古城墙内，绕着宽广、静止的护城河转。漫步在古城墙内侧，会让你对马尼拉的禁城①之名有更好的理解。我也给自己一个承诺，要早早地来探查一下它的奥妙。走过古老的吊桥，穿过入口处无与伦比的景致，古老而沧桑的景致昭示了历史长河中许多海盗和战争的故事。

威廉·霍华德·塔夫脱介绍道："我刚从库克群岛②回来，我们看看植物园吧。"他一边说，一边朝街道的另一侧做了一连串手势。我看见的植物园其实不过是铺着小石子的道路，路边除了长势不错的棕榈树，还有些其他树种，低矮处的灌木丛显得丑陋不堪。我们从一些枝丫低矮繁茂的老槐树下经过，一切看起来都那么衰败，疏于管理，连草都长不起来，到处都是枯黄缺水的沙子和泥土。看多了飘在护城河面上的绿色浮渣难免觉得恶心，这下终于得到缓解，舒服多了。当时的马尼拉看起来并不是一个像花园一样美丽的地方，整个城市的管理也不如人意。到处都是士兵，不停有人向我们敬礼。

---

① 现代菲律宾首都马尼拉就是由历史上有城墙的那部分发展而来。——译者注
② 库克群岛位于南太平洋上，介于法属波利尼西亚与斐济之间，是由十五个岛屿组成的群岛国家，是新西兰的自由结合区。其命名起源于远征探索南太平洋，发现了许多岛屿的詹姆斯·库克船长。——译者注

西班牙大桥

马尼拉的禁城古城墙

第 5 章　初识马尼拉

威廉·霍华德·塔夫脱自豪地说:"现在我们到了闻名遐迩的卢内塔①。"

"哪里?"我问。关于卢内塔我道听途说的太多,所以真的期待它是个美丽的地方。

他答道:"你已经到了,你就在卢内塔了。"

我们在里面绕了个椭圆形的弯,里面两头各有一个音乐台,音乐台完全开放,就像海滩空地上半英里长的赛马场。附近除了几块看起来并不那么令人舒服的草皮,连棵小树都没有。音乐台旁边还有几张布满灰尘的长凳,除此之外别无其他。炽热的阳光好像要将一切都化为灰烬。

我问:"这里为什么会闻名遐迩?"

于是我丈夫以一种我能明白的方式解释为什么卢内塔像是徒有虚名。卢内塔并不是什么好看的地方,它的闻名主要由于它在人们的社会生活中扮演了非常重要的角色。凉爽的夜晚会有乐队在音乐台上表演。附近的人都会过来围着音乐台,一遍又一遍绕着椭圆形的圈,互相问候聊天,传播小道消息。孩子们由看护带着在狭小的沙滩上玩耍。我对这些并不感兴趣,但后来意识到卢内塔的音乐表演真的是独一无二,十分令人愉悦。

最后,我们快速来到一条狭窄的居民街道。小马驹的蹄声唤醒了附近屋子里传出来的马蹄回音。附近的居民好像都睡熟了,当然,他们一定在午休。

民房一概建成西班牙风格,有高大的石柱,雪白的墙。房屋的框架结构很阔,一直横跨到街道上,通常还挂着竹窗帘,既能遮挡热气又能

---

① 卢内塔是马尼拉市中心公园,供市民消遣的地方。有音乐表演、儿童娱乐和游园等娱乐项目。——译者注

遮挡太阳光。如果硬要推荐一种最普通的住房款式，那么当然是当地穷人住的海椰子窝棚。这类住房居然延伸到了时尚住宅区。透过空地，可以看见不远处有大片毛屋顶，当地人集聚的地方有上百间易燃棚屋。

一看见街的尽头，我就好奇起来，好像我们已经驱车行了很远的路。

我问："呃，我们住哪里？这个国家有适合你住的房子吗？"

威廉·霍华德·塔夫脱说："不确定，但几乎可以算是有。"

我们的房子是这条街上的最后一栋，四周有很高的石头墙，看起来有点可怕。我知道的第一件事就是我们已经绕过大门，正经过一排士兵面前。他们荷枪实弹，稍息立正，笔直地站着。我很快就知道我们的房屋有哨兵守卫着，但我还是被镇住了，就像看见住宅里有卫兵室，看见荷枪实弹的卫兵一样，也难免让人震惊。

我不知道是否能看到热带花园的精致和美丽，如果硬要期待，那我一定会失望。现在反倒让我觉得奇怪，美国人怎么打理出了那么漂亮的公园和花园。这意味着菲律宾人一直在学习或者正在学习如何打理花园。我丈夫特地向我描述他分阶段打理住所的详细经过。他总是很乐意尝试，难免耗费大量精力，但对如何做好还是不甚了了。马尼拉给他的第一印象让他尤其不满意，人们完全不知道时间的宝贵。看到一群人在花园里工作，他那温带地区成长起来的神经系统就痛苦难耐。

日常需要的材料离他们工作的地方很远。于是，他们一个接一个地，光着腿，赤裸着身体，嘴里不停地抽着烟，来来回回地运送材料。他们会用小铲车装满泥土，然后把泥土送到花园，路上休息一到两次，接着把土倒在附近需要用的地方，再慢慢地拖着车子，重复同样的动作。早年间，美国人也是以类似的方式在花园里干活，像是在不耐烦地跳舞。威廉·詹宁斯·布莱恩先生抱怨菲律宾劳动力"廉价"真的让人啼笑皆非，我们都知道世界上最贵的劳动力其实是菲律宾人。贵就贵在他们得花十个人的力气干一个美国人的活。

第 5 章　初识马尼拉

我丈夫曾经给我写信讨论他在保证住房安全方面遇到的困难。他解释说房屋的修缮和改造正在进行中，工程十分浩大。他希望等我到马尼拉的时候，所有工作已经完成。房子前面有个很大的花园，但很夸张，既没有草地也没有任何鲜花。几块草地并不繁茂，在坚硬的砂砾里显得了无生气，除了草，其他什么植物都长不出。

我们绕着车辆行进的弯道转弯，然后上坡，到了停车的门廊处，正好有棵长势壮观的橡胶树。然后，我们从小型维多利亚标识处步行到精致的白色大理石台阶，终于看见了自己的家。

虽然房子第一眼看上去觉得房子平平无奇，但说实话，威廉·霍华德·塔夫脱已经尽其所能做到了最好。房子的所有者是大法官卡耶塔诺·奥雷拉诺·朗松先生，当时随他一起去的军官都认为，这恐怕是大法官卡耶塔诺·奥雷拉诺·朗松唯一看得上的住所。但威廉·霍华德·塔夫脱不相信大法官卡耶塔诺·奥雷拉诺·朗松唯一看得中的住所会有多么好。果然，这里一直住满了军官，他们毫无节制，家具看起来破旧不堪，堆在一边，墙皮剥落，地板上疤痕累累，满是污渍。

威廉·霍华德·塔夫脱说："我得到别处看看。"

的确，他去了很多地方，走遍全城后，开始换一种眼光看待大法官卡耶塔诺·奥雷拉诺·朗松房子的可取之处。最后，在他眼里这栋房子居然变成了宫殿。当然得经过一番修缮，让它变得完美起来。

房子背靠海湾，威廉·霍华德·塔夫脱做的第一件事就是着手建防波堤，这样可以增加安全性。台风季防波堤真正显出了它的价值所在。每次大风来临，海湾都模糊难辨，大部分防波堤被海水淹没。他向我抱怨的第一件事是整个夏天他都在忙着防止防波堤倒了，这就是他为什么总是想从满是政治纠纷的事务中逃离的原因。

威廉·霍华德·塔夫脱在房屋和防波墙之间种了草地，之后又观察了好一段时间，满心期待能得到回报。但咸海水一遍又一遍地冲刷过来，他不得不把草皮移到房屋后边，好让这些草有个庇护所。那时候想在马尼拉看到长势良好的草皮几乎不可能。

我丈夫见到我的时候当然很开心。毫无疑问，卢克·E.赖特将军看到他妻子的时候也一样。这三个月，他们两人一直住在一起，守护着房屋，与台风斗争，应对马尼拉完全不同的生活状态。我想他们终于发现单身汉生活相当困难，细节尤其让人痛苦不堪。在某种程度上，他们的举止态度好像早已打算任由屋子这样了。而且，我发现要打破早已习惯的生活方式还挺难。

无论从哪个角度看，房屋都并非完美无缺，但毕竟空间很大，对女人来说存在改造它的"极大可能"。后来我慢慢明白了，所谓可能，某种程度上就是少言寡语、心甘情愿、毫无怨言地多干家务。

从大理石台阶上进来之后，经过一个并不那么长，但视野很开阔的硬木楼梯，进入内里空间很大的中央大厅。大厅有个敞开的走廊，很像阳台，增加了房子的宽度，地上铺着瓷砖，可以俯瞰海湾。阳台上做了很多活动窗户，每个窗户分成六英寸的几个方框，没有任何两个方框的颜色相重复。其他窗户都由珍珠贝做成，很漂亮，呈半透明状，四英寸大小，看起来更像屏风而不是窗户，透光性能好，但又避免过强的太阳光。从阳台的结构看得出设计师匠心独具，一心要有所突破。象征皇家高贵气质的紫色很显眼，其他如橘色、粉色、粉蓝色和绿色等一系列玻璃看起来五彩斑斓，颜色鲜艳，让其他海湾的美丽黯然失色。相比万花筒一样的色彩，人们更易于接受无色的自然光线。我到家之后，几乎没怎么关过窗子。

中间大厅的另一边有两个大屋子，一个是餐厅，另一个是宽敞的卧室。穿过门廊有间小画室，楼下是盥洗室，三间大房间，一间和楼上一模一样的阳台。这部分房屋相对干燥，结构不错，我立即决定分给孩子们住。

第 5 章　初识马尼拉

有些家具还不错，几个超大的硬木桌子都是西班牙款，用菲律宾群岛上好的木材做成，但所有物件都需要用刷子或软皮抛光。除了大理石地面还有木质地板。尽管也需要花费很多时间和精力照看和养护，但手工菲律宾铁木地板还是我见过的最好的地板。卧室的床上蚊帐很高，还有华盖。床底有藤条编制的床托，很像藤条椅，只是没有垫子而已。其他所有东西都是柳条编制而成的物件。

然而，电扇吸引了我的注意力。我丈夫曾经很骄傲地写信告诉我，他安装了电扇。据他说，电风扇几乎拯救了他的生命，因此我也对电扇产生了某种情感依恋。但当我看到屋里的电风扇时，立即想到房间其他物品该怎么办。如果它们想好好地待在自己的位置上，就必须用防苍蝇的纱布缠着，才不至于被电扇吹得到处飞。电扇以不同的方式在我脑海中产生了各种各样的奇思妙想，其中居然还包括冰激凌店。两个餐厅和起居室只安了电风扇，除了电风扇其他什么也没有，两片极宽的叶片装在房屋天花板正中。电扇也不见得就只是给人带来欢喜，反倒让我和威廉·霍华德·塔夫脱处于无休无止的争吵中。最后还是我让步，让它们继续行使使命，拯救威廉·霍华德·塔夫脱。他认为，一旦炎热的夜晚降临，我就会意识到他的正确性，但其实我从来没这样想过。

前文已经提过，早在香港，我丈夫就通过海军上将杜威的仆人阿仁安排好了家中的一切。虽然起初东亚人的生活方式对他来说很陌生，但他很快就适应了一切，而且还积累了完全不同的生活经验。我们总共有四个佣人，厨子阿新、一号男佣、二号男佣以及洗衣工。菲律宾洗衣工会带着主人的亚麻衣服去帕西格河附近的溪流边清洗，把光滑的石头当作洗衣板，衣服放在上面捶打成条带状，然后把洗好的衣服拿到草坪上晒。后来，他发现主人皮肤感染，奇痒难耐，得了一种很麻烦的病，好在这种事情并不时常发生。洗衣工让威廉·霍华德·塔夫脱灵机一动，雇了一名中国洗衣工，派他回旧金山买浴缸、洗衣机和脱水机等，还有其他所有必需设备。威廉·霍华德·塔夫脱在房间装了很先进的洗衣机，洗衣程序是先煮沸衣物，消毒，洗干净然后晒在绳子上。尽管这个从上海乡下来的中国人花了很长时间才学会如何使用现代化家具，但效果很不错。

按照马尼拉人的习惯，通常由厨子采购食材。但我们家，这份职责分给了一号仆人。有一天厨子和二号仆人跑来见威廉·霍华德·塔夫脱，说他们不想和一号仆人待在同一个屋檐下，因为他是个贼。他们猜想他靠卖鸦片赚钱来吸食鸦片，不过是个吸食大烟的东亚病夫。威廉·霍华德·塔夫脱付给其他仆人的薪水和支付采购费用等都是交由一号仆人代办，因此，他对厨子说：

"一号仆人付给你薪水了吗？"

厨子回答道付了，并耸了耸肩以示他雄辩的力量："只是我的薪水而已。"当然，这意味着一号仆人没有分享"挤出来的钱"，犯下了不可原谅的过错。

没必要去描述"挤出来的钱"在东方到底是什么意思。总之，其中一半来自主人的腰包，一半来自商人的腰包，谁知道呢。然而，管家很快明白，避开大家去采购其实什么好处也捞不到。无论谁去采购，的确可能有"挤出来的钱"，但很快就会被当作其他家庭开销的一部分。那个人"挤得太过分"的时候，我们也就抱怨一下而已。

在我丈夫看来，这事很有必要调查一番，证明的确应当解雇一号仆人。因此，我到马尼拉之后，只有两个仆人负责楼上的事，厨子和二号仆人，两人升到了之前他们很羡慕的一号仆人的职位。

我很快就像以往任何时候一样，立即扮演一个发号施令的主妇角色。这时候我也逐渐开始熟悉和了解东方人。厨师阿新是个满脸皱纹的中国老人，他又小又圆的眼睛里藏着各种关于东方的神秘知识，但绝口不提模棱两可的生活信条和绝妙的鸦片幻觉。阿新喊我"夫人"，态度极其

第 5 章　初识马尼拉

尊敬，让人印象深刻，简直难以忘怀。他其实也算不上是个好厨师，总是按照自己的想法干活，无视我想改变却毫无决心的努力，反而像是漠不关心的容忍。阿新会以极其尊重的态度听从我的指导和建议，小心地重复一遍我设计的菜谱。然后说："好的，夫人。"回到厨房后一切都按他自己的想象来做。

过了一段时间我才习惯这样的情形，但也逐渐认识到他的价值所在，特别是意识到他的个性也有可贵之处。阿新几乎可以做出无米之炊。譬如，威廉·霍华德·塔夫脱在下午 6 时，甚至 7 时的时候说他打算邀请四五个朋友来家吃晚餐，继续白天的讨论，或者因为其他理由请客。我通常告诉阿新大约有七八个人，而不是三个人来吃晚餐，那么晚餐会做得非常完美。阿新采购的食材都是我临时突然提出的要求，我永远也不知道他是怎么做到这一切的。我逐渐学会感激神给予我的礼物，再也不妄加评论。东方人喜欢少说多做。

阿新特别骄傲于自己的甜点手艺，很喜欢做布丁或者派之类的甜点，还会给甜点加上漂亮的装饰。当然，其实家里没人太关注这些。我到菲律宾不久后的一天晚上，举办了一个很正式的晚宴派对。和往常一样，我给厨子拟了一份菜单，而且也看好了天气，选择了最佳时间。我订了一块冰，做冰镇甜点小蛋糕用。小蛋糕上桌的时候我真的很吃惊。宴会就要移步阳台喝咖啡时，一号仆人出现了，他笑容满面地端了个巨大的、热气腾腾的面包布丁，上面布满了五彩的小装饰，着实让参加派对的人吃了一惊。派对的确需要这个大布丁。总之，我对阿新怪异行为的解释可能并没有给读者留下足够深刻的印象。

我感觉管理些仆人并不需要让他们参加特别的训练。三个月以来，他们一直顺从主人。主人给他们薪水，他们就应该顺从主人的一切指令。我花了好长一段时间才发现这个规律，那时候我开始掌管家务账目，而且没有用帮手。

台风季结束时，天气预报说再也不会有大风暴了，但很快又开始刮大风下大雨，可以说是我见过的最强的暴风雨。有人说事实上我们处于台风中心位置。我想："噢，那么，如果这样的强度人们就大惊小怪，不停地议论，我反倒看不懂了。"这场暴风雨的确历时太长。有一天半夜，我被重型大炮一样的声音吵醒了，这时候我才开始意识到暴风雨的确到了应该停止的时候。我身下的床颤抖着，房子摇晃起来，噪音尤其让人害怕。我从床上跳起来想立即和狂风暴雨展开斗争，亲自感受一下外面风雨交加的情形。但很快打消了这个念头，因为我意识到这才是真正的台风。台风就是所有的风积聚起来不停地刮着，整整两天，一刻也不停息地在我们上空盘旋，聚集所有的力量在我们头顶炸裂开来。我摸到开关，但停电了。我拧开按钮，还是没有反应。我在房间到处翻火柴，可是什么也没找到。当房门被撞开，玛利亚·赫伦拿着一个闪烁的蜡烛闯了进来的时候，我神经紧张得几乎要哭出来。

　　她也害怕得发抖。

　　她喊了起来："内莉，刚才我实在忍受不了了！看看一切都还好吗？找个有灯的地方，把威尔[①]喊醒，我们都坐到起居室去，天知道待会儿会发生什么！"

　　我四处翻弄着，终于找到了一些蜡烛，然后去叫醒我丈夫。他睡得正香，好像什么也没发生。我不停地摇了一遍又一遍，喊了一遍又一遍，但他好像永远都不会醒来。最后他终于醒过来了，因为花园里有棵树被炸断了，咔嚓一声，好像脚下的地板都开始摇动起来了。

　　睡意朦胧中，我丈夫问道："怎么了？"

　　"威尔，暴风雨很可怕。我想请你出来到起居室，你、我还有玛利亚，我们待在一起，也不知道待会儿会发生什么事。"

　　"可以。"他说，然后一点点地把自己裹在晨衣里。

[①] 威尔是威廉·霍华德·塔夫脱的乳名或昵称。——译者注

第 5 章　初识马尼拉

我们一起挤在大厅的椅子上听外面的声音。台风季节,暴雨总是伴着狂风一起来。雨水冲刷着玻璃窗,房屋四周震耳欲聋的声响持续不断。但噪音突然被轻柔的鼾声穿透了,威廉·霍华德·塔夫脱躺在椅子上安静地睡着了。玛利亚·赫伦的神经到了崩溃的边缘,她什么也没说,从椅子上跳起来,使劲摇晃着威廉·霍华德·塔夫脱,哭声几乎压过暴风雨:

"威廉·霍华德·塔夫脱,你以为我们喊你起来是干什么的?你可不能又睡着了。我想要你醒来陪我们,给我们一点安慰。"

他以最自然亲切的方式回答玛利亚·赫伦:"好的好的,玛利亚。"他坐了起来,换了个更舒适的姿势,继续沉睡。

第二天早晨,玛利亚·赫伦和我乘车到镇里去看台风造成的影响和后果。我们自己的院子里有三棵树被连根拔了起来,整条街上的房子几乎全都消失了。成群结队的菲律宾人站在街上,像往常一样,手舞足蹈地聊着,没有谁看起来特别激动。很多房子的屋顶都被掀掉了。我们会时不时地遇见当地人,头顶着盖屋顶的尼巴椰子或锡皮之类压房顶的东西,只是平静地带着这些东西回家。

我们继续乘车经过伊斯科塔,到了拥挤不堪的通东[①],突然发现自己陷入了洪水最深的中心地带。低于海平面的地方通常在水下几英尺处,我们仿佛突然明白为什么所有的尼巴椰子房都建在并不美观的桩子上。成群的菲律宾人都在水里划着船,有些人拎着还能用的自家屋子的某部分,有些人拎着家里用的物件,看起来所有人都像过家家一样玩耍和戏水,开心得像孩子一样。螃蟹船[②]是一种长长的独木舟,有人在河里划着独木舟挨家挨户地做送人的营生,台风带来的灾难看起来再正常不过。

我听过很多关于台风的危言耸听的故事,但等我在东方经历了整个

[①] 通东是马尼拉十六个区中面积和人口最大的区。——译者注
[②] 螃蟹船是一种菲律宾特有的船只。——译者注

台风季，尤其在台风季乘船跨越整个中国海之后，并没遇见什么可怕的台风。我开始嘲笑人们对台风普遍的恐惧心理。但经历过这一次，我再也不会嘲笑这种恐惧心理了，因为我已经确切地知道台风的具体含义是什么。洪水迅速退去，一两天时间内，马尼拉几乎看不出狂风掠过的痕迹。委员会却持续得到灾后损失报告，得知全国死了多少人。这是那年最后一次也是最强的一次台风。

抵达马尼拉后，我们发现当地的社会环境很有特点。和我们一起乘"汉考克"号穿越太平洋来菲律宾的人很快就开始请我们参加晚宴、喝茶或者其他类型的派对，还有一些女军人也不甘示弱，因此，我们的圈子迅速扩大。但作为军队长官的阿瑟·麦克阿瑟总督住在马拉卡南宫，除了部队圈子里的人谁都不宴请，通常用卡片代为问候。他收到过我们的邀请，仅此而已。我们并不计较，但结果有点尴尬，让人感觉军方和新国民政府之间并不怎么融洽。

委员会用了三个月时间满负荷调查灾情。履行任何权限之前，他们都以美国总统的指导性意见为要义，而不是擅自行事。我们几乎没有耐心等待关于美国总统大选的消息，大家都认为如果没有美国控制事态和局面，任何试图在当地建立政府的明确计划都只能是徒劳无益。威廉·詹宁斯·布莱恩先生已经承诺给予菲律宾政治独立，也就是说，威廉·詹宁斯·布莱恩先生当选意味着委员会的计划将会归零。

地方和地方自治条例的制定都已经完成。教堂和民众之间肯定存在难以解决的问题。委员会召集了多次开放性会议专门讨论此事，目的在于让人民知道国民政府正在倾听他们的声音。同时，叛乱者迅速以小队人马的游击战术继续给美国军队制造麻烦和恐惧。偶尔也有马尼拉将出现叛乱的谣言。威廉·霍华德·塔夫脱一看见家门口加倍添加哨兵就会安慰我们，马尼拉和纽约、芝加哥一样安全。他的一席话的确消除了我们的恐惧。

第5章 初识马尼拉

阿瑟·麦克阿瑟总督一直憎恨委员会的到来,认为派委员会来瓜分他的权力简直就是他的耻辱。他依然统领七万人的部队,拥有数目众多的民兵的控制权。但很显然,他觉得不够。他与委员会通信的语气让委员会不得不克制怒火,小心地观察每一个礼节是否合适。他们以极大的努力试图解决这些问题,但没有奏效。总督反对委员会一切关于合作的建议,总是毫不犹豫地,用很平和的语言告诉他们,他并不欢迎委员会提出的关于军队或其他问题的任何建议。

委员会认为,阿瑟·麦克阿瑟总督对待菲律宾人民的总体态度有误,他做的每件事都会逐渐让人愤怒,因此,委员会希望组建一个大型本土警察部队,并认为可行性很强,也一定有助于菲律宾群岛的和平。阿瑟·麦克阿瑟总督没有同意委员会的建议,不仅如此,报告被束之高阁达数月

叛乱分子袭击美军

之久。阿瑟·麦克阿瑟总督完全不赞成委员会提出的任何行动计划,但他最大的痛苦源于没有权力否决委员会制定的法规。他明白,如果军队无法说清楚自己的职责所在就会面临许多危险,于是他总是要求部队增加人数。而委员会满怀期待地希望早些召回庞大的部队,对此,我丈夫这样写道:

> 了解到我们和他对菲律宾群岛事务意见不一致后,为了证明自己的正确性,阿瑟·麦克阿瑟总督特别重视提交给我的每一份有关灾难的报告。他完全不具备心甘情愿地赋予大家无穷无尽能量的精神,而这种精神必将带来成功的果实。当然,尽管他行动迟缓,缺乏激情,有时候也不会产生什么恶果,因为问题本身会随着时间的推移自行消失。
>
> 如果威廉·詹宁斯·布莱恩先生败选,解决菲律宾群岛问题的相关政策就会立即确定下来。如果威廉·麦金利先生当选,他会一如既往宽大仁慈,即便对强盗也一样。被彻底击败的将领必须做出改变,我们也会给予机会让他们参与菲律宾重建。当然,如果短期内他们自己不愿意,你知道,这些人原本应该被发配到关岛。这样做会带来健康的发展,当时我想很快就能看到成效。逐渐依赖美国灵活性的人会警醒,而对于不明事理的人,我们可以选择更严厉的方法……
>
> 正是埃尔韦尔·斯蒂芬·奥蒂斯将军提出嘲笑他们的起义、抓了人又放他们走的计划,结果他们反过来嘲笑我们。但只要稍微收紧一下缰绳,他们的笑声就会停止……
>
> 他们最害怕被驱逐。我已经给国务卿伊莱休·鲁特先生去了信,希望他同意在关岛建一座监狱,我们可以把仅次于判绞刑的犯人送到那里去。镇压叛乱的前提一定要有利于美国政府,当然,

第 5 章　初识马尼拉

也要有利于菲律宾人。宽大仁慈的政策持续了两年，但对罪行严重的人应该更严苛……

正如当下情形显示的那样，暴乱不过是阴谋反对美国统治，由菲律宾人暗杀菲律宾人而已……

阿瑟·麦克阿瑟总督收紧了他的控制权，尽管并不像我们想象的那么紧。他囚禁了大约一千五百名暴乱者。马尼拉是暴乱总部所在地，筹措资金便捷，所以很多人在马尼拉被捕……

周日我给战争部长发了一份电报，电报上有布恩卡密路及菲律宾名流的共同签名，大约有十二人之多。电报中他们毫无保留地强调，由于叛乱持续不断，有必要组织起来反对所谓的革命。言外之意就是说他们会组织一场菲律宾人的军事行动，反对另一帮菲律宾叛乱分子。叛乱分子的公开谋杀和暗杀让他们备感厌倦，如果没有这些恐怖活动，叛乱很快就会结束，哪怕持续一周都难……

你可能难以相信菲律宾人对美国总统大选的关注度，还有他们怎样以演讲反对共和事业。史密斯将军告诉我，他在偏远的黑人区发现霍尔和威廉·詹宁斯·布莱恩在演讲。即使在最偏远的山区，也有反扩张、反帝国主义者的演讲……

每个人都在等待，一旦威廉·詹宁斯·布莱恩当选，很难说不会引发当地骚乱和表示反对的示威游行等。最高法院大法官卡耶塔诺·奥雷拉诺·朗松先生已经做好安排，倘若威廉·詹宁斯·布莱恩当选，他将在宣布这个结果三天后离开菲律宾群岛。他是岛上最有才干的菲律宾人，也是有史以来最棒的律师、最廉洁正直的人。他说自己对国家、民族的成功和繁荣昌盛非常关注，然而，他清楚地意识到，菲律宾人完全没有自治能力，如果美国撒手不管，混乱、征兵和腐败将不可避免……

我从威廉·霍华德·塔夫脱 1900 年 9 月到 1900 年 10 月之间写给他兄弟的信件中随意摘录的片段为我们呈现了当时的局势，同时描述出我们这个时代的兴致所在。但这些信主要涉及暴乱事件，以及有关委员会成员拟定严肃进口事务的立法。但在当时，人们普遍认为完全没有必要。尤其如果威廉·詹宁斯·布莱恩当选，他宣称的政策将会付诸实施。如果那样的话，他们会建议立即回到军政府的管理模式下，然后委员会撤回美国，让威廉·詹宁斯·布莱恩先生面对菲律宾问题，这样他才会很快发现治国之才应该持有建设性观点和立场。

威廉·詹宁斯·布莱恩（1860—1925）

第 5 章　初识马尼拉

同时，尽管暴乱依然很活跃，但和平运动也逐渐得到了普通民众的支持。和平运动的成功源于他们敢于和暴乱分子针锋相对，几乎所有人都希望国民政府能够改变军政府严苛控制的治理方式。

因为有别于军政府，委员会越来越受欢迎。1900 年 9 月 1 日委员会正式开始行使权力的时候，《进步》杂志编辑胡安·德·胡安在他的报纸头版只刊登了三个西班牙单词："感谢上帝！"《进步》杂志是当地非常激进的报刊，一向和美国对着干。西班牙人胡安·德·胡安颇具波西米亚人个性，很少关心时事，除非他能从中获得灵感。1900 年 9 月 1 日很快过去了，我不太记得他是否真的去感谢上帝了。我宁愿相信他没这么做，那时我才刚刚到马尼拉一周时间，应该记得这事。

委员会正式到任一个月后，胡安·德·胡安刊登了一篇有西班牙文特色的报道，其中保留了一段译文，主要报道我们邀请胡安·德·胡安参加晚宴的情形。晚宴给他留下了深刻印象，当时人们对有关美国的政治事件兴趣盎然。这次晚宴来的朋友很多元，晚宴一开始，我们就定下规矩，无论政治还是种族都不会影响我们的殷勤好客。总体看，刊登在《进步》上的报道为人们描述的晚宴风格和环境非同一般。以独特的方式为读者展现我丈夫、我的家庭和家居环境，我想在此至少应该引用一部分供大家阅读，其实很简单：

威廉·霍华德·塔夫脱先生：

无论是最不可调和的沙文主义，狂热的军国主义支持者，还是有民主情节的人，甚至认为占领菲律宾无异于专制政治的人，无不表达了他们对国民委员会主席最大的尊重。国民委员会主席就是下面这篇文章标题《威廉·霍华德·塔夫脱先生》中的人。正直敦厚总需要得到认可。

"汉考克"号载着这位政治家抵达马尼拉湾之前，有关他的声誉，他在美国司法部得到的无以伦比的耀眼光环等，都和他联系起来了。之所以强调"得到"这个词，完全考虑到威廉·霍华德·塔夫脱先生的个性，他因为谦虚谨慎获得了在菲律宾任职的机会。

菲律宾人怀着同样愉快的好奇心等待威廉·霍华德·塔夫脱先生的到来，就像孩子带着期待打开玩具。卡斯特拉尔曾经向他的追随者们描述过林肯的民主思想。我们在此打量着这些美国家长制代表，难免暗自惊喜。

这位思想家宽阔的额头让我们看出了他内心的激烈斗争所在，即他的自由主义倾向和美国在巴黎所承诺的重大责任之间的矛盾。美国国民委员会主席得到的广泛支持源自爱国主义的民族重担赋予他的巨大力量。

我们必须承认，勤劳是美国向菲律宾选派领袖的基本要求和素养。我们知道埃尔韦尔·斯蒂芬·奥蒂斯每天工作超过十二个小时。但美国陆军大班[①]阿瑟·麦克阿瑟，就其进步速度看，可以看出他与前任没什么不同。威廉·霍华德·塔夫脱先生每天早上8时离开家，看上去和普通职员没什么两样，逐渐胜任了市政厅委员会主席的职位。威廉·霍华德·塔夫脱先生到办公室后的第一件事就是浏览美国新闻，阅读西班牙文报纸上刊登的奇闻异事。

渐渐地，好戏终于登场了。佩德罗·A.帕特诺、马卡布洛斯、门德内哥罗等从宿务岛来的外交官都主动到马尼拉与之交好。就像俚语所说的，该来的都会来。威廉·霍华德·塔夫脱对所有人都回以尊重的微笑，一样的礼仪，一样的祝辞。他的专职秘书阿瑟·弗格森先生会以斯芬克司之谜一样的吸引力，以留声机一样准确的方式，非常灵活地用西班牙语重复一遍威

---

① "大班"一词源自粤语，鸦片战争前后英国商船上普遍使用大班指称那些管理货物的人或者有身份、有地位的商人。此处的用法可能源于美军很大程度上在菲律宾承担贸易开发的使命。——译者注

廉·霍华德·塔夫脱的话。得到认可后,委员会首席书记员柏博曼先生就会走进办公室,记下会见的主要内容。

美国人正在以这样的方式塑造意义非凡的历史记录,与我们的记录密切相关,也和《巴黎条约》的某些条款相关,这一切都有利于他们管理菲律宾事务。

之后,威廉·霍华德·塔夫脱完全投入到多项法案的审查工作中,并与同事一起讨论他们撰写的相关条款,倾听每个人的观察所得,以他们最能接受的方式,当然也是最符合菲律宾人民利益的方式,最符合华盛顿最高指示框架的方式,表现出应有的开明,并以此判断法案内容的合理性。可以说威廉·霍华德·塔夫脱是委员会中最富有民主性的人士,他以冷静、温和和审慎的方式表达自己的观点。威廉·霍华德·塔夫脱个人的良好声誉对相关制度和法案的形成起到了非常重要的作用,他们拟定的法案最终交由军政府执行。

只有消除暴乱造成的沮丧气氛,消除人们在难以克服的困境中普遍的抱怨情绪,消除由此遍布菲律宾各个领域的宿命感,委员会才能完成其使命,才能成功解决菲律宾问题,给菲律宾带来和平。他们正是为了和平而来,如果我们无法保证他们可以获得令人信服的机会,完成为和平而战的理想,他们会撤离菲律宾。他们已经指出问题产生的原因,也已经找到解决问题的方案,即突出民主的温和方式。否则,他们的提议将会由一套已经证明是失败的管理体制所替代,继续让尚武之风淹没政治智慧。

阿瑟·麦克阿瑟总督不停地研究菲律宾地图。威廉·霍华德·塔夫脱先生也经常注视着同一张地图。地图上有他的办公室和他的足迹,都在他的脑海里。铁路——横跨马尼拉岛的铁

《巴黎条约》签订现场

讽刺《巴黎条约》的漫画:一个西班牙人被捆绑在树上,而"乔纳森大哥(18世纪英国士兵对美国民兵的谑称)"趁火打劫,正在翻西班牙人的口袋

路淹没在火车头的呼啸声中，淹没在为战争而牺牲的人的哀鸣中。这就是威廉·霍华德·塔夫脱先生想要给菲律宾人民带来和平的原因。

现在是下午1时，威廉·霍华德·塔夫脱先生在家。这位名人大胆地站在我们面前，美国经过审慎考虑后才决定派他出任菲律宾委员会主席，由不得我们从政治角度对他说东道西。

委员会主席的个人生活与卡斯珀伯爵有很多相似之处。卡斯珀伯爵是位很清廉的绅士，想起他，菲律宾人就会肃然起敬。宿务岛马拉卡南宫举办的宴会通常极其瞩目，目的世消除种族差异，更好地与菲律宾人、西班牙人建立兄弟关系。然而，大多宴会在政府大楼举办，或者挑选一位不再从商的富人的宅邸，但必须是个平和安静的人家。伯爵夫人通常会在周四举办沙龙。这种聚会很讲究，只有老练、成熟的家庭主妇才办得好。你必须花很多天时间不厌其烦地去百货商场购买各种物品，或者浏览一应需要料理的样目清单。

有时也会在威廉·霍华德·塔夫脱先生位于马拉特的木屋举办同样的宴会。房子宁静祥和，像是一座通往心灵的殿堂。威廉·霍华德·塔夫脱先生料理完繁忙的政务后，喜欢在此歇息几个小时。

威廉·霍华德·塔夫脱先生的日常餐饮充分反映出他温和谦逊的个性。午餐通常供应四道菜，另外有两样水果、一碟甜点和一瓶白葡萄酒。通常有宾客和威廉·霍华德·塔夫脱先生一起用餐，客人中有菲律宾人、美国人、西班牙人等，没有种族限制。用餐时刻不谈政治。如果客人是说法语的菲律宾人，威廉·霍华德·塔夫脱先生就会问他有关菲律宾群岛的风俗；如果出席宴会的是西班牙人，他会根据马尼拉女士华丽讲究的

第 5 章　初识马尼拉

讽刺美军占领菲律宾的漫画：一个西班牙人拿着两千万美元消失在地平线上（《巴黎条约》规定美国向西班牙支付两千万美元），而山姆大叔（代表美国）把自己捆绑在树上试图驯服一匹发狂的驴子（代表菲律宾）

风格装扮自己；来菲律宾的人中还有菲律宾和西班牙人都欢迎的作曲家。作曲家谈话相当有趣，尤其如果玛丽亚·赫伦女士来了就再好不过。玛丽亚·赫伦女士是威廉·霍华德·塔夫脱先生的大姨姐，可以看作现代女性教育的完美化身。她法语说得很好，游历颇广，曾经旅居西班牙，是个聪明的旅人。阿罕布拉宫①风格的网状建筑物尤其使她着迷，开满橘子花的瓜达

---
① 阿罕布拉宫是 10 世纪时建立在西班牙的一座阿拉伯式要塞，阿罕布拉宫风格是文艺复兴时期得到光大的一种建筑风格。——译者注

基维尔^①河畔也同样让她欣喜若狂。赫伦女士批评西班牙铁路系统的时候像个拿津贴的记者，很不客气，让在场的人感到很不舒服。不过她说的是事实。

至于孩子们，老大罗伯特·阿尔方索·塔夫脱大约十一岁；海伦·塔夫脱·曼宁九岁；最小的查尔斯·菲尔普斯·塔夫脱才三岁，却像国王一样。像曾经的威廉·麦金利总统——父权家长制共和国的国王，他的孩子们不必上桌吃饭，和家庭女教师在一起。

宴会后，大家在廊道眺望大海，慢慢地品着咖啡。威廉·霍华德·塔夫脱先生聊起有关孩子的教育问题以及解决问题时采取的方案，非常有趣。他的妻子常谈起慈善事业，她希望能在菲律宾群岛长久地承担这一义务。事实上，经历了一次可怕的死亡事件后，麦哲伦为西班牙发现的这个地方就不再属于我们了。廊道上也一样，大家小心翼翼地远离政治话题。

这篇超乎寻常的报道给我们带来了很多快乐，同时，我们也开始提醒威廉·霍华德·塔夫脱得小心维护他头上的"光环"。我和玛利亚·赫伦决定，如果我们注定会被报纸如此详尽地报道出来，我们得小心谨慎。

---

① 瓜达基维尔河是伊比利亚半岛第五长河，也是西班牙第二长河，西班牙唯一的通航河流。——译者注

第 6 章
陌生的环境和习俗

曾经去过远东地区的人定会明白，当地人对"坚持不懈"有另外一种理解，那就是毫无用处。日本人也一样，只要耸耸肩，将杯中酒一饮而尽，仿佛就可以轻松地打发掉大大小小的各种烦恼。"马士基"[①]在中国沿海地区有相同的意义，但更多意味着"那又怎么样？"菲律宾人认为其含义不外乎是回避不了、却又无法抗拒的事，几乎可以被看作这个国家的风俗习惯和思维定势，任何改革系统都休想撼动它。

如果只是一种人们都遵循的习俗，那么也没什么好说了。美国人最受不了菲律宾人凡事拖到明天的习惯，这样会给做其他事积累很多压力。还有一种习俗是不断增加的亲属数量让人难以面对。譬如，他们会给任何沾亲带故但没地方住的人提供住所。我想这或许是旧式父权家长制社会约定俗成的做法，人人都可以通过古老模糊的方式主张他是谁的家眷，然后聚集在主人门下，把那里当宿营地和避难所谋生。

我想我是在一次大型派对中第一次接触到这种陌生情形的，那次派

---

① 一种水果酿的酒。——译者注

对没有任何偏见和歧视，地点在我车夫的家庭住所。来的客人包括老爷爷、老奶奶、年轻的女士、男士，还有孩子们，甚至有抱在怀里的婴儿。我们家里只有中国仆人，但马厩由菲律宾人打理，很快我就发现派对完全是为马夫的亲戚们举办的。

我有一对小马驹和一个马厩，我给马厩取了个名字——维多利亚。威廉·霍华德·塔夫脱有两匹小型棕色马，还有一匹供不时之需。二轮敞篷小马车专门给孩子们玩。家里拥有这么庞大的马匹阵容很有必要，主要是我们发现一匹马一天最多载人出门两次，有时候甚至只能一次，依据当天太阳的强弱而定。我的马驹通常只在一大早或者晚上出门。威廉·霍华德·塔夫脱经常一早骑马出门上班，然后下班乘马回来，也算是一天两次。他上班路途遥远，没有可以搭乘的有轨电车。

这样的运输条件造成马夫需求量很大。所有马夫和他们的亲戚都住在与马厩相连的街道上，家庭结构庞大，包括父亲、母亲、姐妹、兄弟、叔伯、堂表兄妹等，无论近亲、远亲还是妻子、孩子、孙子孙女、挚友等，都算是他们家的脉络和旁系。除了三个车夫、马夫，还有一个园丁和他们的亲戚。因此，第一次到楼下去检查他们的住所时，我有点纳闷，以为他们正在举行家庭宴会。就算我在马尼拉住上二十年，也搞不清这些仆人的亲戚关系，更搞不清谁有权力谁没权力在这里谋生和居住。我想表达的意思可以以最简洁的方式陈述，即既然这是习俗，我就必须接受。

菲律宾仆人从来不住主人家，也不想住主人家的房子。他们希望有自己的家，有自己的自由，通常这些房子都建在花园或院落的某个角落。我相信美国人现在明白了菲律宾人结识亲属的习俗，他们会根据自己家庭人口的最大数量确定房间空间。但老宅子房屋空间很大，住在里面的人喜欢族人相聚，也很享受膨胀的家长式感觉。

我的马给我带来了巨大的骄傲。这是一对漂亮的小种马，黝黑发亮，

第6章 陌生的环境和习俗

很受欢迎。它们好像一直用某种会让体型缩小的肥皂洗澡，所以才会长成除了个子小点，其他一切都完美无瑕的样子。菲律宾小马驹毫无疑问属于阿拉伯马种，最初由西班牙人带到菲律宾。由于气候原因，加上食物以及环境的差异等，这种马的体型不断缩小，但身体曲线依然很美，遗传了马的大部分特征。

威廉·霍华德·塔夫脱通过本尼托·勒格达①先生从巴坦加斯②给我买了那对小马驹。巴坦加斯位于菲律宾吕宋岛西南岸，菲律宾最优良的马匹基本产于此。好心肠的本尼托·勒格达先生深具美国人普遍具备

本尼托·勒格达（1853—1915）

---

① 本尼托·勒格达（1853—1915），菲律宾议员，美国殖民政府菲律宾委员会成员，后来成为菲律宾群岛驻美国国会专员。——译者注
② 巴坦加斯是菲律宾的一个省，位于吕宋岛的卡拉巴松地区。——译者注

的忠诚特征。巴坦加斯是个非常独特的港口城市，现在日益萧条。因为运回这些马得经过叛军的地盘，所以本尼托·勒格达先生得付给叛军一笔费用，然后把这些马运到离马尼拉很近的地方——卡兰巴①。尽管他并不清楚马匹的确切来源，然而，威廉·霍华德·塔夫脱说，如果他知道一切来龙去脉，反而会被起诉。有些地方认为这是间接支持叛军的革命主张，但他只是想要得到马而已。

我给小马配的维多利亚马车车厢美得像画，的确与俊美的马儿很相配。可是，几个在马厩工作的菲律宾人把乱七八糟的女佣衬衫套在凌乱不堪的白裤子上晾晒，完全毁掉了我劳神费力创造的美景。我给车夫、马夫、男仆统一做了白绿色制服，穿上制服后，他们的身材的美感、颜面上的尊严都有所增加。

我和玛利亚·赫伦第一次乘马车到卢内塔时几乎看到了所有我们认识的人，所以备感欢喜，当然还有很多陌生人。这次出行好像注定要发生什么事，让我的虚荣心受到了强烈打击。

我们兴高采烈地一路驾车前行，但突然不知从哪里飘下来几张纸片，恰好落在右边小黑马的眼罩上。马儿扬起马蹄在空中一跃，旁边与它并排的马愤怒地咬了它一口，于是打斗开始了。我和玛利亚·赫伦赶紧跳下马车。从低矮的维多利亚马车厢跳下来毫无困难可言，但我们发现所有的华美都毁于一旦。因为两匹马不停地做出蹬来蹬去、踢来踢去、互相撕咬等各种野蛮行为，附近的路灯完全被毁掉了。两匹马并没有伤到对方，只是被马鞭狠狠地教训了一通。我得说其实这两匹马真的很有趣，就像长得聪明漂亮但调皮的孩子。它们的所作所为真的让人遗憾，但它们的个性已经定型，很难改变，以后还会这样打闹。我们从来都没什么信心驾驭好两个小家伙，这个任务只能交给马车夫，他是唯一驾驭

---

① 卡兰巴是菲律宾繁荣的内湖省。——译者注

得了它们的人。马车夫在很多方面都不尽如人意。譬如,驾车去晚宴派对接我们回家的时候,经常喝得醉醺醺的。但看到在马厩工作的每个人都对他敬畏有加,我们又不敢解雇他。他也很喜欢时不时地与马儿进行一场惊人的角力。

菲律宾人性格温和,很少喝醉。但马车夫完全不同,他们必须让自己喝酒,借助酒的亢奋获得驾车狂飙的勇气,这样难免常常行事不周全。公共交通的马车夫以独有的方式爱着自己的小马驹。跑得快、长得俊的小马驹常令他们自豪。然而,原则上,马车夫对小马驹很严苛,超载、超速,无论出现什么情况,都会不停地挥舞着鞭子抽打小马驹。

菲律宾马车夫不喜欢和别的马车夫擦身而过,一旦擦身而过,会造成打斗和竞跑不断上演的结果。他们不分青红皂白,可以在任何一条街上、任何情形下竞跑,从不介意马儿会怎么样。

有天晚上,我的孩子们和家庭教师一起乘马车前往卢内塔。这时候正好有两辆马车在他们后面打起了架,不仅马匹互相打斗,车夫也互相诅咒,并不关心即将出现的灾难。结果发生了剧烈碰撞,两匹马继续打斗,我们的车夫也没有停下来去看看它们到底做了什么——菲律宾人很有个性——但孩子们几乎差点无法从这起严重的突发事故中逃生。查尔斯·菲尔普斯·塔夫脱被抛出了马车,掉到一辆二轮敞篷小马车下面,罗伯特·阿尔方索·塔夫脱和海伦·塔夫脱·曼宁两人都称车轮从他身上轧过去的时候,马车剧烈摇晃。查尔斯·菲尔普斯·塔夫脱也发誓说小马车从他脖子的位置轧过去了。但仔细检查后我们发现除了表皮淤青,孩子们并没有受到严重的创伤。但此后,我很害怕孩子们独自出门。

园丁有两个男孩,乔斯和卡皮托。他们比查尔斯·菲尔普斯·塔夫脱大几岁,但个头看起来差不多。查尔斯·菲尔普斯·塔夫脱很喜欢和他们一起玩。两个孩子穿着简单,薄薄的纱布衣,腰以下紧身的衬衫。我怀疑查尔斯·菲尔普斯·塔夫脱其实很羡慕他们可以穿着随意。他曾经用西班牙语、塔加洛语和英语三种混合语言命令这两个孩子，他之前只说英文，所以让我感到惊喜。当查尔斯·菲尔普斯·塔夫脱意识到自己对这两个孩子拥有绝对的支配权后，就一直沉浸在指挥这两个孩子的欢乐中。

我和玛利亚·赫伦很快适应了当地人的生活习惯，一早驾车前往伊斯科塔购物。在伊斯科塔，你会发现各种有趣的商店，但里面很少有适合美国女性需求的东西。一些让人感到轻松愉快的印度集贸市场和中国人的集市，大多出售花哨的面料、稀奇古怪的东方物品。虽然西班牙人的商店很受欢迎，而且所有的店名很欧式，譬如巴黎－马尼拉、太阳门遗址，但很大程度上是为了迎合菲律宾人的口味。

当时，伊斯科塔到处都是酒吧，主要是为军队男兵服务。街道狭窄、老旧，摇晃的木制建筑物张着口，啤酒味弥漫在整个街道上，着实有点惊悚。

威廉·霍华德·塔夫脱决定留着这条女人们爱去逛的商业街，但酒吧得移到别处去。委员会的提议遭到了反对，有人要求他们提供依据。当然，反对的声音主要来自其他人群，所幸提议得到委员会内部成员支持。此后，伊斯科塔再无酒吧。的确，由于管理制度符合民意，城里居然没有任何曾经有过酒吧的痕迹。

美国刚刚占领马尼拉的那几年，我一度不知道如何描绘马尼拉的社会图景。的确，过去很长时间里，西班牙人建立了富足、美丽的混合社会，但后来几乎所有西班牙人都离开了菲律宾群岛，这个混合社会一时间没法决定自己到底要依赖哪一种生存模式。我可以说，大多数受过教育，地位高的菲律宾人都是文化和生物两方面的混血儿。有西班牙血统和中国血统，内在性格有强烈的血缘特征。

除了西班牙－中国－菲律宾混血，还有一部分英国混血，他们都很有趣。譬如莱加德先生、首席大法官卡耶塔诺·奥雷拉诺·朗松先生和帕尔多·德·塔维拉医生。派驻美国国会的代表奎松先生是菲律宾-西班牙混血。菲律宾财政部长和司法部长和议会发言人阿拉内塔是中国人。当时,许多能力很强的律师和成功商人都是中国人的后裔。混血人种实际上掌控了菲律宾几乎所有的财富,他们接受的教育、才智和社会地位毋庸置疑。这也是我知道的唯一一个人们普遍认为混血人群比当地人更聪明、更高贵的国家,当然也是东方唯一一个有这种特殊理念的国家。

追溯到西班牙统治时代,那时候外国社区的组成除了领事、专家和银行经理人,还有英国、欧洲大型贸易公司经理及其家庭成员。当时,琼斯夫妇是大英帝国殖民地的领头人。琼斯先生时任香港和上海汇丰银行在马尼拉地区的分行经理。琼斯夫人很美丽,魅力十足。我们刚到的那个冬天,她举办了好几场精致豪华的派对。在马尼拉任职的经理通常住在专门为他们修建的银行大楼。大楼算是那里很美丽的建筑物,位于帕西格河上游,风景如画,很适合举办舞会和大型招待会。当时,有几个德国家庭也同样喜欢举办奢华派对,我记得其中有个奥地利的流亡者,我可能永远忘不了他,因为我丈夫在尝试读他的名字巴洛克·巴什时,真的会让我们捧腹。

这也是我们初到马尼拉时受到的最热情的款待。军队军官大多必须服从统帅的命令,多少让人觉得冷漠。我在家举办了几次不同类型的派对,至少每周一次晚宴,来的客人都是一些很有趣的伙伴,颇有五湖四海的个性特征。我们研究了所有令人愉悦的待客方式,无论菲律宾人还是欧洲人都很期待参加明显有政府特征的庆典,但又不会给人留下"质朴的民主作风"的印象。你会坚信有关罗马和罗马人的谚语:"我们只做我们做得了的事情——尽人事。"除了绚烂花园入口处穿戴整齐的哨兵,晚宴时我们会派车夫或其他马厩伙计扮作仆人站在门两边迎接客人,引导客人到更衣室、接待室等处。

我们家很适合举办十二人的晚宴,因此,我总是极力让晚宴人数控制在十二人之内。我们还会请一个乐队。马尼拉乐队很多,几乎每个当地人都会演奏一种乐器。音乐增加了节日气氛,也强化了某种东方氛围。周围有很多日本灯笼和巨大的盆栽植物,当然,还有客人,他们都是大人物。窗幔、天然蕨类植物和兰花等通常由菲律宾人从森林移植过来放在集市上出售,为宴会增添了独特的东方色彩。

人们公认下面这句话出自我丈夫威廉·霍华德·塔夫脱之口:"我们的棕色小兄弟"——可能的确是他说的吧。但军队不会支持他的意见。士兵们曾经满怀热忱地唱了一首这样的歌,结尾尤其伤感:"棕色小兄弟可能是威廉·霍华德·塔夫脱先生的兄弟,但不是我的兄弟。"

对菲律宾人,我们坚持族裔平等的完整性。从一开始,我们的访客和宾客中就有很多菲律宾人。尽管两国人的习俗毫无相似之处,但他们很有礼貌,当作典范一点也不为过。无论何时何地,他们都极其希望自己看起来让人舒服——调整自己——同时能表现出极大的友善。

我可能永远都不会忘记第一个来我家拜访的菲律宾家庭。一家六口——先生、太太和四位小姐,傍晚6时来我们家。我先接待他们,庄严、礼貌地逐一握手,之后逐一介绍给我丈夫,又由我丈夫亲切地介绍给我姐姐玛利亚·赫伦。我们一直站在廊道上,等仆人们摆好椅子,大家就势坐下。摆放成半圆形的座位很适合聊天。我先生大声地清了几次嗓子,女士们安静地坐着,纤纤玉手交叉搁在腿上,显得极其优雅。看起来,她们并不想参与我们的谈话。

我丈夫用西班牙语解释,说他们是我们的近邻,来府上拜访的目的主要是表达尊敬之情。自从离开美国,威廉·霍华德·塔夫脱一直都在学西班牙语,勤奋之至,但显然,他并不具备语言学家的天赋。他还没有意识到——他总是想向人们表达,他其实期待自己可能真的是西班牙后裔。他抑制不住的笑和真挚热忱对菲律宾人有种难言的魅力。当然,偶尔他也能很成功地应对类似情形,许多时候的确如此。我们一致点头

第6章 陌生的环境和习俗

微笑着："先生，太太。"虽然我们渴望知道客人说什么，但其实我们并不怎么懂。于是，我和玛利亚·赫伦就开始夸赞女士衣服上美丽的刺绣，谈话融洽了很多。他们竭力赞许眼前能看见的一切东西，但凭我们那点西班牙语，加上肢体语言和面部表情，我们并不太懂他们说了些什么。他们起身在四周逛着，看看我从日本买来的织锦和刺绣，一看见金色屏风、古画和古董就禁不住发出羡慕的赞叹，表达他们的惊喜之情。他们看起来很像受到款待的宾客，等孩子们进来了，又重新喋喋不休地夸一番。当我确信他们称赞我的孩子时，并没有表示赞同。总体上，第一次跨文化社交经验让我感觉相当不错。

但接下来的一小时，我感到非常紧张和不安，因为我不知道他们六个人站起来说要回家的时候，下一步我该做什么。等他们的确这样做的时候，我内心终于放松下来了，然后打算送他们到楼梯口。这时候，我丈夫热情地喊了起来：

"这就要走？快别！"然后他们就都坐下了。

我当时真的为威廉·霍华德·塔夫脱那点西班牙语感到难过，尽管他并不期待这家人明白他的礼貌。威廉·霍华德·塔夫脱对菲律宾人的礼节很无知，他并不知道他们期待得到可以离开的暗示后才会告辞。但如果他提出挽留，而他们又坚持要走，这看起来相当不礼貌。他继续进行这种勇敢、辛苦而又无助的谈话，时间突然变得很慢。晚餐时间到了，因为担心他留客人吃饭，我不断给他使眼色。最后半个小时，他脸上终于表现出了紧张尴尬。8时15分，我们的棕色小兄弟再次暗示他们该回家了，威廉·霍华德·塔夫脱再也不反对他们告辞。那天之后，我们几乎每天都接待菲律宾人的来访，但我们再也不客套地让他们重新考虑是不是过会儿再走。

菲律宾人的礼貌和风俗习惯常常让我们困惑不解，但同样会让人捧腹，这也就决定了菲律宾人给威廉·霍华德·塔夫脱的回馈完全不一样。我们离开菲律宾群岛的时候，终于逐渐习惯了这些习俗，也渐渐期待菲律宾人在某个星期的任何一天随时来访。但起初这的确令人尴尬不安。

我们抵达后不久的某天，有个忠实的亲美派在街上被暴乱分子暗杀，当时正值威廉·霍华德·塔夫脱任职后的和平时期。这个被暗杀的人的遗孀带着孩子在极其困难的情况下来马尼拉领取发放给她丈夫的抚恤金，但案子一直没有头绪。威廉·霍华德·塔夫脱非常同情他们的遭遇，于是以个人名义给了他的遗孀一大笔钱，足够他们生活。第二天，他们全家人，从天真无邪的小男孩到还抱在妈妈怀里的婴儿都来了，感谢恩人威廉·霍华德·塔夫脱。他们提着一篮子礼物，除了鸡蛋，还有一些奇怪的菲律宾水果和贝壳。威廉·霍华德·塔夫脱被深深地打动了，但还是告诉他们钱应该用来给她和孩子们买食物，而不是给他买礼物，所以表示拒绝。我知道，在底层菲律宾人眼里这是一件没面子的事。

与送礼物相关的事总是让人啼笑皆非。一次我们邀请了一位很有名望的菲律宾人托马索·德尔·罗萨里奥一起用午餐。托马索·德尔·罗萨里奥先生在当地既有财富又有名望，受过良好的西班牙教育，穿得也很体面，领子硬挺的衬衫，漆皮皮鞋，上好的亚麻布料缝制成的西班牙式服装。作为一个语言学家，他很自信，和我们在一起玩得很开心，可以用多种不同的语言和人打交道。他似乎对玛利亚·赫伦很感兴趣。第二天，玛利亚·赫伦收到了托马索·德尔·罗萨里奥先生送来的东西，不仅有花，还有满满一篮子坚果、一听李子布丁、几听巧克力和果脯。原本收到他的礼物也没觉得有多么招摇，但好笑的是他给爱丽丝·伍斯特也送了同样一份礼物，那孩子才五岁。

总体来看，虽然我们生活在极其不同的复杂环境里，但也充满了乐趣。我们在菲律宾经历的每一件事都让人感到我们的到来对菲律宾群岛意义非凡。从开始到结束，委员会工作的每一刻都是最伟大的。我们的日常也充满了各种矛盾和问题。正确的解决方式意味着如何重现伟大的

第6章　陌生的环境和习俗

国家原本应该拥有的和平与繁荣。因此，对我们来说，迎风飘扬的美国国旗意义更加深远。飘扬的美国国旗也意味着美国在菲律宾的使命。在这块陌生的土地上，以往从不曾有过的爱国热情被召唤了出来。我想，凡是知道真相的人都会相信美国精神具有的最高抽象含义，而这种抽象含义只有通过帮助菲律宾群岛发展才能更好地呈现出来。根据我的记录，那一时期，工作对委员会来说意味着代表美国长期致力于帮助菲律宾建设与发展。

委员会初期遭遇的问题可谓层出不穷，想要解决这些问题，调查研究是不可或缺的步骤。委员会成员将各自调查研究的发现提交例会讨论，充分加以论证。

除了一些至关重要的问题，如建立税收、公务员服务系统、州和地方组织、货币财政、治安、港务部门、公路和铁路、海关、邮政、教育、健康、公共土地和公正公平的司法、法律修正体系等，委员会还有一个潜在的使命，那就是必须立刻在全岛建立稳定的秩序和人民的自信心。

要澄清菲律宾的形势，就要了解并能够解释天主教堂及其代表——修士的社会地位，这是菲律宾社会不安定的主要原因所在。在调和民众和教会矛盾的同时，美国政府发现自己第一次陷入了某种难以走出的困境。

因为教会完全独立于政府，所以我们完全不知道教会的政策，很难想象教会如何为某个地区选出可靠的修士。梵蒂冈派出的修士非常特殊，目的可能出于政治需要，让他们到当地承担一定的责任和义务，也可能像政府公务人员一样，负责向梵蒂冈报告当地社情。委员会给华盛顿的第一份报告强调了修士问题的复杂性和重要性。

以往西班牙政府不过是根据教廷的一套办法管理菲律宾。用奥古斯丁修士会修士狭隘的话说，修士就是西班牙国家主权的基石，一旦移除，国家主权将彻底坍塌。菲律宾人在西班牙统治时期加入罗马教廷，1898

年登记在录的教会成员总数为六百五十五万九千九百九十八人，其他还有属于伊斯兰教穆罕默德·摩洛和非基督教部落的人员。地方行政区和布道所无一例外都由西班牙多米尼加修士、奥古斯丁教士及方济各会管理制度组成。正是这种管理模式导致了1896年和1898年两次暴乱。第二次暴乱因为我们对整个菲律宾群岛的绝对控制权才平息下来。

1896年菲律宾群岛有一千一百二十四名奥古斯丁、多米尼加和方济各僧侣，他们有一种派对活动——里科雷托斯派对。这是按照圣奥古斯丁管理规章派生出来的聚会，其间，所有人都得赤脚。除了这些人，还有耶稣会信徒、天主教信徒、本笃会信徒和保禄会信徒。他们主要从事传教和教育工作，因此，菲律宾人并不会将仇恨和愤怒强加于这些人。菲律宾人没有进入任何教会管理层，但他们可能做修士助理，或者在一些小地方当牧师。

一旦西班牙牧师助理在某个行政区安顿下来，就意味着他得一直在那里生活，直到老了干不动为止。他的工作是建立和维持宗教的绝对权威，我很难用几个字解释清楚。他在那个教区说一不二，通常是当地唯一受过教育，懂西班牙语和当地语言的人，也是很多地区唯一的西班牙政府代表。起初，西班牙牧师助理作为人民的精神导师，充当解决教区百姓和世界其他地区百姓之间世俗问题的中间人。从法律意义上看，最终他扮演了执行法律民事功能的多重角色，并对人们的所作所为提供指导、改正和决定。

西班牙牧师助理是小学的教育督导人，健康委员会和慈善机构委员会、城市税收委员会主席、税收视察员、公共事物委员会主席、省议会成员、分割王室土地委员会成员、市政财政监察员，他的权力还包括监察当地戏剧表演，确定用方言表演的喜剧或戏剧是否有害于公共和平和道德等。一句话，他是这个地区的政府管理者，也可以说是当地的神。他必须每年将年满二十岁的青年男子的姓名登记在案，然后把名字放进某个容器，又一个个随机取出，有五分之一的人会应征入伍。强制服兵役招致菲律宾年轻人的极大仇恨，很多人跑进山里躲起来变成了不法分子。但国民卫队会去追捕他们，一旦被抓，就会被投入监狱，直到被判死刑。

修道士必须遵守的相关规定都由强大的教堂组织制订完成，教堂组织的领导者积极参与政府官方行政管理。大主教和主教在马尼拉组成官方委员会，制订地方规章制度，隶属于州或省政府，类似西班牙或法国的政府行政管理委员会，处理紧急事务和突发危机。修士、牧师和主教共同组成一个固定的、永久的、组织良好的政治势力，制定出孤立保守的政策。岛上的民众、军官虽然对管理制度有不同意见，企图有所改变，使其更明智，但最终难免受阻。每一条管理制度都代表马德里，无需任何权力机构干涉，西班牙法院可以轻易达到自己的目的。

关于修士的道德伦理问题，在此我只能略谈一二。有些人可以组成家庭，有儿有女不在话下，但违反了当初禁欲的誓言。从这一点看，菲律宾人的道德准则并不那么严苛。妇女常常认为和修士生养的孩子会比一般菲律宾人更聪明，相貌更美，未来事业也会更成功。事实上，随着菲律宾人越来越受到美国政府的影响，相比西班牙统治时期，这种行为日益受到指责，并且一次次被民众提及。西班牙统治时期，菲律宾神职人员的道德标准问题也曾经受到质疑，似乎原告认为指控的重要性远比由此带来的影响更重要。

三大著名修道会——圣弗兰西斯修道会、圣奥古斯丁修道会和圣道明修道会在菲律宾群岛不同地区拥有四十多万英亩最优质的农田。修道会将这些土地化整为零租给百姓，由此得到的收入十分不菲，任何一个地主无论怎么精打细算、充满活力都不可企及。他们不交税，而菲律宾人几乎事事处处都得交税。只甲米地一处，修士的固定资产就多达十三万一千七百四十七亩之多。这还只是马尼拉湾的一个省。因此，马尼拉发生的两次暴乱，与其说是反对西班牙统治，毋宁说是反对修士统治。

我们抵达马尼拉的时候，一千一百二十四个修士中，已经有四百七十二个修士被杀或逃离菲律宾。每一次暴乱都会有修士丧命，还有许多人被投入监狱。事实上，最后修士被释放得益于美军在遭遇暴乱分子时的迅速取胜。叛乱分子不得不放弃不重要的抵抗，留在马尼拉的所有修士都被带到马尼拉避难所。

说起来很奇怪，对修士的仇恨并没有影响菲律宾人对教堂的热爱。多半是出于菲律宾人对宗教的真情实感。罗马教堂华美的结构也起到了很大作用，神秘又瑰丽的建筑物对他们的心灵有很强的吸引力。面对奋起反抗的人，社会的评价着实令人吃惊。他们反对的正是他们深深热爱和敬仰的神职人员，教会仪式都由神职人员主持。

无一例外，所有的西班牙修士都被赶出了他们的领地。在所有最有争议的政治问题中，委员会遇见并且不得不着手解决的问题是，美国政府是否允许被驱逐修士重返他们的领地。菲律宾人可能会难以理解美国政府和西班牙政府的不同。即便这些修士回到他们的领地，美国政府的管理模式也使他们不可能对世俗世界起到任何作用。谚语"烈火永生"想起来就让人后怕，很难有合适的理由让人心甘情愿地放弃已有的社会地位，特别是当他从社会最高层降到最底层之后，几乎不可能平和又理性地谈论社会地位变迁的话题。关键问题是，菲律宾人团结起来的目的是不想让修士有重返其领地的机会。

普遍的愤怒、不安、恐惧、仇恨、对谬误的记忆等，都那么深刻，以至于新仇旧恨一起涌来，必将让人付出巨大代价。这些原因导致委员会最终必须采取某种立场。修士问题主要集中在他们的地产、头衔等是如何得到的，人们从未公开质疑过这一点。政府必须决定教士离开菲律宾群岛的条件，最后一致通过，岛上新政府保证出钱购买修士拥有的庞

第6章 陌生的环境和习俗

大地产。总而言之,就是要让田地房宅重新回到人民手中,让最穷的人也能买得起房子。

通过双方协商,如果这桩生意能成功,政府需花费七千万美元。第二年,我丈夫以美国政府驻梵蒂冈大使的身份前往罗马,那时候正值教皇利奥十三世时期。这次旅程也非常有趣,我会在另一个章节讲述。

委员会到马尼拉的第一件事是承诺解决教会与人民之间的争端,同时得到管理圣何塞①医学院的权力。他们处理这件案子的方式在菲律宾群岛闻所未闻,绝对公平公正,产生了巨大影响。

教皇利奥十三世(1811—1903)

---

① 圣何塞是菲律宾吕宋岛中部布拉干省的城市。——译者注

这件案子被称为"帕尔多·德·塔维拉与其他教士之间的矛盾；教士群体之间与菲律宾群岛原住民之间的矛盾；原住民与圣托马斯大学校长、多米尼加僧侣、神圣罗马使徒天主教堂及大主教、罗马教皇派驻马尼拉大主教、新奥尔良大主教及罗马教皇派驻的宗座代表之间的矛盾"。就当时的情形看，我们可以毫不夸张地说，形势非常紧张。

圣何塞医学院是菲律宾群岛最古老的大学之一，1601年由西班牙总督菲格罗阿捐建。他认为这所学校应该由岛上的耶稣会会士管理。建校目的原本是解决岛上西班牙男孩的教育问题，但历经演化和变迁，包括1766年耶稣会被排挤出岛，其功能和宗旨发生了很大改变，最后

菲律宾群岛原住民

成为培养医师和药剂师的学校，合并到圣托马斯大学，校长是圣道明修士。多年来，只有一个菲律宾人被学校授予皇家特许证。近百年间，西班牙王室一直保有掌控这个学校的权力。所以，当美国政府接管菲律宾群岛所有公共财产时，总督埃尔韦尔·斯蒂芬·奥蒂斯关闭了圣何塞医学院，但他并没有从管理技术上签署关闭学校的命令。教堂请求委员会为他们解决争端，恢复教堂对学校应有的财产权。

委员会采取听证会的形式，以最大可能公开他们的检查工作，让人们全面了解整个平等公正的系统如何运转。菲律宾人第一次可以观看高层神职人员如何在公开的法庭上为他们宣称的事实辩解。

威廉·霍华德·塔夫脱认为第一次听证会成为深具历史意义的场景。

他写道："有两位身着主教长袍的大主教，系紫色腰带和金色十字架。他们的随同，圣道明会秘书身着白色长袍。站在他对面的是菲律宾律师费利佩·卡尔德龙先生，最初他也在圣托马斯大学接受过教育。支持他的有多位年轻的菲律宾学生以及其他医学学会的人，圣何塞医学院与圣托马斯大学之间的纠缠显然引起了这些人的极大兴趣。马尼拉大主教首先发表演说，强调他难以控制自己内心极度痛苦的感觉，因为教堂的权力居然在一个天主教国家遭到前所未有的挑战，他的表现非常优雅。"

第二次听证会内容如下：

> 我们尽量使听证会显得更正规，像是在美国国内那样的庭审法院，两位大主教都在场，这次安排他们坐在桌子对面，为观众留了更多座位。
>
> 费利佩·卡尔德龙先生代表菲律宾人民作开场白，讲话有打印稿，照着念。他同时还给了我们翻译稿，所以大家基本能明白他要说什么。他的论点铿锵有力，思维严谨而专业。很可惜，因

为他对道明会的批评显得有点恶意，所以这种恢弘的气势反而被削弱了。马尼拉大主教有一两次非常愤怒，想站起来表示反对，但都被查佩尔大主教制止了。论证结束后，查佩尔大主教要求休庭十天，以备回应。我们给他半个月时间准备，这将是我在菲律宾期间最有趣的一段经历。

委员会并没有解决这个问题，几经思考和听证，他们把财产留在圣道明会手中，但委托一个委员会准备向最高法院提出上诉，其间需要花费五千美金上诉费。

查佩尔大主教（右）（1842—1905）

第 6 章　陌生的环境和习俗

　　查佩尔大主教很不满意这个决定，特意去电国务卿伊莱休·鲁特先生，希望得到他的支持，然后要求委员会修改有关法律条款，以便给他一个机会，防止最高法院的最后裁决会为了迎合美国议会而故意与教会对抗。委员会认为，之所以这样做并不是没有充分根据，因此，他们拒绝了大主教的请求。于是查佩尔大主教又给总统先生去电，表明最后决定将会阻碍和平的到来。可笑的是，尽管他一直强烈反对军政府，但这次在给总统的电报中不失时机地称赞"阿瑟·麦克阿瑟总督做得非常棒"。

　　虽然查佩尔大主教很不满意委员会的所作所为，但菲律宾媒体乐观其成，有关赞美的颂词可以说堆积成山。《马尼拉日报》[①]第二天完全不知道如何表达，于是就用了几句不着调的话："自始至终，听证会都以强调主权和法律为最高原则，最后的决定让每个人都很满意。同时，它也产生了一个问题，那就是我们做出这个决定时的挑战。就像踩在滚烫的热沙子上，清除所有杂质时，我们自己也可能受拖累。"菲律宾和西班牙编辑习惯用夸张的表达，不然就好像什么也没说。

　　我们抵达马尼拉之后最大的焦虑是没法送孩子上学。那时候，我的三个孩子，一个八岁，一个十岁，正当学龄期。耶稣会在禁城开办了童子学校，威廉·霍华德·塔夫脱考虑再三，想把罗伯特·阿尔方索·塔夫脱送去童子学校，在那里他至少可以学到西班牙语。然而，这也可能会给一直强烈反对修士的百姓某种暗示，委员会主席在重大问题上会有意倾向于教堂。如我之前所说，他们不能从任何角度以合理的眼光看待这个问题。

　　我们最终把海伦·塔夫脱·曼宁安排在一所修道院，她在那里学习西班牙语，非常用功。我们转而把罗伯特·阿尔方索·塔夫脱交给了迪

---

① 《马尼拉日报》是在菲律宾出版的西班牙语报纸，创办于 1848 年 10 月 11 日，后来因为殖民当局发现有抗议组织利用其机器设备印刷革命材料，于 1898 年 2 月 19 日被官方强令关闭。——译者注

安·C.伍斯特先生秘书的妻子罗伊夫人。她毕业于芝加哥大学,是位很出色的老师。

罗伊夫妇去菲律宾的时候刚刚结婚。他们是同学,同年毕业,来马尼拉算是初入世时的探险。他们是我们这个小小的开拓者圈子中很宝贵的一分子。两年后,我们听到了一个非常令人伤感的消息,罗伊先生患上了肺结核,有可能在美国就被感染了,也有可能在马尼拉接触了这种病,美国那时候的肺结核病非常普遍。他继续做迪安·C.伍斯特先生的秘书,直到有一天意识到自己原本应该去另外一个气候更适合疾病痊愈的地方。他意识到死神正在临近,于是决定离开菲律宾群岛。因为他的杰出和优秀,我丈夫为他在墨西哥杜兰戈①大使馆海伊先生那里谋到一个职位。罗伊先生选择接受这个职位主要是因为杜兰戈在干燥的山区,肺结核对人的毁灭性打击已经得到控制。

罗伊先生见多识广,工作踏实努力,又是天生的语言学家。他说学习西班牙语很容易,很快他就学会了塔加路族语②。和这些人在一起,他很快可以明白他们的谈话重点。他对记录岛上的历史很感兴趣,一直很想去西班牙塞维尔和其他地方查阅西班牙-菲律宾档案,可惜始终未能如愿。

最后一段日子,罗伊先生离开了杜兰戈,前往新墨西哥。那段日子里,他不得不面对死亡的挑战。其间,他写了一本书,有点像尤里西斯·辛普森·格兰特写的书,其中也有些是留给妻子的话。虽然这本书还没有完成他就去世了,但据威廉·霍华德·塔夫脱说,这本书十分准确、综合而又有趣地再现了菲律宾群岛的历史,内容从初始至今,包括乔治·杜威上将的胜利、马尼拉的殖民史以及第一届委员会的工作等。罗伊先生还打算详细讲述第二届委员会的工作情形,也就是他亲历过的工作,可

---

① 墨西哥杜兰戈省首府。——译者注
② 菲律宾土著方言。——译者注

是还没等他完成这部作品就撒手人寰。他写的历史书以及他的故事最近才刊登出来为世人所知。

罗伊夫人后来去了华盛顿，威廉·霍华德·塔夫脱给她分派了一个不受公务员法律限制的办事员职位。她是国土管理局唯一一个由议会赋予权力，可以代总统在土地所有权证书上签署总统名字的人。

1900年整个秋天，暴乱断断续续，时有发生。任何一个预料不到的灌木丛背后，都有可能发现一个潜藏着的"爱国者"。民主记者每天都会写出不少未经审核的报道，大肆宣传菲律宾人的勇敢立场，为威廉·詹宁斯·布莱恩先生在美国国内提出反对扩张事业提供帮助。

暴乱者被世界上观看他们暴行的眼睛刺激得狂妄自大起来。有人告诉他们，他们正在赢得永生不灭的整个文明世界。他们相信这种传言，贪婪地阅读所有反帝国主义的报纸。这些报纸逐渐遍及全岛。暴乱者被

被驻菲美军打死的暴乱分子

报道的赞美之辞所欺骗，当真以为自己的所作所为得到了诚实公正的评价。此外，宣传暴乱的人还翻译和摘录其他语言中有关暴乱的报道，夸大赞美之词，暴乱者当然非常享受。

我们明白阿奎那多正在尝试大选时暂时把注意力放在引人注目的重大行动上，以增加民主党的胜算。这样做也会让反对党警觉起来。菲律宾人其实是天生的政治家，甚至比岛上的美国人更了解威廉·詹宁斯·布莱恩和威廉·麦金利之间的竞选意图。

事实胜于雄辩，譬如这件事吧。查佩尔大主教告诉威廉·霍华德·塔夫脱，阿奎那多已经通过诺扎莱达大主教提出面见他的请求。查佩尔大主教找到阿瑟·麦克阿瑟总督，要求允许阿奎那多进入马尼拉。总督准备同意他的请求，并准备在家款待这个革命的独裁者。阿奎那多以军方期待的形式接受了总督的礼貌邀请，甚至连到达马尼拉的时间也已经确定。阿奎那多明确暗示他很沮丧，并通过查佩尔大主教请求离开菲律宾群岛。但就在这时，威廉·詹宁斯·布莱恩呼吁国会举行一场专门会议再次商讨菲律宾独立问题。消息传到菲律宾，这位暴乱将领传话说他决定不来马尼拉了。没有任何美国人知道他的去向，但很有可能他和我同时看到报纸，或得到电报，知道了一切。

我记得1900年11月6日这天局势非常紧张，国内发来了各方报道。我们离美国太远，信件和报纸都得一个月后才能到我们手里，电报却大不相同。我们的每一根头发丝都兴奋难耐。最糟糕的莫过于华盛顿和马尼拉之间有十三个小时的时差。白天我们在万般煎熬中等待美国从夜晚的睡眠中醒来，然后我们陷入沉睡中等待美国投票结果统计。第二天我们不停地收到来自各方的质疑电报，而这时美国则湮没在夜幕之中，点票正在进行。等到我们吃午饭的时候，威廉·霍华德·塔夫脱又收到一份从亨利·克拉克·科尔宾将军[①]那里发来的急电，上面写着："威廉·霍

[①] 亨利·克拉克·科尔宾（1842—1909），美国陆军军官，1904年被派往菲律宾。——译者注

亨利·克拉克·科尔宾（1842—1909）

华德·塔夫脱，马尼拉，威廉·麦金利，亨利·克拉克·科尔宾。"电报是在大选时间晚上 11 时发送，传送时间四十五分钟。这也是华盛顿和马尼拉之间具有纪念意义的时刻，急件经过了无数中续节点，最终到了马尼拉。

第 7 章
"帝国岁月"

刚到菲律宾的时候，我们经历了一段动荡不安、一切都不确定的艰难时光，一切总是处于无法描述、悬而未决的状态。马尼拉时常发生游击战，本土其他地方的暴动此起彼伏。既有秩序、固有政府、政策对普通公民生活的安全保障很重要。但突然间，原有的一切都荡然无存。人们陷入对未来，甚至对后一秒都完全无法预测的生存状态。

政府必须面对的是做一切可能造福于人民的事，不仅要建造令人满意的房屋，还要使房屋的装饰让人叹为观止，让热带地区的常住居民能够自食其力。换句话，就是让百姓能够安定下来，专注于在日常生活中追求幸福，这一切都是政府必须面对的事情。显然，之前的政府并没有对永久感投入极大的热忱，也没有努力使这种热情成为当地的一种生活气氛。这种情形直到1900年威廉·麦金利先生当选总统后才有所改观。那时候已经确定美国国旗可能要长期飘扬在菲律宾上空，直到菲律宾的和平发展以及人民自治成为他们不可或缺的必需品。

有些人对未来看得很远，当然这样的人并不限于美国人。他们展望未来的方式很多——美国精神不仅开始出现在贸易中，民权进步计划和方案中也时有表达。总之，美国精神体现在菲律宾社会生活的方方面面。我们去那里的目的是要搞清楚我们的目的是什么。因此，我们很高兴地去面对混乱，并开始工作。

我们很遗憾地注意到，威廉·麦金利先生当选总统及奠定美国在菲律宾地位时，产生的影响并没有撼动军队，让军队有所改变。军队与政府打交道时依然态度傲慢。委员会明确保证他们将尽快调整有关民生事宜，使之具有更广泛的代表性，但军政府依然坚持认为军事统治有长期存在的必要。

然而，国民委员会与军政府完全不同。他们继续谋求和平计划，并尽快付之行动。这一行动计划得到普遍关注，成为但凡人们相见必要谈论的话题。如果不是和我们休戚相关的问题依然吸引着人们的注意力，当时的社交生活真的难免让人觉得无聊透顶。

如果我们能够早点意识到第一个圣诞节来临的时候，流放似的生活会让我们陷入深深的悲哀之中，情况就会好得多。可惜事与愿违，因为八十华氏度的高温，圣诞精神根本不可能在菲律宾得到升华。如果没有孩子们提醒我不管温度有多高，圣诞就是圣诞，我大概没有兴趣准备圣诞节。对孩子们来说，圣诞依然是一年中最重要的日子。看着他们仅仅靠自己的想象力就想打败高温，真是有点惨兮兮。"绿色圣诞节"温度极高，但过节的气氛却极冷。

我们在美国的朋友没有忘记提前一个多月给我们寄来信件，提醒有礼物寄来马尼拉。从1900年11月开始，我们就陆陆续续地收到从辛辛那提寄来的信，自然就开始想象到底是什么礼物了。连续几周，孩子们最开心、最搞笑的事就是互相交流那些深爱的亲人们会给他们寄来什么样的礼物。不过，我和他们的玛利亚·赫伦姨妈几乎没有什么兴奋感。那时候，信件来往周期是每两周一次。1900年12月上旬的船唯独没有我们的礼物盒子，但我们根本不会失望。圣诞节还有邮船抵达马尼拉，

总统任上的威廉·麦金利

我们想那时候拿到礼物可能会更好,所以从没有什么怀疑。我丈夫的信差时刻准备着去取礼物,礼物一靠岸立马就送回家来。

从我们家的阳台放眼望去,只见汽船驶向深海港。此时,只有距离万里之远的家中寄来的圣诞礼物能引起我们的兴趣,提醒我们这的确是圣诞节,让我们忘记室外高温。我们耐心等待信使,但他回来后对我们深表同情,礼物还没到。这实在让我们伤心失望,孩子们非常难过。不过,大家一想到晚餐时间就兴奋起来。我用红绸带和圣诞树,加上棉花、羊毛和钻石沙营造了恰如其分的节日气氛。我们还邀请了一些"无家可归"的年轻秘书们和其他一些人加入圣诞庆典。尽管冷藏的火鸡肉吃起来很硬,蔓越莓酱和葡萄干布丁是军需罐头,我们还是想方设法营造圣诞气氛。查尔斯·菲尔普斯·塔夫脱十分幸福地伴着他的伊斯科塔玩具入睡,仿佛他就在自己美国的家中。我确信三个孩子的圣诞礼物会在下一次抵达,并承诺到时我们可以重新过一个圣诞节,不过我并没有仔细考虑邮船的相关知识。来来往往,我们的希望数度破灭,等我们收到精心准备的礼物,终于看到它们漂亮的包装时,都已经过了无数个星期。

新年一早,阿瑟·麦克阿瑟总督在马拉卡南宫举行了招待会。招待会几乎可以被看作这一季最盛大的事件,整个社交圈都在传播招待会的讯息。所有委员会成员和家属都很看重这次特殊的活动。之前我们还从未被人邀请到马拉卡南宫做客。

于是,关于政府官员们的着装问题的讨论变得十分热烈,如果传闻靠得住的话,据说有几个家庭几乎为此闹得不可开交。男人们当然倾向于穿舒适的白色亚麻布衫,但最终他们还是屈服于命令,穿着长袍,戴着丝帽出席新年招待会。我这样写听起来很好,但事实并非如此。其实这事反倒很滑稽,或许对大家有一定的借鉴作用。菲律宾是个多雨的地方,放在盒子里的丝绸帽子也就变成了奇怪而又多余的东西。潮湿毁了

第 7 章　"帝国岁月"

丝绸原本鲜亮华贵的品质，帽檐卷曲，颜色发暗，根本修复不了，拿在手上还有点黏乎乎，气味完全不同。亨利·C.伊德法官的帽子显然有老鼠做过巢的痕迹，上面满是小洞，帽子上那曾经闪闪发亮的皇冠也被咬了一个小洞。这是他唯一的一顶帽子，由于菲律宾商店没有丝绸帽子出售，他不得不戴上它。我丈夫穿着厚长衫，衣服上有很多软的、硬的装饰，他自言自语地说，七个月来第一次感觉热带的早晨很热。我们终于准备好上路，坐在矮小的维多利亚马车里，性情不稳定的黑种马不停地跳跃。

如我们所预料，到达马拉卡南宫的时候时间还早。等候在一长溜马车队伍里，我们只能缓慢地向前移动。有人在马卡南宫进出车辆的大门外逐一分流马车队伍。当时我们没想到头衔和优先问题，这显然是一件非常重要的事。

我们找到了能干的军人助手，他们知道每个人应该往哪儿去，方法是让人群在一楼的一个房间排队，然后按恰当的先后顺序出去。因此，我们自然会得益于我丈夫在岛上的职级。然而，看起来这一天每个菲律宾人都应邀前来参加招待会，排队的过程显得漫长而痛苦。因为要推迟进入马拉卡南宫，所以没有职级的人群不断尖酸刻薄地发牢骚。

这让人想起了白宫举行的类似招待会。不同的是，华盛顿每个人都熟悉外交界的优先规则，也认识到遵循这些规则的必要性，而马尼拉并不那么认可外交规则。

阿瑟·麦克阿瑟总督和他的幕僚在二楼豪华的楼梯顶上接见来宾。场面看起来尤其庄严，宽敞的房间挤满了身穿军装的军人，妇女们的服装颜色欢快艳丽，公务人员则身穿黑色外套，不由让人感到当地精英社会的形成已经是某种既定事实。谁也不会否认那天很热，可是看到高大可爱的军官，着实让身穿长礼服、满是樟脑丸气味、大汗淋漓的政府文职人员尴尬。

经历过第一次马尼拉社交聚会，那些硬把自己套在只适合温带的服装里的人终于深刻意识到自己的愚蠢。当地人普遍接受的服饰是白色亚麻衣，外穿一件短礼服或寻常款式的晚礼服。一早一晚的宴会上，男人也许会从家里洗衣工手里接过任何一件刚翻出来的衣物。事实上早些年，马尼拉的妇女和男子一样，很享受服饰解放带来的喜悦，这说明不必要的东西不可取。这里没有所谓时尚的服装，因此，简洁或多或少一度被看成体面和时尚。马尼拉没有帽子商店，因此，女人们也就不戴帽子了。一大早去伊斯科塔逛街购物不戴帽子，去参加午宴的时候不戴帽子，傍晚邀请朋友一起驾车前往卢内塔也不戴帽子。去掉帽子对于女人们来说是件多么开心的事。事实上也有许多令人伤感的反对声，但这其实是菲律宾环境带来的矛盾心理。另外，不戴帽子还可以减少花销。现在不同了，进口的帽子和华丽的服饰已经占领马尼拉，今天的女人穿衣

马尼拉街头

第 7 章 "帝国岁月"

打扮当然也包括帽子，都很精致。但我怀疑她们是否在西班牙帝国时期也能无忧无虑、轻松愉快。

阿瑟·麦克阿瑟总督期望马拉卡南宫举办的新年招待会起到开启一个和平友好新时代的作用，也就是他所说的热情欢快的时代，一如他在新年招待会上所言。但这注定是个不安定的时代，因为各种原因，人们期待的热情欢快迟迟不来。维多利亚女王驾崩，大英帝国沉浸在悲痛之中。按礼节，这个时候整个社会必须停止一切社交活动。等我们重返马拉卡南宫时，时间已经过去了数个星期。

因为威廉·麦金利总统选举获胜，和平解放运动取得了极大进展。这和军队以及委员会的立法和组织工作不无关系。不到一天时间，虽然其他省几乎没有捕获暴乱首领的消息，也没有武装力量投降的消息，但在马尼拉抓捕到上百人，并投进监狱。当然，美方也给了他们机会，让

被捕获的叛乱分子

他们宣誓与美方合作。坚持自己的立场，拒绝与美方合作的暴乱分子将被投进关塔那摩监狱。打压暴乱分子的强力政策效果明显，整个叛军在精神上和心理上迅速瓦解。

和平运动在很大程度上也得到菲律宾联邦政党的大力支持。联邦政党是一个强有力的政治组织，领导人和支持者大多是菲律宾精英，他们保证美国控制和美国原则会得到菲律宾人的接受。其中有首席法官卡耶塔诺·奥雷拉诺·朗松先生、本尼托·勒格达先生、帕尔多·德·塔维拉先生，以及曾经是叛军首领的布罗西奥·弗洛雷斯将军等人。

1901年，华盛顿诞辰日这天，我们在马尼拉见到了声势最浩大的示威游行。委员会已经着手把建立省、市政府当作长期使命。委员会成员刚从马尼拉北部旅行回来，所到之处受到当地人的热情欢迎。委员会实行的代议制和民主制使人们进一步明确委员会停止敌意和战争、致力于追求和平的强大决心。

1901年1月20日，阿瑟·麦克阿瑟总督在马拉卡南宫举行了一场盛大的招待会。美国人和菲律宾人在极其友好的气氛中交谈，处处显示美国作为菲律宾朋友的姿态，而不是专横的统治者。宾客大多为菲律宾人，他们很满意招待会的气氛。这里没有司空见惯的肤色和种族歧视，凸显了两国民族间的友好关系，承认彼此合作的愿望，并希望通过友好合作付诸实现。无论美国人还是菲律宾人，整个夜晚我们都有一种共同的心声。1901年1月21日晚，联邦政党在一家新开张的酒店里举办了一次享有盛名的晚宴，菜谱由法国大厨设计。

之前我丈夫曾给国务卿伊莱休·鲁特写信，开玩笑说当地人因为好客可能会提供某种可怕的菜肴，如果有将士倒在极具冲击力的餐桌上，应该给他们的遗孀和孩子发抚恤金。好在联邦政党举办的晚宴上并没有让委员们难以食用的稀奇古怪的菜肴，因此，双方都很享受轻松自然的气氛。菲律宾人不像日本人那么排斥外国菜，外国菜对他们来说好像司空见惯。其间的演讲充满了友善气氛，"和平鸽"似乎正在我们头顶上盘旋。

1901年2月22日早上，上千联邦派人士的游行队伍穿过满是旗子的市区前往卢内塔。为欢庆华盛顿诞辰日，举办方专门建了一个发言席位。每支乐队都像往常一样，用自己的方式演奏自己的曲子，并不理会其他乐队。盛装打扮的人群聚集在游行队伍最后，欢乐的气氛到处蔓延，这一切才是最有趣的场景。

成千上万人聚集在演讲台下，心怀敬意地聆听美菲两国演讲者的每一句发言。演讲者高昂地呼吁以和平、合作、深怀敬意的方式解决美国无法回避的问题，尽量少犯错，并将自己的欲望化简到最小。那天有幸代表美方的发言人是卢克·E. 赖特将军，他的发言坦诚友好，阿瑟·弗格森先生逐段翻译。阿瑟·弗格森先生是委员会口译秘书长，他的西班牙语十分娴熟，不仅能够准确地翻译出字面意思，还能融合西班牙语诗意般的热忱。

以往从未这样庆祝过华盛顿诞辰，这标志着一个新时代的到来。双方彼此包容，相互支持。偶尔有少数人扰乱秩序，他们的愤怒无处发泄，也无法与大多数人分享，更得不到大多数人的谅解。

为了建立地方政府，委员会采取的方法极其简单。根据指示，各镇代表在规定的时间来马尼拉与委员会见面。当这些骄傲的人聚集到最大的市政厅后，威廉·霍华德·塔夫脱和委员会其他成员开始相继宣读和解释政府新制订的条例。条例涉及政府的每一项职能，还包括委员会任命的省长、财政部长和秘书长的待遇问题。委员会计划在每个省都提名菲律宾人担任省长，以便菲律宾人逐渐学会自治。但有几个省发生了难以置信的事例，人们一致请求应当由一位管理过辖区的美国军官来担任这项职务。委员会对他们要求保留敌对政权的想法感到震惊，因为菲律宾人民对军事统治的态度以及他们以公民政府替代军政府的强烈愿望与此完全不符。但事实上，菲律宾人很看重一个人的个性。在处理菲律宾人事务中彰显出机智、仁慈与正义的军官毫无疑问为自己赢得了独特的声誉。

由美国人担任财政部长几乎成了不变的选择。西班牙统治时期，菲律宾人并没有学会如何使用公共资金。凡是无法抵制诱惑的美国财政部长都会受到惩罚。对我们来说，这是一场深刻、持久、令人羞愧的教训。

菲律宾法律对滥用公共基金或伪造公共文件的处罚相当严厉，至今还有些白人因为腐败和失信被关押在马尼拉大监狱。我们前往菲律宾的使命具有很高的原则性，我们总是遵从政府公职人员必须遵从的道德准则。刚开始的时候，美国人常常犯事，让我们整个小圈子都处于痛苦之中。

马尼拉大监狱

第 7 章　"帝国岁月"

　　因为很多人不会说西班牙语，委员会以鲜明简洁的方式推进民主政府建设。菲律宾人对此也无太多异议，只是专注于创造鲜有的机会享受盛大而充满仪式感的节日。

　　华盛顿诞辰日盛大庆典的第二天，也就是 1901 年 2 月 23 日，委员会在许多当地知名人士和几位女士的陪同下，乘政府游艇，穿过海湾，前往巴郎牙[①]。巴郎牙小镇位于巴丹省[②]首府，与马尼拉隔岸相望。夕阳下，马里韦莱斯山的倒影壮观华丽。这次旅程完全是一次全新的体验，我与菲律宾人民开始了长期友好的交往。

　　巴丹海湾五彩缤纷，近看才发现原来是一群挂满装饰物的螃蟹船在迎接我们，估计有一百多船甚至更多渔船，大小不一。有些船能足足装下二十到三十个舵手。螃蟹船又长又窄，像是随时都会沉没，有些船有舷外浮木，有些没有，但每一艘船都载满货物，覆盖着最华丽的装饰品。

　　各种颜色的彩旗、纸花、长长的棕榈叶、繁茂的竹子相互映衬，万事万物都可用作美丽的装饰，点燃我们的心情。无论哪个角度，哪个方向，满眼都飘扬着小小的美国国旗。有些因为只是家庭自制的，所以并不那么标准。我们还看见两个巨大的扁平的家什，甲板上被遮阳篷装饰得异常耀眼，等走近一看，才发现是为我们准备的木筏。小海港水位太浅，大型汽艇反而派不上用场。人们把绑在大螃蟹船顶的遮阳竹条平铺下来就成了两只竹筏，看起来非常不安全，但其实载很多人也不会倾覆。

　　欢乐又不同寻常的船队足足绕着我们航行了十分钟。竹筏沿着一侧航行，招待委员会成员扶着围栏和我们站在一起。六个菲律宾人身穿厚重的黑衣服，头戴绸帽。这样的穿戴多少让人难以描绘，也难以归类，人们完全不知道他们的外衣到底属于哪种服饰。大多数人的帽子看起来

[①]　巴朗牙是巴丹半岛重要的城市之一，它北部的苏比克湾是美国海军和菲律宾海军基地。——译者注
[②]　巴丹半岛位于菲律宾吕宋岛西部。——译者注

像是祖传下来的宝物，虽然有点像我丈夫的丝帽，但我从未见过有丝帽保存得这么好，看来丝帽的主人有独特的保存方法。

等我们上了汽艇，男人们都挺直了身子，仔细地整整衣服准备到船尾和我们见面。有几个人事先安排好了欢迎辞。从他们热情洋溢的话语中我们发现，似乎巴丹省从不曾享有过这样的荣耀，他们对委员会赐予的一切感激得难以言表。阿瑟·弗格森先生的译文处处都是溢美之词，从情感上的慷慨激昂飞升到字面表达，淋漓尽致。他的西班牙语流畅优美，最后，他以庄严又令人印象深刻的方式翻译了我丈夫威廉·霍华德·塔夫脱就事论事的热忱回应。

繁琐正式的礼仪之后，招待委员会邀请我们登上一艘飘在海岸边的竹筏，竹筏看起来像个亭子。我这样写，你会觉得给我们的接待很优雅，其实不然。我们得爬过汽艇围栏，多多少少像是滑到一个令人好奇的手工艺品里面，得小心翼翼地在脆弱的底部寻找落脚点。与我私下的期待相反，我们并没有漂流多久，很快就到了一个坐落在沙滩上的小渔庄。美国军队救护车正等着，准备把我们运到大约一英里以外的巴朗牙镇。我们穿过巴朗牙镇外竹子建成的巨型拱门。菲律宾人建的拱门其实属于某种装饰物，得有很高的技巧和天分才能建成。拱门设计得非常复杂，装饰繁琐，我们居然看到以小小的美国国旗装饰而成的复杂边框。拱门最高处扯了一面白色的旗子，上面写着："荣耀献给委员会。"

车到了小镇后，我们发现巴朗牙镇的确让人觉得赏心悦目。我有生之年从没在某个地方看见过这么多美国国旗，其中有四千面国旗从马尼拉购得。四千面远道而来的旗子装扮着小镇，几乎没什么地方看不见国旗覆盖的痕迹。

我们到了开会的市政大厅后才发现所有代表都来自不同的村子，大家不知不觉地笼罩在浓烈的期盼气氛中。巴丹省从来都不是个富裕的地方，很少有人懂西班牙语，大多只能说塔加路族语。他们世世代代处于

第 7 章　"帝国岁月"

修士的统治下，不相信也不鼓励当地人的学校开设西班牙语课。因此，那天所有的演讲都由英文翻译成西班牙语，再由西班牙语翻译成塔加路族语，反之亦然。马尼拉地方律师费利佩·德罗担任塔加路族语口译。作为圣何塞大学一案的律师，他始终和菲律宾人民站在一起。我常常很疑惑到底有多少西班牙语的夸张修辞可以自由地翻译成原始的塔加路族语。翻译让发言和致辞环节变得特别漫长和乏味，我们都坐在那里受煎熬。好在结束的时候宣布新官员任命名单，令大家兴奋。

菲律宾人看到委员会成员携妻女前来尤其高兴，这对他们来说很稀奇，但很快就体会到了其中的意义。因为军政府给当下造成了太多不良影响，而我们和每一个遇见的菲律宾人热情握手，以显示我们的友好态度。当然，那些军官并不赞成我们对菲律宾人太过友善，他们几乎无法理解。数个月以来，军官们一直处于伏击暗杀运动的危险之中，竭尽所能捕获了一百五十多名叛军，缴获了不少来福枪。面对躲藏在马里韦莱斯山大肆掠夺的叛军，美军自然认为是在藐视自己，苛刻地对待叛军是唯一适合不可靠和不老实的当地人的政策。然而，虽然同来的军官很不情愿，但还是在很短时间内就承认了我们处理民众关系的方式，因为整个巴丹半岛上两国人民的敌对关系得到巨大改变，很有成效。

此后不久，威廉·麦金利总统通过国务卿伊莱休·鲁特先生转达了华盛顿政府的意图。华盛顿政府意欲在以总统为三军统帅的前提下，取消对菲律宾的军事统治，创建国民政府，任命总督为行政长官。威廉·霍华德·塔夫脱接到国务卿伊莱休·鲁特发来的电报和以上决定后，立即前去面见阿瑟·麦克阿瑟总督，共同商榷如何执行华盛顿政府的意见。询问将军打算何时、以何种方式实现权力交接。

这时候将军已经开始从公正的角度回顾委员会的工作，并坦言地方政府的建立确实卓有成效。当然，他并不希望交出自己在菲律宾群岛作为军事政府长官的权力，保有相对次要的位置。因此，他认为最好的交接时间应该是在他的继任者来了之后。威廉·霍华德·塔夫脱很快就收到了被委派为第一任美国驻菲律宾总督的电报,当时,委员会正决定继续从南方诸岛开始旅行调研。威廉·霍华德·塔夫脱认为1901年6月底以前不可能调整好各项事宜,总督的就职典礼只能定在1901年7月4日。

第 8 章
具有历史意义的旅行

如果只考虑菲律宾群岛的领土问题，美国人似乎并不会对此留下任何深刻的印象。一般人要是谈起菲律宾群岛的重要性，与之相关的数字和地域概念难免模糊得无法描述。有些热心人一见到对此疑惑的朋友就会毫不犹豫地说，菲律宾群岛有三千多个岛屿。但他可能忘了解释一下，这个数字虽然庞大。其实，很多岛屿只是地图上的一个小黑点而已，并不计入居住区域。不过，这并不妨碍菲律宾群岛真正担得起地球上最美岛屿的美名。菲律宾的耕地并不比人口五千多万的日本帝国少多少。

菲律宾群岛面积和人口分布广，人口达七百六十万。民族差异明显，每个民族都有自己独特的语言风格，但所有菲律宾基督徒性格上亦有许多相似之处。

我个人以为，那时候很多人依然同情武装反对美国管理权威的暴乱者，这几乎成为委员会最难克服的困难。委员会认为，只有通过直接交流才能获得民众的礼遇。同时，还要尽快恢复岛内安定，在一定时期内需要美国武装部队采取强制手段。相比之下，文职官员的方法给人留下的印象深刻而持久。

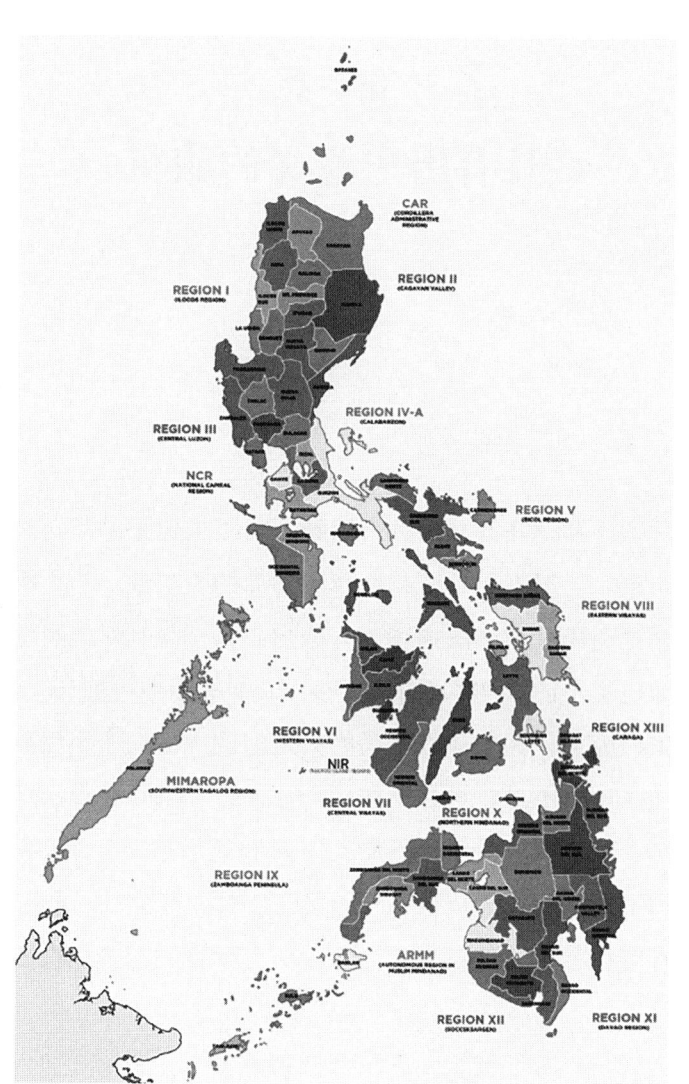

菲律宾群岛分布图

第 8 章　具有历史意义的旅行

因此，委员会决定这次菲律宾南部诸岛之行应该有女士相伴，况且巴丹半岛之行成功地证明女性在政府社交聚会上可以发挥独特作用。

由于军务繁忙，总是遇到需要急切处理的各种危机，导致总指挥无法为我们安排交通工具。因此，直到 1901 年 3 月 10 日，我们才启程。这次旅程算是我人生中最难忘的旅程。

1901 年 3 月的菲律宾气温非常高。对我们来说，第一次身处气候如此炎热的地区是一种很特别的感受。感谢上帝的慈悲，菲律宾还是有温差的。每年 11 月到第二年 2 月，菲律宾的天气温暖宜人。有时，傍晚很凉爽，得穿上薄外套。但 3 月温度会突然飙升，天气十分炎热，一直持续到 6 月或 7 月雨季来临，气候才会真的舒适起来。

因为，此行的历史意义重大，我们几乎没有考虑太多个人问题而放弃这次难得的机会。然而，南方诸岛的旅行并不让人愉快。

阿瑟·麦克阿瑟将军为委员会南方诸岛之行安排了"萨姆纳"号。船上有足够的客舱和空间举办大型社交聚会。除了政府部门的女官外，委员会还邀请了报界人士。当然，也包括发誓在美国统领下恢复和平的菲律宾要员。这些人算是我们即将前往的南方诸岛各族人民的代表。孩子们也一起前往，这没办法，别无选择。好在他们虽然年龄不大，但经历丰富，适应力强，不然这么复杂的群体，他们很可能会在旅行中给我们带来许多麻烦。这次旅行我们计划逗留二十余个小镇，参加无数次会议和宴会。然而，孩子们并没给我们带来任何麻烦。伯纳德·摩西夫人的小女儿刚从旧金山来，我女儿海伦·塔夫脱·曼宁、儿子罗伯特·阿尔方索·塔夫脱以及阿瑟·弗格森先生的儿子小阿瑟、小杰克·布拉纳根年龄差不多，他们会找个没有成年人的地方聚在一起，不断地发明各种适合在甲板上玩的游戏。趁大人们上岸参加各种仪式的空档，孩子们会坐上一艘帆船去海湾或河流探险。"萨姆纳"号船长莱曼专门为孩子们配置了帆船。他是个很善良的人，似乎总是很享受和孩子们在一起的时光。他慈父般的爱宠坏了孩子们。海滩上有无数贝壳供孩子们采集，除了珊瑚，还有一些奇奇怪怪又难闻的海洋生物。他们把捡来的小玩意儿藏到底层的甲板上，那地方正好供孩子们安安静静地玩耍。查尔斯·菲尔普斯·塔夫脱当然是船上最小的孩子，比伍斯特家其他两个孩子还小。虽然是家中最小的孩子，但也是最淘气的孩子，我甚至可以说他的行为有些不当。他总是耻笑哥哥姐姐们安安静静的娱乐活动，喜欢独立行事，在船上横冲直撞，用一些奇怪的术语给他的菲律宾看护下命令，让我多有不安。他的看护必须一直跟在他后面以防意外。但其实她压根就跟不上他，即使发生什么意外也无济于事。当然，一旦他掉到海里去了，看护肯定能赶到围栏处，眼睁睁地目睹他怎么被海浪卷走，但也只能看着他沉入海底而已。甲板上有一些很低的围栏，他每次跨过围栏钻出来的时候居然能毫发无损，我简直觉得他一定是学会了猫儿走路的技巧。八岁之前，查尔斯·菲尔普斯·塔夫脱就已经两次环游世界。如今，他内心阳光，行事端正有礼，但无论如何，和大人的管教、天生谨慎毫无关系。

聚集在"萨姆纳"号上的人的确很有趣。另外一伙人是阿特金森一家。阿特金森先生是公共教育督导员，近期才从马萨诸塞的斯普林菲尔德来菲律宾。他此行的主要目的是看看应该或者能够采取什么步骤把公共教育系统引进这个几乎没有学校的国家。委员会将财政部拨给的资金作为专款用于开办公立学校，这完全是美国人的做法。实际工作中时间很紧迫。我想说明的是以往我们在菲律宾的工作从来没有得到这么热情的支持与合作。这次能成功引进美国公共教育系统，说明菲律宾人十分重视教育价值的优先性。无论是地方学校、村级学校以及市镇上的学校，高中、师范院校等，都是菲律宾人生活中很珍爱的部分。即便在美国，这些教育机构也是伟大美国构想的一部分。除此之外，我们还在菲律宾创办了一所大学。我们希望这所大学将来可

台"扬威舰"

以成为整个东方最好的大学。无论美国《宪法》对此态度如何,不可否认的是,美国始终很重视教育。

之所以邀请菲律宾人加入我们,是因为希望他们能给委员会提供一些相关信息和建议,同时在某种程度上也能向他们的同胞解释美国政府的相关计划。这些人中有首席法官卡耶塔诺·奥雷拉诺·朗松先生、两位最高法院法官略伦特和阿拉内塔,以及联邦党创始人本尼托·勒格达先生、帕尔多·德·塔维拉博士及布罗西奥·弗洛雷斯将军。联邦政党希望在偏远省份也组织起来,并希望这次聚会能够给当地狭隘的政治带来一些健康影响。我们大约有六十多人,有些招待会组委会人员看到我们就紧张,好像我们是什么强大的令人敬畏的客人。

"萨姆纳"号上的人都十分有趣。我们第一站停靠的地方是塔亚巴斯①的卢塞纳。我们下午晚些时候才抵达目的地,因此必须抛锚,等到第二天早上再启航。然而,趁天还亮着,我们都用望远镜焦虑地盯着海岸,惊讶地发现沙滩上挤满了大群菲律宾人,甚至有许多人蹚水来海湾,好像他们早就决定来迎接我们一样。整个镇子都装扮起来了,看起来华丽无比,四处都是竹子扎成的拱门,飘满着飞扬的旗子,还有无数飘扬的长条旗,以及彩旗和椰子树叶。

第二天早晨,接待委员会早早地乘汽艇来了,美国守备部队的总指挥加德纳上校也在船上。菲律宾人穿戴整洁,以一种骄傲的姿态爬上舷梯,整了整衣服,然后优雅地向我们表示欢迎。发言人非常诚挚,表示我们的到来是整个社区的荣耀。阿瑟·弗格森先生担任口译,照例专业又敬业地为大家翻译。阿瑟·弗格森先生又为大家翻译了我丈夫简短的致谢,大量修辞和夸张手法的运用让只言片语的英文变成长篇大论的西班牙语。

---

① 塔亚巴斯是菲律宾奎松省的一个城市,以椰子树、甜食、美食和旅游胜地而闻名,也因其丰富多彩的节日而被称为节日之城。——译者注

第8章　具有历史意义的旅行

我认为如果不是阿瑟·弗格森先生机智幽默的翻译，美国永远无法赢得菲律宾人的友谊。我丈夫的微笑和亲切虽然也有功劳，但只有配合了口译员温和的语气才能塑造出更亲密的印象。他俩肩并肩地在一起，看起来非常出众。

两人的体重都超过三百磅，但威廉·霍华德·塔夫脱一头金发，面色红润，不仅相貌颇具盎格鲁－撒克逊人特征，言谈举止也一样特征鲜明。阿瑟·弗格森先生皮肤黝黑、精神抖擞、风度翩翩。他说西班牙语时的优雅看起来简直就是地道的西班牙人的姿态，优雅高傲。菲律宾国民政府建立后，阿瑟·弗格森先生担任第一任政府行政秘书，直到他六年前去世。对当时在菲律宾工作的美国人来说，他的逝世是无法估量的损失。无论在菲律宾还是美国，人们纷纷向他表示最热烈的致敬和缅怀。而这之前从未有过美国人在岛上获得如此诚挚的敬意。

我们到卢塞纳上岸的时候，发现一只五颜六色的车队正在等我们。马车夫用一阵阵热烈的欢呼声迎接我们，听起来却像是在念咒语。但我们很快在震耳欲聋的欢呼声中明白了这是菲律宾语，"马车，女士！马车，先生！"很多美国火车站就是这样欢迎游客的。

就主办方看，他们接待的重要的客人就是威廉·霍华德·塔夫脱和我。我们乘了一辆装饰着鲜花的小型维多利亚马车，其他人员一视同仁就近搭乘马车。然后，这些马车开始疯狂地跑起来。路面坑坑洼洼，路况极差，满是泥巴。尘土飞扬的道路上完全看不清哪里有坑，可以有所防备绕过去而不被颠得难受。我们的马车像是花车游行一样，慢悠悠地行驶着，很快就落在那些更快的两轮马车后面。等我们到达会议举办地市政大楼时，一片混乱。我丝毫不会怀疑有几个私人秘书会过来问候我们，向我们致敬，"总督大人好"，可是也真的就是这样而已，简短的问候丝毫没有让我们从混乱而热烈的欢迎中抽出身来。

街上到处都是人，包括男人、女人和孩子。他们挥舞着旗子，尖叫欢呼。两支菲律宾乐队恰好在前厅演奏，乐队成员身穿华丽厚重的制服，衣服上缀有金丝碎片，显然那是他们可以得到的成色最好的装饰。他们开始一起演奏《星条旗》[①]，但只有前两个小节保持配合。对这支曲子，乐队队长都有自己固有的理解和想法。其中一支乐队比另外一支乐队快出好几个小节结束演奏，因为没有太多低音乐器，直接转而奏起了《今晚老城里的好时光》，马上又高昂地转入《难道你没有听到铃铛叮当作响吗》。欢快的音乐与庄严的《愿它永远飘扬》互相碰撞，有意思的是并没有人笑场。我们正在培养严肃克制的举止和言行，我们必须清楚地知道，菲律宾人对一些人和事的理解和我们完全不同。

盛大的接待会之后举行的会议同样有趣。从委员会成员的提问中我们得知塔亚巴斯的暴动已经平息一年有余。当然，周边省份，甲米地、

卫戍部队合影

[①] 美国国歌。1931 年 3 月 3 日，国会通过决议，正式规定美国国歌为《星条旗》。——译者注

第8章　具有历史意义的旅行

拉古纳①、巴坦加斯等地是群岛上最难控制的地区。多亏了卫戍部队的指挥官加德纳上校，他对渴望和平的菲律宾人采取了非常机智的做法，对叛军采取了强硬的军事态度。加德纳上校的做法得到了广泛支持，这就是为什么他所在省的每个城镇都向委员会请愿，请求让他一直负责地方事务。当然，民众的请求已经得到阿瑟·麦克阿瑟将军的批准，他已经向各位陆军军官详细告知实情。会议在乐队带来的喜庆氛围中结束，刺耳的不和谐的音乐驱使我立刻离开了市政大厅。

会议有很多场演讲，威廉·霍华德·塔夫脱如往常一样，向与会人员宣读和解释州政府的规定。连续六周几乎每天都在听这份乏味的文件，我确信只要愿意，就能够倒背如流。讲话的结尾主要对当前总体状况进行简单总结，好在有阿瑟·弗格森先生，经他翻译成西班牙语后，溢美之词听起来非常悦耳。然后他向大家介绍大法官卡耶塔诺·奥雷拉诺·朗松，他是菲律宾群岛上能力最强的律师，无论哪个国家都会因为有他这样的律师感到自豪，这一点也不假。大法官的讲话比较长，庄严中透出恳切，富有吸引力，人们听他说话的时候充满了崇敬之情。我希望可以把大法官的讲话看作整个议程安排的最后部分，但事与愿违，这让我认识到菲律宾人对演讲的热爱。自此以后，我再也不对所谓的时间控制抱有任何乐观的想法。

但所有环节显然都是必须的。因此，会议结束时，虽然疲倦蔓延到每一个人的身上，但大家还是接受了前往镇里参观的邀请。毫无疑问，参观游行很成功，市政府主席坐在我们的维多利亚花车的前排，缓慢地经过街道。其间一直有个乐队走在我们前排，演奏《今夜老城里的好时光》，憋足了劲地吹。我们后面的一支乐队竭力让大家欣赏他们演奏的本土原创音乐《Ta-ra-ra-ra-boom-de-ay》。不一会儿，代表团其他成员坐着颠簸且吱吱作响的马车来了，这番景象真是难以描述。

---

① 拉古纳省位于吕宋岛的卡拉巴松地区，是菲律宾第七富有的省。——译者注

说起菲律宾人的乐队，可能会有人认为我们的描述很夸张，其实不然，菲律宾乐队之多超过任何其他东西。菲律宾人极其爱好音乐，有很多情形可以证明他们对音乐的精通达到了很高水平。但美国社会早期的职业音乐人绝大多数仅仅靠耳朵演奏，也就是顶尖的业余爱好者而已。

从来没有谁教过菲律宾乐队相关知识，但他们能在任意一种乐器上演奏所有人都能哼唱的所有曲目，尽管不是那么完美。他们听过美国军乐队演奏，就从军乐队演奏的曲目中挑选了最容易演奏的部分作为常备曲目，因此，《今夜老城里的好时光》《Ta-ra-ra-ra-boom-de-ay》和《你不回家吗？比利·贝利》才大受欢迎。他们不知道歌词及情感含义，只知道演奏曲调，然后针对不同场合演奏得或庄重或欢快。就我本人经验而言，如果把调降低到某种足够悲哀的程度，《今夜老城里的好时光》会被重新创作成一首完美的葬礼进行曲。

因为耳朵再也承受不了这样不和谐的嘈杂，我向十分开心的主席解释，晚宴前女士们需要回游轮休息一会儿，好好打扮一番。可他却表示反对，认为整个小镇都是我们的，他的房子和里面所有的东西只属于我们。但我丈夫支持我，于是女士们都回到了"萨姆纳"号上稍事休息。因此，我们并没有花多长时间参观小镇。男士们却没那么幸运，他们不得不出席盛大的午餐会——实际上是个下午宴，然后这一天剩下的所有时间就是和卢塞纳市民和陆军官员会面。人人都记得这一天非常炎热。

宴会和舞会是典型的菲律宾娱乐活动，对于我们来说新奇而有趣。连续七周，每天都有一场游行，一场会议，再就是晚宴和舞会。除非下午偶尔必须出航到下一个港口，大部分晚上都如前所述。有时也会安排特殊的娱乐活动，如火炬传递仪式、灯展和烟花节等，但这些活动都安排在大白天进行。毫无疑问，这样会使活动失去总体效果，但并不会破坏菲律宾人的友好意愿。

第 8 章 具有历史意义的旅行

游行和会议就只是游行和会议，但这段时间的宴会和舞会绝不是单纯的宴会和舞会，这就是为什么我提及于此时常用西班牙文。

我们到达卢塞纳参加宴会的时候已经是晚上 7 时。一幢样式独特的公共建筑物内有间很宽敞的房间，里面的长桌看起来非常神秘，中间有个巨大的装饰物，像极了花园。仔细观察一番，才发现居然是用牙签做的，真不知是哪个天才的创意，看起来结构精致，充满了想象力。饭桌装饰得很复杂，两侧看起来很奇怪，甚至有点毛骨悚然。显然桌上是供客人品尝的食物，我完全不知道它们到底是什么。因为去的地方多了，我早已理解五湖四海的差异，所以也不惊奇，反倒是比较担心菲律宾主人会要求每位客人至少尝一口他们备下的菜肴。由于精心准备的菜肴太多，味蕾难免变得麻木不堪。

菲律宾重要的大人物并没有和我们坐在一起享受美食。这是菲律宾人的习惯，主人一定要去迎接他们的客人，四处看看客人们是否享受他们提供的美食，直到每位客人都适应了令他们困惑不安的菜肴为止。这种场合，主席、财政官员、将军和插画家等看起来还不如受过训练的仆人有见识。我自己很喜欢这种方式，有一瞬间，我甚至希望自己是他们中的一员。兴奋当中，黏糊糊的汗水不时地从背上往下流。照理有演讲环节，但我们必须去参加舞会，所以演讲时间并不太长。

舞会在市政大楼举行，就是一早开会的地方。我们到的时候，整个大厅早已挤满宾客。那时候菲律宾妇女并不像现在这么时尚，她们很少佩戴珠宝，衣服也并不华丽。都怪暴乱分子，强征贡赋，导致菲律宾人民严重贫困。但女孩和女人们都长得很漂亮，穿着长款拖尾的薄印花棉布裙，条格细布，西纳梅麻[①]或菠萝麻[②]长衫。男人们身穿薄印花棉布、白亚麻或黑布等各式衣服。

[①] 一种布料，从当地一种香蕉树中提炼编织而成。——译者注
[②] 一种布料，由当地一种用菠萝叶制成的线织成。——译者注

西纳梅麻的生产原料——当地的一种香蕉树

西纳梅麻的晾晒与加工

男士们几乎都是出色的舞者，但女士们只能跳一种普通的圆圈舞，穿一种很特别的拖鞋跳舞。拖鞋有两种款式，西班牙语称之为"chinelas"和"cuchos"，看起来像是世界上最奇特的卧室拖鞋。cuchos十分好看，后跟在地板上会发出咔哒声。chinelas没有跟，走起路来沙沙作响。

任何晚舞会的第一支舞都是地道的菲律宾舞蹈利戈顿舞。虽然这种舞我跳了上百次，但还是不想尝试描述这种舞蹈，因为我知道我压根描述不来。这种舞蹈只有在庆典上才跳，你可以把它看成老式的四对方阵舞，由许多舞伴相对站立组成，空间大小决定舞伴多少。舞伴们不仅看起来优雅，某种程度上也很精致而庄重。这种舞蹈很独特，据我所知，只在菲律宾群岛流行。我有点担心首次尝试这种舞蹈会表现太差，连续几夜的观察后，我和我丈夫逐渐都很擅长这种舞蹈。后来我在任何社群中都会为同去的伙伴详细描述和介绍怎么跳。而威廉·霍华德·塔夫脱的出席让上流社会的女士深感荣幸，这样做的重要性在于认可已有礼节。

我们离开卢塞纳的时候已经相当疲惫，持续六十天的热烈庆典也着实让我们吃惊。从地图上看我们的行程路线，贯穿群岛但又有些杂乱，行程方向朝着赤道，越来越接近南方。每个要停留的地方都标记为一个点，意味着一场又一场庆典安排。天气太热了，没人愿意重返那些地方。就名字而言，我们即将前往的地方魅力无穷。

我们首先到了位于马林杜克岛的博克。要欣赏博克，你就得忍受。博克的局势并不太稳定，这里还没有成功地成立国民政府。委员会成员先后与陆军军官以及渴望重建正常秩序的菲律宾主要领导人多次会晤，承诺在返回马尼拉途经博克的时候组建政府。不过这也意味着，博克人已经选择遵循美国的相关规定，意味着持枪的暴乱分子和岛上各地得到认可的人民代表将一齐聚集于此。我们离开这个让人失望而又有决心改变的小镇，等返回时已经是七周之后了。它的不同让我们明白拖后延期也是一种智慧。

第8章　具有历史意义的旅行

委员会成员像是在黑暗中行走，他们只能通过个人调查去了解每个镇子和每个省份的确切情况。但调查总是先于他们的实际行动，使调查过程漫长而又艰辛。对于我们来说，时间好像被无限拉长。

郎布隆①、马斯巴特②、怡朗③、巴科洛德④岛等地，各地有各地的情况，各地也都有慷慨激昂的演说家。我们每到一处照例受到当地民众的盛情款待。我真心希望我们离开的时候能给当地人留下好印象。可以肯定的是，因为当地人浓厚的友谊和热情的款待，离开这些地方时我们深怀感激之情。

我们从位于东部的内格罗斯省的巴科洛德岛，直接将航向转向菲律宾南部，前往霍洛岛⑤、苏禄群岛⑥，去往土族苏丹的世界，滑稽又快乐。阳光明媚的清晨，当我们醒来的时候突然发现自己置身于美得难以想象的港湾，简直无法相信眼前的美景是菲律宾。我们当时在摩洛兰，眼前有曲折美丽的海湾，白色的小镇，年代久远的城墙环绕四周，背靠青翠的远山和高大成片的椰子树。码头延伸到很远，尽头白色的瞭望塔高耸着，不禁让人想起海盗曾经出没的时期，想起西班牙与当地伊斯兰民众之间永无休止的矛盾。从右边步行到更远的海岸线，有些看起来很奇怪的民居，据说是摩尔人⑦的住所，他们喜欢住在水上，想象着自己是在

---

① 郎布隆是菲律宾的一个群岛省，它的主要岛屿包括较大的塔布拉斯岛，以及较小的科奎拉岛、班顿岛、康塞普西翁岛、圣何塞岛等。该省东临明多罗，北至阿克兰和卡皮兹，西至马斯巴特。——译者注
② 马斯巴特省位于菲律宾群岛的中部，省会是马斯巴特市。该省由三大岛屿组成：马斯巴特、蒂考和布里亚斯。——译者注
③ 怡朗是菲律宾西部维萨亚斯地区的一个省，占据了班乃岛的东南部大部分地区。——译者注
④ 巴科洛德属于菲律宾高度城市化的地区，地理位置优越。——译者注
⑤ 霍洛岛位于菲律宾西南部，是个火山岛。——译者注
⑥ 苏禄群岛是太平洋的岛屿，位于菲律宾西南部，属于棉兰老岛群，由巴西兰、苏禄和塔威塔威三省组成。——译者注
⑦ 摩尔人是东南亚土著部落中的一群穆斯林。——译者注

霍洛岛

船上。房子建在离水面很高的木桩上，看起来没那么结实，连接这些房屋的竹桥有点弯折得快要散架了。

港湾看起来到处都是令人好奇的各式船只，战船船头高耸，雕刻精美，有些小船建得细长又雅致，一些有竹舷的独木舟尤其显眼。几乎所有的帆船都设计精心，光彩夺目，一片五彩缤纷的景象，每艘船都装饰着精美的丝绸三角旗。美国国旗占领了整个港湾，摩尔人只穿一条缠腰布，看起来十分原始。这种服饰由当地的能工巧匠编制而成，用料不外乎鲜艳的绿色、红色、黄色条纹布或格子布。看到他们从颈项到脚踝，整个人都套在看起来很雅致的服装里，真的会让人好奇他们怎么能忍受得了。每个人的腰上都围了一圈亮丽的丝绸腰带，里面插一把长刀，看起来很锋利，刀鞘装饰得有点稀奇古怪。

如画一样美丽的船队伴着"萨姆纳"号。一群轻盈的光着膀子的男孩跳进深不可测的海湾，他们得尽力捡回船上的人扔下去的硬币，这是为了测试他们到底有多勇敢。美国陆军军官搭乘游艇过来欢迎我们的到来。

他们解释说苏禄的苏丹给他们出了些外交难题，但同时他们也很高兴自己能完全克服这些困难。苏丹起初想扮成一位高傲的君主，向美国官员发出皇家邀请，让他们在他的皇宫向他致敬。好在他尚存一点理智。委员会委员是美国总统的驻外代表，既然承认美国主权，前往造访委员会成员就是他应有的职责。有消息称苏丹正在赶往"萨姆纳"号停靠点，当地官员的小艇正等着载他去"萨姆纳"号。

几艘巨大的战船载着摩洛族等不同部落的首领前来迎接他们尊敬的客人。没等苏丹来他们就先上了船。看得出他们格外高兴。他们看起来简直是我们见过的最美丽的风景，体型不一，完全不像菲律宾人，有的人柔软，有的人轻盈活泼，有的人优雅中流露出自由挑衅的目光，和基督教部落人的温和目光形成了强烈反差。他们腰间插着长刀，长刀很大、很宽，呈波状刃。迪安·C.伍斯特先生怂恿其中几位展示展示，好让我们开开眼界。这种长款刀堪称设计精美的手工艺品。有些刀镶嵌了金银，硬木柄上雕刻精美。

终于，官员们的汽船出现了，我们都知道苏丹就要到了。一等他出现在"萨姆纳"号一侧，隆重的欢迎仪式立即启动。十七声枪响炸得我们绷紧神经，赶紧塞住耳朵抵制震耳欲聋的声响。我们都希望来者不仅比这些酋长光彩夺目，还会像这些酋长朋友一样气宇轩昂。可是你难以想象我们的失望，一个相貌普通、身材矮小、皮肤黝黑的人出现在汽船甲板上，身着厚重的黑制服，走在低矮的遮阳篷下。黑色制服与英国领事们的制服不太一样，绣有金色穗带。来人体型有点笨重，让我难以忘记的是他嘴里闪闪发亮的黑牙。他看起来并没那么重要，只带了两名随从，也完全没有其他菲律宾领袖的光彩和文雅。委员会从来没有从他那里收到过任何礼物，无论说什么，交流都非常困难。你还别说，他是一个很有趣的人，居然邀请女眷去拜访他的妻子们。我倒是对此很感兴趣，但因为他的宫殿修在山脉的另一边，距霍洛岛太过遥远，几乎不可能过去。

摩尔人居住地的领土问题很多时候靠他们之间自我调节。这些伊斯兰教徒一直很独立，难以驾驭。西班牙人从未征服他们，他们也一如既往地完全拒绝菲律宾人的统治。于是我们决定让他们脱离普遍意义的组织而将他们置于美国半军事化管理系统下，由一位美国陆军高级官员以双重身份，摩尔省总督和军队总司令的身份管理这一地区。效果良好，几乎所有人都很满意。为了解决摩尔侠士[①]问题，或者说为了解决宗教狂热分子的暴乱，解除摩尔人武装的决定终究要执行。当然，参与武装抵制的人中只有少数当地人。无论是谁，上缴引以为豪、最钟情的武器

[①] 指男性摩尔侠士，攻击并杀死了占领和入侵的警察和士兵，并希望自己被杀死。这种殉道作为一种圣战形式进行，被认为是一种自杀式袭击。——译者注

摩尔人

难免不舍。但其中一些智者已经认识到，为了整体利益，有必要服从这一规定。如果一直处于敌对状态，势必导致所有规则和秩序失效。来自不同地区的智者向各地人民宣传美国的菲律宾群岛政策，建立市场、学校和诚信的商贸关系。历史上他们第一次被公平公正地对待，所以他们以坚定的信念依靠美国保护，并直言不讳地认为，如果我们放弃，摩尔人将会和他们的邻居发起战争。因此，无论我们如何处理菲律宾事务，我们都无法抛弃摩尔人，这更增加了我们处理菲律宾群岛问题的复杂性。

行至霍洛岛时，我们得知阿奎那多被捕的消息，阿瑟·麦克阿瑟将军在马拉卡南宫召见了他。那时候弗雷德里克·芬斯顿将军[①]是一位自愿军上校，曾是陆军"敢死队"中很引人注目的成员。他们一次次地全然不顾生命危险，终于抓到阿奎那多。当然，弗雷德里克·芬斯顿将军做的任何事都不会令人吃惊。

但有一次冒险的确令人担忧。那次弗雷德里克·芬斯顿将军打进偏远的叛军总指挥部，我们发自内心为他的英勇事迹欢呼。因为担忧马尼拉可能发生叛乱，我们对这事的热情逐渐减弱。阿瑟·麦克阿瑟将军并不是政治家，他只是一个战士，处理俘虏的时候并不考虑那些人的天性。

因此，我也想说，阿奎那多将军曾经是个"军官和绅士"，即便战败，他也值得人们尊重和礼遇。时至今日，他仍然是菲律宾最耀眼的人物。人们听说他在家乡甲米地很少抛头露面，是个爱好和平、没有野心的农民，只会在马尼拉出席一些重要的社会活动。他在美国人中获得了很高的赞誉。然而，我们一定还记得，阿奎那多被捕期间，菲律宾依然动荡不安，群岛各地的叛乱支持者，或者说他的部下们还在继续所谓的反抗。他们曾经在他的率领下，以一种并不文明的方式维持着所谓的反抗精神。就此而言，阿奎那多将军的阴谋和组织天赋的确惊人。我丈夫

[①] 弗雷德里克·芬斯顿（1865—1917），美国陆军将军，因在美西战争和美菲战争中的光荣战绩而获得荣誉勋章。——译者注

弗雷德里克·芬斯顿（1865—1917）

对此非常担忧。这并不奇怪,我丈夫希望尽快回到马尼拉,用他大而温柔的手稳住这一微妙的局面。

我们从霍洛岛驶向摩尔省首府三宝颜市①,再从那里前往卡托塔托。我们在三宝颜遇见的人与摩尔人完全不同。相比苏禄岛人,他们更有教养,受教育程度更高,个头没那么高大。美国陆军官员在德尔皮拉古堡②招待大家。很明显,他们与摩尔人和西班牙人有矛盾。和我们会面的曼迪酋长和米德尔酋长非常有趣。作为摩尔人,曼迪酋长在菲律宾起到了很重要的作用。据说曼迪酋长有一部分西班牙血统,不过他自己否认这一说法。曼迪酋长掌管的部落有成千上万人,影响巨大,美国政府从未想过剥夺他的特权。他还是个不错的商人,对美国忠心耿耿。只要有机会,曼迪酋长就会充分展现自己的忠诚。他之前讲述的摩尔人的生存状况后来被证实的确如此。比如,他告诉委员会,从摩尔人司法和

德尔皮拉古堡

---

① 菲律宾南部港市,在棉兰老岛西南岸。——原注
② 德尔皮拉古堡是17世纪时,西班牙殖民政府在菲律宾三宝颜市建造的军事防御要塞。现在已经改造成菲律宾国家博物馆。——译者注

其他事宜看，他们的制度与奴隶制差不多。总体上，他对我们真诚、友爱。菲律宾人米德尔酋长因为曼迪酋长的帮助和扶持坐上酋长宝座，他对此很骄傲。米德尔酋长是个奇人，有着非同寻常的经历。我们见到他之前，他已经把儿子送到加利福尼亚大学接受教育。美军刚一抵达时，正是米德尔酋长将自己的省转交给了美国部队，还预先处理了本族一些试图阻止美国接管的反对派。

从三宝颜出发，横跨伊利亚纳湾，整整航行了一天我们才抵达哥打巴托市①。我们在那里遇见了居住在棉兰老岛格兰德河②附近的摩尔人。格兰德河看起来波澜壮阔，多少有点骇人。因为有酋长皮昂和阿里的帮助，我们才和当地人有所交流。皮昂是中国木匠和一位普通摩尔女人的儿子，几乎是这个省最强大的酋长，凭借自己的聪明才智和慷慨大度赢得了地位。通常情况下他是个和平的保守派，所以常常与阿里酋长步调不一。阿里天生好战，有皇家血统。两位美国陆军军官布雷特上校和麦克马洪少校承担了哥打巴托市的管理职责。他们不仅解决了两位酋长之间的纷争，还劝说皇家出身的阿里酋长迎娶出身平民的皮昂酋长的女儿为妻。布雷特上校是阿里的伴郎，麦克马洪少校则给新娘置办了嫁妆。在遥远的东方所属地，美国陆军军官们居然提供这种服务，真是令人匪夷所思。

几年后，也就是在我开始写作的时候，皮昂酋长的女儿已经在棉兰老岛的北部城市伊利甘市结婚。我想引用福尔曼的《菲律宾历史》中的话："几位美国官员出席了这场婚礼，由一位有一半西班牙血统的混血儿担任翻译。"聚集在一起的客人正享受着快乐时光，一个狂热的摩尔侠士突然冲进来，庆典被迫中断。他拎着弯刀，瞬间就砍了翻译的脑袋，然后转而攻击其他当地人，重伤二人，砍伤数人。最后美国军官用左轮

---

① 哥打巴托市是菲律宾一个独立城市，不受地理位置所在的马京达瑙省政府的监管。——译者注
② 格兰德河位于棉兰老岛南部，是菲律宾第二大水系。——译者注

手枪还击，他才倒地身亡。尸体和受伤的人被运走，血泊被清理干净后，结婚典礼重新开始，再没有发生其他意外。

我们很幸运，尽管情形一度很糟糕，但总体上，不良情形并没有严重影响我们的第一次环岛旅行。皮昂酋长成为美国政府的忠实盟友很大程度上是为了维护自身的利益。我这样解释并非空穴来风，而是源于我丈夫与他之间关于发展古塔胶工业的谈话。

人们通常认为，格兰德河谷、拉瑙河谷附近以及菲律宾北部有取之不尽的古塔胶，皮昂是最大的经销商。但调查发现，因为采用最原始的方式采集树胶，每年有成千上万的橡胶树被毁。摩尔人头脑中从未有过科学保护橡胶树的意识，威廉·霍华德·塔夫脱问皮昂是否需要我们给他派一名懂得如何保护橡胶树的专家，他只需执行专家制订的相关规定即可。皮昂对此表达了谢意，表示愿意遵从美国政府最高统治者提出的主张。此外，无论其他酋长是否愿意，他还会促成大家共同遵守美国提出的主张。威廉·霍华德·塔夫脱随后又向他解释，美国政府有意铺设一条从旧金山到菲律宾的电缆，这项巨大工程的费用得由树胶赚取。我丈夫只是想让皮昂酋长深刻体会到树胶的巨大价值，并能够恰到好处地处理货物。但皮昂酋长当即表示会很快提供整个太平洋电缆所需要的树胶，并以此作为礼物送给美国。他还要求美国当局告诉他需要树胶的总量，他会立刻收集并送抵。威廉·霍华德·塔夫脱随后告诉他，美国政府会为从任何人那里得到的东西买单，无论主权范围是否属于美国政府。于是，皮昂酋长宣布，无论如何他都愿意把他的树胶卖给美国，价格也会比和他做生意的中国商人便宜得多。皮昂酋长本身就是个聪明精巧的中国人，也很有趣。在菲律宾哥打巴托的全面调查结束后，我们前往棉兰老岛。镇上身着盛装的酋长和苏丹为我们举行了盛大的欢迎宴会，级别位次高低不一。总之他们睁大眼睛看着我们，显得很好奇。

第8章　具有历史意义的旅行

在达沃①，我们看见了上千公顷世界上海拔最高的大麻种植地。为了我们今天能看见的一切，那些美丽的高山部落人下山融入了海洋文明。

高山部落的人都非常有趣。他们看起来像是一幅比其他非基督徒更美的图画，他们的珠饰彩绣服饰已经发展到很高的水平。这些服饰看起来太美了，显得与众不同，以至于出席宴会的女士们忘记了周遭一切，纷纷跑到不同部落去购买。当然，我们最终还是遏制住了这种渴望，暂时没有忙于去买漂亮的衣物。开启民智才是委员会来此的使命，我们得将所有注意力放在完成任务上。耐心等待任务完成后，我们又开始重新去找珠绣手工艺品。这次我们发现，只靠甜言蜜语根本不可能得到更精美的样品。钱对于高山族人来说没多大意义，我们也提供不了任何便捷的替代品。最终只有艾德小姐成功得到一件非常好的套装。机会纯属偶然，路上她巧遇一位着盛装的酋长，试探着用萨摩亚人的方式问候他。不仅如此，艾德小姐还唱了一首萨摩亚人的歌曲。小时候，她父亲正好在萨摩亚岛任大法官。让她大为惊奇的是，酋长不仅对此有反应，而且很有兴致。得知这位女士唯一想得到的就是一件珠绣衣服，酋长当即表示要送给艾德小姐一件衣服和裤子。令艾德小姐更吃惊的是，他居然开始把自己的整个头缩回衣服里。她很开心地接受了他脱下的衣物。另外，居然有人好奇地发现，萨摩亚人的波利尼亚语和达沃湾附近高山部落人所说的方言之间有某种相似性。

我们又开始从达沃继续踏上前往棉兰老岛的旅程。航船行到宽阔的太平洋后很快就到了位于棉兰老岛东北角的苏里高省②。

苏里高镇在一条弯弯曲曲的小河上游六公里处，周围沼泽环绕。像以往一样，这趟旅程中我们依然感到自己身处充满危险的水域。如果我

---

① 达沃位于棉兰老岛东南部，是菲律宾的一个行政区域，由五个部分组成：康波斯特拉山谷、北方达沃、滨海达沃、东方达沃和西方达沃。——译者注
② 苏里高省最初是西班牙殖民时期的一个地区，1901年5月15日成为菲律宾的特许省，1960年被撤销。——译者注

们能在潮汐高涨时重新上岸，那么回到我们歇脚的村子就并不太难。所以汽艇上负责的军官总是催促我们赶紧结束岸上的相关事宜，赶在退潮之前重新上岸。他向我们担保，如果我们不快点，等潮汐退了，我们几乎不可能穿过河口。可是他的恳求毫无用处。委员会成员正专注于会见苏里高市民，不可能中途打断他们。反正该见的都见过了，于是女人和孩子们重新回到码头，耐心地坐在汽艇里等待白昼一点点地消失。艇长显然很生气，再次提醒我们时间，并且很严肃地告诉我们重返"萨姆纳"号会有多么难。果不其然，他一语中的。

汽艇并不大，不可能为所有人提供食宿，所以后面还拖了一艘小艇。最后男人们终于上了船，赶紧道歉，和蔼地解释原因。天已经完全黑下来了，伸手不见五指。但我们依然很乐观，开船离开码头向河流深处驶去，我们都感觉指挥官的担忧完全没必要。

汽艇一路欢快地行驶着，不一会儿就开出了几英里，仿佛越来越有自信展望前方返程的路。就在这时，我们突然感到震动和摇晃感，这才发现船触到泥地了。好在没花多长时间，船又漂了起来。就在我们欢呼船长担忧的沙洲问题已经解决的时候，我们又感到了猛烈的震动。船撞在了岩石上，好像片刻间就要倾没，你可以想象随之而来的可怕感觉。

船长轻声骂了一句，然后给我们讲了一件惊人的事——关于"以前的西班牙大桥废墟"的故事，之后赶紧去查看船体损伤的情况。小艇乘着浪，跟在我们后面。艇里的人十分恐慌，慌慌张张地询问到底怎么了。我们又不能讲实情，不过撞击声真的很响，好像整个游艇的底部都被撕裂开来。引擎停了下来，四下漆黑一片，孩子们开始哭泣，更增添了不安气氛。这时居然下起瓢泼大雨，讨厌的汽艇开始摇晃。发动机又重新启动了，发出激烈的咔哒声。不可否认，我们一个个都因为恐惧而脸色苍白。这种声音明显证明螺旋桨的叶片折弯了，意味着螺旋桨的每次旋转都会撞击船体。

第 8 章　具有历史意义的旅行

我们滑进泥巴至少有三次之多,最后一次震荡无论怎么努力都无济于事。于是我们被迫放弃汽艇,一起挤进那艘小艇。你也许能够描绘出这样一幅场景:滂沱大雨中,男人、女人和孩子们挤成一堆,除了微弱闪烁的灯笼,没有任何光亮。人们一向以为这条小河有许多鳄鱼,而我们却要在漆黑的夜里,从大船跳到小船上,很有可能遭到鳄鱼的攻击。

抵达河口时,船长又开始紧张起来,不过无论问题多么严重,他都能冷静地处理。我们看不见自己要去往何处,但能够明显地感觉到宽阔的海湾就在眼前。我们一心想看见"萨姆纳"号探照灯点亮我们前行的航线,但唯一能够传递这种期待的只有红色火箭弹,也是船员遇险后最后生还的希望,其他什么也做不了。危难时刻艇长只有点火发射出火箭弹,那一瞬间的火光真的会让你感到一种难以想象的怪诞。好在火箭弹起到了预期的效果,不到十分钟,一束巨大的光亮从"萨姆纳"号船梁上直射过来,在河岸和海湾间扫来扫去,正好可以照亮我们的路。

就在我们驶向"萨姆纳"号的途中,遇见了一艘救生船,船上营救装备齐全,以防我们葬身鱼腹。一看见我们,他们满脸疲倦之态。开船的水手穿着油布外套,看起来很兴奋,一位几近恐慌的军官严厉地指挥着他急匆匆地驶向河口。他们沮丧地调转船头,不悦地回到大船上。我偶然听到他们的谈话,好像是说,发射火箭弹只有一个意图,那就是要求探照灯。

应邀在卡加扬、米萨米斯、达皮丹、怡朗、圣何塞安迪奎、卡皮斯等地短暂停留后,我们直接前往宿务市。宿务与怡朗一直在竞争菲律宾群岛上仅次于马尼拉的重要城市地位。宿务市可以被看作南部各岛出口货物的接收站,所有货物都汇集于此,因此它以生机勃勃的市镇广为人知。宿务市也是同名宿务省首府,由一个狭长的岛屿构成,二千英里区域,人口约七十万。

我们重新和大法官卡耶塔诺·奥雷拉诺·朗松在宿务省会合。返回马尼拉前,他离开了我们一段时间。他给我们讲述了阿奎那多被捕后产生的影响及后续处理,我们对此很感兴趣。阿奎那多作为一名叱咤风云的反叛军领袖,现在还在监狱里,但他的被捕入狱居然成为一种荣耀,家人和朋友都待在那里。很长时间以来,人们并不相信他被捕了,以为只是美国杜撰的报道而已,意在摧毁阿奎那多不败的魔力。这种信仰的破灭对整个和平运动产生了巨大的推动作用。尽管几百支来福枪和数名反叛领袖仍然下落不明,尽管暴乱并没有停止,尽管犯罪团伙的抢劫暴行还时有发生,有可能还会持续很长一段时间,但实际有组织的叛乱已经遭到彻底瓦解。

因为混乱,委员会一度在宿务省如坐针毡,怀疑能否在那里推进政府建设。他们对观察这种不确定性可能带来的结果很感兴趣。听说要建立包括一个可供大多数人畅所欲言的政府,整个镇子都为此兴奋。最终,我们以简单的形式任命马尼拉最高法院略伦特法官为宿务总督。他是我们的同道人,也是宿务人。之所以选略伦特法官,不仅仅是因为他正直爱国,还因为他得到了人民的支持。他以极高的热忱和信心履行自己的职责。大家都希望他能很快引导宿务按照既定方针走上合理发展的道路。

登上船,宿务及宿务问题就被抛在身后,这次长途旅行也即将结束。保和岛[①]、莱特岛、萨马岛[②]、阿尔拜省、卡马里内斯和索索贡省等,一个接一个城市,我们最终离马尼拉舒适的家越来越近,离我们期盼已久的休息越来越近。

每去一个地方,那里的人都希望我们能待上一整天,白天谈业务,夜里参加宴会。其实这不大可能。索索贡省为我们举办了一场五彩缤纷的装饰盛宴,精致的拱门、飘扬的旗子,为了欢迎我们,他们竭尽全力举办了一场让人难以忘怀的盛宴。除了晚宴和舞会,还有火炬游行活动,

---

① 保和岛位于菲律宾中部维萨亚斯地区,是菲律宾第十大岛屿。——译者注
② 萨马岛位于菲律宾中部的维萨亚斯东部,是菲律宾第三大岛。——译者注

本书传主海伦·赫伦·塔夫脱

花车上载着装扮成自由女神的菲律宾少女。很遗憾，因为我们不得不在当天下午出发前往博克，节目只得提前好几个小时开始。

像这样别致的车船必须由熟练的能工巧匠花几个星期的时间才能建成。烈日炎炎下，漂亮的棕发少女身穿金珀外衣，白色薄纱织物，身体被自己又长又黑的头发裹着，手里高高地举着象征启蒙的火炬。相比纽约高举火炬的自由女神，这是菲律宾人改编版的"神圣火炬"。我们环游群岛时一直带在身边，这一创造算是艰难进步中的一次高潮。

两天后我们返回了马尼拉。在组织建设马林杜克岛和巴坦加斯后，我们才开始回忆这段非同寻常的经历。毫无疑问，这是一次历史上独一无二的探险，开启了一个新时代。甚至可以说，对于菲律宾群岛上的人来说，一个全新的国家诞生了。

第 9 章
荒野中的家与国

这里我想顺便解释一下，可能有必要，也许没有必要。我并没有极力试图在叙述中表现一个女性对美国国家问题的独特理解，因为这种训练只有男子才接受过。我坦承自己只是对我丈夫的工作有着浓厚的兴趣。从刚刚结婚时起，除了他的工作，没有任何其他事物相伴我们更长时间了。乏味、病痛、不幸等，都没能降低我的兴趣。因此，我的回忆录中他扮演了重要的角色。

为了奠定美国在菲律宾群岛的统治地位，威廉·霍华德·塔夫脱不得不与各种复杂的抵抗力量作斗争。作为第一位立法委员会主席、第一位文职官员、国民总督，他如果没有深刻理解政治的经验，就难以克服诸多困难。如果抵抗力量只来源于菲律宾本土，克服起来要容易得多。然而，菲律宾的抵抗得到间接鼓励，尤其受到美国国内强大对立者的直接支持。这是菲律宾反抗者的唯一理性所在，也是这种情况下表现出的爱国行动。

我之所以试图尽可能清晰地传递当时的情形，有一定的原因和理由。我丈夫并没有继续利用部队沿用的惯例，也没有回避日益严重、恶化和复杂的岛内问题。相反，他和同事们坚持认为，只有建立理智的政府才能面对全体民众。

南部诸岛的调研旅行因此具有了特殊价值。他们得到了各个省基本现状的一手资料，立即着手修改原来制定的法典规章，同时也着手健全司法制度，以适应调查发现。

我们的餐桌上出现了新话题，在阳台上俯瞰海湾时，会有意无意地聊着新话题。事实上，我们谈论的许多"消息"都有点迟来，而且都是些让人烦恼的事，但这也正是生活的乐趣所在。

就在我们从南部旅行回来后不久，J. 富兰克林·贝尔夫人邀请我姐姐玛利亚·赫伦和我一起旅行探险。她还希望她的丈夫可以一同前往，穿过吕宋北部山区——那里只有非基督教部落。J. 富兰克林·贝尔将军任北方部队指挥官，所以这会是个视察之旅，还意味着我们得有几周时间待在马背上，走危险的小路。其中有些地方从来没有白人女子去过，但我们非常想去。麻烦的是，我从来没骑过马，一想到要与马亲密接触几周时间，还真有点恐惧。家庭会议上我和大家一起讨论是否该去，我丈夫建议一定要去。其实，就算没有他的建议，我也可能会去，他的建议让我更觉安慰。这样的话，无论之后发生了什么事，我都可以责怪他。实际上，离开之前我已经开始这样做了。就在我的勇气几乎要消失殆尽的时候，我立即说，全都是他的错，要知道，如果不是他的鼓励，我永远都不会想这种事。然而，只要我答应了，就知道不可能打退堂鼓。他只是笑着向我保证，我们将会有一段极好的令人难忘的时光，旅行会让我们"遇见世界上所有的美好"。

史蒂文斯少校希望陪我们一同前往，他送来一匹体格大得惊人的美洲马，自告奋勇负责照看我第一次试骑的那匹马。我的马看起来温顺得像只羊。我不想让这匹马走得太快，事实上它比我们步行还慢。这次骑马结束后，我感觉自己的身体突然变得僵硬起来。第二天晚上，我让马

J. 富兰克林·贝尔将军（1856—1919）

加快了速度，出乎意料，我开始享受训练的快乐。到第三天晚上，我已经取得很大进步，甚至感觉这匹可怜的老马压根没有速度可言。

这次旅行乘坐的"萨尔瓦多"号是一艘西班牙汽船，从马尼拉开往维甘①。J. 富兰克林·贝尔将军的部队驻扎在维甘。尽管能参加这趟旅行让我很开心，但我并不想再重来一次。我们一上船，就看见了诱人的特等客舱，四个卧铺，空间宽敞，我们预期未来的行程一定闲适舒服。前往维甘的行程有三天，周四到周六。但万万没想到，我们志得意满的空想很快就终结了。经过检查后我们发现客舱脏得难以形容，床上没有床单，枕头像岩石，各种小虫子到处爬。气温高达华氏一百一十度，通风又几乎不可能，因为客舱的窗子朝向公共大厅，里面很多菲律宾人，有光着膀子的、睡觉的、四仰八叉地躺在地板上的。桌子上、椅子上，凡是可以休息的地方都是人。第二天晚上，我得到船长允许，可以睡到驾驶舱。可是甲板上到处都是人，遮阳篷上挂满了一串串卷心菜和其他蔬菜，更让人不舒服。

船上的食物都是西班牙菜肴，实际上，可以说很难吃。不过，我还是相当适应，也并不介意，只要我能在甲板上找到一个通风的角落用餐就很满意了。可是甲板上有几位刚刚从美国过来的妇女不停地抱怨着，真的让人觉得有点难捱。

周六一早，我们就提前上岸了，比我们之前预期到达的时间提前了很多。到 J. 富兰克林·贝尔家之前，我们还要骑在马背上走三个小时。很开心，我们到的时候，他们正在吃早餐，桌子上摆放着专属人类的食物。但我们已经不可想象地适应了那些稀奇古怪的西班牙烹饪，对食物已经不怎么挑剔了。在场的人除了 J. 富兰克林·贝尔夫妇，还有两位年轻的军官，威尔科斯先生和诺兰先生，另外还有一位年轻女士巴布小

---

① 维甘是菲律宾伊洛科斯省首府。——译者注

第 9 章　荒野中的家与国

姐,她是巴布将军的女儿,人们喜欢叫她的绰号"泡泡",可能是因为个性特征而得名的吧。

我们知道的第一件事就是 J. 富兰克林·贝尔夫人不能和我们一起去爬山。她身体不好,医生不许她爬山。我们都很失望,J. 富兰克林·贝尔夫人总是乐呵呵地,十分有趣。因此,如果没有她,对任何派对来说都无疑是一种损失。这次考察探险计划周密,我们的确没想到她不去,我们肯定会很想念她。参与者都已经准备就绪,包括担任指挥的 J. 富兰克林·贝尔将军和泡泡。除了我和我姐姐之外,还有赖斯少校、史蒂文斯少校、希勒上尉、海特上尉,共八人。

首先,我想说的是,吕宋岛北部与菲律宾群岛其他部分很相似,好比阿尔卑斯山脉之于内布拉斯加。维甘则不同。尽管维甘与海平面齐平,并且也像那些处于同样纬度的地方一样,非常炎热,但它看起来让人觉得是个域外城市,也就是菲律宾之外。房子建得很好,厚重的红瓦屋顶,石头墙看上去很古老。街道狭窄,道路弯弯曲曲,有一个建得很精致的购物广场,满是火树。我第一次见到这样的树,而且开满了花。我从没见过如此壮丽的景象,满是火树的林子,满是火树的林荫大道,真的没法描述。还有一片火焰云,有的被远处的山丘衬托得无比艳丽,有的像是悬挂在古老的充满优雅气息的西班牙教堂和修道院上空,不禁让人"屏住呼吸"。我很好奇,如果西班牙人没沿着马尼拉街道种植这些火树,那么他们也不会因为创造了世界上最令人惊叹的城市而赢得美誉。

在维甘的时候,也就是开始漫长的旅行前,我们先去了阿布拉省的邦贵。J. 富兰克林·贝尔太太随我们一起去了这个小镇。以往去邦贵只能乘阿布拉河上的木筏,那里从来没有任何解决渡河问题的建设计划,但步兵指挥部的建立促进了道路建设,大大缩短了去邦贵的时间。旅途的第一步还是要和河流打交道。美军所有的供给都由木筏完成,每天一早有二十多条木筏出发，如果有风，军人们会升起一张明亮的帆布，很漂亮的伊格洛特①式条纹布。

我们有一个带竹篷的大木筏，里面有舒适的藤椅、野餐食品和一箱包裹严实的冰。那时候，冰对菲律宾的偏远城镇来说是最稀缺的奢侈品。

我们在湍急的河流中缓慢前行，并不想匆忙而过。那里的景色非常迷人，河岸也有狭窄的鹅卵石沙滩。似乎比山还高出许多的悬崖把自己的影子投入峡谷，我们头顶的天空只留下了一条狭窄的缝隙。悬崖上都长满了杂乱的灌木丛，有小小的瀑布在其中急速穿过，沙沙作响。河面宽阔的地方，我们偶遇了一群衣着靓丽的当地人，他们好奇地打量着我们。有一次，我们看见六个头上顶着棕色水罐的女子，从陡峭的河岸出发，姿态优雅。每个人至少顶着六个水罐，一个个摞着，所有罐子里都装满了水。我实在无法理解她们是怎么做到的。我们一直好奇地注视着这些人的背影，直到她们消失在视野中，也没发现有任何人抬手护住头顶上的水罐。尽管任何一个最细微的动作都可能导致所有水罐摔成碎片，但她们只是默然地抽烟，闲聊，好像完全没有意识到头顶上的重负。

上午11时，我们到达了刚刚修建了道路的村庄。村庄里的所有人聚集在一起，好奇地打量着我们。白种女人在这个地区还是很少见。我确定，我们看他们的感觉比他们看我们要古怪得多。其中有一群刚从美式学校出来的学生。有个女孩看上去有点窘迫，她四个月前才有了自己的英文书。她用很不错的英文读书给我听。那时候，像她这么年轻的女孩子很有可能已经获得师范学校证书，在"美式"学校教书。她们写就了一代人的历史。

我们抵达邦贵的时候，作为东道主，鲍恩少校手下的年轻人腾出了自己的房子给女士们暂时歇息。房间很大，通风不错。三张床都有防蚊

---

① 伊格洛特是菲律宾几个土著的总称，主要分布在吕宋岛连绵的山脉中。——译者注

的帐幔，很舒适，大雨倾盆的时候，午休最好不过。雨滴落在茅草屋顶上，发出扑簌簌的声音。这些年轻人的住所正对着少校的屋子。雨一直下到傍晚，街道看起来像条河流，我们不得不推迟晚餐时间，可是没有人因此产生不快的情绪。我们甚至很享受当地乐队的表演，他们就在窗户下面，有美妙的音乐相伴，气氛轻快生动。两名乐队成员上台为 J. 富兰克林·贝尔太太鼓劲的时候，有两名年轻军官跑了下来，试着用乐器展现他们的帅气。我只能说，喧嚣带来了令人开心的效果。

第二天，我们告别好客的主人，在英格拉姆上尉的陪同下，沿着河道一路返航。水位很高，尽管上行耗去不少时间，但顺流而下只花了三个小时，有些激流让人感到非常刺激。我们拎着一个大篮子，装满了午餐，再搬几张椅子，上岸找了个绿树成荫的小土墩坐下，闲适随意地待了几个小时。之前还没有人敢走这条路，因为面临可能被枪击的危险。但阿布拉的反叛分子投降后，现在我们不用任何武装也感觉十分安全。

如果要我写一篇关于这次考察的详细报告，我恐怕会不可避免地传递这样的意思：除了持续不断的大暴雨，我们什么都没有遇见。当时正值雨季，大多数时候我们都被雨水淋得透湿。但威廉·霍华德·塔夫脱给我的保证的确不假，我将拥有一段美好时光。这趟旅行让我们看见了"世上的美好"。马尼拉发生激烈的政治动荡可能被看得过于严重了。在遥远的北方，除了排解焦虑，接受该来不该来的一切，压根什么事都没有。离开维甘后，如果想在长途旅行中得到一封信，唯一的办法就是通过信使。信使得在道路崎岖的乡村地区行走几百里。因此，我全身心都很放松和愉悦，我们这一小队人马个个都一样，困难和身体上的不适似乎只是增加了我们的欢乐。

我们的旅程起初还算奢侈轻松。我觉得在马尼拉的骑术课没什么用，我们乘坐战争部队的救护车而不是骑马离开了 J. 富兰克林·贝尔太太。第一天的旅程很漫长。J. 富兰克林·贝尔将军负责指挥并且非常清楚地知道自己正在做什么。他要做的事情就是发布命令,我们只需要遵守。就像和一个战士去营地一样,人人都得学会理解什么是纪律。

我们只随身携带了一些必需品,即便是这些必需品最后也成为负担而不得不丢弃,但我们还是列出了长长的清单。所有物件都用防水布捆好了,准备出发的时候,东西多得系不牢。好在随着时间的推移,物件越来越少。我们最重要的东西无非就两样,雨衣和披巾。沿途气候潮湿阴冷,很需要这两样东西。但我们所有的洗漱用品都装进了巴布小姐的马鞍袋里。

第一天,我们涉水过河,尝试了几次,最后决定用木筏过河。但木筏太小,一次只能给一个人运送一件物品。所有东西运过河之后,我姐姐、巴布小姐和我已经坐在河岸边等候了两个多小时。就在我们等候期间,有很多当地人也在过河,不过是骑着牛过河。有趣的是两个轮子的笨重手推车上了摇摇晃晃的木筏后,里面的东西全都落到河里去了。可怜的老水牛得下水自己游过岸,主人又总是牵着牛鼻子上的绳子。如果我会说方言,一定会告诉他们:"朋友,没有你的帮助恐怕水牛游起来更省力。"菲律宾群岛发生的很多事,我一直不得不持观望态度,只能忍耐,因为我根本不会说各种完全不同而又稀奇古怪的方言。各省其实很少使用西班牙语,普通菲律宾人可能只懂一点西班牙语,或者几乎完全不懂,但我们特别想和当地菲律宾普通百姓交流。

第一天,我们在部队马车上颠簸了三十七英里。但天气凉爽,我们游历得非常尽兴,并不感觉疲劳。虽然说第二天早上得准备好4时出发,也没人抱怨。

史蒂文斯少校在坎东加入我们一行人当中,整个团队的人算是都到齐了。第二天晚上,我们住在康塞普西翁的一间非常迷人的尼巴椰子茅屋里。人们认为这间屋子是温蒂·威尔森建的,真得感谢他为我们提供了完美的住所。吕宋岛北部雨水非常多,多得好像那里只有雨水。我们

第 9 章　荒野中的家与国

有充分的理由相信，这将是漫长行程里我们使用过的最好的房子。后面的行程将会一直向山里进发，沿途的居所只能是一间间小小的帐篷，通常会选择一个有利的地方搭帐篷，大多会选在专门给部队供应物资的小商铺边上。

威尔斯长官家很宽敞，有两间房，一小一大。女士们睡在小间的行军床上，四位身体强壮的军官披上毛毯，穿着雨衣睡在大间。竹地板的裂缝张着嘴，棕榈树叶编织而成的墙壁和隔板被当地人称作苏阿里。凹槽固定的两扇窗户由竹子编制而成。如果想打开窗户，得动作轻柔才行。这里没有所谓的"文明的标志"，但我们还是尽力过得舒服。

第二天，太阳刚刚升起，我们就到了半山腰。我们沿着一条弯弯曲曲的小路继续向上攀登，周围的山坡树木繁茂，一直延伸到海拔一千八百多英尺高的地方。

这时候我们处于山脊的位置，有八位伊哥罗特[①]男孩跟在我们身后，他们扛着一顶轿子备用，以防小路上出现意外或危险，我们就得提前结束登顶计划。我倒是很希望自己能够描述登顶后的辉煌和壮观，J. 富兰克林·贝尔将军曾经穿越落基山脉、黄石公园等优胜美地，但他说哪里都比不上眼前的美。这些宏伟壮丽的景色因为五彩缤纷的色彩显得更加耀眼。伊哥罗特人用了几百年的时间建造了非凡的水稻梯田，一直延伸到各个大山之巅，只有那些凹凸不平的山脊没有被开垦出来。梯田看起来像蜂巢，相互对称。为了将之与梯田之外繁茂的蕨类植物和互相缠绕的藤蔓隔开，他们还精心建起了坚固的砖石墙。与暗绿色的松树、随处可见的青芒果及附近不知名的热带大树相比，水稻秧苗的绿尤其鲜艳夺目。无论从什么地方都可以看到许多山峰，一座座山峰从阴冷的山谷升起，被天籁之光莫名地照耀着。每一道照耀着山巅的光都是那么独

[①] 伊哥罗特通常指西班牙殖民时期，生活在菲律宾山区那些完全不同于海滨地区的人种。——译者注

伊哥罗特人

第 9 章 荒野中的家与国

特，闪耀着光芒。阳光照耀下，一座座山峰像锯齿一样参差不齐。极目望远，有翻滚的大海，白色的浪花不断冲击着悬崖。山谷的圣克鲁斯河深处，泡沫和水花缠绕着石床，但那只是一片远远的寂静，听不见任何声响。

看旅行日记，每一个曾经驻足过的地方我都会郑重地留下我的观察所得："今天，我看到了一生见过的最美风景。"当我们到了萨加达后，我发现要记录这些未来可能需要的信息非常困难："直到威廉·霍华德·塔夫脱看见，我才会停止记录我的所见所闻。"当然，威廉·霍华德·塔夫脱永远没有看到，因为他从未来过此地。

到了萨加达，我们一行人已经深入到了伊哥罗特人居住的乡村。按照惯例，菲律宾人通常不去这样的地方。我们从塞万提斯经过一条十分危险的小径，连马儿都十分小心，一直靠里面行走。我们得放开马镫，这样的话，万一马儿翻倒在悬崖边缘，我们有可能掉在一侧的地上，而不是掉到悬崖峭壁下。很多不得不经过这条小路的人其实对这条路的险峻视而不见、听而不闻，好在我们这些人中并没有头脑不清楚的人。每一个拐弯处呈现给我们的都是大不相同而又精彩绝伦的景色，这一天处处让人惊叹。

到处都可以遇到伊哥罗特人。他们艰难地背着一大包稻米，排成纵队穿过稻田。山间的路上崖壁陡峭得像房屋一侧的墙。男人们随身带了一把长矛，杀气腾腾。女人们显然是背负重担的人，沿着我们来时的小径行走。时不时地，我们还会看见一帮男子牵着一群呜咽着的小狗，小狗看起来瘦小可怜。小狗很快就会被杀了吃，想起来就让人觉得恶心。但在伊哥罗特地区，爱狗的白人非得适应这种完全不同的习俗。也许有一天，他们会用牛群、羊群替代吧。新思想，新改变得有耐心才能慢慢地灌输给这些人。当然，狗肉目前还是他们最喜欢的日常食物。

我希望能了解未被开化的部落人的起源。他们和菲律宾人完全不同，和英国人完全不同，很像美国印第安人。他们和菲律宾人唯一相似的地方就是肤色，温和的深棕色。几乎从没有美国人与他们一起生活过，美国人也并不真正喜欢和钦佩他们。实际上，他们完全是未受现代文明教化的人，最容易接受文明的影响，也很渴望接受教育。他们有完美的外形，身体笔直修长，肌肉发达，洗漱之后再仔细查看，绝对美丽动人。他们的外貌特征很显著，眼睛明亮而自信。他们无所畏惧，始终专注于为生活奋斗。也正是如此，这些不可思议的"赤裸裸的野蛮人"修建了数千英亩水稻梯田。但凡见过此情此景的灌溉专家和技术工程师们无不感叹这样的奇迹和秘技。

在马背上辛苦奔波一整天，浑身都湿透了，我们从湿滑的小径离开萨加达到了邦都。邦都现在是山城首府，历史上它们第一次统一在某个中央政府的管理之下。每个部落都有总督助理，通常由美国人担任。主要部落有本格特、邦都、伊富高、伊隆戈、卡林加等。很久以前，他们就开始卷入部落战争，最大的乐趣是取到对方首级。我前往伊哥罗特人部落的那段时间，猎头游戏正酣，每家房子都用颅骨作装饰，所以没人敢轻易外出，即使去自己家的稻田，也得带上矛、盾和斧头。直到现在，当地人还带着长矛，但猎头已经不常见，美国政府将这种行为列入死罪。迪安·C.伍斯特先生担任内政部长，直接管理着所有野蛮部落。他成功引进了棒球和其他可供部落之间和平竞争的体育运动项目，虽然粗鲁又剧烈，但能很好地替代野蛮的取头游戏。十四年来，作为酋长们的首领，迪安·C.伍斯特先生被尊为阿波[①]，这是生活在大山里的人给予他的最高敬意。

巴布小姐、玛利亚·赫伦和我是第一批来邦都的白人女子，我想说的是他们的接待十分友善，出乎我们想象。三位美国矿工招待了我们。他们的房屋十分舒适，可以说他们长期与伊哥罗特人生活在一起，其中

[①] 一种尊称。——译者注

第9章　荒野中的家与国

一个人已经有一年多没接触过文明社会，他可以给出很多有趣的一手资料。当地人成群结队地聚集在我们周围，但他们保持着尊重，甚至可以说虔诚地与我们保持一定距离。他们看起来有点害怕我们，特别是女人们，完全没人愿意让我们亲近她们的小宝宝，但我们已经习惯了每到一处必然也看看小宝宝。许多信基督的菲律宾人坚信"恶魔之眼"一说。其中有个小侏儒，比其他人胆大，我们去了他的住所。他皮肤棕黑，看起来很漂亮，个头很小，小到不超出一岁的样子，但大家都说他至少十四岁了。

人人都想送些什么东西给我们。我刚到的晚上，就收到了其中一位首领送的礼物——三只活鸡。第二天，当我们穿过当地村庄时，另一个男人追上我，热情大方地送了我两枚新鲜鸡蛋。我们学会了说"Mapue"，

伊哥罗特人居住的茅草屋

意思就是"好"。再结合微笑和手势，我发现这词可以帮助我们顺利地进行各种社交活动。

邦都地处深山峡谷，有宽阔的河岸，湍急的河流，四周群山环绕，并不像萨加达和其他我们曾去过的地方那么冷，但怎么说还是有点冷。我不太明白生活在这里的当地人怎么能几乎赤裸着身体。事实上几乎所有人，即便最冷地区的人也基本如此。居住在邦都的伊哥罗特人，穿着颜色鲜亮，但多少有点破旧的"遮羞布"，腰部缠着很重的黄铜链条，长长的黑发被塞到平顶草帽中，还真不知道他们是怎么把帽子固定在后脑勺上的。这儿的人几乎都戴着很重的黄铜耳环，耳朵因此变形，看起来有点丑。邦都还有些"花花公子"，喜欢在耳后夹根长长的香烟。香烟通常都由家庭手工制作，黑不溜秋，看上去像心不在焉的会计夹在耳后的铅笔。

我们举办卡尼亚奥斯①，围着篝火跳"head dances"，吹着甘扎伴奏，所有娱乐活动都由村子里的头人组织。甘扎是伊哥罗特人特有的乐器，圆圆的，柄用人的颌骨制成。音乐家在美妙的舞蹈中，边尽情地旋转着，边用软垫锤敲打出节奏优美的曲调。其中有些甘扎很古老，它们属于部落而不是个人。你想让所有者出售这些玩意儿几乎不可能，除非你牵头牛来，没人会用金钱计算它的价值。如果你询问一位伊哥罗特人甘扎的价值，他很可能会十分庄重地微笑着说要一百头水牛，尤其如果它和部落间的历史有联系的时候更是如此。总之，他们会说出任何令人望而却步的数字，因为他们认为这是值得尊重的民族自豪感。

我们从邦都穿过萨加达前往塞万提斯，然后开始沿着漫长而狭窄的小道穿过大山到达碧瑶。在塞万提斯，我们收到了第一封从马尼拉来的信。主要是命令史蒂文斯少校回去报告工作，其他还有些无关紧要的事。如果史蒂文斯前往马尼拉，我们就有机会给家人捎个信，也好报个

---

① 菲律宾山区人乐见的一种室外娱乐活动，类似于舞会。——译者注

第9章 荒野中的家与国

平安。我们并不急着回家,更不想让少校离开。我们已经成为一个相互非常熟悉、纪律严明、志趣相投的团队,不想看到考察结束于开始。J.富兰克林·贝尔将军加入我们的行列,负责一切事务,无论"他的队伍"显得多么愚蠢,他都不会伤害大家的尊严。尽管和善是他的本性,但对年轻军官就不同了,大家有时候只能悄悄地找机会放松。

我们骑马从塞万提斯南部行走了几个小时,沿途有些属于西班牙企业联合集团的铜矿,非常出名。我们去的地方是个很特别的乡村,整体景象看起来像锈蚀的铜币,运送矿石的沟槽看起来像巨大的峡谷,满是疤痕,不禁让人想起地狱的混乱和梦幻。这次旅行让人很难描述,尤其是眼前这种规模巨大的景象带来的美学感受,真的无法描述。可是,我又忍不住想传达出我的印象,这里几乎每样东西都异乎寻常的大,是个让你难以想象、巨大而又狂野的世界。方圆数百里尽收眼底,大自然似乎以巨人之手创造了一切。

铜矿外一英里左右的地方,就是何塞·米尔斯先生家。在我们看来,他的家简直就像一座名副其实的山间天堂。何塞·米尔斯先生是西班牙人,没有人知道他为什么把自己放逐到这个与世隔绝的地方。你可以想象,为了建造这间具有现代文明特征的住所,他经历了怎样的劳累和辛苦。他把我带到一个单独的房间,说我可以一个人住这间屋子。真的难以想象,里面有一张弹簧床,床上有被褥,我都不记得自己多久没见过一张真正的床了。起初,我很好奇地打量着它,然后,恭恭敬敬地坐了下来。我躺下,尽量舒展自己,又抽出一条毛毯。尽管是正午时间,但就是再十万紧急的事也不可能让我离开这张舒适的床。最后,就在我们吃午饭的时候,紧急状况来了。何塞·米尔斯为了接待我们,匆忙地从坎东赶回来,还带了他可以找到的各种食物和饮料。结果真的令人满意,我们几乎就要下决心留下来,和这家好客的主人永远在一起。

那天晚上,我们在欢乐的气氛中邀请主人加入耳环俱乐部——我们自己组织的秘密社团，充满神秘感。伊哥罗特人喜欢戴的黄铜大耳环就是我们的标识，我们还设置了信号和暗语，也就是只有我们自己才会唱的歌。我们改编了一首骑兵歌曲《我已经和南希相爱七年》，并自己填写歌词，主要是用新诗谱写我们经历过的事件和场合，并不难。歌曲开头是这样的：

> 攀登在一座又一座山峰间，十二天过去了，
> 嗨嚄！穿越咆哮，那是河流的怒吼！
> 攀登在一座又一座山峰间，十二天过去了，
> 哈哈！穿越荒凉的勒班陀，我们一路行走。

我们在萨加达看到了一个薄荷园，以往在菲律宾从未见过。J. 富兰克林·贝尔将军知识渊博，只有他知道薄荷园最初的作用，又给我们增加了三行歌词：

> 萨加达，我们来了，那是个阴雨的日子，
> 嗨嚄！一望无际的稻田的海洋！
> 萨加达，我们来了，那是个阴雨的日子，
> 哈哈！穿行在一座座丘陵间，那是去邦都的路！

> 芬芳的薄荷园才是甜蜜之所，
> 嗨嚄！要怎样，我们才能到那里。
> 芬芳的薄荷园才是甜蜜之所，
> 哈哈！因为薄荷，我们发现了群山间的邦都。

> 我们什么也没做，只酿了一杯冰镇的薄荷酒，

第9章　荒野中的家与国

　　嗨嗬！没有碎冰！
　　我们什么也没做，只酿了一杯冰镇的薄荷酒，
　　哈哈！因为薄荷，我们发现了群山间的邦都。

　　其实这是一场自由体诗歌创作比赛，任何人都可能写出新的诗篇，甚至以任何我们经历过的时刻，以不同的语调重写一首完整的诗篇。总之，我们可以用荒谬的方式描绘漫长旅程中的任何瞬间。在何塞·米尔斯家，我们给东道主演唱了所有我们会唱的歌曲，其中还有人表演口琴，演奏水平相当不错，另外还有一个即兴舞会。之后，我们为他上演了一出原版德国歌剧，包括"丢手绢""模仿秀"。最后，我们玩了抢位置的游戏。结束当晚活动的方式真的很有趣，我们围坐在壁炉边，详细叙述了这次有趣的经历，并以极大的热忱不断地修饰和润色故事。

　　我们知道再也找不到像何塞·米尔斯家那样令人愉快的地方了，即使在马尼拉也不可能，因为马尼拉太热。尽管我们十分不情愿，可还是遵守命令，准备第二天早上6时启程。这也意味着我们必须黎明5时从温暖舒适的、文明人的床上起来。头天晚上火炉里的灰烬也冷却成灰色粉末，想起来让人觉得阴郁。星星照着路，但J.富兰克林·贝尔将军说我们必须得去洛①。

　　天正下着雨，景色看起来模糊不清，只有云清晰可见，在空中漂浮不定，像是大戏开幕前的面纱。我们已经不再想天气会怎么样，等到了洛，我们发现所谓的"市镇"不过是两间空空的圆木屋。其中一间屋子的地板由芦苇编织而成，另一间根本没有地板，两间房子之间没有任何隔墙。我们在稍微好点的屋子里牵了根绳子，然后挂上几张伊哥罗特人的毯子，算是屏风，男女各睡一边。幸运的是，我们的适应力很强，

---

① 菲律宾北部山区一个很小的地方。——译者注

即使躺在地上也觉得很舒服。下午晚些时候，来了一队浩浩荡荡的人马，伊哥罗特人和一些后勤兵赶着骡子从南方而来。他们带来的消息真让人吃惊：委员会成员就在我们几英里之外，他们希望当晚能在洛安营扎寨。雨小了，继而一切又沉浸在枯燥的雨滴声中。天气很冷，我们淋得透湿，这里没有地方可以生火，总而言之，让人感觉非常不舒服。

骡子队到达不久，委员会一行人也到了。包括迪安·C.伍斯特先生，伯纳德·摩西先生，还有他们的秘书、医生，总共五人，散漫得很，一个接一个进来，脾气很大。那一刻，我们确定，这一路没人教会他们应该如何充分利用一切可以利用的资源，沿途培养社交能力。一天行程下来，相比我们，他们辛苦很多。总体看，我们这个团队管理得更好。

我们用很多条伊哥罗特人的毛毯挂在另外一间房子里，隔成几个小间，帐篷作厨房，在帐篷里面给他们做了热腾腾的晚饭。气氛开始缓和起来。因为有些令人不安的传闻，我们非常渴望了解马尼拉的情形。有份刚收到的电报，说是最高法院已经确认免除美国对波多黎各的进口商品税收，并指示委员会没有得到新的指令之前，暂停在菲律宾群岛的立法工作。这意味着一切都变得不确定起来。但无论怎么样，国会讨论之前，政府不会改变现有决定。显然，政治形势相当复杂，好像针对某一特定问题的表达和讨论只有一种方式——挑衅，一种非常流行的反对方式。问题是："宪法会遵循国旗吗？"换句话说，也就是从美国一个港口到另一个港口，可以收税吗？无论哪种情形，国会必须给出答案，看起来，我们又要处于长期的不安中。

我们理解委员会希望 1901 年 6 月能有一次前往北部边远地区高山省的旅行，目的是使这仰基督教的高山省份也实现中央集权化。但这份电报让他们已经明确的行动目标陷入停顿状态，迪安·C.伍斯特和伯纳德·摩西两位委员则利用这次"喘息的机会"跑到山上考察公路和铁路修建计划的具体路线，所以我们才会在洛会合。

第9章 荒野中的家与国

这里气候宜人，交通方便，两位委员认为倘若能把这一带建成吕宋的中心，将会是最有益于这个国家的事情，我们听了都非常兴奋。当时，那条路只不过是伊哥罗特人用脚撕开的一条小径，特别狭窄，要想以此四通八达几乎不可能。我们一行人的意见在菲律宾群岛美国管理者中具有很高的代表性。夜深了，委员会的人坐在竹木地板上，蜷缩在毛毯里，还在谈论着希望和恐惧，谈论着政治上面临的极大苦难，以及他们为此付出的价值所在。

清晨6时，我们离开洛，路上整整经历了最辛苦劳顿的八个小时——我们喜欢这样形容路途，最后终于到了卡加扬河。我在日记中这样写道："大部分路程都是骑马穿过一片美丽的松树林，此起彼伏的山丘就像房子一侧的墙壁那样笔直陡峭。蹚过小河，穿过瀑布，我感到非常疲惫。"我这样写好像一路上非常艰难，但我敢肯定地告诉你，几乎一点也不夸张。我还很清楚地记得，从洛到碧瑶，整整五天时间，大半路程都需要步行。不仅如此，马儿上陡坡的时候一个个都不动了，得由我们拽着才会爬到陡坡上，然后把它们安全地带到悬崖峭壁对面。这看起来很可笑。只有稳重有经验的骡子才会安静地行进。不仅如此，路途上的危险也总能被它们化解掉。总之，我们所做的绝不是什么严肃的事。

离开邦都之后，我们穿过新比斯开①，进入山地最南面的本格特地区。我们在卡加扬河当晚的宿营地很大，这既是校长办公室也是校舍，另外还搭了一个洗漱用的帐篷，的确算得上豪华了。我们开始以为一切艰难困苦都已经不复存在。然而，第二天，等我们在一条路况极差的小路上步行七个小时后，晚上迎接我们的居所居然是一间破烂的茅屋。

---

① 新比斯开是菲律宾的一个省，位于吕宋岛的卡加扬河谷地区，地理和文化上都是科迪勒拉的一部分。——译者注

我们所有人只能挤在同一间房子里，然后用伊哥罗特人的毛毯隔开房间而已。

我们一路前行，几乎看不见任何有关工业发展的迹象，北方部落尤其勤俭。我们对伊哥罗特人的兴趣也越来越小。山脉越到南端越高，景色也越来越壮丽。耕作的地方通常在村子里，或奔腾的小溪沿岸，这就是所谓"文明"的证据。沿途我们路过了很多咖啡林，雪白的咖啡花开得非常繁茂，美丽极了，又有点参差不齐，杂乱不堪，像被废弃的林子。

碧瑶现在是菲律宾群岛的避暑胜地，被誉为"菲律宾的西姆拉"，位于"壮观的本格特省道"顶端。本格特省道由美国政府出资，美国企业修建，引起了很多争议。

我第一次看见本格特省道的时候，人们称其为"米德路"，以纪念为修建这条路做原始勘察的工程师。最初，有些地方只是地图上的一根线，特别是悬崖峭壁处，只标明了从哪里开始切断。

有人可能会疑惑地询问，修建这条路是否可以证明建造者的信仰。我不想过多涉及争论本身。这项工程的前期工作由我丈夫和他的同事一起完成。威廉·霍华德·塔夫脱批示同意后，立即为这个工程注入了大笔资金。当然，他丝毫不反对人们对项目提出中肯的意见和建议，甚至批评。他认为唯一的问题是"我们怎样才能成功地完成我们想完成的事业"。但这个问题其实找不到满意的答案。反正，路修成后，我就一直在这条路上来来回回，和大多数人一样享受着这条路带来的便利。我对这条路的喜欢简直到了偏执的地步。依我看，世上几乎没什么道路能修得如此壮观，或者更能代表工程技术的胜利。要把这些实心的崖壁凿开而又不破碎，非常不容易。布德河峡谷的崖壁蜿蜒曲折，壮观的景色不断变幻，延续十七英里，一直到山脚下，又连续不断地上升到海拔超过五千英尺的高度。

本格特省道原本是铁路项目，委托给已经成功修建过马尼拉和达古

布德河峡谷

潘铁路的英国公司，但英国公司想得到政府提供的长期拨款和担保。我们认为，无论如何，修建铁路前，先修建一条马车路似乎更重要。勘探结果出来后，米德上尉，也就是测量队的头，在发布会上宣布修建一条这样的路至少得花费五万到七万五千美金。委员会立即拨款五万美金，签署命令，立即开工，并预期在道路修建完成之前，再投入两万五千美金。几乎没人知道米特上尉在做勘测时所构想的道路具体如何，但他建造了一项可以承受大暴雨的一流工程。除此之外，他们必须修建巨大的吊桥以完成对布德河峡谷六到八次的测量工作。工程批准前，勉强同意这个项目的政府已经花去二百五十万美金用以测量、建桥等。建成之后，还有必要的修缮和改造，持续经年。譬如更换被暴风雨摧毁的桥梁，评估某些桥段等。但反对方，也就是我们的政敌一直认定，单单修建这条路就花费了五百万美金。

马尼拉和达古潘铁路公司一直把道路建到本格特省道开始的地方，终于有一条路通往空气清新的地方，这恐怕也是菲律宾唯一空气清新的地方。道路建设过程中，碧瑶开始急速变化和发展起来。山脊上建了个美军基地，漫山遍野都是松树。基地里面有一所医院，专门为医治伤残士兵而建。这些设施建好之前，伤残士兵都必须送回美国医治，耗资巨大。

民用医院和肺结核疗养基地也已经建好开张。于是马上就有人开了高档酒店，逐渐取代了野地帐篷和粗糙的木板棚屋。自由市场和商店开始营业，大量供应、批发各种商品。在商业中心地段，大型建筑物拔地而起。人们以极快的速度造房子，以至于建筑工人有做不完的事。教堂、学校开始出现在以往完全没有的地方。另外还在铺满松针的山谷为公立学校的老师建了消暑度假区，开设度假指导课程，并组织了一个乡间俱乐部，包括高尔夫球场、棒球场、马球场、羽毛球场等。所有一切显示，乡村俱乐部成功组建起来了。城市的发展方案由芝加哥建造师伯汉姆设

第9章　荒野中的家与国

计。为了能够提出合理的建造方案，伯汉姆曾经专程到碧瑶视察。由他设计的中央广场充满了艺术气息，但耗资很少，其中可以容纳两个政府工作部门。附近的村舍仿佛一夜就建成了，富裕的菲律宾人和美国人建了非常漂亮的房子。碎石车开始在丘陵地带进进出出，政府专用的高档汽车巴士也开始在本格特省道上运转起来。这一切让美国人和其他生活在菲律宾群岛的外国人深感兴奋。成千上万的菲律宾人每年都来此享受他们自己国度的宜人气候。有了这条路，还可以吸引欧洲国家喜欢寻求刺激的游客。

筹建菲律宾西姆拉[①]的工程也几乎同时启动。喜欢西姆拉的人，尤其苏伊士运河以东的人对此有很高的期待，几乎都希望能够在附近找到一个气候温和凉爽，城市繁荣的疗养胜地。

我最后一次到碧瑶已经是六年前的事了，也就是1907年。可是，我一直不敢相信，仅仅过去了六年时间，这座城市就从我曾经骑马路过的地方拔地而起，那时候它还只是一个完全不适合居住的地方。当时地方政府已经组建起来，被任命为地方长官的是美国人菲尔普·惠特马什先生。他是个作家，在伊哥罗特生活了很长时间。但我可以毫不夸张地说，他只是个原始部落的长官。那里只有蜿蜒的小径，供步行用。所谓"城镇"只是几座低矮的茅草房而已，你看不到任何伟大的文明痕迹。

从特立尼达骑马到碧瑶路程并不遥远。1901年6月23日早晨，我们直接去了长官"办公楼"。菲尔普·惠特马什夫人把我们迎进了尼巴椰子搭起的房屋，房屋看起来居然很华丽。屋子很大，但没有隔墙，只用竹子制的屏风悬挂了几块颜色鲜亮的伊哥罗特布料。但屋里有一个很大的敞口壁炉，松树枝燃烧着，发出特有的气味，美丽的火焰在烟囱里

[①] 西姆拉原指印度最北部的喜马偕尔邦首府，也是英属印度的夏都，著名的避暑胜地和旅游城市。这里指在菲律宾建个类似印度西姆拉的地方，供避暑用。——译者注

噼啪作响，看上去非常舒适，令人欣喜。相比之前，我们住在当地土著人的茅草屋子里，燃火只能选在野外某个像广场一样的地方，不仅挨冻，还会被烟熏得难受。

我们在碧瑶收到了马尼拉的来信和电报，其中一封电报告知，我丈夫被任命为菲律宾群岛总督。这就意味着美国政治事务有很大调整，我得赶回马尼拉，开始菲律宾之旅的新使命。威廉·霍华德·塔夫脱写信述说了他的就职庆典计划，此外，他正在派发一个大型招待会邀请函，专门为阿瑟·麦克阿瑟将军举办的招待会，将于1901年7月4日在我们家举行。可是我预计要到1901年7月1日才能到达马尼拉，我有点恐慌，完全没把握是否能够在那么短的时间里准备好招待几百人。当然，我也不应该对此提出任何反对意见，于是我们决定尽快完成行程。

在碧瑶的两天，我们尽情享受朋友的热情款待，继续在周边勘察。此外，我们还听取了建筑师的梦想计划，开始挑选一块地方建夏季避暑胜地。

我们一个晚上都围坐在熊熊燃烧的炉火旁，感伤地唱起所有会唱的歌，详细叙述冒险经历。很遗憾，旅行就要结束。1901年6月25日凌晨4时30分，天色非常阴沉，我们就骑上了神清气爽的马匹，开始沿着漫长的纳吉利安[①]小径向海滨前进。我深深地吸了一口山里的空气，充满了纯良的气息。我只想说，平原地带的气温真是热得让人难以忍受。离开碧瑶时，我穿了件厚重的法兰绒骑马服，忘了带件薄上衣替换，可以说犯下了致命错误。

[①] 纳吉利安路是位于吕宋北部的菲律宾主要高速公路，于1901年建成，曾经是连接城市和低地的第一条也是唯一的道路。——译者注

第 10 章
塔夫脱总督

不可否认,我不在北方的这段时间,已经有人对菲律宾总督就职典礼等事宜做了一系列安排,各种环节多得惊人。

威廉·霍华德·塔夫脱已经为典礼后的招待会签发了两千多份请帖。招待会将在我们的私人宅邸举行,同时也向阿瑟·麦克阿瑟将军表达敬意。离开碧瑶途中,我一直在想,我们的私人宅邸要举办三四百人参加的宴会,几乎不太可能,而发出两千多封请帖完全出乎我预料。他们除了告诉我已经发出请柬,并没有任何其他确切的消息,等到了马尼拉,我才知道这个令人震惊的数字。我以为威廉·霍华德·塔夫脱很清楚我们的宅邸容量有限,但后来我发现他其实完全没想过这个问题。

幸运的是,我们有个大花园,这个季节非常漂亮。因此,我很快就着手用一串串的日式灯笼装饰花园,张灯结彩,还在宽阔的草坪里放了一个大帐篷,供客人取用小食。然后我很郑重地坐下,开始祈求好天气。1901 年 7 月 4 日正值雨季,这个时候想要天气晴朗无异于异想天开。

作为美国派驻菲律宾的第一任国民总督,威廉·霍华德·塔夫脱的就职典礼十分庄严,而且很吸引人。他们在城内广场一侧搭建了一个台子，周围有市政厅、大教堂等建筑物。就职演讲台所在地原本是西班牙总督打算修建华丽住宅的地方。早些时候，也就是1863年，地震毁坏了一座古代统治者的宫殿，原计划的重建工作只是铺上了花岗岩，基本没进展，好像在无声地提示停滞不前的美国人，千万不要重蹈覆辙，让人怀疑美国的管理方式。

后来，天主教堂广场重新命名为麦金利广场。1901年7月4日一早，广场到处都是令人难忘的景象。古老的西班牙建筑古色古香，看起来很优雅。广场上有各种色彩斑斓的热带植物，绿意浓浓的金合欢尤其显眼。就职讲台设在帐篷里，台面上铺有美国国旗，国旗的边缘处借着风势飘扬着。无论美国人还是菲律宾人都穿着节日的盛装，聚集在拥挤的观众席，观众席一直延伸到广场中央的亭子。广场上到处都是菲律宾人，各阶层人士无一不穿着色泽鲜亮的服装，有些是条格细布，有些是印花布料。人群中最突出的是美国士兵和水手，穿着干净整齐的卡其布军装或白色水手服，越发显得高大威武。

就职典礼程序和其他典礼程序差不多。阿瑟·麦克阿瑟将军和他的部下们位于讲台中心，训练有素的菲律宾乐队演奏了数支曲子，还有祈祷和乞灵程序。我丈夫因为穿了崭新的白色亚麻西装，块头看起来比平时还大。他从台阶上步行至就职典礼台，很严肃地低头看着就职仪式主持人和壮硕矮小的菲律宾群岛首席大法官卡耶塔诺·奥雷拉诺·朗松先生。威廉·霍华德·塔夫脱和阿瑟·弗格森先生并排，英文就职演说由翻译逐段译成西班牙语。但我认为整个和谐的气氛被一起不幸的意外毁了，肇事者是个来马尼拉访问的美国军事委员会众议员。

当时已经给他派发了入场券，位置在广场中央的亭子间。他到达广场后，却想带着几位同来的女士登上就职演说台，但按规定女士不可以上去。有个卫兵过去拦住了他，他不得已停了下来。卫兵引导他的客人坐到亭子一侧，并告诉他只有政府官员和代表可以上去。但他对于这种

第 10 章　塔夫脱总督

分别安排在不同座位的接待方式很不以为然，甚至感到很生气，并告诉卫兵自己会继续留下来和他的客人待在一起。随后，我们为他提供了当时能找到的最佳座位。这件事情看上去得到了解决，然而，他并不满意自己的座位，特别是当他发现委员会成员的妻子们就坐在他前面时，更加不快了。我想，恐怕是炎热的天气影响了情绪，他居然叫来负责会议招待事宜的海军中尉，大声抗议说，为什么那些当地公务人员的妻子可以坐在他和他妻子前面。年轻的海军长官非常有礼貌，但态度坚决地拒绝采取任何补救措施。

他看起来很愤怒，叫喊起来："你好像并不知道我是谁吧？"

中尉温和地回答："先生，我的确不认识你是谁。"

这人继续愤怒地说："听着，我是美国军事委员会的众议员，来菲律宾协助策划派驻陆军事宜，我会公开所见所闻，即使是我很不乐见的事。回国后，我得想办法使之有所改变。我到菲律宾之后从未受到过今天这样的礼遇。"

他的一番话听起来很不公平，但又显示他其实已经得到部队和政府慷慨周到的款待。实际上，他得到了一个最友好的群体几乎可以给予的所有可能的关照。年轻的中尉也很生气，他回敬道：

"对不起，先生。我不过是在执行命令而已，但我很想告诉您，您说话很没礼貌。"

最后，这位从华盛顿来的绅士离开了亭子，站在人群来来往往的通道上。接下来的故事我也是从别处听来的，好像是巴顿将军和戴维斯将军都看见了，亲自过去邀请他返回看台，但他拒绝了。接着，又有个警卫很礼貌地告知他："先生，根据指示，您最好站到后面去。"这时，他非常气愤，转身看着警卫，想让警卫认识自己，并重申有关部队是由他派驻的，回华盛顿之后，他得重新考虑。

警卫说："好吧，我猜您不可能撤回我，我已经从美国军队退伍了，现在只是个普通的美国公民，不懂议会如何能废除一个人的美国公民身份。"可见，发脾气并不能解决问题，这位绅士带着他的同伴怒气冲冲地离开了广场。

我对那天晚上的期待完全被毁。黎明时分，大约5时，天亮了。但我突然发现，雨下个不停，茶水帐篷间和艳丽的纸灯笼上落上了不少雨水，这种天气在温带地区很少见。等客人陆陆续续出现的时候，倾盆大雨从天而降。如果所有宾客都如约而至，我真的不知道该怎样处理这么多客人。我家有个大厅，一个小招待间，一个餐厅，一个阳台。但两千人实在太多，我预料到大多数人都不会因为天气原因不出席宴会。虽然天气真有点让人"崩溃"和伤感，但晚宴很愉快，无论如何，超出了我的想象。毕竟是个欢乐的宴会，大家很幽默。这是我第一次在马尼拉举办大型招待活动。我很快发现，作为总督夫人，我需要的就是像马拉卡南宫这样宽敞的地方。

阿瑟·麦克阿瑟将军想必很满意我们以这样的方式和他道别，看起来的确是这样。他第二天离开菲律宾群岛时，对威廉·霍华德·塔夫脱非常友好。然而，后来和他同船返回美国的人来信告诉我们一些相反的讯息。他其实非常记恨我们，因为新总督的就职演说并没有适当地表达对他的感谢之意。威廉·霍华德·塔夫脱说，这太抱歉了。但就当时委员会和军方之间的关系看，他一定通过花言巧语让将军满意。当然，他也很难说出任何让自己满意的溢美之词。

我敢肯定，私下里，阿瑟·麦克阿瑟将军从未讨厌过我丈夫。他的仇恨主要源于委员会的行政权力日益扩大，而他自己的权力日渐缩小。后来，威廉·霍华德·塔夫脱任战争部长期间经常与他见面，他们之间的关系可以说十分诚恳。但将军去世后，很多报纸都提起他曾经受到的冷遇。没有人反驳这套言辞，因为凡是了解情况的人都会知道这种批评毫无根据。威廉·霍华德·塔夫脱担任战争部长期间，提意授予阿瑟·麦

第 10 章 塔夫脱总督

克阿瑟将军美国陆军最高军衔——中将。另外,应他自己的要求,威廉·霍华德·塔夫脱派给他前往中国旅行考察的使命,并任命他在战争部做军官的儿子为助手一同前往,考察结束后需要递交一份报告。考察回来后,应他自己的要求,没有给他指派明确的任务。据说他的故乡密尔沃基接到密令,要求他们准备有关中国的考察报告。又是应他自己的要求,他就此在家乡一直待到退休。

身着军装的阿瑟·麦克阿瑟将军

1901 年 7 月 5 日一早，我们搬入马拉卡南宫，也就是阿瑟·麦克阿瑟将军的住所。阿瑟·麦克阿瑟将军的接替人查非将军①住我们海边的房子。交换住所引起了一些非议。威廉·霍华德·塔夫脱认为只有将总督办公室安置在菲律宾群岛公认的政府所在地，才有可能激励而不是削弱总督的自信和尊严。如果菲律宾人发现总督办公的地方并没有总督办公室应有的样子，总督就会失去很大一部分尊严和效力。驻菲律宾部队很了解菲律宾人的心思，菲律宾人认为总督府看起来得像那么回事。所以，部队处处力争显得比别人高等和优越。然而，最终他们还是接受了华盛顿的命令，撤离了起初他们拒绝委员会入住的市政厅办公室。官方命令前，军事总督的住房要交给新任国民总督。于是，威廉·霍华德·塔夫脱才有权开始处理我们在马拉特的住所。

　　我们住的地方可以说是这个城市最实用的房屋，委员会的每个人都想要。因此，如果美国战争部不把这所房子分给某位将军，那么一定不会有好果子吃。于是，威廉·霍华德·塔夫脱决定当面抛硬币来决定哪位同事可以得到这栋房子。

　　在某种程度上，搬家让我们觉得有点遗憾，因为我们在自己的小木屋里感到很舒服。小木屋是胡安·德·胡安先生首先这么叫的。观赏那些高高涌起的浪花已经成为我们最愉快的消遣活动之一。但我们知道，无论有多少政府的行政命令，我们朴素的家园都不可能变成总督府大楼，因此，我们需要做的是必须采取行动，影响当地人的思想。如果我们不付诸实践，菲律宾人不会相信国民政府已经建立起来。我还真没曾想要住进马拉卡南宫，我的意思并不是说不喜欢宫殿一样的宅邸。我确信，这间房子有点刺激了我的想象力，因为它完全不是通常意义上的宫殿。

---

① 查非将军（1842—1814），美国陆军中将，经历过美国内战和印度战争，且在美西战争中发挥了关键作用，还参与过镇压中国的义和团运动。1904 年至 1906 年，他担任美国陆军参谋长，负责军队组织的变革。——译者注

查非将军(1842—1914)

马拉卡南宫其实有点破旧，而且非常潮湿。我住进去的时候，有些房间完全没有家具，设计也毫无现代理念而言。至于大小、庄严程度等，没什么可说的。它的建造和恐怖的历史氛围有某种关联。宫殿里面有许多西班牙人以前的画像，画得很不错。主楼梯尽头有幅巨作，显示出特别的意义，以画作记录麦哲伦1521年4月登陆菲律宾群岛时与宿务人和平相处、礼尚往来的情景，包括喝血盟誓签约，就是互相喝掉从各自胸部抽取的血液。西班牙人称之为血约，或者血契，也就是这张画的名字。当时我们听说卡蒂普南[①]联盟的入会仪式和这一模一样，联盟成员胸前都有特殊的疤痕。

马拉卡南宫占地大约二十英亩，包括田地、沼泽、草坪、喷泉和厨房花园。这块地上曾经有五六幢大房子，同时为秘书和助理提供住所，另外还有一个大马厩。因为有一片灌木做屏障，这二十英亩地看起来并不像我们在马拉特的住所那么拥挤。我不介意冒险猜测一下我们到底雇了多少人，为多少人提供庇护所。威廉·霍华德·塔夫脱称菲律宾仆人的住处为帕连特街，或者"亲戚街"。

宫殿样式是明显的西班牙风格，但缺个大露台，代之以两个小院落。底层与地面同高，像个地下室。除了做临时办公室和衣帽间，并无太多有用空间。台风季节，常常会有两三个台阶被淹没，好在水很快就会退去，倒也没有给我们带来太多不便。进口处非常宽阔，铺满大理石，还建了一个漂亮的硬木楼梯，通往楼上的接待大厅。一间又一间开放式的大客厅相互连接着，设计的角度都很好。打开十几扇样式不同的门就可以通往华丽的白色阳台，从那里可以欣赏到景色宜人的帕西格河两岸。阳台下有河滩穿过，因为潮湿，底部长满了苔藓。

每层楼大约有二十几间房间，大小基本合适。有些显得过于宽敞，

[①] 卡蒂普南是1892年反西班牙殖民主义的菲律宾人民在马尼拉建立的菲律宾革命联盟。它的主要目标是通过革命使菲律宾获得独立。——译者注

得有很多仆人才能保持干净整洁。地板用很漂亮的硬木建成，另外还有六个小伙子不停地劳作才能保持地板光泽亮丽。菲律宾人擦拭地板的方式非常有趣，男仆在脚底板上绑些香蕉叶或袋子，然后滑来滑去，滑上滑下，直到地板滑得他们自己都站不住为止。宫殿十分宽敞，很容易想象六个男仆在地板上一起滑动起来的情景，看起来似乎非常风光。如果足够忘我，而不是总记挂着有人正在偷偷欣赏，他们一定会很享受劳动时的快乐时光。菲律宾男仆无论做什么，总是快乐得像个孩子，你也必定会真把他们当孩子对待。

西班牙统治期间，宫殿里的家具非常奢华。大多数家具由菲律宾紫檀木、红木制成，每一样都雕刻了精美的族徽。因为换人的缘故，后来品位奇怪的人居然给这些漂亮的材质涂了一层厚厚的黑色油漆，真让我无比沮丧。

留下来的陶器质量好得有点异乎寻常。印制在餐盘上的西班牙徽章色泽美丽，深蓝色苍穹做背景。能让人想起西班牙统治者的东西太多了，这一点我无法回避，当然这也正是我希望的。看到这些东西，真有点儿让我想起使用过这些物件的绅士们，好像他们随时可能走进来，看看我们在他家怎么生活。

然而，没过多久我们就适应了新生活，不再思念马拉特的海风和盐浴。居住在马拉卡南宫可以享受到河流流过时散发的特有气息。相对于其他房屋华而不实的阳台，这栋房子的开放式阳台没有屋顶。虽然白天没什么用，但月明星疏的夜晚，待在阳台上会格外令人愉快。从此我开始热爱热带地区的夜晚，对夜晚有了全新的认识，我从没那么喜欢夜色。夜晚的星星看起来离我们很近，又大又亮，从深蓝色的天幕下升起，远远看去像是一幅银色的画。

壮丽的日落过后，月光照耀的夜晚美得让人难以描绘。这恐怕就是美国人心系马尼拉和菲律宾群岛的缘故吧，难怪有很多人喜欢描绘热带地区月光照耀大地时候的模样。相比而言，其他风景优美的地方很少让美国人如此钟情。

　　住在马拉特时，真会让人忘记自己身处热带。我可以随时欣赏开阔的白色海滩，瞭望远处的马里韦莱斯山。但马拉卡南宫很不同，这里抬头可见星光闪耀，低头可以凝视帕西格河。更远处，越过对岸的稻田，草屋屋檐下的灯笼被风吹得晃晃悠悠，闪闪烁烁。这里很少让人联想起自己作为美国人的身份，从而促发思乡之情。相反，岸边沙沙作响的竹叶送来阵阵微风，正好抚慰我们这些异乡人。

　　因为想改变居住环境，我们的家务活突然增加了很多倍。家里有八九个男仆，还有两个中国人在厨房帮忙。车夫和园丁人数规模更大。小马厩也倍增，十六间还不能满足我们各种各样的需求。我们这些从温带地区来的人很难意识到热带地区的人和牲口一天只能劳作很短时间。

　　起初，我们以为高居菲律宾总督职位薪水肯定很可观，其实不然。我们甚至以为雨天更省钱，但一切幻想都落空了。雨季来临的时候，天上下的不是雨，而是政府的义务，政府必须面对多雨给当地老百姓带来的生存问题。仅仅马拉卡南宫的照明费用就足以维持当地一个中等家庭的舒适生活。现在的马拉卡南宫生活条件如何我已经完全不知道，但我猜想不会有太多的改变。可以确定，相比我生活过的地方，马尼拉算是生活费用比较高的地方，人们在讨论减少总督工资时应当相当审慎。如果减薪减到只有富人才能接受总督职位，那就太遗憾了。不过妥善管理现在的薪水，控制不要有太庞大的规划，还是可以应付生活开销的。但我还是会为总督妻子感到难过，她得尽量少做她期望的事。

　　我们生活在马拉特的时候，厨师并不受我支配，到了马拉卡南宫，厨师变得更加没法交流和接近。我不知道其中的缘由，但事实就是这样。他占用了楼下院子里好几个房间，院子和厨房由一个露天的楼梯相连在一起。我永远都哄不了他。我得从楼梯顶部给他口述我们想吃什么，

第 10 章 塔夫脱总督

他只听他想听的，然后就消失在厨房里面，无论我再说什么，他也不会返回来继续听我说。我也从来没有试图跟在后面啰哩啰嗦，因此得尽量压抑住怒火。厨房位于地下室的入口处，原本是个非常不错的中式酒窖的前厅。

但厨师的手艺非常好，只是行为有点怪异。他可以烹饪出我见过的最复杂、菜式最多样的自助晚餐。以往我好像从不知道单单一个厨师就可以做出口味众多的美味蛋糕、别致的水果馅饼和奶油泡芙。他非常喜欢制作食物的过程，宴会头两天会一直待在房间里，耗费所有时间和精力给每一个平底盘子里添上冰镇法式糕点。每一个蛋糕的颜色看起来都那么难以置信。

我很快就开始每周举办一次下午招待会。如果不是能干又让我讨厌的老阿新，我就得自己去面对混乱和麻烦，没完没了地与酒席承办人、甜品供应商讨价还价。也正因为如此，我从来没向他发号施令。除了周三一早要检查男仆们是否擦亮了地板和家具，提醒阿新"周三有招待餐"，其他我并不多管。接待两千人之前，我要做的准备就是穿上绣花细布长衫，然后自己平静下来，如此而已。

我公开邀请大家参加下午招待会，方法就是事先在报纸上登启事，这也是我采取的唯一模式。邀请来的客人中有少数人并不受欢迎。想想那时候马尼拉并没有稳定下来，这样邀请客人真让人觉得不同寻常。其中有许多看起来没什么名气，已经被遗忘的人，有美国人也有欧洲人。但他们都竭尽全力，不仅让自己变得更富足，也让社区生活更有激情。每周三，马拉卡南宫宾客云集，每次都会出现新面孔，我们也没有因为公开而坦率的好客行为遇到什么不愉快，其中有陆军和海军的人，各种职业的平民，还有不少住在附近的外国人，包括德国人和英国人。我尤其记得第一批到菲律宾的美国中学教师，绝大多数都非常优秀，怀揣很高的期望和理想，满腔热忱地传递着理想与信念，其中有些年轻的女孩伶俐漂亮，小伙子们看起来也很聪明。我相信，他们当时像马尼拉人一样，很喜欢参加我的派对。毫无疑问，他们非常想念家乡，尤其是女孩子们。我想，看到这么多友好的美国人她们一定会开心起来。

要想让菲律宾人愿意接受我们的邀请得先哄哄他们。通常由我亲自去邀请这些客人，因此，我会不断地强调，"周三一定要来"。我们说服了很多人，让他们相信我们的确出于真心邀请他们来。一段时间后，棕色面孔的客人和白人客人基本一样多。

说起学校老师就让我想起罗伯特·阿尔方索·塔夫脱和海伦·塔夫脱·曼宁，一直到这个时候，我们才对菲律宾的教育完全放心。我丈夫想把十岁的儿子送回太平洋以东的美国，到康涅狄格州他叔叔贺拉斯·塔夫脱的学校就读。我说什么也不同意，但又拿不出更令人满意的计划。好在已经有一所专门为美国孩子准备的学校开始运转，他们在这里也可以受到一样好的教育，教育质量并不亚于在家乡美国。此外，他俩是我所见过的最幸福的孩子，在菲律宾的学校找到了很多志趣相投的玩伴，经常在户外玩耍，做些通常只有孩子们才干的事。傍晚时分，卢内塔的骑马比赛最引人注目，六匹小马同时并列赛跑。有时候，他们也在草地上玩游戏。无论白人孩子还是棕色的当地孩子，卢内塔一直都是孩子们的最佳去处。

我丈夫的头衔和办公地点虽然有所改变，但职责几乎没什么不同。当然，总督职务让他拥有更多完成那些职责的权力。好在提交委员会拟定相关法律条文的必要程序已经结束。你要知道，审批者可能与委员会的观点完全不同。我丈夫终于可以看到委员会通过的法律立即得到执行。在查非将军的领导下，军队认为国民政府瓜分军方权力的不良感觉逐渐消失。至少他们慢慢学会了友好和宽容，而且还会说："那么，就让他们去吧，我们知道他们不该这样做的。事实会教育他们，毕竟他们本意不坏。"

第 10 章　塔夫脱总督

　　查非将军与阿瑟·麦克阿瑟将军截然不同。查非将军少了一些精明的分析，而阿瑟·麦克阿瑟将军总是从"心理"层面去思考几乎所有的事。"心理的"常常挂在他嘴边，以至于逐渐流行了起来。查非将军比较冲动，无论思想和行为都不像前任那么正式。威廉·霍华德·塔夫脱发现，和查非将军合作没什么困难，因为他并不掩饰自己和大多数军人共有的信念和想法。譬如，他们认为国民政府的建立为时过早，当然，这样说并不是没有道理。

　　最初，他拒绝到听证会现场了解关于建立当地警察机构的提议和讨论。但委员会到菲律宾之后，一直热心的正是这项事业。委员会相当失望，因为他们发现之前遭到的反对还会持续下去。

　　部队期待有成千上万的菲律宾人乐意接受美国陆军军官的训练，以便将他们收编成士兵或组织成志愿者。说白了，就是类似于英国人在印

接受美军教官训练的菲律宾士兵

度和海峡殖民地①的成功、荷兰在爪哇岛的成功、美国戴维斯将军在波多黎各的成功等。菲律宾群岛的反叛部队已经基本瓦解，成群结队杀人越货的强盗也被驱散。余党化作小股力量，完全可以雇佣本地警察加以整治。

这项计划首先递交给查非将军，但显然他并不感兴趣。他认为："至少还需要用刺刀和他们干上十年时间。"这是部队最情绪化的表达，有时候让委员们无法向当地人解释。

卢克·E.赖特将军代表委员会前去拜访查非将军，他很想让这件充满希望的事进入实施阶段，但很吃惊地发现，查非将军压根就没读之前已经通过的警察法案。当卢克·E.赖特将军向他解释相关措施的意图时，查非将军说："我根本就反对整件事，对我来说，你极力兜售警察就是想取代我的部队。"

卢克·E.赖特将军问："为什么要这样看问题呢？我们正在极力创造属于菲律宾自己的警察力量，让他们去做我们认为应该由警察来做的事情，去做部队急于摆脱的事情。你已经宣布，为了让国民政府形成独立判断的能力和习惯，军队将集中精力实现经济利益。我们认为建立一支警察部队非常有必要，或者建立类似的武装力量，以控制四年战争后菲律宾国内尚存的不法之徒，尤其土著人自发组织起来的抵抗。"这一点很重要，因为菲律宾人通常认为采取抵抗姿态再正常不过。就这一点来看，现在组织起来的市政警察不足以满足所有需求。

查非将军说："这就是你想说的？你把所有一切都告诉我了。"

卢克·E.赖特将军回答："我所说的并非秘密。"

"我们正在想方设法让地方政府建基于道德力量，而不是武装部队，

---

① 海峡殖民地是位于东南亚的一块英国领土，始建于1826年，是英国东印度公司控制的领土的一部分。1867年4月1日，海峡殖民地直接由英国控制，成为英国的直辖殖民地，1946年，二战结束后解散。——译者注

英国海峡殖民地

实际上内战的目的是维持法律和秩序。人民渴望和平，期待保护，国民政府将承担给予他们和平、保护的职责。"

那时候委员会认为部队军官是负责组织和训练当地士兵的最合适人选，因此列出一系列擅长管理的菲律宾人名单，可是查非将军并不打算详细了解这事。卢克·E.赖特将军很快就沮丧地返回了委员会，向同事说明他的感受。卢克·E.赖特将军认为，以往阿瑟·麦克阿瑟将军时期的困难和阻力并没有得到根本改变，而且还将继续下去。

但亨利·克拉克·科尔宾将军的出现让我们看到了和平的迹象。他与查非将军短暂会晤后，立即回马拉卡南宫。虽然行程匆忙，但他去了很多地方，对岛上整体情况做了比较彻底的了解。亨利·克拉克·科尔宾将军一走，立即就有人发现事情的变化所在。有人认为这种变化源于他极力向所有关注菲律宾事务的人表明，尽管菲律宾政府有一支军事武装和一支民兵，但它们代表的是同一个美国意志，这就是目的所在，华盛顿政府早在派出委员会之初就已经明确了此目的。

此后查非将军不但十分通情达理，而且不乏真诚。他善于寻求支持的精神让长期处于困扰中的委员会感动。为了促成合作，威廉·霍华德·塔夫脱和将军的办公室装了联系电话。自那以后，我丈夫脸上刚刚开始出现的皱纹减少了许多。

如大家了解的那样，警察局最终还是建立了起来。也许之所以要建立警察局就是因为缺乏出色的人手。总之，我们耗费了很长时间才招募到合适的人选，然后给他们精良的武器装备，让他们得到正规训练。现在的菲律宾人，无论男女，无论国籍和肤色，无论宗教信仰和职业，的确人人都可以成为令人满意的生力军。包括从附近岛上各个部落招来的警察，甚至不排除摩尔人和伊哥罗特人。摩尔人的警察部队因为穿戴很特殊，看起来和基督教的警察部队截然不同。他们头上的红毡帽时髦又不失绅士风度，配上整齐轻快的卡其制服，而不是统一规定的帽子。伊

第 10 章　塔夫脱总督

哥罗特人拒绝了规定的裤子,只要帽子、紧身夹克、子弹带和一条性感的丁字裤就够了。伊富高省的伊哥罗特人在制服上加了一块别致的螺旋状黄铜,士兵们露出小腿,敏捷潇洒。最不寻常的时刻就是看见伊哥罗特人华美的裸腿,走起路来,服装上的配件发出噼里啪啦的声响。他们在美国军官的严格号令下参加阅兵典礼,真的让人难以想象。警察乐队有八十余人,堪称庞大,由波士顿音乐学院毕业的美国黑人罗文上尉指挥。乐队很快就在美国出名,几乎成为当时世界上最棒的乐队之一。可是你要知道,乐队的所有成员都是菲律宾人。

就我保留的简报和通信看,这时候就有传言说我丈夫可能成为美国总统。无论是威廉·霍华德·塔夫脱自己还是家人,或者其他一些地方的人,都在议论,对此表现了相当大的兴趣。威廉·霍华德·塔夫脱自己以嘲讽的态度认为这完全是毫无根据的猜想。但我认为未必完全没根据。平生第一次,我们收到了一份《波士顿先驱报》,上面有两篇做了标记的文章,并列排版。其中一篇文章以威廉·霍华德·塔夫脱的画像作开头,陈述华盛顿非常严肃认真地预测他将会是总统候选人;另一篇对法奈尔大楼举行的反帝国主义集会持同情态度。我们认为这两篇主题全新的报道几乎很难并列而置,如果不巧放到一起了,只能说编辑沉湎于玩弄讽刺幽默而已,那并不能表明我丈夫是个"帝国主义者",他自己也这么以为。事实上,我丈夫是个活跃的反帝国主义者,他正在执行的就是一项彻底反对帝国主义的政策。同时他意识到这两者间的不同,即抛弃菲律宾人不顾和引导他们在自我依靠的基础上独立自主。我们花了很长时间才使那些暴跳如雷、大声叫嚣的人明白什么叫国家责任。令人欣慰的是,荣誉及美国精神一直高于纯粹的党派政治斗争。

威廉·霍华德·塔夫脱在工作中积极而睿智的表现让他的母亲非常感兴趣,几乎每一封信中她都会对菲律宾事务发表有趣而又准确的看法。不过,她完全不支持儿子将来担任总统,并非常严肃地论及有

法奈尔大楼

关威廉·霍华德·塔夫脱未来可能担任总统的报道。看过相关报道后,她坐下来给威廉·霍华德·塔夫脱写了一封长信,非常有力地论证了如何避免从政的智慧。不过,那时候让他当总统的提议除了让他感到好笑外,什么也不是。

威廉·霍华德·塔夫脱给他哥哥查尔斯·菲尔普斯·塔夫脱的信中写道:"这种议论的宝贵之处主要在于它的幽默。人们建议将来可以角逐总统的那个人,曾经签署过禁令反对工会,最后至少有十到十二个暴力煽动者被投入监狱。我签署禁令主要是为了维持政府运转,因此我也被称为史上最糟糕的法官。如果像我这样的法官将来成为美国总统候选人,我自己都感到震惊,简直滑稽可笑。如果我真的有一丝丝想当总统,我反倒希望自己可以克制住这点野心。不仅如此,现代总统竞选运动让

第 10 章　塔夫脱总督

我感到恐惧，总统竞选成功后面临的政治困境等更让我丧失了对此存有的最后一点欲望。我倒是有个抱负，那就是回到华盛顿尽可能让内莉和孩子们过上舒适的生活。如果这都得不到满足，我宁愿在身体还健康又足以给出正确判断的时候，回到法律实践中去谋生。"

这封信的日期是 1901 年 8 月 27 日，当时他正乘坐一艘委员会从吕宋岛北岸阿帕里带来的西班牙轮船。结束最后一次长途旅行后，他们又得为促进地方政府的建立而奋斗。

结束这次旅行返回之际，我们都相当乐观地以为事情正朝着正确光明的方向发展，一切都会进展迅速，可是意外地传来了威廉·麦金利总统遇刺的消息。当时我们正在等威廉·霍华德·塔夫脱一起吃午饭，就

威廉·麦金利总统遇刺

在我们都感觉没必要再等下去各自就坐的时候，威廉·霍华德·塔夫脱走了进来。他看上去脸色苍白，很无助。看他一直不开口，我也感觉害怕。片刻后他说："总统遭枪击了。"听到这消息，所有人都深感震惊。

我猜想，当时全美都处于一种难以言表的恐惧和悲伤之中。但我不禁想到在马尼拉的美国人，他们会更加震荡不安，可以说，任何人因此受到的冲击都无法超越他们感受到的。在某种特殊意义上，威廉·麦金利先生是我们的领袖。他是我们奋斗的引路人，是我们的命运之父。

正是威廉·麦金利总统把我们这些文职官员送到了菲律宾，也正是他，总是赋予我们无尽的力量和支持，让我们在陷入困境的时候永远不会倒下去。事实上，有关菲律宾群岛和岛上各族人民的伟大发展蓝图首先由伊莱休·鲁特先生构想而成。他寻求到了总统的支持，通过获得总统英明果断的支持来实现这一伟大构想。每一次行动我们都期待总统的支持，同时也期待他的批评。总统天性中有特别可爱的一面，和他近距离接触的人都会被他激起强烈的个人情感。相比绝大多数人，我们更有理由，更有机会体会到这一点。可是，现在我们脚下所处世界的根基好像坍塌了。

好在他并没有离我们而去。事实上，正是总统的强大和清廉让我们开始建立起希望。他去世的那天，我们收到了他正在康复的消息，因为我们离美国太远了。我们在惶恐不安中度日，除非经过检验，否则不相信任何人给我们寄的电报。我们向上帝祈祷"感谢主！"以驱散笼罩着我们的所有沮丧。可是，我们很快又收到宣布他去世的电报。痛苦而又折磨人的事情终于过去了，我不必再思来想去。

有关菲律宾问题，我丈夫知道新总统的仁慈心所在，但他也不会惧怕。威廉·霍华德·塔夫脱和西奥多·罗斯福先生彼此很熟悉，他们早年在华盛顿一起相处共事。威廉·霍华德·塔夫脱任副检察长，西奥多·罗斯福是国民委员会的委员。我们到菲律宾后，他们之间经常通信。同时，

第 10 章 塔夫脱总督

为了让已经制定的行动计划不打折扣,伊莱休·鲁特先生继续担任战争部长。总统被刺杀带来的影响几乎是毁灭性的,所有行动计划在某种程度上都瘫痪了,只有媒体的日常工作还在继续。有一则消息很有趣,很多菲律宾人,尤其是聪敏的政客,认为威廉·麦金利总统死后,威廉·詹宁斯·布莱恩先生很快就会接任总统职位,菲律宾独立指日可待。

于是很快就发生了巴兰吉加惨案。那时总统刚刚遇刺身亡几天,我们的神经还处于紧张状态,一个个心里满是恐惧,无法描述。这也是我们来菲律宾群岛后第一次感到如此强烈的恐惧心情。令人吃惊的

巴兰吉加惨案

是，第九步兵营"C"连驻扎在萨马岛的巴兰吉加小镇，早饭时部队中有五十五人被残忍地杀害。看得出来，当时他们并没有武装自己，而且离部队营地很远。另外三十人浴血奋战杀出了一条活路，当时每个人仅仅带着一把刺刀或一把枪。逃出来的人给我们讲述了经过，讲到细节尤其恐怖。这真的是一场灾难，好不容易才奠定的和平环境突然出现恐慌情绪。男人们即便出去上班也带把枪，放在显眼的地方，唯恐路人不知道。大家遇见了就只谈论这个岛怎么突然变成了地狱，好像一夜之间人人都可能葬身于此。这让军官们比以往任何时候都更加确信菲律宾群岛原本就应该处于武装控制之下。我无法否认他们的话的确有一定根据，压力让人窒息，得过上持续几个月安静与和平的生活人们才能重建信心。如果美国人是在双方交战中失败，应该会用一些哲学的智慧接受失败，但实际上，这完全是一场对手无寸铁者的大屠杀。杀人者屡次和当地酋长、教区神父串通起来，借口带来投降者，骗取美国当局许可，其实是一群叛乱分子。

但鲁克班，也就是萨马惨案的土匪指挥，现在居然变身为马尼拉杰出的政治家。更有趣的是去年演讲中，他夸张又富有激情地提出"我们巴兰吉加的光荣胜利"。当时他正在不明就里的选区做宣传，其中很多人身上还留有卡蒂普南联盟成员特有的"血契"的疤痕，也恰恰证明普通菲律宾人并没有因为这次所谓的胜利感到骄傲。

就在这些令人不愉快的事件发生前不久，我姐姐玛利亚·赫伦因为母亲生病不得不回美国。没有她的安慰和陪伴，只有我自己面对令人悲伤的1901年9月。1901年10月我开始感觉必须离开菲律宾群岛一段时间，否则我的神经会崩溃。我和我丈夫都觉得"赶紧去趟中国"会比较有益。那时候去中国意味着离开菲律宾的酷热难耐。中国的秋天让人振作又惬意，冬天寒气逼人，没什么比四季鲜明的气候更吸引我。

可是中国正在发生的事让卢克·E.赖特先生和伯纳德·摩西太太

卡蒂普南联盟成员

一直很焦虑,但也促成了这次旅行的机会,他们决定离开东方返回美国之前和我同行前往中国。当时,义和团起义刚刚被镇压,慈禧太后还没从中国西部回北京。事实上,北京被围困期间,没人知道她逃到哪里去了。我们已经习惯了战报,而且认为,比起在完全和平的时期走访中国,我们可以看到更多中国的"内部"情形。最宝贵和有趣的故事就是他们如何得到"战利品"。战利品不一定都是经由非法手段得到,中国人手里小巧的奇珍异宝和艺术品价格低得让人觉得荒谬。有时候,这些东西看起来太神秘了,有种难以抵挡的吸引力,面对这些无价之宝讨价还价

慈禧太后(1835—1908)

第10章 塔夫脱总督

那才真叫诱惑。瓷器、象牙、丝织品和俄罗斯黑貂皮等，一般都锁在黑漆漆、破破烂烂的中式茅屋里。因为辅佐北京解围事宜，我们的军官有很多冒险的故事可以讲。私下里我也期望自己能有些类似的经历，但作为美国官员的夫人，我们恐怕一天二十四个小时一直都处于保护之中，的确，事情正如我们所料。

我们的船先抵达上海，然后从上海前往北京。北京有罗伯森上校及其夫人接待我们，我们随联军中的美国部队一起住在像是天坛的地方。现在偶尔去参观旅行的人，看着先辈神殿里的藏品可能会难以置信，这里曾经被美国大兵当作军营。建筑物看上去的确罕见，许多曾经到访过天坛的人都会发现其中平和、肃穆的气氛，而干着"外国恶魔"勾当的侵略者扰乱了神明的灵性。但士兵不得不找个地方驻扎下来，天坛又在城市中心地带，空间很大，绿树环绕，干净舒适。

20世纪初的北京城

康格尔先生是我们派往中国的公使，匆匆忙忙的几天观光游览后，我们前往公使馆。公使馆区在义和团运动时期被焚毁，看起来很恐怖，并没有重新恢复到井然有序的状态，而且这种状态好像持续了很久。

因为慈禧太后和她的朝臣们都还没有回北京，我们希望可以趁此见识紫禁城的神秘。由于秩序恢复得很快，它又成了"禁城"，我们也就是满足一下好奇心而已。令人惊叹的围墙和宫殿，难以置信的深巷，围墙里面的生活真是令人好奇。看了之后，我们感到很满足，接着又在公使馆用了晚餐，在场的几位先生和女士曾经经历过清朝习俗的困扰。我坐在罗伯特·赫德①先生旁边，他是个非常有趣的人，创造了东西方之间最伟大的合作。

就在我们从北京返回上海途中，我收到了两份电报，好在我当着送信人的面打开了信封。第一封信说我丈夫病得很重，让我最好立即返回马尼拉。第二封信又说他好多了，没必要惊慌失措。因为没有船，几天之内回到马尼拉几乎不可能，因此我决定乘美国领事夫人的房船游长江。如果这样做仅仅是为了玩而不是自我逃避，我就应该尽兴，可我看到的不过是一条河面很宽、泥沙浑浊的河。远处低矮的山丘与岸边绵延的土坯房紧紧相依。绵延的土坯房断断续续，间或被一些小土堆隔开，这就是中国人的坟墓。期间偶尔会看见一个灰色小镇，奇形怪状的房屋，屋顶上的瓦片还真没法描述。还有一些塔，庄严、阴沉、孤独地矗立在山巅。除此之外，还有一群群肮脏喧闹的人，远远地，友好地看着我们。

撇下我丈夫不管明显再好不过。之后我才知道，从我离开马尼拉那晚，他就第一次出现了疾病症状。最初的诊断是登革热②引起发热，医

---

① 罗伯特·赫德（1835—1911），英国外交官，十九岁时来中国，在中国居住长达五十四年。1863年至1911年间担任中国皇家海上海关监察长。——译者注
② 登革热是一种由蚊子传播的热带疾病，症状通常在感染后三到十四天开始，可能表现为高烧、头痛、呕吐、肌肉和关节疼痛以及典型的皮疹。——译者注

罗伯特·赫德（1835—1911）

生认为这在菲律宾倒也没什么，我不同意他们认为这病没什么的草率之举。两周后，他被确诊为脓肿，急需手术，只能到后勤军医院，由罗兹医生主刀。这位美国外科医生后来成为他就任总统期间的助手。

孩子们想必有点儿吓到了，他们之前从未见过父亲因为生病倒下。威廉·霍华德·塔夫脱告诉我，当他躺在担架上，六个强壮的美国军人把他抬上担架离开马拉卡南宫时，孩子们看着他的样子他永远也不会忘记。他们都在大厅，看见他过来，孩子们挤成一团，罗伯特·阿尔方索·塔夫脱和查尔斯·菲尔普斯·塔夫脱瞪大了眼睛，惊讶地注视着父亲，海伦·塔夫脱·曼宁在一旁抹眼泪。

经过二十四小时的手术，医生时刻焦虑着，他们还不能完全肯定病人能否活下来。脓肿发病很长时间，伤口让人觉得恐怖，得败血症的风险巨大。威廉·霍华德·塔夫脱最后恢复了身体，但还要做第二次手术。等我回到马尼拉，他已经度过难关，处于恢复阶段。

威廉·霍华德·塔夫脱曾经倚靠在医院的小床上，给来探访他的人背诵约瑟夫·鲁德亚德·吉卜林[①]的诗歌，这首诗歌很适合他现在的情况：

> 即便白人身体欠安，
> 也要在仓促中管理高贵的棕色亚利安人。
> 为此白人感到沮丧，
> 因为白人盛怒他们却在微笑。
> 最后一战无疑是个苍白的墓碑，
> 刻着才刚刚逝去的人的名字。
> 阴沉的墓志铭刻着阴郁的情绪：
> 一个躺在这里的愚人，极力想介入东方事务。

---

① 约瑟夫·鲁德亚德·吉卜林（1865—1936），英国作家，1907 年获诺贝尔文学奖。——译者注

第 10 章　塔夫脱总督

医生、伊莱休·鲁特先生、西奥多·罗斯福总统等所有人都立即决定，一旦威廉·霍华德·塔夫脱身体恢复，就去旅行，必须离开菲律宾群岛。除了和健康有关，还有很多其他原因。回美国似乎是最好的决定，主要原因在于国会，凡是和菲律宾相关的事务，国会都会非常主动地表示关注。威廉·霍华德·塔夫脱担心他们制定的法律制度能否通过，希望前往华盛顿面呈事实真相，毕竟他有长期和这些问题作斗争的经验。伊莱休·鲁特先生也给他去电表示赞同，他认为威廉·霍华德·塔夫脱现身华盛顿很重要。伊莱休·鲁特先生还准予威廉·霍华德·塔夫脱三个月假期，期间由卢克·E. 赖特将军，也就是副总督代理他的位子。

迪安·C. 伍斯特先生居委员会高层，但我丈夫认为他并不像卢克·E. 赖特将军那样表现得非常善于和巧言令色的菲律宾人、专横跋扈的部队军官亲切交流。吸引迪安·C. 伍斯特深入思考和行动的主要是部门内部的各种事宜、当地人的健康和环境卫生、如何调整与菲律宾非基督教部落之间的重重障碍，以达成满意的相互理解。他宁愿面对政府日常管理中的苦差事，也不愿意受州长职位的拖累，对此我深有体会。他担任内政部长十三年，期间一直居于委员会高层，最有权利晋升到总督位置。

查非将军给我们的旅程派了"格兰特"号军舰，我们准备延长假期。

有件事我不得不提，这事发生在我丈夫住院康复期间。当时弗雷德里克·芬斯顿将军住在隔壁病房。他刚做了阑尾手术，处于手术后康复期，可以自己在周遭散步和闲逛，所以他经常探望威廉·霍华德·塔夫脱。那些对他心理世界缺乏了解的人，从不会感觉到他的伟岸。但事实上，虽然他身高不超过五英尺三到四英寸，却像个七英尺高的士兵那样强壮。

有一天突然发生地震，而且持续时间很长。因为这里的墙面并没有设计某种向上的拉力，让墙体在摇晃中保持平衡，所以余震足以毁掉整个马尼拉。不过东方人在某种程度上已经习惯地震，当然也并没有习惯到喜欢的地步。我丈夫当时孤身一人，决定使劲撑住床，倘若屋顶掉下来了，就让屋顶砸在他自己身上算了。医院只是一栋木质建筑，我丈夫真的觉得待在木质平房里要比任何地方都安全。他几乎不能行走，所以他的勇气实在算不上高尚，不过出于无奈而已。因此，当弗雷德里克·芬斯顿将军猛地推开门，我丈夫几乎没时间让自己看起来坚强冷静。

他大声喊叫起来："我们得把总督抬出去！"威廉·霍华德·塔夫脱问："但你怎么做得到？"他非常了解弗雷德里克·芬斯顿将军，他如此虚弱，哪怕就是带个婴儿也走不了多远。

弗雷德里克·芬斯顿将军勇敢坚决地说："哦，我自有办法。"这时，他开始紧紧地抓住床垫。他后面有个士兵赶来，可是比他的长官个子还小，但眼睛里也一样充满了无畏和坚定。

尽管床榻变形，威廉·霍华德·塔夫脱却突然大笑起来，果断拒绝他们极力想移动他的努力。他们使足了所有力气，足以掀翻茅屋顶，可是床榻纹丝不动。我不确定这是不是将军一生中唯一一件倾力而为却没做成的事。

1901年平安夜，我们乘船离开了马尼拉。虽然我很享受我们在菲律宾新世界的生活，但看到热带海岸逐渐消失在视野中，想到我们即将返回美国——虽然只待几个月时间，但那里毕竟有我们习惯的生活和气候——重新和老朋友们在一起，真让人开心。

第 11 章
罗马之行

1902年冬,辛辛那提的日子最令人难忘。之所以难忘,是因为这段时间,我不仅失去了亲人,自己也陷入遥遥无期的病痛之中。像我这样为了获得心灵的平静而记录快乐的人,最好的选择应该是忘却不快。然而,整个冬天都充满了痛苦和焦虑,实在让人难以忽略不计。毕竟,这样的日子并不像一张张日历,撕掉了还可以再回来。

1901年12月,我离开马尼拉的时候,已经接近神经崩溃的边缘。主要是因为政府官员的生活有严格的纪律约束,这些约束造成了一定压力,马尼拉的气候也容易让人备感疲惫和厌倦。这当口,我丈夫又病了,这段日子真的可以说是雪上加霜。

可是悲哀并没有停止。我母亲的偏瘫也突然加重,陪她待在辛辛那提真的让我极度焦虑不安。

就在我们抵达三藩市的时候,一场席卷全国的暴风雪突然袭来。隆冬让人害怕,有人强烈建议推迟跨洋行程,但多数人渴望继续赶路,于是我们经由联合太平洋铁路公司开始了东方之行。

路过奥格登时,我们才发现自己遇到了有生以来最严酷的暴风雪。大雪堆积得像小山丘一样,我们寸步难行,只好推迟行程,耐心等待。

寒冷而刺骨的风摇晃着一切，连笨重的火车也跟着晃动起来。寒冷难以想象，连小轿车里的水管都冻成了冰。我们没有任何取暖设备，除了上床，什么也做不了，但即便盖上所有的毛毯依然瑟瑟发抖。漫长的等待中，火车也顽强地与暴风雪战斗着。冰冻的铁轨嘎嘎作响，引擎噗嗤噗嗤发出沉重的声音。

抵达奥马哈时，我们收到了一封电报，得知了我母亲已经去世的消息。一连串的意外几乎让我难以支撑。我们匆忙赶回辛辛那提，万幸，赶上了母亲的葬礼。但我病得太厉害，根本无法在葬礼上露面，这次生病足足耗去两个月时间我才康复。

这时候，威廉·霍华德·塔夫脱也要和我们告别，前往华盛顿与总统和伊莱休·鲁特先生协商，并出席参众两院菲律宾委员会的会议。委员会当时正在详细调查有关菲律宾群岛的情形，急需通过一项政府法案。整整一个月时间，参众两院抛出了很多不友善的问题，要求威廉·霍华德·塔夫脱给出适当解释。相比以往，他向委员会提供的第一手资料更多、更准确。这才是他心甘情愿为国家做贡献的方式，原本他可以享受早已习惯的一切。

逗留华盛顿期间，威廉·霍华德·塔夫脱有机会到伊莱休·鲁特夫妇家中做客。如果没有国务卿伊莱休·鲁特先生的关心和帮助，他未来不可能走得那么远。1902年3月，他不得不回到辛辛那提处理另外一件事情，这是他五个月以来负责的第三件大事。想到这一桩桩，一件件，我们一家当时真的处于水深火热之中。

当然，也有好消息，那就是几周之后，我的身体开始好转起来。有关立法的事宜一旦处理妥帖，我们就准备返回菲律宾。在菲律宾群岛，从来都没有人会企图偷懒而放下手中的活，人人都相信那里的工作真的令人鼓舞。因此，没有人会把自己身上的责任和担子压到他人肩上，撂挑子这种事情好比临阵换将。

第11章　罗马之行

我丈夫在华盛顿的时候，向西奥多·罗斯福总统和国务卿伊莱休·鲁特全面、清晰地陈述了菲律宾事务。可贵的是，这些讯息永远不可能用电报传送。最难的是要针对某些以往根本无解的问题提出解决方案。菲律宾诸多事务中，并不是所有事情都能像修士征地事件那样找到某种确定的解决方案。四大托钵修士会，包括方济各会、圣道明会、奥古斯丁会①和重整奥斯丁会，占有菲律宾群岛四千英亩最肥沃的农田。当地菲律宾人一直对此心怀仇恨。这种情形之下，希望重返教区的四大托钵修士根本无法带来永久和平。数以百计的修士生活在现实的牢狱中，当地人不允许他们重返教堂。无论政府怎么劝解菲律宾人，他们都不改变自己的唯一立场，只想要回自己的土地，而神职人员又拒绝政府的决定——让他们撤离菲律宾。双方僵持不下之际，威廉·霍华德·塔夫脱和他在菲律宾政府工作的同事们提出由美国政府买下云游修士们的土地，然后转为公用。

西奥多·罗斯福总统也认识到当时最重要、最迫切的是以最直接的方式解决纠纷，于是决定立即派人前往罗马，与梵蒂冈开诚布公地谈判。经过深思熟虑，总统选定由威廉·霍华德·塔夫脱完成这一复杂的使命。总统觉得没有比他更合适的人选。

受新奇经历的诱惑，我很快又开始满心盼望这次罗马之行能让我重新认识它。罗马之行结束后，我们从苏伊士运河，红海和印度洋重返东方世界。这次旅程颇有几分约瑟夫·鲁德亚德·吉卜林诗歌描绘的景象："乘着微笑，如此温暖，又如此明亮，盛开的、蓝色的浪花。"因为要去热带地区长期居住，我也不再犹豫，加紧准备着有三个孩子同行的长途旅行。

---

① 以奥古斯丁（354—430）的名字命名的奥古斯丁会也属于四大托钵修士会之一。最早可追溯到第一个千年，但正式创建于13世纪。——译者注

苏伊士运河

约瑟夫·鲁德亚德·吉卜林(1865—1936)

为了帮助威廉·霍华德·塔夫脱顺利完成与梵蒂冈的谈判，我们成立了一个出色的委员会，其中有南达科他州的奥·戈尔曼大主教和詹姆斯·F. 史密斯上将，两人都得到总统亲自任命。詹姆斯·F. 史密斯上将当时只是菲律宾司法机构成员之一，后来先后担任菲律宾行政委员会执行长官和总督等要职。最初，他只是个律师，到法院后逐渐闻名，并被授予"菲律宾和平军将军"头衔。但我们通常喊他法官，所谓上将，不过是自愿为政府工作的公务人员而已。他是个爱尔兰天主教民主党，看问题很理性，能力出众。约翰·比德尔·波特少校^①被任命为委员会口译秘书长。同行的还有菲律宾圣公会的布兰特大主教，他决定和威廉·霍华德·塔夫脱一同前往马尼拉，这样就得等到威廉·霍华德·塔夫脱在罗马办完差事后一同前往菲律宾。这段时间开启了我们与布兰特大主教之间的友谊。后来在菲律宾，如果没有他，真的很难想象怎么活下去，怎么才能了解菲律宾群岛的生活。如果我们不理解他一直以来坚持虔诚地为菲律宾人祈福，我们就永远不知道他到底给政府工作带来了多大裨益。

1902年5月中旬，我们乘坐"旅行者"号从纽约启程，前往直布罗陀。行程即将结束时，一路同行的很多人陆陆续续登岸离开。道别的时候，大家对未来充满信心，完全不知道噩运正在来临。我儿子罗伯特·阿尔方索·塔夫脱好像故意在这种紧急关头生病，他突然感染猩红热，让我们所有人猝不及防，原计划的行程根本无法按部就班地继续下去。我无奈地接受匆忙间的安排，随丈夫前去参加为欢迎新抵达船只举办的派对。

幸运的是，罗伯特·阿尔方索·塔夫脱感染猩红热的时候恰好没有和其他孩子在一起，而是在另外一个地方做客。我立即安排他转到大撒玛利亚医院。然后我也开始安顿下来照顾他。因此，好歹也算幸运。

---

① 约翰·比德尔·波特（1859—1936），美西战争爆发时，约翰·比德尔·波特曾经先后在波多黎各、古巴和菲律宾服务。——译者注

第 11 章 罗马之行

直布罗陀

我丈夫的母亲住在米尔伯里①，尽管所有一切正在好转，他依然给他母亲打去长途电话，告诉她孩子的病情如何。

阿方索·塔夫脱太太问："内莉不能和你一起去？"

"不，我只能很抱歉地说，她去不了了。"

"但你们现在有多余的房间了，我可以过去那边住的。"

"是的，妈妈。"

阿方索·塔夫脱太太说："那太好了，我想你现在的身体还没有完全康复，一个人远行不合适，我和你一起去内莉那儿吧。"

她说到做到，还真的就这样陪着我丈夫来了。这个勇敢的老太太已经七十四岁，打理好她的行囊，安心在纽约待命，为未来二十四个小时

---

① 米尔伯里是美国俄亥俄州伍德县的一个村庄。——译者注

的旅程做准备。我丈夫给我写信介绍他母亲的情况，说她是个充满活力和进取心的老太太，真让他欣喜又自豪。无论是在汽船上，还是后来在罗马的彻纳尔酒店，长达一个多月的时间里，她一直优雅从容，悉心款待了许多政要：殖民地总督、一名最高法院法官、一位罗马主教、一位英国圣公会主教和一位美国陆军军官。

我婆婆的勇敢精神让我们全家人，甚至朋友都大为惊讶。很少有像她这样年龄的女性还能独自去各地旅行。她说什么都要坚持每年跨大陆到太平洋看望自己的女儿和弟妹们。我们习惯驱车去马尼拉郊区游玩，只要有她出现，必然会笑声不断。

事实上，我婆婆总是很严肃地考虑来马尼拉这事。我很高兴她愿意和我丈夫一起来罗马，因为她真的能给大家带来安慰和帮助，而不是给人添负担。

罗伯特·阿尔方索·塔夫脱的病整整三周时间才开始恢复，远非我们所预料。之后我才能明确计划什么时候启程前往罗马探望我丈夫。我妹妹和安德森小姐打算去巴黎，我也借此机会于1902年6月4日和她一起启程前往巴黎，然后转乘火车去罗马。一路上有她们相伴，旅途也就愉快多了。

总体看，我们的霉运很快就过去了。在横跨太平洋的路上，我儿子查尔斯·菲尔普斯·塔夫脱咳嗽得厉害，到了罗马之后，海伦·塔夫脱·曼宁也传染了他的咳嗽。海伦·塔夫脱·曼宁平生第一次以消极悲伤之情质疑父亲，这也是她平生第一次这么消极："爸爸，我们什么时候可以去个不用生病的地方呢？"

和平是我们一直努力想要收获的果实。因此，为了和平，即便冒险也值得。

我在当地最大的彻纳尔酒店举行的派对相当不错。酒店的布置和服务正式、周到、舒适。派对占用酒店一整层楼，在我看来，非常引人注

第11章 罗马之行

目。因为是仲夏，前往罗马的游人很少，好像整座宾馆都属于客人们。罗马城看起来也空荡荡的，城里的居民都蜂拥到位于山区的居住地，或前往北部度假区。那些没地位没身份的人，即便是酷暑也只能待在城里。尤其梵蒂冈方面，也尽一切所能让我们在罗马的生活舒适惬意，以便能留下美好的记忆。在我到达罗马之前，威廉·霍华德·塔夫脱已经和当地大主教、王子、伯爵、侯爵以及尊贵的英国人、美国人都熟悉起来了。他们互相拜访，一起喝茶用餐，威廉·霍华德·塔夫脱在书信中多有提及。真是荣幸之至，他又可以开始做些有意义的事了。

当然，也要去拜见教皇利奥十三世[①]，和他的谈判可以说错综复杂，充满了不确定性，这让威廉·霍华德·塔夫脱深感忧虑。

威廉·霍华德·塔夫脱甚至还没去拜见意大利国王。虽然他有强烈的愿望前去会面，但即便美国大使安排了一切，礼节上也得等到他与梵蒂冈之间的事宜办完之后才比较合适。

我丈夫的职位很微妙。就美国的制度化特点看，无论出现什么状况，原本都不可能向梵蒂冈派出外交特使。西奥多·罗斯福总统派往罗马的专门委员会，目的并不是在任期内正式承认梵蒂冈，就当时美国国内情形而言，这样做不可能不引起国人的抗议和反对。对此，国务卿伊莱休·鲁特给威廉·霍华德·塔夫脱的建议非常明确。

多方评估美国政府即将采取的行动之后，我们向参众两院的菲律宾委员会提交了关于谈判建议的报告。这份报告为我们的后续工作提供了许多便利，第一段主要涉及相关的指导和建议：

美国政府原则上与教会、州省相互独立，各方有完全的自由不受他方控制和干涉。这一原则适用于任何美国所辖区域范围内，不容讨论、改变或无视。

---

① 利奥十三世（1811—1903），天主教会领袖，年龄最长的教皇（执政到九十三岁）。——译者注

报告后面的数段文字,特别是第九段,主要是关于解决修士困难处境的暂时方案:

> 这次你们的差事或任务本质上并非外交事务,而是一个纯粹的商务谈判,目的在于帮助菲律宾总督从财产所有者(修士)手中购买房产及土地权,并以此最大程度地为全岛人民谋福利。
>
> 然而,接受这些指导远不如实施困难,因为梵蒂冈方面从谈判最初起,就尽一切努力将这一行动与外交使命紧密地联系起来。不仅如此,他们还为谈判注入了极大的庄严感。威廉·霍华德·塔夫脱不仅时刻提醒自己,还得完全清醒地意识到,以他的职位误解谈判目的,默许梵蒂冈方面的态度和立场,将会导致怎样的危险。
>
> 威廉·霍华德·塔夫脱的姿态必须让美国天主教舒服,而清教徒又不会震惊。就是要把以往大家认可的某样东西推倒碾碎,展现一种里程碑式的结果。好在兰波拉红衣主教很满意委员会的商业思维,特此为威廉·霍华德·塔夫脱安排了与利奥十三世教皇的会晤,专门讨论菲律宾政府议题的主要框架。

但我丈夫记忆中并不觉得这一使命与商业有多大关系,詹姆斯·F.史密斯法官对此印象深刻。我们向他询问了访问菲律宾时的相关事宜。他给威廉·霍华德·塔夫脱的信很有趣。他所有的旅行备忘录,包括信、期刊和纪念品,都毁于三藩市的一场大火,但他写道:

> 我们抵达梵蒂冈后,经过漫长的等待,圣父① 才为我们安排见面时间,最后确定下来的时间是正午。一听到消息,大家马上换上晚装,带上礼帽前往梵蒂冈。我们登上长长的阶梯,一路上

---

① 天主教徒尊称教皇为圣父,基督教的圣父则指上帝。——译者注

第 11 章 罗马之行

看到的瑞士卫队,一个个地,直通到议会大厅。我们还见到了宫廷大臣等其他公务人员。我们从一个大厅到另一个大厅,最后终于到了教皇利奥十三世所在的地方,每位来客都向他陈述即将进入谈判进程的具体议题。

这些谈话曾经由奥·戈尔曼大主教翻译成法语,不知读者是否还记得。约翰·比德尔·波特上校并不完全赞同奥·戈尔曼大主教用法语表达。如何对此做出公断,怎么选词,我并不那么关心。我唯一知道的是,这事差点毁了善良的主教和老上校之间的友好关系。

记忆中,圣父的脸像羊皮纸一样透明可见,眼睛像年轻人一样澄明,思维快速、敏捷。当然,岁月多少让这份敏捷放慢了脚步。

谁也不会忘记兰波拉红衣主教,他身材修长,笔直,充满朝气与活力。但他也时常让人看不懂,性格冷静到甚至可以冷漠旁观命运的

兰波拉红衣主教(1843—1913)

不期而至。作为梵蒂冈的外交家，他显然是个智者，完全可以解决任何问题。

我可能还要提一提当时我丈夫的讲话。根据我保存的手稿，他的讲话还包括西奥多·罗斯福总统给教皇的致辞。西奥多·罗斯福先生赠送给教皇一套自己写的著作，呈送礼物时，我们转达了西奥多·罗斯福总统的致辞和心意。

正式会见结束后，教皇从御用座位上下来，和委员会成员聊天。虽然这十五到二十分钟时间只是非正式谈话，但他很投入。威廉·霍华德·塔夫脱在给其兄长查尔斯·菲尔普斯·塔夫脱的信中详细描绘了两人之间特有的幽默感："他和我握手不过是为了得到快乐而已，我们之间有某种默契，这让我感到很荣幸。"教皇还笑话威廉·霍华德·塔夫脱太有轻重缓急感，连病痛都那么配合。他说，在他看来，有这么多工作等着他，威廉·霍华德·塔夫脱没理由病得那么重。随后，他又与奥·戈尔曼大主教玩笑起来，向约翰·比德尔·波特上校和詹姆斯·F.史密斯法官亲切询问自己不懂的问题。最后他和大家一起走到门口，鞠躬，目送人们离开。我相信，我们之前从未受过这样高规格的礼遇。

威廉·霍华德·塔夫脱认为"教皇是个很有执行力的人"，"声音比我预想的更洪亮。以往他在我心里只是个抽象的人，见了面才发现，他很风趣，体态充满活力。我演讲的时候，他频频点头表示赞许"。

詹姆斯·F.史密斯法官说道：

我们去参观地下墓地，圣保罗的墓地在顶里面。我们还发现，古罗马时的廊柱现在一直受基督教徒朝拜。此外，波勒斯别墅的艺术展及其他艺术画廊的展览都给我们留下了很深刻的印象。还有一些古老的宫殿也很有趣，最瞩目的是可能会塌陷掉到台伯河的宫殿，宫殿天花板上有幅爱神丘比特和他的塞姬的画像，这幅壁画很有名。

第 11 章　罗马之行

我们第一次作为肯尼迪主教的客人在美利坚大学外等待一起用晚餐，那次你（威廉·霍华德·塔夫脱）的演讲很成功。穿着红袍子的学生热烈鼓掌，每个人都非常开心。晚餐后，我们去奥里斯尼别墅参观了一个公馆，从山上俯瞰罗马城四周的平原，景色美极了，公馆最近卖给了学校作避暑之地。

……

你们一定会记得，我们曾经邀请马蒂内利红衣主教和他的老朋友萨托利红衣主教一起晚餐。萨托利红衣主教一向认为自家酿的葡萄酒很不错，顺便提一下，其实有些专业葡萄酒庄园给了他很大帮助。最有趣的是我们和主教院长内文博士的晚餐。他做的主菜俄式牛舌堪称一道艺术品，让我们大开眼界。

当年的朋友一定不会忘记令罗马社交圈吃惊的两件事：一是奥·戈尔曼大主教和我都参与了这次节庆委员会；二是教皇利奥十三世，他也一样令人吃惊。他居然完全理解美国的规章制度，认为同样的事，如果是美国天主教徒干的，人们会认为再合适不过，可是如果搁在罗马人身上一定会招致很多误解。主教院长还是个很棒的猎手，有趣的旅行者，攒了很多奇闻异事。作为主人，他很风趣。

我们给梵蒂冈的正式提议早已经由委员会的大主教转交给梵蒂冈。然而，热闹的社交派对其实让人没有耐心慢慢等待梵蒂冈的回复。公开场合他们看起来闲适淡定，泰然自若，但私下里一致认为梵蒂冈是故意拖延。威廉·霍华德·塔夫脱急于在 1902 年 7 月 10 日出发前往马尼拉，他已经订好乘"科尼格阿尔贝"号返回的行程。但就目前与梵蒂冈谈判的速度来看，他似乎不得不在罗马度过余下的夏天。

虽然他知道这事对菲律宾群岛的未来很重要，但他还是没有充分的自信完成使命，事实也是如此。如果不是离开罗马后他还继续致力于这

马蒂内利红衣主教(1848—1918)

萨托利红衣主教（1839—1910）

件事，就不可能取得最终的成功。无论哪位主教，都安慰他说，梵蒂冈方面与他们的提议完全一致，教皇也希望尽早给出一个满意的结果。但威廉·霍华德·塔夫脱依然认为必须看到双方签订协议才会相信结果。梵蒂冈不仅派别林立，非常讲究政治性，这一点实在无法理解。谈判必须遵从各种神圣不可动摇的保守制度，最终是否按照估价出售修士们占有的土地，必须由一个五人董事会决定。其中两人代表教堂方，两人代表美国政府，另外一人从第三方国家中选出。但几乎没人同意我们提出的解决办法，即出卖菲律宾群岛上属于修士们的土地，并撤出菲律宾。我们的购买提议在各个重要部门不断滚动，教堂方指定的人及大主教选定的人都得参与谈判，事无巨细地考量美国政府提出的解决方案，所谓纯粹的买卖让他们费解。

虽然谈判的确耽误了我们前往马尼拉的行程，但并没有给我带来特别的烦恼。罗马是个很有趣的地方，我丈夫也一天天恢复健康，重新获得强壮的体魄应对马尼拉毫无止境的炎热和困难。无论哪个时代，耀眼的共和党领导人总是喜欢公开宣称："到菲律宾去很大程度就是去送死。"威廉·霍华德·塔夫脱认为这种说法很无聊。他在给兄弟的信中写道："我讨厌那些人为了标榜自己，大倒苦水，假装自己为了国家利益不得不去某个荒蛮的地方。我并不想表明自己正在为国家做出某种牺牲，我也希望得到某种回报。我想，其实我已经得到了前所未有的机会，剩下的就是看我有没有可能把它做得尽善尽美。我讨厌任何同情，讨厌情感支持。"

威廉·霍华德·塔夫脱很容易对某件事情感到愤懑，但如果你仔细观察又会发现，他很快就恢复了奋斗的活力和毅力。

我婆婆在罗马如鱼得水，她住在彻纳尔酒店我们隔壁的房间，很享受各种派对。前来参加派对的人，穿什么衣装，是什么身份，她都清清楚楚。无论客人穿的是教士制服、军装还是普通人的服装，她都很

第 11 章 罗马之行

感兴趣。她像我们这些工作人员一样到处走,到处看。如果和阿方索·塔夫脱法官出外访问遇见以往的老朋友,她就会沉醉在回忆往事的快乐之中。等我到了罗马,她更有活力,我也开始不停地去参观、游览、购物。她在给另一个儿媳妇贺拉斯·塔夫脱夫人的信中写道:"内莉根本不知道什么是害羞和胆怯,有她说法语,我们可以去任何我们想去的地方。"

很快我就明白了,尽管官方和个人的声明与我们这些看起来很重要的人物意见相左,但精致的招待宴会让我们在罗马的生活无时无刻不陷入忙碌之中。他们的待客之道就是,即便一切就绪,也要精心打理。茶歇、午宴、晚宴和招待会等,一一列出详细的功能描述。期间我们会遇见一些不同凡响的名人,当然,他们也都是很有趣的人,有些是当地罗马人,有些是外国人。譬如伦敦《泰晤士报》的记者斯特德先生后来在"泰坦尼克"号上失踪;纽约《太阳报》老板拉凡先生;布鲁克林的希利斯博士和他儿子也在罗马。还有一位颇有魅力的人,即罗斯皮廖西①女士,一位意大利贵族的妻子,一家人住着一幢令人心醉的屋子。她有个非常美丽的女儿,那时候,她正醉心于和人们争论我们的提议是否通过,应该由罗马天主教徒投票决定。她用超乎寻常的方式给予我们很大支持——直接把这样的诉求带给罗马教皇,并坚持认为天主教会没有优先采用投票的方式是极大的错误。她还认为,只有投票才能保证他们被赋予的政治权利。虽然她的提议很打动教皇,但教皇认为改革的时机不成熟。教皇很兴奋地对她说:"我善良的女儿,你们都追我追得太紧了。"我毫不怀疑年轻的公主这时候会支持妇女应该具有选举权的斗争。

让我们特别开心的还有麦克纳特先生,他曾经在马德里和康斯坦丁堡加入过我们的外交使团。有段时间,他受聘作为埃及总督郝迪夫儿子的导师,也是罗马教皇的管家之一,后来与纽约一位富有的女子奥格登女士喜结连理。

---

① 属于一个生活在皮斯托亚的古老的意大利贵族家族。——译者注

麦克纳特先生家的豪宅是我见过的最精致的宫殿，他在意大利美第奇家族和波吉亚家族风景如画的所在地研究社会习俗。历史上，帕姆菲利别墅曾经是爱好奢华的王公、主教和红衣主教的夏季行宫。麦克纳特先生租下后，我们曾经前往参加过一次招待晚宴，的确目睹了当年的盛况。晚宴后，我们一起玩扑克牌。

当时，我觉得自己像是着盛装出演中世纪历史剧的演员。服装很难做，几乎无法按期到达。红衣主教们穿着华丽的红袍子，手里拿着金色的鼻烟盒，在看起来冷静严肃的主教、大主教以及穿着制服的大使中间显得格外抢眼。然后是王子和公主，还有罗马的一些贵族们。男人们戴着鲜艳的缎带，女士们的服装尤其精致讲究，看起来都像是舞台布景，让我们从现代社会回到历史上富丽堂皇的宫殿。为了完整地重现以往的社会生活习俗，主人让穿制服的侍从打着火把为红衣大主教上下马车照明。

我抵达罗马之前，威廉·霍华德·塔夫脱和他的幕僚们就已经去过教皇议事厅了。议事厅会议通常由教皇主持，并召集枢机院的大主教共同议事。威廉·霍华德·塔夫脱一行算是教皇的贵客，教皇专程在外交厅接待他们。可惜我错过了这次不同寻常的殊荣。但其实从圣彼得教堂到圣约翰拉特兰宫，我们已经得到很多见识各种重大宗教事务和节庆的机会。我自己曾经接受过严格的长老会教育，而我丈夫的母亲是个一神论者，并不接受有关上帝的三位一体学说。无论后天的教育，还是先天的直觉，她都是个纯粹的清教徒。无论如何，在这个陌生的环境中，我们身不由己地被推到了社会的最顶端，但我们的宗教信仰并没有改变。对此，我们很感激仪式的真实性给我们带来的美好感觉。我们也知道，那些不同寻常的殊荣不会再来。

就在我们即将结束罗马行程之际，我们一家人，我婆婆阿方索·塔夫脱夫人、罗伯特·阿尔方索·塔夫脱、海伦·塔夫脱·曼宁和我又获

圣彼得广场

得了与教皇正式见面的机会。我婆婆一如既往地戴上孀妇面纱，我穿上有黑头纱的午后黑礼服。但事实上，海伦·塔夫脱·曼宁喜欢我穿白色，这次她自己戴了白色蕾丝花边面纱。奥·戈尔曼大主教一直在梵蒂冈圣彼得教堂门口右边的柱廊等候，陪同我们前去拜见教皇。一路上有很多着装古怪的瑞士哨兵，驻守在长廊两边。两边有很多房间，等我们进到一个小休息室，每个人都抽空理了理装束。不一会儿，休息室一边的门开了，有人很礼貌地引我们去见利奥十三世教皇。教皇坐在低矮的椅子上，远远地坐在另一间屋子顶里面，头上有个俭朴的华盖。我们一进屋，他就起身问候，我们躬身请安时他也逐一握手送上他的祝福。

教皇用法语和我们交谈，发现我会说法语，足足和我聊了半个多小时，期间他态度优雅而迷人。他还提到西奥多·罗斯福总统，表示真心希望自己懂英文，这样就可以阅读他送的那些书了。他认为西奥多·罗斯福总统是个很善于聊天的总统，就像他拉丁风格的名字一样。他还说，自己年轻时候为了梦想也追寻过，他很喜欢读西奥多·罗斯福总统写的《艰辛人生》。

后来，教皇还让罗伯特·阿尔方索·塔夫脱到他身边去，给了他特别的祝福。他希望孩子将来能够跟随威廉·麦金利和西奥多·罗斯福的脚步前行。他问罗伯特长大后想干什么，孩子很自信地回答，他希望以后能当最高法院的大法官。我一直以为他只是听见他父亲谈论这些事所以才有这样的志向，后来才知道这是他唯一的抱负，也是社会为一个有自尊的公民提供的最有价值的志向。

当我们起身离开时，教皇陛下送我们到门口，鞠躬微笑，看着我们离开。他友好澄明的微笑让我永远难以忘怀。

天气越来越热，我丈夫劝我带孩子们离开这里，不久我们就离开了罗马。他答应启程去马尼拉之前，和我们一起去山区待一个月。这也意味着我还得在欧洲再待上一个月左右。我选择了最有利于恢复体力的地

第11章 罗马之行

方。首先我们去佛罗伦萨一周,然后去位于瓦隆布罗萨①的阿拉贝拉的阿尔贝托卡斯特洛酒店。酒店的名声足以提醒我们这里消费不菲,但我不想遭遇任何不愉快。

那儿离佛罗伦萨火车站十五英里,非常美丽。弥尔顿在此完成了《失乐园》的部分内容。酒店由一个古堡改造而成,我们几乎是酒店仅有的客人。侍应生的服务很好,一个又一个轮流为我们服务,礼貌而周到,让我们感到自己很了不起。这段时间我们很闲适,甚至有些懒散。有时我们在茂密的松林中驾车登顶,从那里俯瞰上千英尺远的地方,有许多繁星似的城镇点缀在阿莫山谷。

1902年7月20日,我丈夫终于离开罗马,上山和我们一起度假。尽管梵蒂冈的回复让他很失望,但让他找到了解决问题的方案。当然,毫无疑问,他还得付出更多努力,才能圆满解决问题。梵蒂冈成立了一个使徒代表团前往马尼拉继续有关谈判。教皇安慰威廉·霍华德·塔夫脱,如果美国方面需要,他可以提供如何调停此事的一系列方案。教皇的承诺最终得以实现,为此,他不顾反对意见,一直坚持他作为教皇的权威。

文后的注释部分由红衣主教兰波拉主笔,他十分诚挚地表达了对威廉·霍华德·塔夫脱的敬意,认为解决这一敏感问题的确需要极大的克制和超强的能力。最后,他认为,各方满意的结果很大程度上源于威廉·霍华德·塔夫脱极高的个人魅力。

我很希望威廉·霍华德·塔夫脱能有一周左右的时间和我们一起待在瓦隆布罗萨,然后再启程前往菲律宾。但计划完全被罗马事务耽搁了,以至于等他来的时候,和我们在一起的时间只剩下二十四小时。与教皇的最后一次会晤安排在这之后的周一,期间许多细节还有待安排。他打算周四从那不勒斯乘"和平女神"号起航。但这之前,他必须先从柯尼格阿尔伯特转到那不勒斯。

---

① 意大利托斯卡纳地区佛罗伦萨省的避暑胜地。——译者注

最后一次与教皇会晤的主要目的是互相致谢,其中最有趣的环节是教皇专门给客人赠送小礼物或纪念品等。教皇亲手为大家挑选了礼物,之前他有通过奥·戈尔曼大主教征询委员会是否愿意接受奖章,但威廉·霍华德·塔夫脱回答道没有议会同意,美国《宪法》禁止他们接受这样的荣耀,因此,教皇就没再提及此事。

威廉·霍华德·塔夫脱也收到了一份礼物,一个很不错的禧年奖章。上面刻有教皇陛下的肖像,教皇的胳膊上还有一只大羽毛形状的金笔。教皇送给我的礼物是一块古老的德国珐琅,上面刻有圣乌苏拉[①]和她的少女们,镶有精美的金银边。委员会其他成员也都获赠一枚同样的珐琅,只是尺寸小点。西奥多·罗斯福总统获赠一幅镶嵌有罗马风景的画像,教皇与三四位红衣主教端坐在梵蒂冈花园一角。这份礼物,外加教皇陛下和红衣主教兰波拉给总统和国务卿约翰·海伊先生的信,一并由奥·戈尔曼大主教带往美国。

1902年7月24日,重返菲律宾之前,我们夫妻两人带着三个孩子,还有法国家庭女教师,从那不勒斯起航,途经威尼斯和维也纳抵达瑞典山区,逗留几周后启程前往菲律宾。这当口又盛传菲律宾霍乱病流行。想到要带着三个孩子去流行病区,我感到前景非常可怕,但我也知道这正是检验我们是否敢于英勇奋斗的时刻。对此,我充满了信心,最差他们也能在我们到达之前控制住霍乱的恶性流传。因此,我预订了德国"汉堡"号蒸汽船,并于1902年9月3日再次前往东方热带地区。

---

① 据说与圣乌苏拉相伴的一万一千名少女被葬在圣乌苏拉圣殿。——译者注

第 12 章
菲律宾的最后岁月

威廉·霍华德·塔夫脱一行人抵达马尼拉时,各种庆祝活动让整座城市都沸腾起来了。人们已经整整等候了两天,每时每刻都期待着海岸警备船"小阿拉瓦"号带来好消息。一旦汽笛响起,就预示着前往新加坡迎接总督的警备船顺利离开了科雷希多岛,即将抵达马尼拉。

停泊在港口的所有船都准备好了,只等着"小阿拉瓦"号出现在帕西格河口圣地亚哥古城堡下。人们很就听见了十七支枪同时朝天鸣放的声响,这是向总督表示致敬的枪声。口哨声、铃铛声和警笛声划过海湾、河流,弥漫在整个城市的空气中。

威廉·霍华德·塔夫脱目力所及之处全是人海,窗户上、屋顶上、河堤上、城墙上,人们疯狂地欢呼着,挥动着手上的帽子或手绢。最让他感动的是,欢呼的人群中不仅有受过良好教育的富人,还有成千上万光脚的贫民。其中有很多人专程从邻省,甚至其他更远的省份赶来参加欢迎活动。

看到这般光景,伯纳德·摩西忍不住向委员会成员本尼托·勒格达先生打听，之前是否有西班牙总督到达时也受到如此热烈的欢迎。他回答道：

"当然有，一贯如此。但那都是政府买单。"

这次恰恰相反，庆祝仪式政府没花一分钱。政府所有的建筑物里，譬如市政厅、邮局和西班牙政府建的市议会厅等，一个人都没有，这番景象更强烈凸显了节俭的意义。只有五颜六色的旗帜的海洋——彩旗、插旗、三角的警务旗，当然，还有棕榈树叶，城市其他部分在这些热烈的色彩掩映下，显得无声无息。只有在街道上，你才看得见一扇扇精致而又别具一格的拱门，从总督办公的地方一直延伸开来。联邦党特意呈现了一幅颇具寓言意义的巨型图画，一位可爱的菲律宾妇女披着飘逸的纱巾，兴奋中又有些谦恭，披肩上印有一颗标识哥伦比亚特区的星星，好像代表了她内心的期待，希望菲律宾成为美国联邦政府的一部分。就像华盛顿哥伦比亚特区一样，虽然美国国旗上没有将其标识出来，却是美国最重要的一部分。

我非常感谢伯纳德·摩西太太极尽艺术性的描述，感谢菲律宾人处理事务的方式，我因此才能在本书中为庆祝活动奉献一幅心理图画。

我们在海关附近上岸，已经有一队人马正候着我们，预备护送威廉·霍华德·塔夫脱前往西班牙时期修建的议会厅。骑兵团、步兵大炮团以及一排排当地警察、美国警察，中间隔了许多不同种类的乐队。队伍组织得很棒，市议会厅还有许多欢迎致辞等着他。从骑兵团挑出来的人负责总督府的马车安全，想必他们给列队增添了不少让人难忘的印象。不过据我自己观察，志愿者姣好的形象看起来最没有区分度。

威廉·霍华德·塔夫脱抵达市议会厅不久，就前往大理石大厅听取热情洋溢而又充满溢美之词的欢迎致辞。其间要站立数个小时，和许多人握手。人太多了，多到大厅里只能容纳很小部分，因此，这些人必须列队行进到威廉·霍华德·塔夫脱身边，与他握手会晤后，必须立即离

第 12 章 菲律宾的最后岁月

开,让外面的人进来。这之后,他又被安顿下来和相关人员见面,并简短而又清晰地讲述他在罗马的经历以及他们与梵蒂冈的谈判进展等。这事对菲律宾人来说非常重要,他们聚精会神地听取我丈夫的介绍,以他们的理解,如果商业化的方式解决不了问题,后果会很严重。

尽管欢迎总督回来的仪式隆重而又热烈,但菲律宾诸岛的总体状况并不那么乐观,以往曾经发生过的灾难性事件和正在发生的事件都可能再度爆发。霍乱依然猖獗,虽然马尼拉控制得很好,但怡朗和其他省的情况非常糟糕。即便在马尼拉,每天七八十个病例发生的状况也持续了很长时间。一些无知的人对要求检疫的规章制度感到非常愤怒,因此不得不动用军队保证他们服从相关规定。

他们不懂卫生措施,认为完全不需要,仍然坚持落后的迷信,而且很容易相信关于美国投毒的坊间传闻。有人恶意散布谣言,说是美国在井里、河里投毒,故意阻断交通和商贸,目的就是饿死或者摧毁所有菲律宾人。甚至一些受过教育的人在这个问题上也不能说没有历史偏见。因为早在罗马的时候,威廉·霍华德·塔夫脱就收到委员会菲律宾成员的电报,反对他建立检疫站的提议。

威廉·霍华德·塔夫脱抵达马尼拉时,霍乱以每天十到二十个病例的速度下降,商贸活动已经在很大程度上得到恢复,但情况依然很紧急。另外,由于水污染严重,新一轮霍乱随时可能爆发。所有供水源头都由美国士兵把守,整个城市的各个部门都竭尽全力消灭这场恶性传染病。但疾病有自己的发展规律,在被完全消灭之前,持续猖獗了数个月。

人死于霍乱,水牛死于牛疫。农场里成千上万的水牛突然死亡,灾难似乎在和所有民间力量和政府部队顽强战斗。没等到人们发现病菌,大批水牛就被夺去了生命。菲律宾农业生产和其他行业高度依赖的水牛交通运输也陷入瘫痪状态。中国由于大面积旱灾带来的稻米饥荒更让菲律宾人民无能为力,你有钱也买不到稻米,未来一片黑暗。

霍乱和牛疫使政府的税收锐减，政府不得不重新修改甚至取消修建公共设施的计划，货币危机无疑让局势雪上加霜。由于缺乏金本位制度，白银价值不断波动，总督有必要每周宣布一次新的固定汇率。以这种方式计算，政府十个月内损失了一百万美元的黄金。

人民的生活进一步恶化，盗贼成为压倒一切的恐惧来源，某种程度上整个马尼拉周边地区都处于持续的恐惧之中。由于牛瘟肆虐，水牛突然变成了非常昂贵的牲口。盗贼偷窃水牛的主要目的是将其运至外地较远的省份出手，他们也并不珍惜人的生命。据说是城市底层强悍又粗鲁的家伙们干的，当然，底层人的生活可以说既悲惨又混乱不堪。马尼拉郊区，卡洛奥坎可以说是武装抵抗的温床。人们普遍将甲米地省海湾地区看作叛乱的温床地区，强盗们手里通常有几百支来福枪。据说他们躲在丘陵的丛林地带，以至于警察署要求威廉·霍华德·塔夫脱延迟人身保护令的颁布，这样的话，他们就可以宣布这座城市处于全面戒严状态。威廉·霍华德·塔夫脱不想这样做，相反，他认为唯一要做的是"如何与警察署一起以和平时期的方式治理这一地区，而不再滥用戒严等一系列残酷的方式"。然而，最糟糕的是任何地方都会有一群"不可调和的人"，他们在日常生活中摆出好公民的姿态，准备在保证个人安全的范围内鼓励、帮助任何阻碍和扰乱政府的活动。

威廉·霍华德·塔夫脱抵达马尼拉不久，副总督和卢克·E.赖特将军夫妇就离开菲律宾群岛去休公假。我丈夫在日记中写到，他对自己即将面对的巨大工作量感到吃惊。除了自己职责范围内的工作外，他还会去卢克·E.赖特将军的办公室。他并不想因为自己是半路出家便毛毛糙糙地处理东方事务，尽管他知道自己并不会在这个位子上待多久。

针对诸多难以处理的棘手事宜，我丈夫着手处理的第一件事就是无法回避的饥荒问题。要解决饥荒问题政府必须派人前往中国和越南西贡，中国和越南的大量稻米都属于国家储备。如果马尼拉能购得

驻菲美军在卡洛奥坎围剿武装分子

一百四十万磅稻米供菲律宾人生活所需，政府就完全可以应对市场供不应求时突发的粮食价格暴涨的情况，还有就是应对低收入穷人无法度日时的局面。这样做有点家长制作风，可是对菲律宾人来说，政府家长制作风给予的爱正好也是他们需要的。

威廉·霍华德·塔夫脱恳求美国国会给予一定资金支持，用作购买干活的牲口和稻米并改善公共办公用品等。牲口还得继续使用，但人们最终必须以合理的价格购得，这是政府急于解决的问题，这几项至少会花去三百万美元。

接下来，1903年1月，我们恳请国会制定货币金本位制度。完成这件事对关心菲律宾人民福祉的人来说，无疑是一种难以言表的的安慰。菲律宾现在的货币和我们的货币一样稳定，每个银比索的价值相当于五十美分的黄金。

尽管管理者有点焦头烂额，但1902年10月上旬我抵达马尼拉时，发现那儿比以往更有趣了。我的第一个需求是立即再次把自己好好地安顿在马拉卡南宫。我不在的时候，有人把古老的宫殿彻底清理了一遍，上漆、修修补补、清扫，重新装饰了一番，完全不再是那种古雅得有些破败的样子。有些颜色很暗淡，有些则很鲜亮。装饰看起来很雅致，远远超出了我的品位，又格外舒适和整齐。的确让我觉得开心。

想要适应菲律宾严重的霍乱，刚开始的时候的确有点难。这种病几乎不怎么传给美国人或其他白种人，当然，这与长期的警觉和监测息息相关。水必须煮沸了才能喝，必须有专人负责此事。所有食物必须煮过了才能吃，哪怕进口水果也得煮过了才能吃，除非用专门的洗洁精浸泡过。这种洗洁精不会给食物增加任何别的气味，给人造成好吃的错觉。另外，我们必须加倍小心，避免让自己陷入沮丧的状态，更不能一直生活在灾难的阴影中无法自拔。即便如此，也要保持冷静，竭尽全力度过劫难，力图不留下任何可见的恶果。

第12章 菲律宾的最后岁月

对我来说，养母牛是件从未经历过的事。大约有两年时间，我们一直试图让自己勇敢地相信，从此以后我们都会喜欢罐装牛奶和浓缩奶油，就像我们以往喜欢新鲜牛奶那样。事实上，我们根本说不清罐装奶和新鲜奶的不同。乱象之下，我们内心都希望有机会参加一次特别的宴会，最让人难忘的就是喝一杯去了油脂的新鲜牛奶。牛奶最好产自新西兰奶牛，奶牛又是某个朋友冒险从新西兰购得的。

进口奶牛并非杜撰，而且奶牛很快成为我们生活中令人自豪而又重要的一部分。牛瘟蔓延时期，不少人家买了奶牛，但很少有人真正用心喂养他们买的奶牛，以证明他们购买的初衷是享受奶牛产奶的价值。我们家的奶牛可以随意行走在官邸空旷的地方，一家人坐在一起时，奶牛的状况居然成为我们聊天时非常有趣的话题。我们家养的奶牛正处于产奶旺盛期，的确挤了不少奶，还真成了当时最有趣的事。

迪安·C.伍斯特先生是岛内最有权威的健康专家，他颁布了一纸行政命令，规定所有进口家禽必须接种防止感染牛疫、肺结核和其他疾病的疫苗。卢克·E.赖特将军调侃道："还包括给痱子接种，以免感染。"碰巧的是，大多数用科学方法治疗过的牲口很快就死了。因此，卢克·E.赖特将军的调侃难免让迪安·C.伍斯特先生火冒三丈。卢克·E.赖特将军认为，奶牛能有幸活下来的唯一希望就是"别给它接种疫苗"。

奶牛赋予了我真正的农场主精神，至少奶牛让我决定我们得有一个园子。那时候菲律宾很少有人知道怎样种植蔬菜，而我们又很渴望吃新鲜食物。我选了住处后面一块很不错的地种蔬菜，然后买了些新鲜的美国蔬菜种子，小心翼翼地栽到我认为合适的地方。结果的确令人吃惊，因为土壤肥沃，日照充足，在很短的时间内我们就收获了大量豆类、花椰菜、大个的西红柿，真的是应有尽有，让人难以置信。

我因此认为尝试着自己养养家禽也不错。于是认识我的人都知道我有一个专门饲养家禽的园子，里面养了一群大大小小的各类鸡，甚至包括火鸡。对我们来说,无论鸡飞狗跳的吵闹,满地鸡毛的狼藉,还是最后变成厨师给我们提供的各式阿新风格的美味佳肴,几乎都是快乐的源泉。让我疑惑的是厨师也被我的勤劳节俭迷惑,学会了压缩生活开支。

然而,流连于琐事并非本书的目的。那时候吸引我的事实在太多了,其中最重要的莫过于大教堂的分裂教会罪。

格雷戈里奥·阿格里佩① 是伊洛卡诺② 罗马教堂的神父,因为参加反对西班牙政府的叛乱,当然,起初只是反对托钵修会修士,最后被逐

格雷戈里奥·阿格里佩(1860—1940)

① 格雷戈里奥·阿格里佩(1860—1940),菲律宾独立天主教会第一任领袖。——译者注
② 伊洛卡诺是菲律宾第三大语言族群,主要居住在菲律宾吕宋岛西北部的伊洛科斯地区。——译者注

第12章 菲律宾的最后岁月

出教会,做了叛乱分子的首领,并继续反对西班牙。之后又反对美国,落得极端残暴之名,直到抵抗彻底失败才告终。他是最后一批在北吕宋岛投降的叛乱首领,但刚刚恢复和平就又希望获得其他菲律宾牧师、政客和有影响力的人的同情并请求他们的帮助,计划重新组织一个独立的菲律宾天主教教堂。他短暂的成功想必连自己都吃惊。

人们热衷于天主教,但问题也出于此。美国委员会提出的有关托钵会修士事件的解决方案,梵蒂冈方面并不赞成。究其原因,除了有梵蒂冈方面内部难以解决的问题,格雷戈里奥·阿格里佩在菲律宾的暂时成功也使梵蒂冈方面难以做出决断。格雷戈里奥·阿格里佩宣布新的组织形式已经得到更多支持,并加封自己为身穿华服的大主教①。其他十五甚至更多人被加封为教堂其他有地位的职位,这些职位没有那么鲜明的等级差异。他们享有相同的礼仪、相同的补助、相同的忏悔室、相同的信任,因此,对所有人来说,大家彼此很熟识,很容易结成联盟,互相拥戴。新教堂的发展速度令人吃惊,看起来值得大多数人效仿。

无论世俗世界还是精神层面,这一事件产生的影响和结果并不难想象,最终罗马天主教组织控制了菲律宾的局势。但是这类性质的叛乱完全出乎忠诚的天主教徒,特别是主教、牧师和修士的预料,他们都感到很恐惧。总督到达马尼拉时,人们把这种令人惶恐的纷争引到威廉·霍华德·塔夫脱身上,但他是个没有宗教信仰的俗人。

人们呼吁他采取激烈的行动镇压教会内部难以控制的局面。但事实上他什么也做不了,即使是美国政府,长期以来也一直被天主教媒体诟病。然而,人们好像对此全然失忆。威廉·霍华德·塔夫脱只有再次冷静地面对风暴,并反复重申美国对不同宗教派别采取的包容原则。他还声明,自己没有权力,也不希望去引导人们的宗教倾向,他所能做的不过是竭尽全力为永久的和平努力。

---

① 身着华服是权势较大的主教的服饰象征。——译者注

菲律宾的百姓一直被格雷戈里奥·阿格里佩及其同谋引导。事实上，菲律宾群岛具有历史意义的教堂建筑本身就是一种训诫方式。教堂的财产归属人民，他们如果希望把宏伟的建筑转给某个独立的团体，就有权驱逐梵蒂冈授权的牧师。但政府又不允许没有任何法律依据而胡作非为的行为，政府坚持必须通过一定的法律程序解决有关教会财产的争端。一旦发生骚乱，并确定格雷戈里奥·阿格里佩是领导人，便立即派部队或警察前去镇压，做法未必合适，因为菲律宾人很快就会意识到什么是正义。因此，威廉·霍华德·塔夫脱认为政府只有坚持以法律为依据，才能得到菲律宾人的广泛支持。

罗马教廷反复警告威廉·霍华德·塔夫脱，格雷戈里奥·阿格里佩的"独立运动"不过是叛乱分子的幌子，也是反政府的菲律宾人的企图。罗马教廷的疑虑的确有事实依据，至少"独立运动"的主要领导人有这样的企图。然而，华盛顿方面的指示认为，诉诸武力让菲律宾人民听命于政府无异于雪上加霜。政府给菲律宾人民的福祉应该远胜于空洞的祈祷，同时应让他们相信，在美国至高无上的统治下，他们的确能够获得完全彻底的宗教自由。

以武力接过财产所有权只会被人民否认。人民应按照自己的意愿思考，按照自己的意愿建立宗教信仰，不应由他人强迫自己去思考、去信仰。但时时刻刻怀念警察保护的菲律宾人民不可能学会自由。于我们来看，以如此严肃的方式赐予人美食的事情闻所未闻。西班牙统治下的格雷戈里奥·阿格里佩一定会被关进卢内塔，也可能像圣黎刹①一样被枪决，他的追随者们可能会秘密集会以表达悲伤之情。但美国当局坚持认为，应该按照美国人坚信的方式对待每一个格雷戈里奥·阿格里佩，或每一个独立的天主教组织。他们有权像罗马天主教或其他宗教团体那样，在街上燃起蜡烛，手举他们信仰的神的形象。

---

① 圣黎刹（1861—1896），菲律宾民族主义者。——译者注

圣黎刹（1861—1896）

脱在梵蒂冈访问时，威廉·霍华德·塔夫曾经暗示这样做可能会向好的方向发展，但梵蒂冈方面对此没什么反应。威廉·霍华德·塔夫脱暗示的一切都已经来临。在解决修士事件和僧侣土地所有权问题时，不断变化的情形也让美国委员会增加了与梵蒂冈方面谈判的筹码。毫无疑问，梵蒂冈方面应该进一步意识到，"修士事件"根本没有挽回的余地，除了加快行动，依据美国提出的解决方案行事，其他途径是行不通的。

其间，斯托罗波利大主教吉迪率领的使徒代表团抵达罗马。吉迪是意大利人，非常友善宽容，既不过激，也不是苦行者，绝不是反对任何社会福祉的人。我还记得他抵达马尼拉之后，在我们举办的高级招待会上表示，没能在瑞格登加入我们的行列，他感到很遗憾。和他在一起我逐渐感到特别亲切。

记得在一次高级别招待会上，舞厅出现了戏剧性的一刻。上千人在迎宾队伍中穿行，吉迪主教穿着独有的华服出现了，格雷戈里奥·阿格里佩紧随其后。人们在周围闲逛，花园和走廊的空间都很宽敞，来来往往的人也很多。这两个人很引人注目，难免会碰上。可是，教皇代表团立即找到威廉·霍华德·塔夫脱，非常激动地质问，那个穿着显眼的宗教礼服的陌生人是谁。

威廉·霍华德·塔夫脱说："那位呀，是格雷戈里奥·阿格里佩。"

主教告诉威廉·霍华德·塔夫脱："但你要知道，既然我出现在这里，你们就不该接受他！"

威廉·霍华德·塔夫脱再一次费力地解释美国政府的立场。格雷戈里奥·阿格里佩是作为一个公民待在他的私人空间，他和其他普通公民没有任何差异，应该和普通公民享有同等的权利。只要他以客人的方式行事，就不可能让他离开这里。

吉迪主教说："那么，就让我离开吧！"

第 12 章 菲律宾的最后岁月

威廉·霍华德·塔夫脱回答:"很抱歉,我很理解你的立场,我也相信你能理解我。"

于是,菲律宾地位最显赫的宗教人士拿起自己的帽子,匆忙地离开了。留下的都是些"信仰不坚定的人,还有些压根就没有信仰的人"。不知这些人是否会因为他的离开感到烦忧。

我们在岛上逗留期间,与吉迪主教的关系可以说一直很愉快。我们离开菲律宾群岛后不久,吉迪主教突然去世,威廉·霍华德·塔夫脱对此感到很难过。威廉·霍华德·塔夫脱对作为教皇的发言人和外交官的吉迪主教评价很高。有关如何解决修士土地问题,教皇利奥十三世一直通过吉迪主教传递讯息,威廉·霍华德·塔夫脱和美国政府也一直感到非常满意。关于修士房产问题,事实上拖了很长时间才得到解决,想起来就让人崩溃。结果呢,我想补充说明一下,就是政府成功地以七百万美元的价格购得修士土地。政府将其转变为公共管辖范围的土地,并且以令人满意的价格出售给以往的租赁者,即希望获得家宅的人。许多修士不得不离开菲律宾,再也没有被派往教区。

然而,如果没有华盛顿政府长袖善舞,伸出支援之手,我们再有耐心,也不可能因为我丈夫一个人的外交努力完成使命。记得有一天他回来的时候,拿出西奥多·罗斯福总统的电报满是疑惑地读给我听:

> 威廉·霍华德·塔夫脱,马尼拉。1903 年 1 月 1 日,最高法院将会有一个位置空缺,我真诚而又热切地希望任命您……我认为您的职责属于最高法院,除非您自己决定不将司法作为您的事业所在。我很期待您会接受。如果能尽早收到您的答复,我将不胜感激。
>
> 西奥多·罗斯福

这件事发生在我去菲律宾群岛一个月后，当时威廉·霍华德·塔夫脱正深陷纷乱的工作之中，对工作搭档来说他还是个陌生人。

这封电报之后，国务卿伊莱休·鲁特的电报也随之而来，敦促我们接受政府任命。由于我丈夫糟糕的身体，伊莱休·鲁特先生声明，尽管我丈夫不想失去在菲律宾服务的机会，但怎么也好过"经历了进一步且长期努力之后，发现工作毫无进展，而且身体也垮了，却不得不离开菲律宾"。威廉·霍华德·塔夫脱每天坚持锻炼，保持良好的身体状态。伊莱休·鲁特先生的电报听起来像是很期待一个不可能降临的灾祸发生一样。当然，威廉·霍华德·塔夫脱也体会到伊莱休·鲁特先生对自己的关心。

怎么办呢？对这个问题，威廉·霍华德·塔夫脱没有丝毫迟疑，很快就知道自己该怎么做，他毕生的抱负就是获得最高法院的职位。对他来说，这意味着机会来了，不应该犹豫。但我一直反对他将司法当作自己的终生职业，然而，我承认，这时候我也有点畏缩了。我记得这一年刚刚经历的疾病和焦虑，有时我真的很渴望华盛顿的安宁，当然，这种安宁的、千篇一律的生活，可能正是我一向反对的生活方式。

简单平实的责任感支撑着威廉·霍华德·塔夫脱继续在菲律宾服务。他知道，自己不可能完全超然于所从事的事业，在菲律宾的工作也会对他的决定产生深远影响。让他不确定下一步应该做什么的一个原因就是他怀疑自己的所作所为可能会在政治上让美国政府处于尴尬处境。或者，他的对手利用隐修制度和修士地产问题使总统不得不免去他的职务，另行安排更高的职位只不过是块明智的遮羞布而已。他专程与本尼托·勒格达和菲律宾首席大法官奥雷拉诺先生讨论此事。大法官的建议是："瞧，修士事件都影响到华盛顿了。"威廉·霍华德·塔夫脱立即给他在纽约的兄弟去电，私下询问是不是总统不乐于他继续留在菲律宾群岛，同时也给总统去了电报：

第12章 菲律宾的最后岁月

西奥多·罗斯福总统：

非常荣幸，也深深致谢，但我必须拒绝总统的美意。从经济角度看，这里的情势到了最关键的时刻，换人可能会在民众中造成失望和失信的影响。相比前两年，菲律宾诸岛的重要性得到更大程度的彰显。霍乱、牛瘟、宗教刺激、土匪之乱、货币危机等，一切都说明撤换总督并非明智之举，我的同事和菲律宾主要人物对此深感忧虑。从个人利益看，没有什么比接受您的任命更合适。展望未来，我的确会接受您的任命。假如我对菲律宾形势严峻性的了解并不比华盛顿更清楚，我就不会以这样肯定的方式应对您的派遣。但我现在必须拒绝，即便我确信以后再也得不到期待的任命。

威廉·霍华德·塔夫脱

他还给国务卿伊莱休·鲁特拍了一封电报：

伊莱休·鲁特国务卿：

您1902年10月26日的电报提到我的健康问题，我的身体状况与1900年抵达时差不多。除非因为有其他责任逼迫我不得不离开，或者是我违法了，否则我不会离开这里。我可能还会生病，但我现在比以前更小心了。我们成功的路上到处都是障碍，但我们一定会赢得胜利。我当然很期待从事司法事业，但如果让我现在改变决定，我宁愿失去我的事业。

威廉·霍华德·塔夫脱

1902年11月下旬，威廉·霍华德·塔夫脱收到了总统的信：

亲爱的威尔：

你感觉让你离开菲律宾的决定并非明智之举，这让我有点沮丧。事实上我很为难，一方面没有人能完全替代你在菲律宾的工作；另一方面，也没有人比你更适合成为最高法院的新成员。但请允许我说，你拒绝的理由让我更加佩服你，并且我也比以往更加信任你。然而，到底让谁去最高法院这件事我完全没有思路，不知道该选谁作为你的替补，一切都得让最合适的人来做，但我决定不了谁是那个对的人。

你的一往情深的
西奥多·罗斯福

下一步该干什么的犹豫期终于捱过去了，至少我认为它结束了。当然，威廉·霍华德·塔夫脱继续与日积月累的各种困难缠斗，我安顿下来继续做永远做不完的社会"工作"，也享受着其中的快乐。有段时间，梅杰将军和迈尔斯太太与我们一起住在马拉卡南宫。他们离开后，我就去了J.富兰克林·贝尔将军的地盘巴坦加斯，到J.富兰克林·贝尔夫人的圈子"休息"一段时间。她的圈子在某种程度上简直可以说既喧闹又令人兴奋。待在菲律宾群岛的两年，工作的趣味可以说让我在很大程度上感受到了快乐，但西奥多·罗斯福总统却不这么看。

我们以为有关最高法院任命的事件已经结束，其实不然。一个月后，威廉·霍华德·塔夫脱又收到一封总统的亲笔信，明显地，总统已经给出最后决定。我直接引用了总统是如何解决问题的那一部分：

亲爱的威尔：

我很抱歉地对你说，这个月我一直很努力地按照你所期望

第 12 章 菲律宾的最后岁月

的去安排最高法院的人选,结果是我不得不让你回国,并进入最高法院工作。我很抱歉,老伙计,我当然很相信你的判断,但我毕竟是总统,要考虑全局。请允许我这样说,任何差池,最后责任都会影响到我,我不能逃避责任,而且即使我的判断和别人的决定相反,我最后也不可能屈服于任何一个人的决定。经过深思熟虑,并且最真诚地考虑到你的愿望和理想,我已经做出最后决定,由你来接替最高法院夏拉斯法官辞职后的空缺职位……我很抱歉,如果我的所作所为让你感到不愉快,正如我所说的,老伙计,这是责任。作为一个合格的总统,我得把人放到最可信赖的职位上,让所有人能够最好地服务于公共利益。我会在 1903 年 3 月第一次提名你。

致以最诚挚的问候
西奥多·罗斯福

这封信看起来不需要回复了,因此,我只能无奈地叹息,说些不痛不痒的话。总之,我们一定会活着回去面对不愉快的前景。卢克·E. 赖特将军继任总督一职,让菲律宾政府感到了极大的安慰。我们开始草拟一个服从总统安排的项目计划,威廉·霍华德·塔夫脱宣布他即将离任,也意识到进一步争论没有必要,而且菲律宾的形势也让他无法冒险再次表达反对意见,拒绝司法事业对他的吸引。他给西奥多·罗斯福先生去电:

西奥多·罗斯福总统:
    我已经认识到战士的职责就是听从命令,尽管您在信中再次恳请,但在我接到命令付之行动之前,还是想从友谊的角度说说我不能离开菲律宾的原因。我个人其实很不情愿让倾注了很多热情的工作中途而废。假如我死了，对这个项目和计划并不会有很大影响，但如果从中撤出，反倒可能影响更大。这三年，我已经让人们相信，或者大部分人凭个人感觉，都把我当成了他们的好朋友。他们坚信，我代表的政策让他们充满信心，并笃信菲律宾的未来将赋予他们自我价值。罗马之行，梵蒂冈意识到我对修士的同情心。这消除了他们长久以来病态的怀疑带来的不良影响。虽然教堂问题、经济危机都开始向好的方向发展，良好的政治氛围正在形成，各派纷争逐渐向好的方向转变，但终究未能得到妥善处理。我在这个时候宣布回国，恐怕给人以政策又要发生变化的印象，让人在短期内看不懂形势。继任者的任务那时候就会更繁重，丧失人民的信任显然会使我们在菲律宾的工作变得更加迟缓，难以展开。我这样说是因为我意识到了这是责任所在。如果您的意见不可动摇，我只能遵从。但在离开前，我会真诚而又满怀信心地竭尽所能解决好修士的土地问题，竭力让人们相信，目前政策不会有什么变化，而且卢克·E.赖特先生是他们热情真挚的朋友。他会和我一样，真诚地对待菲律宾人。我和卢克·E.赖特先生，您，还有美国人民，都倡导对菲律宾人民心怀真诚和善念。

威廉·霍华德·塔夫脱

没人预料到会发生以下的事，即便我丈夫本人也同样没有预料到。我们要离开菲律宾的消息一发布，起初人们只是嘤嘤嗡嗡地小声议论着这个令人吃惊的消息，完全不相信它的真实性。两天内，整个马尼拉都是标语和海报，各种语言都有，表达他们朴素而又一致的感伤之情。"我们需要威廉·霍华德·塔夫脱。"伊莱休·鲁特先生用英语将之翻译过

第 12 章 菲律宾的最后岁月

来就是"我要你,甜心,是的,我的确需要你"。这些声明被印成大小不等的文字和各种颜色,但语言并没有任何差别,都是说:"我们需要威廉·霍华德·塔夫脱。"

我们 1904 年 1 月 6 日收到西奥多·罗斯福总统的来信,1904 年 1 月 10 日一早,透过马拉卡南宫的大门,我们发现很多人自发地聚集在马拉卡南宫入口处,游行队伍很长,跨过了好几个街区。乐队,飞扬的旗帜,各色气球都一起舞动起来。我们即将离开的时刻,突然看到这一切,真的让我们相当感伤。但我们还是能够控制好自己,镇定地倾听人群中雄辩的演讲。演讲者走进马拉卡南宫,站在大门附近最大的窗口向人群喊话。

广受欢迎的演说家和劳工煽动者多米尼克·戈麦斯医生[①]首先表达了对威廉·霍华德·塔夫脱最崇高的敬意,他称威廉·霍华德·塔夫脱为"圣人",认为他有将不同观点和不同目的的人团结起来"实现宏大奇迹的力量"。他宣布:"这次游行不仅是为了表达我们对总督的爱,也可以看作是给总统先生的请愿书。"

西雷斯·布尔戈斯医生是个老叛乱分子。他宣布,自己不代表任何政治力量,只是站在人民的立场上,以民众的立场讲话:"人民想对你说的是,你即将离开这一任政府,这对菲律宾人来说不啻为一场灾难。此时此刻,菲律宾人很期待最终能以你的爱与真诚,解决所有经济和管理上的困扰,尤其是农业问题与修士土地问题相互缠绕。菲律宾人民相信,美国政府不会让他们与爱戴的总督分开,菲律宾人民必须依靠他使菲律宾问题得到圆满解决。总之,菲律宾人渴望威廉·霍华德·塔夫脱总督继续留在菲律宾群岛。"

托马索·G. 德尔·罗萨里奥把威廉·霍华德·塔夫脱比作一艘船上善于"躲避浅滩"的舵手,总是能够"让船驶向安全的港湾"。他还

---

① 多米尼克·戈麦斯(1868—1929),菲律宾民族主义者、医生和劳工领袖。——译者注

说，菲律宾人"正在从当下革命的灰烬中升起，还将朝着充满朝气和希望的未来前进"，对一个并不像威廉·霍华德·塔夫脱一样有经验、有资历又充满信心的统治者来说，难免会因为缺乏勇气而导致半途而废。

还有其他一些演说，但佩德罗·A.帕特诺的演说预示着这次游行高潮落幕。他把威廉·霍华德·塔夫脱和耶稣相提并论，说："如果将耶稣受难的十字架比作荣耀和胜利，那么威廉·霍华德·塔夫脱将死亡转化为现代自由的光明与生活。"

这样的话在英语国家的人听来多少有点亵渎上帝，亵渎我们的宗教信仰。令人震惊的是，菲律宾人把自由当作某种圣名，但事实上只是表达一种虔诚的敬意而已。菲律宾人最喜欢给男孩取名为耶稣，甚至马尼拉有条街道也被命名为"耶稣的心"。还有很多其他表达方式，与我们谨慎含蓄的表达完全不同。

不用说，马尼拉和华盛顿之间被抗议总统的电报塞满了。不仅有来自当地民众的抗议，还有委员会，威廉·霍华德·塔夫脱所在政府同事的抗议，既有菲律宾人，也有美国人。两天后，我丈夫收到西奥多·罗斯福先生的一条讯息，让我们所有人都感到欢欣鼓舞。内容很简单："威廉·霍华德·塔夫脱，马尼拉。好吧，就留在原地吧。我会任命其他人去最高法院。西奥多·罗斯福。"

无论如何，这可真是件令人兴奋的事情。"战斗的硝烟"赶走了威廉·霍华德·塔夫脱的沮丧，他总算又可以继续满腔热情地投入工作，并且还增强了信心。游行和抗议活动结束后，我开始思考一个问题，我们是否希望余生一直生活在这里。六个月后，也就是1903年7月，我们再次陷入惊慌失措中。伊莱休·鲁特先生将在本年度秋天或冬天辞去战争部长一职，依据我们的判断，西奥多·罗斯福先生会毫不犹豫地让威廉·霍华德·塔夫脱继任。事实上这也说明，总统先生很需要他。比起最高法院的职位，我对这个任命更感兴趣，这更符合我对我丈夫的期

第 12 章　菲律宾的最后岁月

待，也是我期望我丈夫拥有的事业之一。因此，我很高兴，这样我们也就没什么理由拒绝总统给他的机会了。

如果不是因为被调派到服务领域更广的战争部，更有权力监控菲律宾事务，威廉·霍华德·塔夫脱可能还会拒绝任命，请求留在菲律宾。相比之下，在菲律宾工作，难免有一定的局限性。但真正的变化无论如何也需要一年时间，处理菲律宾群岛的修士问题和其他一系列问题方面，以他在华盛顿的地位，比在马尼拉更有利。卢克·E.赖特将军，也就是他的继任者，还有亨利·C.伊德先生，詹姆斯·F.史密斯法官，都是受过很好训练的专业人员，有可能以后成为卢克·E.赖特将军的继任者。因此，威廉·霍华德·塔夫脱答应用几个月时间解决掉手头上最紧急的事情，然后进入内阁办公室。

威廉·霍华德·塔夫脱

离开马尼拉前往华盛顿之前，我们决定举行最后一次令人难忘的招待会。我们想让这次招待会更有独创性，为此我考虑了很久。我们以为之前举办过各种各样的派对，到马拉卡南宫后会更别出心裁。然而，每当坐在阳台上，看着河对岸低矮的路灯，柔和的浪涛，我突然会感觉这里是举办威尼斯嘉年华的最佳场所。我们可以举办一个不需要太多准备和忙乱的威尼斯嘉年华，其实就是一个化妆舞会。把马拉卡南宫前门庭院关闭，每个人都乘船而来，在阳台附近的河岸登陆。

计划立即传遍小镇，整个镇子都沸腾起来了。当然，对每个人来说，最重要的是："我得扮成什么去参加派对？"很快，镇子里的男男女女都在想。准备假面舞会的日子里，那种煞费苦心的天真该是多么有趣啊！尤其在假面舞会上，原本是生活在同一个社区的熟人，却都在猜想其他人是谁。

很快我就知道自己想扮成什么人了。我想扮成浪漫时期的威尼斯女士，但威廉·霍华德·塔夫脱的服装不容易找。当然，如果他不总是提出反对意见，恐怕要简单得多。他在给他哥哥查尔斯·菲尔普斯·塔夫脱的信中常常抱怨："对我来说真有点儿丢面子，每次我对自己的人物角色提点建议，内莉总是断然否定，除非我建议穿件大长袍子，就正好可以完全藏住我那阿波罗一样伟岸的身躯。后来我建议扮成伊哥罗特酋长，但也没有得到内莉的支持，因为马尼拉其实很缺乏我们需要的面料和配件等。最后决定我必须穿长袍礼服，戴礼帽，扮成亚得里亚威尼斯女王的丈夫。但问题是他们真的能把服装做得和历史上的服装一模一样吗？当然，还要足够长，能遮住我的下肢，让我不需要把下身内衣染成合适的颜色与外衣相配。因为整个东方国家都无法生产出适合我身材的紧身衣。战争委员会，我指的是内莉和我之间的战争委员会，也没给我任何建议。但无论紧身还是不紧身，我们都只能是个'永不上岸也永不出海的'威尼斯总督。"我们最后就是那样做的。

第12章 菲律宾的最后岁月

我们请委员会安排沿岸照明，装饰汽船、平底驳船、圆形小木船、木筏和驳船等。委员会掌管所有事务，还有一帮热心的孩子们，一边玩一边做准备工作。他们安排了一些有亭子间的私人船只，用鲜花装扮起来，船样式不限。装饰得最美、最精致的船只会得到委员会的嘉奖，于是河流两岸到处都是五彩斑斓的电灯，与河对岸的其他船隔得很近，让我们可以从两个不同的方向看得更远。

整个马拉卡南宫的建筑都被电灯勾勒出美丽的轮廓，院子里的大树和小灌木丛也有电灯环绕，一串串五彩缤纷的球形灯泡上罩着日式灯笼，颜色和设计真让人觉得千姿百态。燃着椰子油的小灯为花园所有的人行道和车道勾勒出彩色边线。一切装点就绪，灯光照耀下，附近的草坪齐整得很，互相映衬着，简直就是个童话世界。

嘉年华定于一个满月的夜晚举行，1903年11月3日，我永远忘不了那样光彩美丽的画面。一艘艘色彩斑斓、样式别致的驳船或简易的冈朵拉载着欢笑、私语和歌声上岸。不仅如此，人人都戴着假面，穿着奇特的服饰，合着曼陀林和吉他的音乐，摇曳的灯光像是船上的华盖，漂流而至，船和人的倒影踩着河水的褶皱，登陆上岸，前往我和威廉·霍华德·塔夫脱——威尼斯总督和夫人迎候的地方。我们的扮相古老落伍，站在欢乐的人群中指挥着一切，庄严而又滑稽。这个晚上算是我一生中最难忘又最迷人的夜晚，它将永驻我心。

就像我之前举办过的所有花园派对一样，按照预报，当然会下雨。我想要好天气，我想要月亮，但夜晚带来的只是昏暗的灰色的苍穹，于是整天我都会无助而又气恼地看着天上的云彩。摇曳的椰灯和五彩斑斓的灯笼，仿佛逐渐被夜晚迷迷蒙蒙的天空融化了，变得那么柔和无力。

为了服装问题，每位客人都使足了力气。结果很成功，我从来没看过这么精彩的服装款式。富裕的西班牙家庭和菲律宾家庭都穿戴着收藏很久的古董首饰，很多人转而装扮成传说中的东方公主、王后或贵妇人。

拉斐尔·雷耶斯夫人的服饰最耀眼。她个头高大，肤色黝黑，是一位特别美丽的西班牙人，嫁给了一个杰出而又富有的菲律宾人。拉斐尔·雷耶斯夫人扮做暗夜王后，全身笼罩在钻石的光芒中，我说的不是宝石，也不是人造钻石，是金刚钻石，大大小小，尺寸不一，缝在坠地长裙的褶皱里，像是闪耀的星辰。娇小精致的王冠很适合她的头型和乌黑闪亮的头发，王冠上有个巨大的钻石月牙。她活泼好动的性格加上闪耀的首饰，毫无疑问吸引了无数炫目的眼光，人也就更加耀眼夺目。那个难忘的夜晚，难忘的情景，谁见了她，都会难以忘怀。

舞会持续到深夜，但其实夜幕降临的时候，我们就开始陷入沮丧。没几天我们就要离开菲律宾，这会是我们在古老的马拉卡南宫举办的最后一个大型派对，或许我们永远也不会再回到这里。一点也不错，我确定，夜半前来和我们道别的那些笑容很有节制，声音仿佛满是遗憾。

第 13 章
战争部长

我描述的美国战争部长和以往人们熟知的截然不同,甚至有些对立。为此,我必须从威廉·霍华德·塔夫脱刚开始履职的时候说起。

我们离开马尼拉之前,任命就已经下达。因此,当我们经过日本前往华盛顿时,我们受到了日本人最恰当的礼遇,他们在向一个伟大的、友善的大国表示致敬。

当时正值日俄冲突爆发,俄罗斯战争大臣阿列克谢·尼古拉耶维奇·库罗帕特金将军[①]当时也在日本东京。他的欢迎仪式安排得很别致,特别具有历史意义。日本人的礼貌让高贵的访问者很满意,我们以后办招待会也可以借鉴。因为时间仓促,行程安排不得不做出大幅度调整。

我们考虑,如果待在船上,一直等船开到横滨,对方恐怕根本没有接待的机会。可是,他们派了一辆专列在长崎等着我们。长崎是我们返程回国必经的第一个港口城市。几乎在整个帝国范围内,从东京到我们

[①] 阿列克谢·尼古拉耶维奇·库罗帕特金(1848—1925),俄国战争大臣。——译者注

日俄战争中俄军与日军交战

阿列克谢·尼古拉耶维奇·库罗帕特金（1848—1925）

抵达横滨之前，因为日方的热情接待，我们每到一个地方之前两三天，都不得不逗留一两次，甚至更多次。

这时候我们属于一个国家和民族的客人，我们的身份从功能作用转为一种荣耀。最值得一提的礼遇是与天皇和皇后共进午餐。日方还允许威廉·霍华德·塔夫脱在战争部长的职权范围内参观和了解日本军团的发展状况，并安排他在一个很大的阅兵场单独检阅了三千人的部队。

把日本战争大臣寺内正毅①将军比作战士最合适不过，我相信很多国家都有类似的情形。但如果认为威廉·霍华德·塔夫脱和通常所见的其他部队军官一样，也是个战士，那就大错特错了。无论威廉·霍

寺内正毅（1852—1919）

---

① 寺内正毅（1852—1919），日本军官、领事和政治家。1916年至1918年担任日本帝国陆军元帅和日本第九任首相。——译者注

第13章 战争部长

华德·塔夫脱是什么出身,都不可能尚武。这看起来和我现在要讲的故事没什么关系,但我记得这次访问日本遇到的情形最好笑。可是日本勇士完全相信他有军事方面的特殊知识,和他说话时难免用技术术语,但事实上他从来没机会学习军事知识。说白了,威廉·霍华德·塔夫脱在军事方面完全无知,因此,他必须费心费力地掩盖自己。他最后对我说,如果再有人问他美式来福枪的出膛速度,他会这样回答:"嘘,这是秘密。"

儿玉源太郎[①]将军一直任驻中国台湾的军事长官。他后来因为日俄战争期间任参谋长,获得了很高的威望。他对威廉·霍华德·塔夫脱很

儿玉源太郎(1852—1906)

[①] 儿玉源太郎(1852—1906),明治时期日本的将军和政府大臣,为建立现代日本帝国军队起了重要作用。——译者注

感兴趣，认为我们在菲律宾遇见的问题和他在台湾的问题相仿。他和威廉·霍华德·塔夫脱聊起日本管理台湾的经验时显得很自信，比较台湾和菲律宾两地的差异后，他告诉我们：

"我们不得不干掉那些迟早会变得很优秀的人，然后该怎么样，你懂的，你当然明白！"

这事之前没法公开告诉大家，因为那时候有很多反对帝国主义者的团体。为了自己的事业，这些人一定会借此扑上去挑起争论。但从其对历史产生的影响看，现在讲出来还是更安全些。不得不承认威廉·霍华德·塔夫脱是个热爱和平的人，就他而言，有生之年，他从来没有杀害过一个菲律宾人，也没有下令杀害任何一个菲律宾人。他所有的努力都在于如何友善地与菲律宾人联合起来，并劝导他们不要让自己陷入因为反对美国控制而带来的危险之中。

从某种程度上说，在日本各地的短暂停留，像是取得了某种胜利。譬如，总是有很多达官贵人送我们上船，这些人显得很激动，会高呼"banzais"，也就是见到天皇时才会喊的万岁之类的敬语。还有晃动的旗子，真让人以为自己是什么重要人物。我完全没想到日后这种状况发生了巨大改变。我的意思是，日后这种以为自己对日本很重要的感觉被强烈地动摇了。对于美国这样的联邦共和国来说，我必须要讲清楚一件事，那就是没有任何一个公务人员可以一直保持得意洋洋的姿态。

就在抵达华盛顿不久后的一天，我在朋友家喝茶，闲聊期间，发现有位女士早在马尼拉时我们就互相认识，她是个军官的妻子。我们无所不谈，最后她对我说：

"你知道吗，塔夫脱夫人？我经常感到疑惑。你在马尼拉生活了一段时间后，还会喜欢华盛顿吗？在那里你像个女王，可是回到华盛顿，你什么也不是。"

第13章 战争部长

有一天晚餐的时候,我丈夫身边坐着另外一位女士,内阁官员旁边必然是个很荣耀的座位。烛光闪亮着,毫无疑问,她觉得应该没话找话地和威廉·霍华德·塔夫脱聊聊。起初她聊得很好,但最后还是闹笑话了:

"你知道,部长先生,我真的认为您应该出国到菲律宾去看看,他们说那里很有趣!"

可怜的人,我丈夫那时候的好名声全是因为服务于菲律宾所得。他是这样回答她的:

"你说得很对,我应该去。我也打算要去,我希望尽快就可以前往。"

之所以这么说,是因为他曾经答应过菲律宾人,他回去后会和他们一起奠基第一个立法机构。当然,那时候他一直有个愿望,就是领导美国众议员在解决国家事务的时候,由可靠的立法来决定。所谓可靠的立法,是指过去有些立法建基于混乱的讯息和社会现实,甚至有时建基于被极大地扭曲了的事实或二手讯息。

1904年年初,也就是威廉·霍华德·塔夫脱担任战争部长初期,我和孩子们从圣芭芭拉登陆美国后,就一直在那里过冬,并没有和他在一起。直到1904年5月我们才在圣路易斯相见,当时他正在参加路易斯安那商业博览会的开幕式。

原本西奥多·罗斯福总统打算亲自前往发表开幕致辞,但因为华盛顿有紧急事务,他不得不派战争部长前往,代他向世界宣布商品交易会开幕。我因为很长时间没有接触到轻松活泼的美国做派及其特有的精神,几乎忘了这也是我自己的精神特质,当时我记得特别清楚。从那时开始,我才意识到回到自己的祖国有多好。

我之前曾经在华盛顿生活过,所以很清楚作为内阁成员的妻子定居华盛顿意味着什么。虽然我不想成为一个"一无是处的人",也不希望别人那样看我,但我知道在这里完全不像在菲律宾做总督夫人,

路易斯安那商业博览会展区

路易斯安那商业博览会上熙熙攘攘的人群

责任和优越地位总是相伴而行。我以为美国人贬低己方优越性的宣传真的让人难以理解。

考虑到我的地位难免令人嫉妒，所以必须首先在华盛顿找到一处足够我们一家人生活的房子，当然还必须可以在家里举办派对什么的，满足人们对我们的期待。那时候就算租房子，内阁成员的薪水还是可能有所剩余。

如果设定好了你得去适应一年八千美元开销的生活，八千美元似乎就足够了。但是如果要维持一种有尊严的生活，当然，主要是作为内阁成员的尊严，这笔收入还真的偏少，少得令人担忧。倘若我们没有其他私人经济来源，我真的怀疑未来如何搞定一家人在华盛顿的生活。

1904年10月1日，到华盛顿之后算是正式安顿下来了。我们的家是一幢老式房屋，看起来很宜人，位置就在K街，靠近十六街。屋里现有的设施并不那么讲究，相比精致的现代便利设施，我们更喜欢它有可以额外利用起来的空间，因此我们买下了这栋房屋。

所幸我们可以免费使用战争部的马车和车夫。车夫奎德是个爱尔兰人，高大魁梧，很有个性。他曾经在炮兵部队服役，退役后在政府好几个部门待过，这样我们才发现了他。他永远都改不掉在炮兵部队的习惯和规矩。西奥多·罗斯福先生曾经说他驾车的时候很有活力，好像是一门随时准备行动的大炮。他的马匹永远保持着最佳状态，当然，这些马显得略微肥了点。但他还是为这些马感到自豪，因为它们总能按照他的命令，跑出他需要的速度。他可以在街角慢吞吞地走，也可以让马车突然飞奔起来，超过街上的小轿车和其他交通工具。像他这样驾车真的让人神经紧张透了，可是反对没用，他有他的个性，完全不听劝。

奎德曾经用公共开支喂养威廉·霍华德·塔夫脱的私人马匹。威廉·霍华德·塔夫脱并不支持他这样做，认为应当从自己的个人户头上扣除这笔费用，于是要求奎德出具一份明细账，便于处理。奎德看看他，

第13章 战争部长

有点反感,然后用浓烈的爱尔兰腔调说:"呃,威廉·霍华德·塔夫脱先生,你让我们在养马场的工作具体怎么做?这事本来一直都做得很好。如果愿意,你可以自己喂马,不要政府操心。"

我记得有一天我们去参加哈伦大法官家的派对,庆贺他就任大法官二十五周年。我们驾车抵达的时候,西奥多·罗斯福总统也已经到达他府上。入口周围全是骑自行车等候的警察,我们路过这些人的时候,奎德非常友好,但完全不得体地用爱尔兰语对着这些人大喊大叫:

"哈哈,看在上帝的份上!总有一天,你们会在附近等我的老板!"

哈伦大法官(1833—1911)

奎德很忠诚，他的预言居然实现了。可是，就在那之后不久，他在执行公务的途中发生车祸去世。那时候，他给1909年任战争部长的迪金森家驾车。因为电线杆突然倾倒，马儿受惊失控，为了救车里的孩子和嬷嬷，奎德勇敢地抓住缰绳不放，最后成功地让马转向一处篱笆围栏地。车里的人得救了，但他自己被猛地甩了出去，折断了脖子。

另外一位战争部的同僚叫阿瑟·布鲁克斯，是个情报员，有色人种，野战训练营的少校。阿瑟·布鲁克斯是我所知道的最令人满意的行动者，他几乎了解所有的事，忠诚、高效、准确，雇佣他的人会很放心。切斯特·艾伦·阿瑟总统任职期间他来战争部工作，他凭借自己的信誉逐渐赢得了自己的位置。伊莱休·鲁特先生不仅发现了他最有价值的一面，还给予他很大信任。

阿瑟·布鲁克斯可以担当各种事，对我来说，没有他，一切都会很糟糕。他设法帮我操持所有的招待会，通常就是我按照一定的方法做准备，他来检查是否每个人都会觉得合适，服务不要出差错。威廉·霍华德·塔夫脱担任总统后，他转而让阿瑟·布鲁克斯担任白宫监管人，我也就有机会再次提及他的能力所在。

我想那时候我们总是竭力让一切进展顺利。我经常感叹华盛顿简约的奢侈，怀念我在马尼拉的小房子里自由自在的生活，怀念留在那里的日常家具。我并不觉得白宫个头高大又壮的厨师有多么能干，会让我忘了阿新，那个集美德和整洁于一身的中国厨子。还有我的男管家，他们都是有色人种。白宫的服务人员也并没有那么容易取代我在马拉卡南宫的阿金和阿张，两个在楼上服务的中国男侍者。而六到八个专门给地板打蜡的菲律宾光脚男子可以让地板亮得像一面镜子。他们会把家里打扫得毫无瑕疵，从来都不会无所事事。但在华盛顿，完全找不到任何可以和他们相媲美的人。

刚到首都时，作为"内阁夫人"，生活压力很大，也很枯燥。首先，

第13章 战争部长

人们期待内阁夫人会去回访任何一个拜访过她的人，因为几乎人人都是那样做的。这种习惯在我们那个时代一直是评判所有众议员妻子的方式，当然，也包括其他部门工作人员的妻子。丈夫在最高法院工作的妻子为华盛顿的快乐生活做出的贡献最大。因为她们的丈夫不仅和各个政府部门都有联系，还与最大、最有吸引力的平民社会有着许多联系。另外值得一提的是，我们的社交圈子甚至还包括女兵。

整个冬天的下午，只要我不在家，就必定是出门访友了。我像大家一样也有很多这样的联络，有时候探访变成了责任，难免让人觉得厌烦。当然，正式的访友方式也让我有机会结识了一生中最令人愉快的朋友。部队的女兵都特别阳光、快乐。事实上你很容易发现她们为什么会是这样的个性。她们四处流动，不断变换居住地，乐天派的生活态度必定让她们养成热忱真挚、慷慨大度的处事方式，让她们看起来很有魅力。

西奥多·罗斯福夫人每周都会挑选某个上午在白宫举行内阁夫人会议。这并不是什么社交活动，而是聚在一起讨论我们感兴趣的事。为此，我们得到图书馆去查询资料，一般从上午11时待到中午12时。

访友之后，内阁夫人们最重要的社交职责就是外出用餐。如果我们不打算在自家举办晚宴派对，通常就会选择外出用餐。威廉·霍华德·塔夫脱任职战争部长之后，我们几乎不知道什么是"家中宁静的傍晚"。当然，这种生活方式也让我们认识了很多有趣的人。有趣的人像是世界赐予我们的礼物，给我们的生活带来了很多快乐。

总统得在12月和复活节期间与每一位内阁成员，或者所有内阁成员一起吃个饭，通常只会邀请很少的外人参加这种聚餐。一届届政府慢慢累积，最终形成了这样的习惯。你可以想象，这种派对并没有什么很大的不同，对女主人来说只是严格又迅速地给她的客人按照级别位次安排座位而已。西奥多·罗斯福先生在他最后一个任期内并没有很介意这个习惯,反而常常邀请并不属于"官员一族"的人共进晚餐。对我们来说,每年邀请西奥多·罗斯福夫妇共进晚餐是规模最宏大的聚会。我希望尽可能邀请更多的客人,尤其是自己本身就很有趣、很快乐的人,还有在一般场合不可能见到总统的人,因此,我经常邀请全国各地的朋友来访。

西奥多·罗斯福的夫人伊迪丝·罗斯福(1861—1948)

第13章 战争部长

每周三下午,"在家"的内阁成员夫人们会互相探访,偶尔来首都参观的人可以很惬意、自由地参加非正式的招待会。我常常感到很惊讶,居然会有好奇的生人跑到我们的会客厅来。

这只是内阁夫人们社交季的一个侧面。很幸运,我丈夫最初就是个不断到处调动的部长。我记得有段时间卡通画把他画成"坐在盖子上的人",他戴着花环,脸上露出天使般的笑容。而西奥多·罗斯福总统则忙于飞行旅行,或者疯狂地奔向已经移动的列车车尾。西奥多·罗斯福先生的繁忙,主要通过他眼镜上的缎带来表现,缎带被他奔跑时带起的风刮得向后飘散开来。而威廉·霍华德·塔夫脱则常常被画成满头大汗,狼狈到连礼帽都被风刮掉的形象。就连他的手提箱看起来也很忙乱,在他身后疯狂地摆动着,而画上还有很大的"塔夫脱"几个字。卡通画当真准确地描述了他们各自的真实处境。

我差点没得到我在 K 街的房屋。因为巴拿马地峡区发生了一些事情,战争部长必须亲自前往巴拿马地峡一带查看,并对当时的形势做出某种判断。我们在运河区面临太多正处于紧急关头的事务,但都因为距离遥远不得不拖延下来,导致问题越来越严重。巴拿马地峡区有关边界、司法权、邮政制度、税收等一系列问题,引起了当地人普遍的不满情绪。

修建巴拿马运河原本并非威廉·霍华德·塔夫脱所任职的战争部负责,只是他出任之后,因为陆军工程公司一直没有给出妥善的解决方案,而人们通常认为,战争部就该解决政府的各种问题,因此,威廉·霍华德·塔夫脱就任战争部长后不久,西奥多·罗斯福先生毫不犹豫地将巴拿马运河区的事务交给了他,虽然他肩上的担子早已经满负荷。

我很高兴一开始就有机会目睹美国给了他承诺的这项伟大事业,所以完全支持我丈夫的提议,陪同他一起前往巴拿马共和国。巴拿马共和国驻华盛顿公使森纳·奥贝迪亚也一同前往。还有其他一些很有趣的人同行，有巴拿马运河委员会主席海军少将伽沃努·马贡、委员会法律顾问大法官查尔斯·G. 马冈①、巴拿马共和国法律顾问纳尔逊·W. 克伦威尔②先生等人。

威廉·霍华德·塔夫脱的巴拿马共和国之行主要是代表美国总统给巴拿马共和国总统送去朋友般的问候，并尽可能妥善地调整巴拿马共和国人民和美国人民之间的利益关系。

查尔斯·G. 马冈（1861—1920）

---

① 查尔斯·G. 马冈（1861—1920），美国律师、法官、外交官和行政官员。——译者注
② 纳尔逊·W. 克伦威尔（1854—1948），美国律师，积极推动巴拿马运河项目。——译者注

第13章 战争部长

1904年11月,我们从华盛顿出发前往新奥尔良,沿途受到的礼遇自然不必说。到达目的地后,又有委员会以极其热烈的欢迎仪式,一直把我们送到居住的酒店。我们刚刚在豪华的住处安顿好,布兰查德州长就带着他的下属,穿着制服来迎接我们,这就是所谓的官方礼仪和尊重。我们并没有逗留很长时间,但几乎每时每刻都感到令人难忘的殷勤周到、豪华高贵。这原本也是新奥尔良出名的原因。这次我们只有一次私人会晤,和夏佩莱大主教一起用晚餐,可惜现在他已经去世。他曾经是马尼拉的大主教,那时候威廉·霍华德·塔夫脱刚刚去菲律宾,自然和他相处不错,但在一些重大问题上他很固执地持反对意见。譬如,针对菲律宾教堂与美国之间的纠葛,我们提出了一系列解决方案,但他完全持反对态度。

我们乘"小海豚"号从新奥尔良前往彭萨科拉[①],然后在那里等待"哥伦比亚"号游轮载着我们前往巴拿马。这次我们去巴拿马运河区印象最深刻的是鸣放礼炮时的隆隆声,当然,巴拿马人全力挥动星条旗欢呼雀跃的热情更让人难忘。

周日一早我们抵达科隆[②]。我记得很清楚,我们对这里毫无陌生感,反倒很有家的感觉。整体气氛和环境、周围的人、他们的一言一语、房屋边的街道、泥土的气息、空气流动的感觉等,无不让我想起菲律宾。那里的每一件事、每一个人都立即让我感受到过往的友好和快乐。

巴拿马共和国副总统阿拉索马拉在科隆迎接我们,随行的还有其他巴拿马共和国的官员。其中包括戴维斯将军——当时是运河区总督,和美国驻巴拿马共和国的公使约翰·巴雷特先生[③]。一辆私人火车一直等待

---

① 彭萨科拉位于佛罗里达州最西端,距离阿拉巴马州边境约二十一公里。——译者注
② 科隆是巴拿马的一个城市和海港,位于加勒比海附近,靠近巴拿马运河的大西洋入口。它是巴拿马科隆省的首府,历来被称为巴拿马第二大城市。——译者注
③ 约翰·巴雷特,美国著名外交家,为促进"美洲共和国国际联盟"各国之间更紧密的联系做出了卓有成效的贡献。——译者注

20 世纪初的科隆

着,准备把我们送到巴拿马海峡,因此,我们几乎不需要考虑行程安排的问题。我们的行程满满当当,几乎要计划到最后一个小时,那天下午第一件事就是战争部长和巴拿马共和国总统之间像例行公事一样的礼尚往来。

抵达巴拿马城的时候正是午餐时间,我们去拜访首席工程师华莱士先生。那天的午餐,以及餐后陪同威廉·霍华德·塔夫脱的客人都是些着军装的军官。期间礼仪可以说达到了最正式的要求,而后大家一起去拜访总统曼努埃尔·阿马多尔·格雷罗①。很快,总统就到了甲板上,也就是我们乘的船上,很正式地回访了我们。

谈判很快启动,但会晤都在私下进行。我们乘坐的观光和社交轮船似乎完全没有任何微妙的外交交易机制在其中运作。

---

① 曼努埃尔·阿马多尔·格雷罗(1833—1909),保守党成员,1904 年至 1908 年任巴拿马首任总统。——译者注

第13章 战争部长

我们的公使约翰·巴雷特先生在古老的热带城市有个非常迷人又可爱的住处。我们抵达后的周一傍晚,他举办了一场晚宴,期间邀请了几乎所有支持我们伟大事业的巴拿马共和国高级官员和几乎所有有趣的美国人。约翰·巴雷特先生作为单身贵族,安排总统曼努埃尔·阿马多尔·格雷罗坐在他对面,但总统夫人坐在他右手边,威廉·霍华德·塔夫脱坐在他另一边。我坐在总统右手边,我的另一边是外交事务大臣阿里亚斯先生。戴维斯将军、华莱士先生、戈加斯上校都是当时的最佳人选,其中有许多佩戴陆军军官、内阁大臣标记和装饰的人,携妻子而来,按照头衔高低在大餐桌旁落座。餐桌上摆满了鲜花、闪闪发光的玻璃器皿、点燃的蜡烛等。即便对像我这样记忆里满是各种晚餐的人,也是一幅让人难忘的画卷。

曼努埃尔·阿马多尔·格雷罗(1833—1909)

这种场合的礼节从开始到结束，最讲究服装及其特有的热带风格。几乎每个人，包括总统和总统夫人，西班牙语和英语都说得不错。傍晚一开始，一切都显得欢快活跃。席间有一道很棒的菜，一种产于巴拿马海域的鱼，味道鲜美无比，难以描述。我还真希望自己可以记住它的名字。总统想再来一份，让仆人们有点慌张，激动不安地说拿不出第二份，总统的客套让大家突然感到一种轻松幽默。然后，大家又开始打趣单身的外交官，说他这种状态并不值得羡慕，都建议他赶紧结婚。他尽量聪明地躲开我们的玩笑，但一直都摆脱不了。好不容易，总统先生亲自告诉大家一个消息，说美国外交官是爱丽丝俱乐部荣誉主席，这个俱乐部有一百多名精选的巴拿马女孩。总统先生认为："太多了，他挑花了眼。"

　　晚餐后，还有大型招待会在大厅举行。这幢房子与多数热带地区的西班牙式房屋一样，你可以说是两层楼房，但第一层只是和街面一样高的地下室而已，涂上灰泥，用石头铺成。大屋子的地板亮得很，在我看来不够安全。我猜想约翰·巴雷特先生觉察到了我的焦虑，以为我是在担心地板承受不了我丈夫的体重。他赶紧安慰我说，他已经事先小心地用大木料加固了威廉·霍华德·塔夫脱站着接待客人的地方。他以为这只是个善意的玩笑，可是我觉得这一措施很值得表扬和称道。

　　我们到达巴拿马的时候，总统先生发起的萌芽革命为期还很短暂。我们完全确定不了如何让这个国家保持宁静祥和的状态，只能尽量避免敌意，但人们的确处于一点就燃的状态。战争部和巴拿马共和国政府谈判的时候，我们认为应当避免让他们处于"仅仅是猜测"、而实际毫不知情的状态，因此，威廉·霍华德·塔夫脱大部分时间都待在曼努埃尔·阿马多尔·格雷罗总统紧闭着的会议厅里。

　　同时，我自己也更了解和熟悉了伟大的美国项目将给巴拿马共和国带来的实际利益。然而，那时候人们普遍没有认识到运河的前景。美国

第13章 战争部长

公众的喧哗只是为了让污垢飞起来，让反对派的意见更有市场，更为人们所知。连接两大洋的宏伟蓝图并不只是某个外行一厢情愿的伟大设想。整个竞争环节，人们差点忘了法国企业，它们的失败意味着古老的法国国家机器在热带丛林国家逐渐失势。想起来，既悲壮，又有点令人同情。

悲观和病态的反对情绪四处蔓延，我们很难期待任何整改计划可以实际奏效。好在故事本身已经告诉我们一切，具体到底取得了什么样的实际成果，全世界都已了然于心。我只是很开心地看到戈加斯上校和他的同事们以富有创造力和感染力的热忱谱写了美国为之骄傲的历史新纪元。

巴拿马人对此极其豪爽和友善。1904年12月4日，也就是我们在巴拿马海峡待了几个星期后，尽管人人都知道官方谈判仍然毫无结果，我们还是应邀前往珍珠岛参加野餐派对。东道主租了一艘汽船，大约三百位客人，整个巴拿马共和国的精英基本都聚集于此。珍珠岛位于巴拿马湾，像是驶向太平洋的一座帆船。我们一整天都处于旅行探险的状态，当然也包括寻找一群美丽的小个子女人，包括专门为我们表演的海上项目"潜水寻珍珠"。令人吃惊的是中餐、甲板上的舞蹈、欢快的弦乐乐队音乐，以及最有装饰性的制服。那次派对，威廉·霍华德·塔夫脱成了焦点。首先和他跳舞的是个小巧的巴拿马女人，人们一定会认为她很有勇气。后来大家一个接一个地效仿这个巴拿马女人与他跳舞，让他名声大噪。最后在极大的欢乐气氛中，人们不得不承认，他和苗条的巴拿马人一样脚步轻快。

我一直习惯我丈夫的舞步，也知道他有多么喜欢跳舞，所以我从不认为这事有多么非同寻常。但在他担任总统期间，公共出版物常常以此为玩笑主题。我也写了个打油诗刊登在巴尔的摩的《美国人》上，打油诗是我拜访黑木将军[①]住所时偶然所得，最后一节写道：

[①] 黑木（1844—1923），日本陆军将军，日俄战争期间，他带领军队在鸭绿江战役、辽阳战役、沙河会战和奉天战役中取得了一系列胜利。——译者注

> 威廉·霍华德·塔夫脱是个让人感到惊讶的人，
> 是个我们都知道的令人惊讶的人；
> 那是总统职位带来的霹雳雷声，
> 他的巨大声响就是喜欢行动；
> 像蝴蝶吮吸怒放的鲜花，
> 像华尔兹舞者双腿分开的缝隙！
> 令人讶异的脚趾上的风景！

那是威廉·霍华德·塔夫脱的轻快与流畅。

事实上，威廉·霍华德·塔夫脱是个很棒的舞者。但人们会问，过去三十年里他妻子是否一直和他跳舞？

那天傍晚我们从珍珠岛返回巴拿马城的时候，又遇到了令人愉快的惊喜。威廉·霍华德·塔夫脱和巴拿马政府已经签订协议，可是消息一整天都没被提起，一直到我们离开的时候才公布。报童在大街小巷中高喊着"号外"，到处都是激动的人群，大家笑逐颜开，以极大的热忱谈论着。几乎人人都很满意，我们走到哪里，哪里就响起一片"万岁"的欢呼声。

协议的主题词似乎表达了巴拿马项目的公正性，威廉·霍华德·塔夫脱解释我们国家和新生共和国之间的谈判结果时说："调整了有关邮政制度和关税之间的差异、确定了港口边界问题，大多数条款都让巴拿马人满意。"威廉·霍华德·塔夫脱还将所有与公共卫生健康相关的问题纳入美国政府视野，使人们意识到纯净水供应的必要性。另外还有下水道系统，干净而又整洁的街道，这些可以消除让地峡白人陷入恐惧的疾病等。如果巴拿马运河项目可以继续，伟大的美国会将一切作为免费的礼物赠送给巴拿马共和国。我想人们的欢呼雀跃一定是在表达感激之情。

黑木(1844—1923)

第二天，我们站在中央大酒店的阳台上观看天主教广场举行的大型游行活动。我们只能看见广场一侧和对面的教堂，再放眼望去，四面八方，全是人海。白袍子的人海像是奔腾的海洋，这是一幅很真实的场景。当威廉·霍华德·塔夫脱步入阳台围栏开始讲话的时候，人群发出了欢呼声，看起来所有引起争议的不愉快都得到了解决。

还有一种隐约的传闻，听说被罢免的前巴拿马政府战争部长企图和他的追随者发动暴乱，很有可能眼前的情形就是一场充满敌意的游行示威。显然他已经意识到自己的事业没什么人支持。更何况，他原有的二百五十名部下已经锐减到二十五人。他只要想想运河区敏捷潇洒的美国海军和太平洋飞行中队，当然还包括停在巴拿马港的军舰，"纽约"号、"波士顿"号、"本宁顿"号和"马布尔黑德"号等。虽然这些军舰的使命只是为了和平，但也会让他失去勇气。

威廉·霍华德·塔夫脱面向巴拿马共和国人民的演讲显得很真诚，他对我们在巴拿马的事业充满了必胜信心。他呈现的是令人敬畏的必胜

"本宁顿"号

的力量，同时，也表达了在他任期内将加强立法的必要，使我们必胜的精神得以实现。威廉·霍华德·塔夫脱还允诺公正地对待巴拿马人，并强调巴拿马共和国必须有一个持续的、有序的政府，他的讲话迎来了一阵又一阵掌声。

巴拿马运河区注定会给威廉·霍华德·塔夫脱的工作带来各种各样没完没了的困难，但他因此获得了进入内阁的优势。首先是担任战争部长，其后又任总统，直到整个工程开始，所有的问题都得到圆满解决。八年间，无论他在哪里，无论发生什么眼前看起来很重要的事，他都会将自己与运河紧密相连，运河问题总在他优先考虑的范围内。

巴拿马运河的历史可以分成两个阶段。第一个阶段是全面论证路径问题，到底是建在尼加拉瓜还是巴拿马。美国与哥伦比亚共和国和平签署了《海伊－赫兰条约》[①]，获得了修建巴拿马运河的权力。同时，我们要为法国修建巴拿马运河的公司提供所有权利保障，但哥伦比亚后来拒绝承认《海伊－赫兰条约》。在第二个阶段，巴拿马发生了一场不流血的革命，获得独立，成立了巴拿马共和国并得到西奥多·罗斯福总统的承认。两国重新商讨《海伊－赫兰条约》，我们获得运河区管辖权以及修建巴拿马运河的权力，同时，我们保证共和国的完整性。其间，威廉·霍华德·塔夫脱还在菲律宾。1904年2月，他出任战争部长时，《海伊－赫兰条约》正在等待参议院通过，之后几个星期才获得参议院首肯，组建巴拿马运河委员会。1904年早春时节，巴拿马运河第二期工程启动。威廉·霍华德·塔夫脱任战争部长期间，总统将这项宏大的项目调整到威廉·霍华德·塔夫脱负责的部门。从那时起，一直到1913年3月4日，威廉·霍华德·塔夫脱从总统办公室退休，巴拿马运河项目一直由他监

---

① 《海伊－赫兰条约》是1903年1月22日，美国国务卿约翰·海伊和哥伦比亚驻华盛顿代表托马斯·赫兰签署的一款条约。——译者注

《海伊-赫兰条约》的讽刺漫画：暗喻该条约是在美国威胁之下签订的

督，历史总有一天会记录此事。根据他的叙述，期间危机不断。首先是委员会的压力，他们负责在协议框架内协调巴拿马方面与项目之间的关系。其次是中间撤换工程师人选，史蒂文斯先生替换华莱士先生。联合委员会在报告中呈现了两大问题及其分歧：一个是运河类型问题，海平面式还是船闸式，到底选择哪种，国会相争不下，而政府方面希望建成船闸式。另外一个问题是，运河是按合同修建还是由政府委托修建等争议也相持不下，好在问题最终得到妥善解决。

史蒂文斯先生辞去职务后，这项工程转而由部队工程师完成，当时任命戈瑟尔斯上校负责调节激烈的劳资纠纷问题，也得到了加屯大坝[①]

---

① 加屯大坝是巴拿马查格雷斯河上的一座大型土坝，横跨巴拿马的查格雷斯河。这座大坝建于1907年至1913年之间，是巴拿马运河的重要组成部分。——译者注

第 13 章 战争部长

安全委员会的认可,这些事都是威廉·霍华德·塔夫脱政府时期的关键问题。为了解决相关事宜,他总共七次前往巴拿马,三次由我陪同前往。相比第一次,这次我们作为运河第一任总工程师华莱士先生的客人前往运河参观,到 1912 年我们作为戈瑟尔斯上校的客人前往,那时候加屯湖只有一半水,我们继续开凿的库莱布拉水道①也根本没水,现在回头看真的很有趣。另外,我曾经两次作为戈瑟尔斯上校和他夫人的客人前往运河区,从他们在库莱布拉岛的住处远观,美丽的运河谷地现在已经消失,却长久地留在记忆中永不褪色。

关于巴拿马运河的漫画:西奥多·罗斯福挥动铁锹开挖巴拿马地峡

---

① 又称为人工渠。——原注

就在我们结束第一次巴拿马之行返回华盛顿后不久,威廉·霍华德·塔夫脱亲自率领大批国会议员前往菲律宾访问。这次出访,注定爱丽丝·罗斯福①女士的个人魅力会略微压倒威廉·霍华德·塔夫脱和纽兰斯夫人等一行人,这次旅程多少有点像约瑟夫·鲁德亚德·吉卜林诗歌中的意味,"为了老有所见"。

当我得知两年内有机会前往远东出席菲律宾第一届议会就职典礼时,我决定留下来。我认为自己不会很享受匆匆忙忙地和三个孩子前往东方的旅程,不如在英国安安静静地消夏,对大家都好。因此,夏天我在牛津租了一间小别墅,带上两个年龄还小的孩子,另外还有我在辛辛那提的朋友和她的两个孩子,整个夏天我们到处旅行,发现自己很享受这种生活。那是个异常平静的暑假,我们从英国和欧洲新闻界收集有关威廉·霍华德·塔夫脱、爱丽斯·罗斯福小姐与国会人员在东方的行程报道,其中有些报道真是骇人听闻。一家德国报纸居然报道说,爱丽斯·罗斯福小姐与他父亲的战争部长准备结婚。

爱丽丝·罗斯福(1884—1980)

---

① 爱丽丝·罗斯福(1884—1980),美国著名作家,美国总统西奥多·罗斯福的长女。——译者注

第13章 战争部长

我打算从南安普敦[①]起航,威廉·霍华德·塔夫脱则在返回途中与我们在纽约会合。整个夏天我们都在痛批英国的行李处理系统。我们去打理在牛津的行李时,很惊喜地发现,他们已经采用新的行李标识法了。不需要我们的帮助,该标识法将行李的去向标识得清清楚楚,然后运往伦敦,途经伦敦抵达南安普敦。我们满意地揣好英国行李托管证,踏上行程。

抵达伦敦后,我们把男孩子们送到火车站。离开前,我们得确定行李是否如期送达。很不幸,男孩子们到站的时候,正好爱德华国王也到了,他们兴奋得难以自制,把行李丢在一边,全都跑去一睹国王的风采。火车开动前,我们其实也无所事事,所以整整提前一个小时就到火车站了,难得这么早就到站,得祝贺一下。可是我们的大宗行李并没有到站,有个朋友飞快地跳进马车,前去查询。我彻底查看每一个角落,仔细检查各种堆积如山的行李,等接到电话报告行李下落的时候,都过去四十五分钟了,说是行李已经在路上了。

但火车即将启程,只剩下五分钟时间,我开始抓狂。如果我不打下面这张牌,恐怕也不会遭到家人的嘲笑,而且这事成了我们家的经典笑话。我冲进站长办公室,决定告诉他我丈夫的职位,或者可以吓到他。

我大声喊叫起来:"我是华盛顿来的威廉·霍华德·塔夫脱太太。我得取到行李才行,我们的行李是配合这趟火车时间运过来的。但还有几分钟才能到,您能不能等等我们?"

他一脸茫然地看着我。

我继续无望地说出自己的身份:"我丈夫是美国战争部长。"

他开始说话:"对不起,太太。"

我继续最后一搏,"想必你曾经听说过他,他正和爱丽丝·罗斯福女士一起旅行"。

[①] 南安普敦是英国汉普郡最大的城市,同时也是一个重要的港口城市。——译者注

最后终于产生了我想要的结果和影响。顷刻间，车站成了我的城堡，站长成了我谦卑的仆人。他陪着我出去命令火车等着，然后督促一队人马，一旦我的行李到了，就赶紧运到火车上。既然做都做了，我就不在乎孩子们和朋友们继续开玩笑地称我"塔夫脱夫人"，以及"我丈夫正和爱丽丝·罗斯福女士一起旅行什么的"之类的话。否则，我就不会为了行李，去找站长亮出自己的身份了。

1906年早秋时节，美国驻哈瓦那总领事开始给华盛顿政府发电报，古巴共和国面临严重的叛乱威胁，内乱四处蔓延，一切都处于瘫痪之中。总之，托马斯·埃斯特拉达·帕尔马①总统领导下的古巴共和国正在迅速解体。

《古巴共和国宪法》和古巴与美国的协议，包括一项美国国会通过的"自动作用条款"，也就是众所周知的《普拉特修正案》②规定，美国可以干预古巴事务，前提是古巴岛的和平以及政府的良性运转需要美国介入其中。

有段时间，大约是1906年9月的第一周，形势极度恶化。托马斯·埃斯特拉达·帕尔马总统担心控制不了局势，他也清楚自己并没有足够的军事力量保护人民的生命和财产安全，于是，他秘密恳请美国政府派军舰前往协助平定国内局势。1906年9月12日，他致电美国政府，恳请美国部队立即登陆哈瓦那，防止发生威胁平民生命的大屠杀。1906年9月13日，他宣布辞去总统职务，迫使美国承担政府职责。1906年9月14日，西奥多·罗斯福总统在牡蛎湾召集会议，决定如果可能的话，由威廉·霍华德·塔夫脱负责保证古巴的和平与安宁。1906年9月20日，

---

① 托马斯·埃斯特拉达·帕尔马（1835—1908），古巴政治家，曾接受过美国援助，参加过美西战争。1902年至1906年担任古巴第一任总统。他担任总统期间，改善了古巴的基础设施，对通讯和公共卫生事业做出了很大的贡献。——译者注

② 《普拉特修正案》清晰地界定了古巴与美国的关系，实际上两国关系本质上是不平等的，美国拥有对古巴的控制权。——译者注

托马斯·埃斯特拉达·帕尔马(1835—1908)

威廉·霍华德·塔夫脱由罗伯特·培根①先生陪同，一起前往哈瓦那。罗伯特·培根先生时任国务卿助理，安全委员会成员。他们丝毫没有耽误任何时机。

于是"历史上可怕的二十天开始了"，威廉·霍华德·塔夫脱总是喜欢这样描述那段日子。从传统西班牙政权继承下来的政治习惯和新派之间的摩擦，使古巴人被割裂成不同的敌对派。传统势力忽略了割裂的后果，关键是新政党与其他政党的敌对完全基于个人政治目的，而不是其他任何更好或更爱国的愿望。

托马斯·埃斯特拉达·帕尔马总统依然掌控着政府，但驻扎在哈瓦那城外的二百五十名武装人员时刻准备展开敌对行动。无论是叛乱者还

罗伯特·培根（1860—1919）

---

① 罗伯特·培根（1860—1919），美国政治家和外交家。1909 年 1 月至 3 月担任美国国务卿一职。——译者注

是执政党，双方都呼吁美国的干涉和介入，但双方都不想接受任何形式的妥协。

　　大约有一周时间，威廉·霍华德·塔夫脱遭遇了最猛烈冲击，他认为避免流血乃当务之急。调查证明，和平和妥协并没有真正的障碍。他竭力劝导古巴人放下并没有严重党派之争的不同政见，为了大众利益，各方都要让步，但他们对大众利益并没有兴趣。的确，那段时间，威廉·霍华德·塔夫脱经常提及这个问题，并认为除了托马斯·埃斯特拉达·帕尔马总统和其他几个爱国主义者没有明显的派别偏见外，构成所有争端和冲突的主要威胁在于狭隘的嫉妒、个人的野心，其实也就是厚颜无耻或肮脏无聊。

　　事件急剧扩散，暴乱方要求宣布执政的托马斯·埃斯特拉达·帕尔马的总统当选无效。论战形势急转直下，异常复杂，双方都出示证据证明自己的合法性。最后只得对大选进行调查，以得到公平的结论。调查结果显示，托马斯·埃斯特拉达·帕尔马总统的确是以非同寻常的手段赢得了大选。尽管其所在党派并没有默许，但他还是辞去了总统职务。国会并没有选出继任者，于是，为了防止形势完全失控，西奥多·罗斯福总统完全支持威廉·霍华德·塔夫脱的建议，明确宣布建立一个美国支持的临时政府，由威廉·霍华德·塔夫脱担任共和国临时政府总督职务。这是他抵达哈瓦那第八天发生的事情。

　　美国海军登陆哈瓦那，以保护共和国的宝藏和财富，另外还有弗雷德里克·芬斯顿将军的部队随时准备登陆哈瓦那。

　　古巴人相当悲观，居住在哈瓦那的外国居民一致同意和支持古巴成为美国的一部分。的确，民众在这个问题上很敏感，不管哪个国家、哪个民族的人，只要他们的经济利益处于危险之中，都认为这时候应当努力迫使美国政府采取行动实现这一目标。但威廉·霍华德·塔夫脱在菲律宾处理危机的经验说明，他的这一宣布只是"为了恢复和平秩序，为增强公众信心提供足够长的时间保证而已"。古巴国旗依然飘扬，没有任何古巴官员在履行其职责时受到干扰。只有部队驻扎的地方才能看见美国旗子在上空飘扬。换句话，也就是古巴共和国没有立即停止存在，的确是一种很奇怪的情形。

　　临时政府很快组织了起来。伽沃努·马贡先生接替威廉·霍华德·塔夫脱的代总督一职，很快被委派到哈瓦那。威廉·霍华德·塔夫脱给我来电，伽沃努·马贡先生给伽沃努·马贡太太去电，问我们是否愿意陪同伽沃努·马贡先生前往古巴，当然，我们立即决定陪同前往。我们登上"马斯科特"号，一旁有"得克萨斯"号战舰护航，上面有三百名从诺福克过来的海军陆战队士兵。我也平生第一次像是真正地"卷入"了一场战争，整个过程十分紧急，但十分严肃。事实上，美国的干涉并没有耗费一枪一弹。1906年10月10日下午，我们在哈瓦那登陆的时候，威廉·霍华德·塔夫脱抵达哈瓦那也不过二十天时间，其间，解除叛军部队武装的主要任务基本实现。

　　登陆古巴让我再次发现自己像在菲律宾那样，又成了第一夫人。虽然只是这块土地上很短暂时间内的第一夫人，可是接待礼仪很隆重，不知不觉让我想起了在菲律宾度过的岁月。

　　当我们行至哈瓦那港口库巴那斯要塞时，"得克萨斯"号鸣枪致敬。作为回礼，码头和防波堤上传来嘎嘎作响的枪声。港口的一切都陷入旗子的海洋，从战列舰、巡洋舰、运输船、商船到岸上密密麻麻的船只。有一艘特别醒目的汽船向我驶来，船头上，我很容易就认出了我丈夫高大的身材。

　　一同来的人有他的同事罗伯特·培根先生，助手麦考伊上尉，第二助手何塞·马蒂上尉。何塞·马蒂曾经是个炮兵，接替了他父亲的职位，他父亲属于老一代古巴爱国人士，深受古巴人民爱戴。

　　随后第二艘船也到了，是弗雷德里克·芬斯顿将军和他的助手克洛

"得克萨斯"号

曼上尉。第三艘船上全是古巴新闻记者，他们站在船尾，是我见到的最有吸引力的记者。他们并没有拿着便笺本、铅笔和几个考虑不周的问题采访罗伯特·培根太太和我。相反，他们以美丽的鲜花和慷慨的美酒欢迎我们。而我们接受这一切的时候，不会因为仅仅回以"谢谢，我们旅途非常快乐"或者"是的，能到哈瓦那，我们的确很开心而觉得有损自己的声誉。

哈瓦那市长胡里奥·德·卡德纳斯先生为我们举行了非常正式的欢迎仪式。码头上，放眼望去满是美国海军和古巴居民。市长先生继续他的行政权力，好像什么都没发生一样。陪同他的有市政议会的成员，之后，他们护送我们前往皇宫酒店。

当我和罗伯特·培根太太步入马车时，反对派武装指挥官和他妻子也现身欢迎我们。那天晚报将欢迎场景描述为"献花欢迎"，但我们完全没有看到被罢免的总统及其追随者。辞职之后，他隐居乡村，据说，他在那里受到了非常热烈的欢迎，当然，有部分是出于同情。并没有人以任何名义控告托马斯·埃斯特拉达·帕尔马总统，相反，人们认为他是个诚实而真诚的爱国者。托马斯·埃斯特拉达·帕尔马总统自己在很大程度上被追随者的不诚实行为所害。不久之后，事态的发展显示，他其实可以轻而易举地不需要任何手腕重新当选总统，不诚实的政治是他的人民知道的唯一一种政治。

我们抵达皇宫酒店时，威廉·霍华德·塔夫脱、罗伯特·培根先生和伽沃努·马贡先生去政府办公所在地开会。徜徉在巨大而宏伟的建筑物里，金色花边看起来很炫目，华丽的装饰品和尚武的风格，一切都与建筑物很合拍。之后，我简单地看了看我住的屋子，空间大得出奇，甚至让人觉得不安。然后，我们就在华盖底下休息了一个小时。

直到所有叛军都被缴械，并由威廉·霍华德·塔夫脱签署了一个大赦令之后，伽沃努·马贡先生才确定接受总督职位。威廉·霍华德·塔

第13章 战争部长

夫脱一心想给他留下一个没有叛军的古巴,当然,除了拒绝放弃武装力量的家伙,可是这些人也不可能成势,最终只会被当成土匪追捕。

我只在哈瓦那皇宫做了三天女主人。那三天客人很多,有点过度拥挤。我们抵达之前,威廉·霍华德·塔夫脱和伽沃努·马贡先生一直是美国公使 E.V. 摩根先生的客人,他住在哈瓦那市区九英里以外,房子矗立在两座叛乱营地之间,调停人每天早晚都开着车在叛军阵营中穿行。尽管谈判还在继续,结果不可预知,但几乎所有阵营都很欢迎美国介入。因此,各方对调解人非常礼貌。

威廉·霍华德·塔夫脱在古巴总统辞职后并没有立即接管宫殿,但伽沃努·马贡先生抵达之后,入住其中反而是明智之举,这样可以让他正式就任。皇宫的一切看起来显得高贵,和他的职位很相称。我们去的时候,他们正好住在那里。

哈瓦那

我们到达的那天，罗伯特·培根太太和我一起举办了一场招待会。我记得当时大家都认为那是件很抢眼的事。几百名古巴人出席了这次招待会，包括所有来自不同殖民地的成员，所有美国陆军、海军军官，凡是当时不用守卫在岗位上的人员都被邀请出席。经过一个月沮丧、黑暗、难熬的日子，几乎每个人看起来都特别高兴，像过节似的。有的人穿着漂亮的白色长衫，有的人衣着鲜艳，典型的古巴人偏好。挺括的美军制服与烂漫的色彩交相辉映，煞是好看。我们和列成纵队的来宾逐一握手，哈瓦那市乐队在皇宫前的停车场演奏美国音乐，从最新的雷格泰姆音乐，到古典的《斯旺斯河》，期间穿插经典曲目，演奏得很好，还有几首欢快的西班牙乐曲。

海伦·赫伦·塔夫脱（中）在古巴留影

第13章 战争部长

　　第二天下午，我们很荣幸地前往 E.V. 摩根先生家参加他举办的招待会，可以说相当成功。威廉·霍华德·塔夫脱是这样描写 E.V. 摩根先生的："他的住处很不错，看起来有点像贪图享受的人，家里居然还有个法国厨师，总之一切都堪称奢华。我们当然也被照顾得很不错，其实我们不得不吃得有点多！" E.V. 摩根先生是个真正好客的人，善于把想象力和伟大的能力与娱乐的愿望结合起来。他在哈瓦那的屋子像极了热带大剧院，漂亮的花园里有巨大的棕榈树矗立着，袅袅的树叶和蕨类植物看起来相当繁茂。巨大的草坪让空间格外明亮，像极了故事书中描写的房屋。除了有宽阔的走廊，还有一个古色古香的露台，长满了软软的青苔。中间有个喷泉，正好可以给周围大片灿烂的热带植物浇水。宽敞的屋子里摆满了从世界各地淘来的奇珍异品，当中也不乏一些艺术珍品。那种由精致的黄铜镶嵌的大韩帝国小匣子尤其让人爱不释手。E.V. 摩根先生是美国最后一位驻大韩帝国公使，大韩帝国沦为日本保护国之后，E.V. 摩根先生被从汉城改派哈瓦那。

　　尽管 E.V. 摩根先生家离哈瓦那有九英里远，但受邀的人都来了。据说，人们认为这次派对是许久以来哈瓦那领导人家庭之间最有代表性的聚会。其间有音乐、舞蹈和小零食，所有一切都让人感到愉悦，尽管城里并不缺乏普遍意义上的娱乐和庆典，人们还是久久不愿离去。

　　哈瓦那每年都要举行"1858年十年战争"纪念，这时候各派人士聚集一堂，以彰显他们的爱国之情。但外人看起来多少觉得有点奇怪。哈瓦那被装点成美国传统的7月4日独立日风格，到处都是游行、演讲、乐队、横幅和焰火，就好像古巴是世界上最牢不可破的小共和国。事实上，除了不可避免地消耗国家大量钱财，人们并没有过于严肃地看待古巴当时的形势，如果不是美国及时接管，有可能会牺牲许多生命。

　　第二天上午为伽沃努·马贡到任举行典礼，然后我们启程离开，把他留给了前途未卜的命运。我记得后来有卡通电影描绘他当时的情形，他痛苦不安地坐在烧得滋滋作响的炉子上，炉子上标有"古巴"字样。而威廉·霍华德·塔夫脱穿着消防员的制服，远远地拿着一根胶皮管好像要施以援手的样子，这是对之后历史的描述。

  1906年10月13日，罗伯特·培根夫妇、弗雷德里克·芬斯顿将军、威廉·霍华德·塔夫脱和我，从哈瓦那登上"路易斯安那"号战舰，准备返回华盛顿，另外还有"弗吉尼亚"号和"北卡罗来纳"号护航，离西奥多·罗斯福先生在牡蛎湾召集紧急会议决定古巴行动才过去了二十九天时间。事实上我们花了数小时才从墨西哥湾横扫东部的可怕风暴中逃离出来。这场风暴之大当地少有，损失之大难以计数。死了不少人，岛内与外界的通信被阻断数小时之久。当时古巴驻扎有数千美国士兵，另外还有一些大军舰停靠在哈瓦那港，因此，美国无疑也经历了一场焦虑不安的等待。我们登上"海豚"号，途经切萨皮克和波托马克河，前往华盛顿。途中，汉普顿港口区水域非常狂暴汹涌。到门罗堡后，我们下船，改乘火车回华盛顿。

第14章
繁忙的岁月

这段日子，西奥多·罗斯福先生、伊莱休·鲁特先生和威廉·霍华德·塔夫脱常常被漫画夸张地描绘成"三个火枪手"，滑稽又有趣。西奥多·罗斯福先生像达达尼昂[①]，伊莱休·鲁特先生像阿多斯[②]，威廉·霍华德·塔夫脱就算是波尔多斯[③]了。他们和谐地在一起工作，互相尊重，现在想起来还让人觉得无比喜悦。

赫斯特先生和休斯先生正在竞选纽约州长职务，爱达荷州的形势因为州长斯蒂文伯格被谋杀变得十分复杂。西部矿工联合会的无政府主义活动也十分活跃，需要政府给予特别关注。因此，伊莱休·鲁特先生被派往纽约"播撒文明之矛和正确的思维"。威廉·霍华德·塔夫脱被派往西部去解决爱达荷州相关事宜，也是所有行程中最紧要的安排。

[①] 达达尼昂是《三个火枪手》主人公，原型是前路易十四卫队火枪队队长，法国和荷兰的战争中，他在马斯特里赫特的围攻中牺牲。——译者注
[②] 阿多斯是《三个火枪手》和《布拉热洛纳子爵》小说中的虚构人物，是一个高度虚构的火枪手。——译者注
[③] 波尔托斯是《三个火枪手》和《布拉热洛纳子爵》中的虚构人物，是小说主人公达达尼昂的朋友。——译者注

刚刚完成制止古巴灾难性事件的任务，又返回美国西部"灭火"。一切妥帖后，他才回到华盛顿给我描述当时的境况——"把战争部打包"，走到哪里带到哪里，旅程中一路办公。演讲旅行开始之前，他从巴尔的摩穿过俄亥俄州、伊利诺伊州、内布拉斯加州、怀俄明州和爱达荷州。尔后，又折回堪萨斯州、奥克拉荷马州、得克萨斯州和新奥尔良，到达华盛顿。他通常在前往下一站的火车上准备演讲稿。

威廉·霍华德·塔夫脱在战争部任职的那段时间行程一直非常繁忙，以致根本没时间给我写信。因此，我手里的这些信其实都是由他口述，速记员记录下来的行程回放。重读这些信，感觉自己好像成了他思维过程的牺牲品。所有内容都与政治话题相关，要么表达他对行程和时间的焦虑，要么是他冗长啰嗦的时事评论。不了解情况的人一定会以为我对他所从事的政治活动很感兴趣。

纽约《太阳报》编辑对他的繁忙生活的描述尤其生动，我摘录如下一段供大家分享：

> 如果你想记录战争部的行动和使命，首先需要灵活敏捷的头脑。威廉·霍华德·塔夫脱从华盛顿到马尼拉后极力出台各种试行方案，消除当地百万民众的焦虑不安。然后现身巴拿马督察运河挖掘速度，为西方国家改革提供动力，或指导南美诸共和国走上有利于发展的道路。还前往新英格兰[①]地区，让他们了解总统的国内政策。他还从律师协会的利益出发，说明司法过程中存在问题的隐蔽性。一切事务都变成时刻表，与时刻表争时间，把换洗的衣服扔进行李包。对威廉·霍华德·塔夫脱来说，一切都显得那么轻松，好像只是在休闲或假日观光而已。

---

① 新英格兰是指美国东部沿海的部分新英格兰地区（特别是缅因州）和加拿大的部分沿海省份。——译者注

第 14 章　繁忙的岁月

对大多数政治家来说，最难以驾驭的恐怕是古巴发生的革命。但对战争部来说，那只是他们面临的众多危机事件之一。他们转瞬间就可以给一个四分五裂的国家带去和平，简单得像是撕去日历上的"一页纸"。废黜一任政府，建立一个新政府，同时让人人都愉悦，甚至赢得最凶猛战士的尊敬，然后乘船返回华盛顿，一切照旧，按部就班地工作，好像威廉·霍华德·塔夫脱什么也没做过。

但华盛顿的日常工作并不会让威廉·霍华德·塔夫脱安安静静地待在华盛顿。他很快就会被某个行程抛进政治事件的压力和焦虑之中。他得去俄亥俄州和伊利诺伊州演讲，爱达荷州也需要他。从哈瓦那到波卡特洛，他面对的事件完全不同，但这就是威廉·霍华德·塔夫脱的日常工作……仿佛所有问题一旦到了战争部，就会变得格外愉快和美好。战争部根本就是和平部，武装部队的作用只是他成功平息各方冲突的前提和保证。因此，以往人们发出痛苦呻吟的地方，也正是他回之以笑声的地方。

几乎没什么紧急情况可以压倒威廉·霍华德·塔夫脱。任何命运面前，他都报之以乐观向上的心。他多才多艺，像个万花筒。他就像命运本身，不屈不饶，永不放弃。他所取得的胜利，的确会让人感到惊奇，以为他是最卓有成效的战争部长。

对整个政府来说，"内阁协助"付出的精力和行动一律均等，威廉·霍华德·塔夫脱只是个工具和媒介而已。然而还是有人想授予他法官的袍子，用司法的僵化限制他的行动。

有关我丈夫即将被任命到最高法院的话题突然又出现了，我当然一如既往地持反对态度。我们在古巴的时候就盛传布朗大法官退休后，总统会任命我丈夫接替大法官的空缺。但新闻报道又表明他可能会拒绝任命，因为他可能很快就会成为共和国下一届总统提名人选。

可是任何试图加强他政治优势地位的建议，威廉·霍华德·塔夫脱都听不进去。他并没有玩弄政治，而是严肃地参与某项事业，并深信公众希望政府一如既往地坚持现有的国家发展战略。西奥多·罗斯福先生的个人影响力不容小觑，但他已经宣布不会参加第三次总统竞选。因此，尽管有其他数个可能的人选，党内还是一致支持威廉·霍华德·塔夫脱。西奥多·罗斯福先生也向我丈夫保证，他会给予其坚定的支持，并敦促他不要失去扩大个人魅力的机会，最好能尽快发起为他自己营造声势的行动。如果重读那段时间的信件你会发现，所有总统提名人选中，他的处境最困难,当时忠诚于他的支持者都意识到了这一点。威廉·霍华德·塔夫脱却显得有点不关心所谓的造势行动，从来都不认为最高法院的位置不如总统更有吸引力。以致有一段时间，西奥多·罗斯福先生对我丈夫很失望，这的确是他亲口所说，记得那次我和西奥多·罗斯福先生正在讨论威廉·霍华德·塔夫脱候选人资格的问题。不仅如此，威廉·霍华德·塔夫脱还总是极力避免和西方某些政治团体合作。因此，西奥多·罗斯福先生告诉我们，威廉·霍华德·塔夫脱不是个理想的政治家。他可能会改变主意，和其他共和党人一起支持休斯州长。我当然向威廉·霍华德·塔夫脱转达了西奥多·罗斯福总统的意思，并敦促他有机会一定要展现自己对竞选总统职位的激情，但我得到的回答显得不紧不慢地，"我们还有足够的时间"。通过分析总统和公众对他的感觉，他认为目前自己并没有优势可言，于是提笔给西奥多·罗斯福先生写信：

> 我夫人给我写信说你可能会放弃我，因为相比为我争取总统候选人资格而造势的朋友，我明显缺乏热情。我给他们挑明了实际状况，其实也没什么，只是我发现自己没法完全融入任何类似的竞选组织之中。事实上……其他国家可能会发生这样的事，那就是，如果一个人不以某种方式参与其中，就是不明白自己有关

休斯州长(1862—1948)

心这些人的义务。像我这样行事当然也有益处，那就是随之而来的成功不会造就像宗教狂热分子那样不可理喻的英雄。就我现在与这些组织之间的冷漠关系，他们不可能跟随我和支持我。

  有关我的总统候选人提名问题，你一直很担心，我当然很感激。这可能也是对我最大的恭维，也表现了你最大的善意。我夫人说你可能会改变主意，转而支持休斯竞选总统。你如果这样做，的确会让我清醒地意识到一段时间以来，你对我的表现其实很失望。你也很了解我对总统任期之类的事情一以贯之的态度，因此，如果你改变主意，选择支持其他人，可能会更明智，也不会留下任何遗憾和失望。

  西奥多·罗斯福先生给威廉·霍华德·塔夫脱的回信一再强调我误会了他的意思。他想说的是威廉·霍华德·塔夫脱不应该过于冷漠，因为这样可能会使他的支持者灰心丧气，甚至整个共和党都会处于这种状态。也就可能导致像休斯州长这样的人或者其他有西方背景的人，身后会出现支持者，而西奥多·罗斯福总统本人除了支持他别无选择。

  1905年的竞选非常激烈。共和党人在纽约和爱达荷州获胜，大体上，人们对这两个州印象深刻。从堪萨斯州的莱文沃斯返回博伊西的路上，威廉·霍华德·塔夫脱给伊莱休·鲁特先生写了封信，信是这样写的：

亲爱的阿托斯：

  在爱达荷州闲来无事之际，我看到了一份你写的演讲稿。我真的无法描述这份演讲稿让我感到多么心安，也更加坚定了我一直以来对这位演讲者的热爱和钦佩。我可以想象你是如何将自己的所思所想呈现给大众，又是如何依据形势的需要行事……毫无疑问，你选择了最能达到预期效果的时机向这位"邪恶的骑士"

第 14 章　繁忙的岁月

挥动你的长矛，阻止赫斯特当选，我毫不怀疑你会因此获得纽约同仁，乃至全国同仁的赞许。

从我对西方的观察来看，总统避免不了再次参选……于我，当然也不例外。对其他人来说，这可能暗示着某种恭维……就你我而言，无论我们在为国家、为人民服务的过程中抱负如何，我们都摆脱了虚荣的恭维。我们因此也得到了回报，那就是在选举中，我们并没有暴露在恐怖的桃色新闻中，你一度对自己毫无桃色新闻的失败感到很满意。

对于这场胜利，西奥多·罗斯福先生在给威廉·霍华德·塔夫脱的回信中是这样写的：

此刻，对伊莱休·鲁特先生在纽约所做的一切，对你在爱达荷州所做的一切，我不知道用什么样的语言才能表达我的骄傲。

威廉·霍华德·塔夫脱返回华盛顿时看到了伊莱休·鲁特先生的回信，他的信让这"三个火枪手"之间的相互佩服更完满：

亲爱的波尔托斯：

你在爱达荷州最重要和最令人钦佩的演讲，好像并没有引起东部关注，对此我深表失望。我已经建议《展望未来》的编辑完整地刊登此文，并呼吁大众关注于此。他会直接联系你，我希望你会允许他们刊登。

周六下午我会离开一周，如果你对我们部门的做法感到吃惊，千万要冷静。

你忠诚的
伊莱休·鲁特

"千万要冷静"并不是暗示任何静止、不变和沉稳。威廉·霍华德·塔夫脱巡回视察各地驻军后,还没来得及返回华盛顿,又踏上前往爱达荷州的旅程。西奥多·罗斯福先生已经抵达巴拿马,一应问题全都留给了威廉·霍华德·塔夫脱,包括遣散三支有色人种部队引起的问题,当时这三支部队驻扎在得克萨斯州的布朗斯维尔。

战争部长必须在总统回来之前把事情控制在一定范围内。凡是纯粹属于操作层面的问题,不需要总统亲自签名的,都授权威廉·霍华德·塔

西奥多·罗斯福在巴拿马视察运河施工进度

夫脱解决掉。如果国务卿也不在华盛顿，威廉·霍华德·塔夫脱的办公室就会立刻变成政府总部。外国大使、参议院和政府其他部门的官员等，凡是想要有机会会面的都得应诺。其他想会面的还有从菲律宾、夏威夷、古巴、波多黎各、阿拉斯加和运河区来的部队军官和政府职员等。

我最后完全放弃了让威廉·霍华德·塔夫脱回家吃午饭的想法，但我们常常出门吃晚餐。因此，大约时间一到，了解到他要抽空冲回家换衣服，我就打电话给他。如果足够幸运的话，他会准时到家，不会让家人一直等到觉得就要失去耐心。可是他总是带个私人秘书回家，提一大包文件，这些文件必须在睡觉之前处理掉。

1906年到1907年的冬天，我太忙了，忙得只能回忆起一些说不清道不明的噩梦。好在想想威廉·霍华德·塔夫脱可能与总统职位结缘，多少减轻了我的噩梦感。初夏时节，我带上家人，收拾好一些必需的物品去默里湾，然后通过西伯利亚横断铁路周游世界。我很想让丈夫暂时抛开公务，和我们在一起待几个星期。但我基本上可以确定，未来很长一段时间内，他不会有时间和机会休息娱乐。世上哪有人可以那么幸运，既是美国总统候选人，又可以享受片刻的宁静。

为了照顾为他当选总统而默默工作的人，威廉·霍华德·塔夫脱前往默里湾度假之前，再次在西部发表巡回演讲。他的工作方式常常被描述为旋风式，当他到默里湾的时候，已经是1907年7月初了。

巧的是，不知道为什么，我一生中无论哪个阶段，去得最多的地方就是默里湾。也可以这么说，二十年来，塔夫脱家族大部分人夏天或多或少都会在那里待上一段时间，只是我在书中提得少。早在有钱人喜欢光顾默里湾之前，我们就常去。那时候，住宿只有旅馆之类的设施，那种很地道的法属加拿大客栈古色古香。店员都只说法语，绝对不说英语。他们的微笑服务虽然简单，但令人感到愉快和满意。现如今，我们早已无法享受到类似的服务。不过，以现在的标准看，你肯定会认为他们的服务水平和质量低得荒唐。自从我们1892年第一次到默里湾度假后，就经常去。我们通常是租住一间小木屋，以完全朴素简洁的奢华愉悦自己。

我们住了几年的小木屋坐落在悬崖峭壁顶端，几乎完全隐藏在一片茂密的松树林里，向下可以俯瞰圣劳伦斯河十六英里宽的河段。

小木屋既宽敞又舒适，简单得像是在树林里露营。建屋子的材料，一根根未上过漆的松树，看得明明白白。屋内只配备了一些可以锁起来年复一年使用的东西，任何强盗对此都不会感兴趣。反倒是我自己在屋里存了些与众不同的东西，包括菲律宾古玩、墙壁装饰品和地板垫等，都是我们陆陆续续从马尼拉带来的物件。

威廉·霍华德·塔夫脱在默里湾的丛林小木屋待了五周。其间，我们的小木屋简直就成了美国战争部兼美国总统候选人总部。威廉·霍华德·塔夫脱启程去世界各地旅行前，为了发起他的提名竞选活动，周围的人不停地提醒他得准备演讲。1907年夏天，俄亥俄州的竞选活动非常活跃，几乎成了核心，在多个可能的候选人中，威廉·霍华德·塔夫脱遥遥领先。竞选组织也在全国各地逐步建立起来，竞选需要全身心的投入和不懈的关注。

异常繁忙中，威廉·霍华德·塔夫脱给西奥多·罗斯福先生的信却显得轻松得不正常："我很享受假期。"他说的假期就是从没完没了的社交礼节中解脱出来，每天在默里湾俱乐部高尔夫球场打一轮高尔夫球。他非常喜欢这个俱乐部，多年来也一直在这个俱乐部打球。

1907年8月上旬，威廉·霍华德·塔夫脱离开默里湾前往华盛顿，他表示很理解我准备带着儿子查尔斯·菲尔普斯·塔夫脱前去黄石公园旅行的安排，我们约好1907年8月下旬在黄石公园入口处碰面。1907年8月19日，他同时开始在俄亥俄州的哥伦布等地进行旅行演说活动，包括肯塔基、密苏里、奥克拉荷马，然后去丹佛。

黄石公园

这时候，威廉·霍华德·塔夫脱的母亲，这个对家庭贡献最大的人却病情严重，将不久于人世。她所有的儿子都殷切地希望留在她身边，可是只有贺拉斯·塔夫脱可以真正做到。我丈夫这时候告诉他母亲，说他想放弃前往菲律宾的行程，一直待在美国。但他的母亲是这样对他说的：

"以我看来，威廉·霍华德·塔夫脱不会因为满足个人意愿放弃公共责任。你答应了菲律宾人民，会出席他们第一个立法机构成立庆典，可是你现在要因为我而违背之前的诺言，我不会开心。"

这是她对威廉·霍华德·塔夫脱说得最严肃的话。正是在菲律宾旅行期间，他得知母亲去世的消息。好在母亲的话让他感到了一丝丝慰藉，但从此，他永远失去了母亲，再也无法见她一面。

我带着已经十岁的查尔斯·菲尔普斯·塔夫脱在蒙大拿州的北太平洋铁路，利文斯顿交界处与我丈夫一行人会合。然后，一同前往黄石公园的嘉丁纳入口。杨将军在入口处接待我们，他是黄石公园负责人，与他一起负责接待工作的还有运输公司负责人亨利·艾伦[①]上校。我们立即开始了为期三天的旅程，精彩绝伦的三天，包括视察陆军指挥所，目的是为改善公园巡逻制度提出合理化建议。

因为行程过短，我们不得不每天驾车五十公里。意味着要以最快的速度赶路，参与接力的还有军用骡子。我们停下的每一个地方，不过是一次又一次的下一步"如何行动"和到此一游，以及不停说"再见"而已。因为过于匆忙，这几天我们完全迷路了，完全不知道自己身在何处，真是个致命的错误安排。

有天晚上我们回到猛犸温泉酒店，发现到处都是兴奋的游客。因为闲得慌，我建议晚餐后在大厅打桥牌。大厅人很多，一切看起来都生动有趣。我们的确这样做了，威廉·霍华德·塔夫脱和我，克拉伦斯·爱

---

① 亨利·艾伦（1859—1930），美国陆军高级军官，因为1885年在阿拉斯加的铜河探险而闻名。——译者注

第14章 繁忙的岁月

亨利·艾伦（1859—1930）

德华兹将军，还有我们一行人中的另一个成员。大家玩得很尽兴，很晚才散去。大厅里游客很多，几乎每个人都盯着我们看，我注意到有些人费力地挤到我们跟前来，就是为了能够仔细看看我们的模样。我们已经习惯被人审视，所以毫不介意。直到第二天一早，大家才明白每个凝视的眼神的特殊意义，因为第二天是周一。

这次我真的有点为自己的行为感到震惊，因为我们居然忘了周日是安息日，整个周日晚上几乎通宵在打桥牌。我们震惊的主要原因是，人们普遍认为威廉·霍华德·塔夫脱是大有希望的总统候选人，我们的故事对全国数百万优秀的安息日派来说，会有什么影响还真的无法估计。

对此，没什么可解释的。玩牌就够糟糕了，因为玩牌而忘了安息日更糟，我们陷入无助和绝望之中。威廉·霍华德·塔夫脱参选的时候，我极力想找寻一些反对和打击我们的故事。我想到了一个闪亮的标题："威廉·霍华德·塔夫脱在安息日玩牌。"我自己一直视安息日为一种严格的原则，这次事件很容易被政治对手利用，毕竟这种事以往闻所未闻。我要向没能利用这次机会让自己处于有利地位的人表示敬意，难道他们也忘了那天是安息日？

  从黄石公园到西雅图的路上，我才真正体会到总统竞选工作面临的困难，同时又要享受困难带给我们的体验。威廉·霍华德·塔夫脱每到一站都会偶遇很多支持他的陌生人，他得一直不停地说话，直到嗓音完全沙哑发不出声音为止。他得一直握手，握到肌肉疼痛呻吟为止。即使作为旁观者，我也会精疲力尽。看到这一切，我的政治热忱难免有点消退。偶尔，我也要感谢政治，政治让我有机会开始一场为期两周的海洋远行，之后还有一场为期三个月的环游世界的旅程。

第 15 章
环游世界行色匆匆

至此，这本书已经没什么空间详细叙述环游世界的旅程了。乘坐汽船"明尼苏达"号的海洋旅程令人难忘又愉快。抵达日本后，我们一如既往受到热烈欢迎。威廉·霍华德·塔夫脱和我在芝离宫参加招待宴会。我们和天皇及伏见宫博义一起用午餐。我们遇见了很多海军将领，他们在日俄战争期间立下汗马功劳，其中有海军将领东乡平八郎以及陆军元帅鸠山亲王。内大臣德大寺实解释到，天皇把我们当作私人朋友。西园寺公望侯爵担任首相，但桂太郎握有议会的实权。威廉·霍华德·塔夫脱与日本政要多次会晤，包括与外交大臣林董伯爵以及战争大臣寺内正毅会晤。寺内正毅现在担任大韩帝国总督。根据其他人的介绍，威廉·霍华德·塔夫脱清楚了日本对美国的态度，感受到日本想与美国保持和睦关系的诚意。林董伯爵特意为我们举办欢迎晚宴，威廉·霍华德·塔夫脱发表演说。他明确指出美日两国如果发生战争，毫无疑问是荒谬的，并强调两国的共同志趣在于加强美日之间的友谊。演讲引起整个东方的关注，很快就传回美国，并成为这届政府的主要议题。我们访问期间，横滨的当地居民赠送给我们一套美观大方的银制茶具。

东乡平八郎(1848—1934)

鸠山亲王(1842—1916)

我们行程的下一站是上海,我们只在那里逗留了一天,但安排得很紧凑。威廉·霍华德·塔夫脱一早就去参观基督教青年会刚竣工的办公楼,尽管中国官吏并非基督徒,但为此做了很多事。下午我们专门去购物。另外,中国人的城市行业协会精心为我们举办了别开生面的招待茶会。茶会期间,行业协会赠送给我们一套中式银碗,看起来奇特又有趣,是我最宝贵的收藏物之一。夜间,上海名流又在阿斯特酒店为我们举行了盛大的晚宴。按照规定,女士们都站在大厅尽头的平台上听演讲。威廉·霍华德·塔夫脱就如何发展中美之间的关系发表了演讲,此后很长时间内,他的这次演讲被看作美国对中国外交政策最简明又最具说服力的表述。当候,中国处于非常有趣而漫长的复苏之中。

阿斯特酒店

第 15 章　环游世界行色匆匆

早在马尼拉第一个立法机构正式运转时，威廉·霍华德·塔夫脱就在"菲律宾法案"中明确规定了政府职能，并向菲律宾人民清晰地阐明，独立任重道远，不可能一蹴而就，只有经过长期坚持不懈的努力才能完全实现自治。他的坦率让许多立法机构的人不开心。然而，良药苦口利于病，这可能是唯一向菲律宾人清晰说明实际情况的方法，也体现了美国人在以极大的诚意履行他们的职责。菲律宾人对于如何保证履行各项措施显得相当不严肃，因此，向他们施加影响的唯一方式就是追求政策表述的明晰和直接。他们倾向于接受用解释的方式说明的公告和申明，最重要的是我们得确定他们没有被误导，否则煽动可能会导致危险的结果。

这次菲律宾之行，我们住在马拉卡南宫，算是总督詹姆斯·F. 史密斯的客人，我重新体验了以往的感觉和轰动。W. 卡梅隆·福布斯先生后来接替了詹姆斯·F. 史密斯总督的职位，他当时主要负责马尼拉的公共事务，如商务部和警察局的工作。他给自己在碧瑶乡村建了一所住宅，取名"顶边"，还真是那么一回事。因为房屋建在吕宋岛伸出来的一角上，海拔一千六百多英尺，可以俯瞰最开阔、最绚丽多彩而又难以企及的山地风景。我们前往"顶边"参观，这是我第一次亲眼目睹开发避暑胜地取得的巨大成就，我在第九章中曾经提到过。

当热情的人们追问威廉·霍华德·塔夫脱看了后有什么感想时，威廉·霍华德·塔夫脱明确表示，壮观的本格特路并没有让他感到惊讶，因为他批准的那笔开支就是为了创造非同寻常的工程。如果不是这样的效果，他反倒会感到惊讶。但事实上，他不得不承认，碧瑶发生了翻天覆地的变化，我们几乎认不出它之前只是伊哥罗特人破烂的小村子。我丈夫任菲律宾第一任总督前，我们曾经在此愉快地度过了一段"未开化"的日子。

试图事无巨细地呈现马尼拉之行几乎不可能。我们一到，就有人递

W. 卡梅隆·福布斯（1870—1959）

来一份印好的日程表，晚宴、午宴、茶歇、招待会、舞会、会议、庆典、视察旅程以及商务会议等，我们只好尽可能一一去实现。幸运的是，一旦行程赶不上计划，我们就干脆休息或做其他事情。

  1907年11月的某天，天色放晴，马尼拉湾熠熠生辉，我们乘美国"彩虹"号军舰起航前往海参崴。海军上将亨普希尔高举着旗帜，另外还有两艘海军护航舰。这次旅程有件事很有冲击力，我们的菲律宾管弦乐队冻得要命。乐手们穿着整洁的制服，热情地回应着岸上、港口船上各色乐队刺耳的旋律，一直护送我们离开马尼拉市区。

第15章　环游世界行色匆匆

那天晚餐他们一直演奏到很晚，第二天又在甲板上举行音乐会。但随后，温度计的水银迅速下降，结果可想而知，热带音乐家们遭受了很多痛苦。起初他们只是换上厚重的蓝色制服，至少看起来比较舒服顺眼的。之后，他们实在冷得受不了了，只好一直裹着大衣外套。最后，他们不得不全部从甲板上逃到轮机舱，我们只能听到从半掩着的门里传出来的乐曲，断断续续。我们抵达还未开放的港口海参崴时，气温已经降到零度，可怜的号手实在是太冷了，以致嘴唇冻僵，完全没法吹奏欢迎贵宾登船的乐曲。这次环游世界的人并不多，其中有我儿子查尔斯·菲尔普斯·塔夫脱、威廉·霍华德·塔夫脱的秘书弗雷德·C.卡朋特先生，另外还有两位报界记者。

我们抵达海参崴不久，港内一艘鱼雷艇发生兵变，一名女性无政府主义者诱使船员把救生船放到洋流中，然后升起一面红旗子表示抗议。这次突发事件很快就被强力镇压，并拘捕了数名涉嫌共谋的参与人员。由于州长有权决定他们的生死，人们认为其中一些人受到了极端残酷的惩罚，但并没有任何公开的诉讼程序，让公众了解真相。这事发生在我们抵达的那一刻，带来的影响当然显而易见。整个镇子处于不同寻常的状态，人人都有可能随时处于危险之中。俄方规定，如果没有强悍的哥萨克卫兵保卫，我们不得上岸。最令人兴奋的事情是，我们所到之处，一概都有贴心的贴身保卫人员。俄国东道主热情好客，我们没有丝毫理由感到担心。

我们刚在海参崴抛锚，就受到总督兼总司令的欢迎。逗留期间，他指派驻扎在海参崴的上校、巴里纳蒂斯基亲王担任威廉·霍华德·塔夫脱的助手。他和公主从星期六到第二个星期二一直和我们在一起。两人都会说英语，给我们增添了很多乐趣。

访问以总督为我们准备的晚餐和舞会结束。第二天早上，我们向"彩虹"号和亨菲尔上将告别。哥萨克警卫护卫着我们前往火车站，我们开始了穿越西伯利亚之旅,为期十二天。政府为我们提供了一辆大型豪华私家车,看起来像常见的轮船客舱,里面有许多隔间,宽敞舒适。我们安坐在里面,像是乘坐横贯太平洋的班轮。

横跨西伯利亚的旅程非常有趣。我们预料到风景一定无限辽阔,但也难免单调乏味,后来发现只是风景缺乏变换而已。连续几天时间,我都误以为火车一直沿着南达科他州或内布拉斯加州行驶。这个国家的有趣之处在于它奇妙的荒原,看起来一片萧瑟,却又豁然开朗。未开发的大地可能会产生无法预知的想象。人们习惯把西伯利亚想象成充满悲伤

哥萨克骑兵

第 15 章　环游世界行色匆匆

的处所，但我并没有这种感觉。一列又一列火车载着快乐的俄罗斯殖民者驶向远方的新定居点。沿途车站建得很好，许多强壮的农民带着家人，看起来惬意满足。火车上消磨时光的最好办法就是打桥牌、看书，每天停靠两三站，时间过得飞快。整个旅程中，列车上都有强壮可靠的俄国士兵把守，他们穿着奇特的制服驻守在两边的站台上。每次火车停下，就会换一个警卫，换警卫的仪式相当隆重。凡是附近有驻军的车站，都会有当地驻军长官前来问候威廉·霍华德·塔夫脱，他们通常穿着严肃正规的军装。所有这一切让整个旅程充满了乐趣。

威拉德·D.斯崔特先生也专程来海参崴和我们商量前往奉天的行程，他那时候在奉天任领事，准备在那里为我们举行招待会。到了奉天，欢迎我们的中国士兵穿着老式的蒙古服饰，另外还有一队哥萨克人。我们匆忙坐进一辆马车，两匹奥尔洛夫马飞跑起来，很快到了旅馆。所有领事都集中在那里向我们表示问候，招待会少不了蛋糕、香槟和简短的祝辞等。威拉德·D.斯崔特先生很老练，他可以准确无误地按职级顺序提及每一位领事及其国家首脑的名字，结果可想而知，招待会处于一片欢乐之中。同时，还有闲适舒适的列车等待着我们，我们得跟上俄国人的节奏，骑上漂亮的马以惊人的速度返回列车。像俄国人那样爱马的世上少有，恐怕也是俄国有好马的原因吧。你很难想象，身材魁梧、粗声粗气的俄罗斯车夫，一旦坐在马车上，立即就会温柔起来，他们会小心地催促马儿保持良好的速度，我以为世上再也没有任何画面比这更温馨的了。

莫斯科像招待王公贵族一样接待我们的总督，尽一切可能让我们对这次出访难以忘怀。虽然周六夜半晚些时候我们才抵达莫斯科，但第二天，也就是周日，莫斯科立即专门为我们开放克里姆林宫，好让我们有足够的时间去看看这个古老有趣的独裁国家到底收藏了哪些无价之宝。除此之外，还有一场别开生面的芭蕾舞表演。最后以将军的

威拉德·D. 斯崔特（1880—1918）

克里姆林宫

招待晚宴结束了我们在莫斯科的行程，然后前往圣彼得堡。只一个小时路程我们就顺利抵达。第二天一早我们接到电报，说是有个女性虚无主义者向总督的雪橇投掷炸弹，炸弹恰巧在马肚皮底下爆炸了，马匹和马车夫都死了。幸运的是，总督和他的助手虽然倒在雪地里，但并没有受伤。这些绅士对我们都很友善，俄国高级官员的危险处境让我们感到很吃惊。在圣彼得堡的时候，我们有机会与外交部长一起用餐，当时伊施沃斯基先生和他的太太正在接待外交使团。威廉·霍华德·塔夫脱和克拉伦斯·爱德华兹将军一起拜见沙皇，并出席每年一度的圣徒日庆祝活动。大约有三千二百名军人参与圣徒日庆祝活动，其中没有一个人的身高低于六英尺二英寸。之后我们出席沙皇在科塞罗宫为

圣彼得堡

第 15 章　环游世界行色匆匆

军官们举办的午餐宴会，威廉·霍华德·塔夫脱在沙皇寝宫遇见两位绅士，他们特别提起威廉·霍华德·塔夫脱的父亲。威廉·霍德华·塔夫特先生的父亲曾经担任俄国大使，能遇见这些人，威廉·霍华德·塔夫脱也很高兴。

圣彼得堡之行只有三天，匆匆而过，然后我们前往柏林。除了圣彼得堡，西奥多·罗斯福先生和伊莱休·鲁特先生并没有安排威廉·霍华德·塔夫脱前往欧洲其他宫廷访问。前往圣彼得堡是为了表达我们的感谢之情，承蒙俄方关照，我们整个西伯利亚的长途旅行非常成功。

当时威廉·霍华德·塔夫脱的母亲健康状况岌岌可危，所以他不愿意接受德国皇帝、比利时国王、法国总统及其他邀请。我们在柏林的时间也很有限，只安排与美国大使陶尔和他夫人共进晚餐，并会见了他们邀请的几位美国朋友。然后威廉·霍华德·塔夫脱一行前往汉堡，并在汉堡搭乘"格兰特将军"号汽船。我和波斯特·惠勒夫人赶往巴黎购物，计划第二天傍晚从布伦①乘坐"格兰特将军"号。而这时候，可怕的风暴袭击沿海，"格兰特将军"号不得不在防波堤外抛锚，因此，我们很怀疑能否顺利乘上"格兰特将军"号。小汽船载着我们向狂野的海峡驶去，一旦遭遇强风暴，船只就会被巨大的海浪撞来撞去，疯狂的海浪早晚会把舵给折断。我们又赶紧撤回防波堤内，等修好了船，又重新开始向"格兰特将军"号开去。来来回回，小汽船被大浪毁坏了好几次，我们几乎陷入绝望之中。看起来，我们无论如何也得不到拯救了。我们夜晚 9 时上小船。到凌晨 4 时，小船才终于放下我们这些精疲力竭的乘客。

威廉·霍华德·塔夫脱在"格兰特将军"号军舰上眼睁睁地看着我们上了小船，又一次次地来回折返。他确定天亮之前我们不可能登上

---

① 法国北部港市，即滨海市洛涅。——原注

"格兰特将军"号

波斯特·惠勒夫人（1874—1956）

"格兰特将军"号，便上床睡觉。等上了大船后，我还是异常兴奋，一直沉浸在之前经历的各种危险之中。可是威廉·霍华德·塔夫脱在他的船舱里睡得正香，我简直怒不可遏，拒绝接受任何解释。刚获任命的法国内政部长差遣他的副手前来，他带着一班随行人员，正等着与威廉·霍华德·塔夫脱会面。我狠心地坚持要求威廉·霍华德·塔夫脱立刻起床接待来宾。美国战争部长爬起来，只在睡衣上披了件长毛大衣，然后去客厅去见世界上最有礼貌的民族派来的代表团。双方正式而严肃地互相问候，一通真诚的问候和溢美之词，不知怎么的，两人看着对方，突然大笑起来。作为旁观者，我也非常享受这样的时刻，凌晨的阴霾一扫而光。

到达普利茅斯的那天下午我们收到了一封急件，带来了威廉·霍华德·塔夫脱母亲去世的消息。葬礼拟在辛辛那提查尔斯·菲尔普斯·塔夫脱先生的家中举行，但我们几天后才能到达纽约。

返回美国途中，我们得知共和党内部有关我丈夫作为总统提名人选的事情取得了很大进展。西奥多·罗斯福先生十分焦虑，他敦促威廉·霍华德·塔夫脱务必采取更积极的措施应对局面。虽然之前他已经同意威廉·霍华德·塔夫脱在波士顿会议期间演讲的内容和主题，但这时候他坚持认为必须修改之前关于菲律宾问题的探讨。我们离开美国的这段时间，国内发生金融危机，金融问题变得相当尖锐。西奥多·罗斯福先生强有力地表达了一种观点，即当时商界和政界对菲律宾的兴趣只不过是装装样子而已。

我不可能给大家讲述更多关于竞选初始阶段的许多细节。我丈夫的哥哥查尔斯·菲尔普斯·塔夫脱整整一年都忙于此事，我们分别在俄亥俄州和华盛顿建立了竞选总部。

投票大会的那天下午，我们都聚集在我丈夫的战争部长办公室，等待电话传来最后的消息。

第15章 环游世界行色匆匆

我有一叠照片,都是朋友拍摄留存下来的,我丈夫当时等待投票结果时脸上的表情可以看得清清楚楚。提名人选很快就确定下来了,1908年7月1日,威廉·霍华德·塔夫脱辞去了内阁职务,我们在弗吉尼亚温泉镇全力投入总统竞选。他先期花了几个星期准备提名演讲,必须在前往辛辛那提之前向西奥多·罗斯福总统和伊莱休·鲁特先生提交他的演讲稿。查尔斯·菲尔普斯·塔夫脱先生为接待竞选委员会做了精心安

威廉·霍华德·塔夫脱(右)与查尔斯·菲尔普斯·塔夫脱(左)

排，并在派克街上的豪华老房子前搭了个台子。夏天最炎热的某个日子，我丈夫发表了他接受提名的演讲。然后我们一起返回温泉镇，未来的日子就是为总统竞选做准备。其间我们离开温泉镇，有一周时间待在伊利湖的中巴斯岛，然后才去了辛辛那提。

这次行程后半段，威廉·霍华德·塔夫脱发表了多次演讲，每次都行色匆匆，有些演讲只是即兴地站在小轿车踏脚台上就完成了。1908年9月，威廉·詹宁斯·布莱恩先生的竞选活动看上去赢面很大，而冈帕斯先生和劳工组织对威廉·霍华德·塔夫脱的反对声音让人有几分害怕，原因在于威廉·霍华德·塔夫脱为了彻底而坦诚地解决劳工问题曾经颁布过几条法律法规，当时人们普遍认为这些法律法规不利于劳工组织。除此之外，威廉·霍德华·塔夫脱还将德布斯中尉送进监狱待了六个月，正是此人领导了1894年的德布斯铁路暴乱。最后，整个铁路暴乱在辛辛那提及其周边地区瓦解，而威廉·霍德华·塔夫脱对自己所采取的行动没有表现丝毫歉意和悔意。铁路商贸组织呼吁在芝加哥管弦音乐厅召开会议，让威廉·霍华德·塔夫脱为他的行为做出解释和辩护。但威廉·霍德华·塔夫脱公开宣布，如果类似情况再次发生，他还是会这样做。因此，他并不会道歉。威廉·霍华德·塔夫脱前往西部的竞选旅程相当漫长，我并没有相伴左右。我和查尔斯·菲尔普斯·塔夫脱太太，还有我姐姐查尔斯·安德森太太都留在了辛辛那提市。总统竞选可以看作是公众事务中的政治斗争，我非常关注于此，唯恐威廉·霍华德·塔夫脱因为长期疲劳作战，在这场新战役面前倒下。威廉·霍华德·塔夫脱第一次作为总统候选人面对政治斗争，很早就有报道认为他已经失去了优势。支持和反对的报纸不断唤起公众对竞选的兴致，起起伏伏，希望与恐惧等，一切对我来说都是全新的体验和尝试，竞选中我经历的紧张和压力恐怕并不亚于我丈夫。你很难想象如果没有持续稳定的帮助，怎么可以熬过最艰辛的那段时期。随着竞

冈帕斯（1850—1924）

选逐渐接近尾声，共和党的自信与日俱增。因此，选举之夜，我们在一大群好朋友的陪伴下集中到好客的查尔斯·菲尔普斯·塔夫脱夫妇家，当有消息说我丈夫的选举取得了巨大成功时，我们并不觉得意外。

第 16 章
美国总统

威廉·霍华德·塔夫脱参加总统竞选活动不久后,我们立即前往弗吉尼亚的温泉镇度过了安宁舒适的几个星期。然后前往佐治亚州的奥古斯塔,在那里租住了一所老房子,特雷特小屋,邦斯酒店就在附近。对我来说,那段日子尤其快乐。我真的很想讲讲给我们带来无尽欢乐的朋友,除了朋友还是朋友。可是那里的朋友人多了,尤其是他们的善意,真的难以一一道来。

威廉·霍华德·塔夫脱立即全神贯注于组建一个尽量让大家都满意的内阁,当然,这几乎不可能。毕竟,人们对内阁的兴趣好比人们对奥古斯塔沙滩的高尔夫球比赛,虽然并没有任何实际联系,但吸引了广泛的注意。

那时候我自己的问题变得异常突出,我开始全力关注自己的事,当然,也开始忽略之前许多年我一直关注的政治问题。或者随着我丈夫平稳当选,我认为一切重要的事都得到了圆满解决。无论如何,我很少关心新总统会提名谁担任更高一级的职位,同样也很少关心在他任期内应该尽力制定和完善哪些政策。

应我的要求，阿奇博尔德·巴特上尉来奥古斯塔和我商量如何改变白宫的服务问题。作为西奥多·罗斯福总统的助手，他简直就是白宫礼仪的活词典，我们几乎讨论了所有情形。

因为之前有五年作为华盛顿政府要员家属的经历，我很清楚自己在不同阶段应当承担什么责任。因此，制订计划对我来说并没有那么难，难的是执行。

总统的就职仪式之前我们并没有前往华盛顿，1909年2月，我们先去巴拿马旅行，一直住在杜邦广场的朋友家。与威廉·J.博德曼先生

阿奇博尔德·巴特（1865—1912）

第16章　美国总统

和他太太，还有他们的女儿梅布尔·博德曼小姐住在一起，打算1909年2月底返回华盛顿。我们一起度过了忙碌的一周，各种招待，极尽好客之道。1909年3月2日，参加了一次隆重的招待会后，我们才结束整个行程。

阿奇博尔德·巴特上尉继续担任威廉·霍华德·塔夫脱的副手，并给我来电话，让我立即返回华盛顿，并保证我的相关指令已经开始执行。新一届政府组阁完毕，将于1909年3月5日上午在白宫正式就职。

总统就职典礼前，西奥多·罗斯福总统及夫人打算破例邀请我们于1909年3月3日晚在白宫用晚餐，并于当晚留宿白宫。西奥多·罗斯福先生认为，只有这样才能表达他们欢迎威廉·霍华德·塔夫脱就任总统职位的热烈心情。我丈夫欣然接受，并表达了极大的感激之情。在我印象中，1909年3月3日是个特殊的夜晚，我和西奥多·罗斯福夫人都不建议这样的安排。但一切就绪，我们只能默许。

1909年3月3日，狂风大作，其间发生了很多意外，有专业人员指导我们应该如何面对，但很快又出现与之相反的指导方案。特别是天气预报，各种完全不同的预测。结果直到晚上7时45分，威廉·霍华德·塔夫脱和我才穿着晚礼服抵达白宫。其他客人有参议员洛奇及其夫人，参议员鲁特及其夫人，考尔斯上将及其夫人，尼古拉·朗沃斯夫妇和梅布尔·博德曼小姐。

现在看，无论总统多么乐于从他的职位上退下来，无论总统及其家庭多么受欢迎，一届政府结束的时候难免让人陷入感伤之中。西奥多·罗斯福总统显然有些沮丧，当然，我确定他并不是对离开白宫的前景感到沮丧，而是因为一些说不清道不明的事。我想，你应该很容易猜到。总统夫人必须腾出足够的时间做好心理准备，她丈夫和儿子即将前往非洲丛林长途旅行，那里充满了各种危险，她可能一整年都很焦虑。排得满满的生活已经持续了八年，现在她不得不结束繁忙的生活。其间，她结

梅布尔·博德曼小姐（1860—1946）

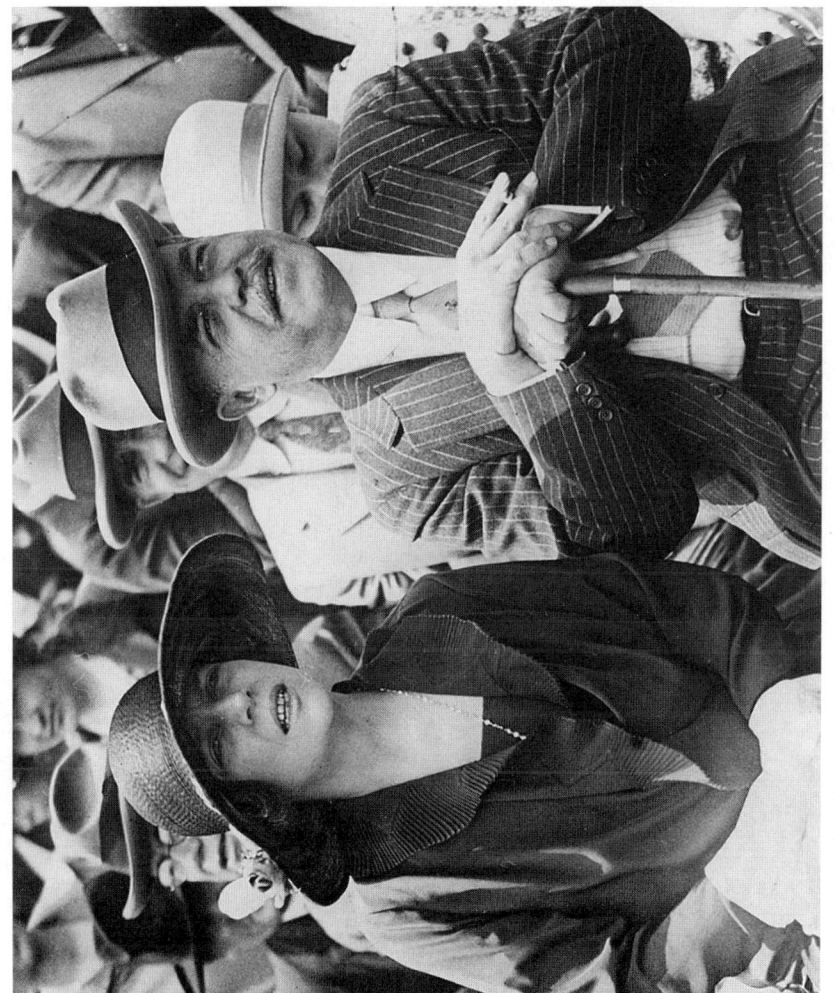

尼古拉·朗沃斯（1869—1931）与夫人爱丽丝·罗斯福

交了许多朋友,现在她即将离开白宫,来道别的朋友都深感遗憾。我很了解这种沮丧的情绪,因此,我也很同情她。总统和威廉·霍华德·塔夫脱分享了很多精彩的故事和家常,尽管他们竭力想让这次白宫家宴看起来轻松平常,但显然,他们的努力并没有完全成功。

当晚我们住白宫东南角的套房,人们通常称之为"蓝屋"。因为事先安排了派对,威廉·霍华德·塔夫脱前往新威拉德酒店参加为他举办的耶鲁人吸烟派对。派对很早就散了,客人散尽,我立即回到房间。

蓝屋总有些物件引发我思考。靠墙的壁炉架下有个铜盘,上面刻的文字特别显眼,我禁不住读起来:"就是在这间屋子里,林肯于1863年1月签署了解放黑奴的宣言,四百万人获得自由,美国各州永远禁止奴隶制。"西奥多·罗斯福政府时期,詹姆斯·麦克金修缮规划顺利完

白宫

第16章 美国总统

成，这间屋子不再使用。这里曾经是林肯及其内阁的专属房间，他们在这里度过了可怕的内战时期。现在这间屋子依然保持了原样，我完全没想到自己在白宫的第一晚居然会与此相伴。

这天晚上我早早就睡下了，祈祷自己能有个甜美的长夜，第二天醒来的时候可以神清气爽地迎接繁忙的一天。但周遭的一切都压迫着我，我好像永远也无法保持清醒。尽管我下决心要好好休息，但还是忍不住一遍遍地温习总统就职典礼的整个方案，我担心一切是否都安排妥当了。我事无巨细地担心很多我担心不了的细节，我以为自己一定会

詹姆斯·麦克金（1847—1909）

为这一生一次的情形而兴奋不已。然而，天气太重要了。我们一定要记住气象局的摩尔先生，他预报 1909 年 3 月 4 日黎明时候，天气会像任何就职委员会希望的那样晴朗明亮。原本忧心忡忡，正在为天气做准备的行政官员们听了他的预报备感放松，他立即成为大受欢迎的人。可惜，他的人气只持续了很短时间。后来，他很专业地解释说，风力在流动过程中发生了以往从未出现的逆向流动。无论如何，这次逆向流动令人难忘，因为它让我们陷入了巨大的麻烦。凌晨时分我睡得很好，因为完全相信他的预报——醒来的时候可以看见微笑的世界。但事实上我被响亮、刺耳的声音吵醒，这些吵闹声似乎就在窗前。我起床前去查看，才发现外面很亮，风暴停了，但整个世界都被冰冻住了，天气异常恶劣。不断传来细嫩的树枝折断的声响，粗大的树干也不堪冰雪的重负，咔嚓咔嚓地，纷纷折断了。没有任何迹象表明，就职典礼仪式开始的时候，天气会好转起来。我有种滑稽的幻觉，一会儿我们沿着宾夕法尼亚大街游行，将会是无法保持尊严的滑行，完全不可能一步一步、干净利落地沿着宾夕法尼亚大街行进。同时，为了尽可能保持优雅的步态，肌肉会用力过度发生痉挛，人也就一直处于失去立足点的状态，但痛苦中又饱含欢乐。

一早在大厅里，威廉·霍华德·塔夫脱见到了显得异常清醒的西奥多·罗斯福总统。

他大声说："哦，威尔，暴风雨就会过去，这可不是通常意义上的暴风雨。大自然在回应雷纳参议员对我的谴责，等我卸任，就不可能再妨碍《宪法》了。"

威廉·霍华德·塔夫脱说："你搞错了，这是惩罚我的暴风雨。我老早就说过了，我上任美国总统的那天一定很冷。"

情况的确非常严峻。大西洋沿岸的铁路，电报等通讯完全中断。电线东倒西歪，交通完全停滞。成千上万前往华盛顿参加庆典的人被迫滞

第16章　美国总统

留在华盛顿城外，又得不到电报告知他们到底是进城还是离开。然而，总统就职典礼不可能等天气好转，一切都必须按部就班地进行。

大约10时30分，我看到现任总统和当选总统一前一后，分别乘两辆马车开始向国会大厦滑行。相伴左右的有参议员诺克斯和就职委员会的培根，闪亮耀眼的护卫队。就职仪式十二时整开始，因为今天还有许多文件等着西奥多·罗斯福先生签署。他以往总是很早就去了国会大厦总统办公室，那里有很多细节工作需要处理。

离开白宫前，他们还无法确定就职仪式到底是在室内举行，还是在室外举行。因为不得不让成千上万的人失望，所以威廉·霍华德·塔夫脱感到非常难过。但同时，他意识到让众人暴露在潮湿寒冷的恶劣天气之中难免会有危险。再则，首席大法官富勒已经七十岁，尤其不可能要求他拖着虚弱的身体，冒着暴风雪主持总统就职宣誓仪式，他决定等天气状况稳定下来再决定是否改变原有计划。虽然天气恶劣，但驱车前往国会大厦时，他还是看到街道上有很多勇敢的市民热烈地欢呼着，表达他们对新任总统的支持。

我有阿奇博尔德·巴特上尉照顾着，因此，并不怎么担心天气。接着，我穿上就职典礼的礼服，礼服并不十分艳丽耀眼。报纸上说我穿了一套紫色的缎子套装，头戴一顶金色花边小帽，帽子上有一支高高的白色羽毛，这样的描述再好不过。可是像我这样看重衣着的人，原本可能会更夸张一点。我记得帽子很完美，羽毛并不像刚开始的时候翘得那么高。头天招待会上，羽毛尖上碰到了燃着的打火机，差一点烧坏。幸运的是，火很快被扑灭了，但烧坏的地方必须修掉一点。不然，我很难想象自己的这副模样，头戴一顶羽毛烧焦后散发着淡淡焦味的帽子。

两年前，也就是完全不可能预测谁到底会是下一任总统的时候，西奥多·罗斯福总统曾经在内阁会议上宣布未来无意和继任者重返白宫。这意味着他要打破惯例，不想效仿其他卸任总统的做法。新总统就职仪式结束后，罗斯福夫人直接从白宫前往火车站等候她丈夫，随行的还有他们的家人和朋友。尔后他也赶往火车站，和大家一起离开华盛顿。11时30分，我和阿奇博尔德·巴特上尉乘豪华轿车前往国会大厦，一切仪式早已在参议院会议厅准备妥当。

孩子们也到了长廊处，他们焦急地等待着。在他们年轻的生命中，这一重大事件必将永远铭记。我记得罗伯特·阿尔方索·塔夫脱和海伦·塔夫脱·曼宁两人看起来言谈举止相当得体，查尔斯·菲尔普斯·塔夫脱似乎没那么自信。他很喜欢看冒险小说，因为害怕就职仪式太长，所以他居然带了一本《金银岛》打发时间。当然，这也是我们家的习惯。当时查尔斯·菲尔普斯·塔夫脱只有十一岁，我想他一定会对父亲的口才怀有极大的敬意，肯定没有打开《金银岛》打发时间。

参议院会议厅

第16章　美国总统

后来，一些多次目睹过总统就职典礼仪式的人认为，这次就任仪式让人印象最深刻。就职宣誓由政府举办，就职演说通常安排在国会大厦前的大平台上，大平台可以容纳一万人。一万人早已等候于此，一个多小时过去了，人群开始感到疲惫不堪。当人们最后只能看见眼前能看见的，却什么也听不见时，就开始聊天说话，四处走动。噪音和骚动有损人们对这次仪式的印象。我丈夫的就职演说安排在参议院会议厅，无论如何，还算是在"众人面前"演说。会议厅有美国政府全体工作人员、华盛顿居民、退职总统和他的内阁、着职业长袍的最高法院大法官们、参议院和众议院的代表、外国使节和外交使团等，大家一概着耀眼的正装。作为非正式观众，廊道上的官员家属人数更可观。

现场很棒，给人留下了深刻印象。威廉·霍华德·塔夫脱面对全体政府工作人员和全世界各国代表发表就职演说，每一个字都清晰自然，气氛庄严肃穆，让人难以忘怀。

威廉·霍华德·塔夫脱一结束讲话，西奥多·罗斯福先生就快步起身，上前紧紧握住我丈夫的手，轻声祝贺："老伙计，太棒啦！"然后匆忙离开会议厅。他的内阁成员相伴左右，目送他前往火车站。我丈夫事后告诉我，当时他只想送给他一句祝福："上帝保佑你，老伙计。今天你书写了我们这个国家最伟大的时刻。"

我也支持前任总统不再和他的继任者一起返回白宫的做法。以前从来没有美国总统的妻子这样做过，但只要人们并不那么看重先例，对我来说这样做也就没什么危险。当然，肯定会有人表示反对。就职典礼委员会中就有人表示反对，尽管他们站在我丈夫的立场和我意见不一致，但我有自己的方式。

就职仪式结束时，天空已经放晴，太阳也出来了。威廉·霍华德·塔夫脱和委员会成员一起离开参议院会议厅，后面一众达官贵人按官职顺序鱼贯而出。阿奇博尔德·巴特上尉带着我匆匆忙忙地从廊道上赶到圆

威廉·霍华德·塔夫脱在卫队的护卫下前往国会大厦参加就职典礼

威廉·霍华德·塔夫脱就职演讲现场

顶大厅，和威廉·霍华德·塔夫脱站在一起，然后一同走到北边平台，也就是以往举办就职仪式的地方。因为天气的缘故，这次改在室内举行。临时搭建的建筑物里挤满了人，当我们走下平台时，人群开始欢呼起来，喊着新总统的名字。威廉·霍华德·塔夫脱又登上就职宣誓的平台，向众人反复鞠躬。

护卫队和一队骑警，还有克利夫兰城市部队等，同时从平台上走下来，站在台阶上迎接我们。他们身上原本精心制作的制服被一早的冰雹和泥泞弄得乱七八糟。我们上了政府的马车，马车慢慢地离开国会大厦广场，进入宾夕法尼亚大道，前往白宫。正如我之前所说，乌云散去，天气虽然寒冷，但晴朗明亮。我还记得，人行道上，看台上，满是蜂拥而至的人群，大家不停地向我们表达问候。

对我来说，就职典礼期间最有活力、最快乐的环节就是乘车前往国会大厦。当然，这样做还有不为人知的喜悦，那就是我正在做的事情，以往从来没有其他女人做过。我忘了头天晚上的烦忧，忘了天气带来的失控，似乎一切烦恼都一扫而光。而我即将要承担的责任和义务还没有开始让我感到烦恼，我只是尽情享受眼前的一切。我丈夫的确当选为美国总统，欢呼雀跃的人群可以证明一切都是真的。

除了政府官员和我们的朋友，白宫门口并没有欢迎的人群。不要紧，以往从来没有在白宫门口安排欢迎仪式。你只要跑到门口，然后走进去就是。助手和门房在入口处问候我们。全家人有机会一起生活在白宫并不是什么理所当然的事，我不禁想起灰姑娘的仆从，每天鞠躬目送她上马车，好像他们每天晚上这样带着她去参加宫廷舞会理所当然。

大厅中间的地板上有个大铜印，我在上面站了一会儿。大铜印现在已经重新镶嵌到入口大厅的中央位置。我曾经在边境附近见过"美国总统封印"，现在看来，总统是我丈夫该是件多么令人骄傲的事啊！我很了解官员生活已有的规则，我得立即开始行使我的职责，因此，

第 16 章　美国总统

我不可能流连太长时间。虽然整个事情让人感到有点虚幻，但我走进餐厅，第一次作为白宫女主人站在门口迎候客人时，我并不感到有什么不安。

我尽可能将日常行程的一应细节交与阿奇博尔德·巴特上尉。虽然之前已经为各种可能的紧急情况做好了准备，但我还是会与他一起核查、筹划各种事宜，以确保之前的计划能得到执行。阿奇博尔德·巴特上尉——后来的阿奇博尔德·巴特少校一直都是西奥多·罗斯福总统的军事助理，我们很熟悉。无论在菲律宾还是在华盛顿，我们都很高兴有机会让他继续负责他擅长的工作。无论什么事，阿奇博尔德·巴特少校总能做到让人无可挑剔。他和我们在一起工作了三年，进进出出，几乎所有事都靠他。说句掏心窝的话，他真是个天才，一切都能打理得那么完美。他对事物重要性的把握，对细节的把握等，都非常准确，我真的很好奇。他的出现极大地激发了我们的信心，大家都叫他"全家福·巴特"，他成了我们亲密挚爱的朋友。事实上，他就是我们家庭中的一员，没有什么比失去他更让我们感到深深的悲伤。有一次去国外短期度假时，他像个战士一样与泰坦尼克号一起沉没，但船上几乎所有妇女和孩子都得到了安全救护。

我们邀请了大批客人参加总统就职典礼午宴，午宴规格很普通。原有的厨师和仆人打算陪同西奥多·罗斯福总统前往牡蛎湾，但他们会等到 1909 年 3 月 4 日下午我的人员抵达白宫后才离开。有几个年长的高级服务人员，在白宫工作了很长时间。因为有这些深谙白宫日常事务的人员，就职午宴没有理由不顺顺当当。但这一次，我们又遇到了天气问题。街道拥堵，交通瘫痪。虽然客人们整个下午都在为准点抵达白宫努力，但还是少有人准点抵达。每个人都打算午宴的时候和我们打个照面，当面道歉。结果，原有的招待会计划乱了套，午宴和下午茶搅到一起。可是，下午茶时间我丈夫又约了耶鲁大学的同学。虽然有些混乱，但善意、令人愉快的场面让人很享受。总统也并不只是在那里接待同学，而是抽空过去问候他们而已，大家不停谈论出奇的天气，谈论大自然让人无法抗拒之类的话题。

最后一支游行队伍经过检阅台时，天已经黑下来。我丈夫及时赶回白宫餐厅，和激动的老朋友们——耶鲁大学1878届同学互相问候。直到最后一位同学祝我们一切顺利，然后话别。这时候大餐厅里只剩下我们一家人。我丈夫，我的三个孩子和我，我们极力想让自己意识到白宫就是我们的家。那间胡桃木镶板的大屋子，除了银色的枝形吊灯，大驼鹿的头，似乎空荡荡的，耳朵里灌满了嗡嗡的回声。我们一家人互相盯着看了一会儿，有点不知道说什么好，总统毕竟是总统，他发了一句话，让我们都醒了过来。

他说："上楼坐一会儿，我的小可爱们！"

可怜的人，从一大早开始，他居然没有好好坐下享受幸福的感觉。于是我们向电梯走去，查尔斯·菲尔普斯·塔夫脱果真是孩子，很快就学会了怎么操作电梯。我很喜欢这种电梯，它并不是安装在楼层中的那种。之后几年时间，总统对这个电梯简直着了迷，每次晚餐后，他总是很自豪地带着一帮人乘电梯上楼。他一到楼上就迫不及待地坐在起居室的安乐椅上，坐上去就起不来了。我不得不出来鼓励他保持活力，提醒他穿上晚装，他还得去宣布舞会开始。

可能是因为精力消耗得还不够多，我并不打算向疲惫投降，于是我在房子四周转转，和神秘的新家熟悉起来。然后计划如何在家庭成员间分派这些房间，尤其是夜里抵达华盛顿的亲朋好友。

白宫的第二层，也就是全家人的客厅，与一楼空间相对应——大厅、东厅、接待室和公务餐厅。公众对这一切都非常熟悉。总统和妻子的房间在西南角。西南角的顶头有个大厅，大厅被屏风隔成几个区域。家具布置看起来很舒适，有书桌、沙发和安乐椅，明显是个宽敞又私人的家

第16章 美国总统

庭起居室。也就是从这里,我摆脱了疲惫的丈夫,继续我的第一次白宫探险。

白宫的房屋每四个角落成一套。除了装饰外,房间结构十分相似。每套都有个超大的卧室,还带个超大的浴室。旁边必定还有个小房间,可以当卧室用,也可以当更衣室用。一进门,首先是我丈夫和我即将启用的大卧室。卧室的窗户正对着白宫的几个花园,中间有个大喷泉。远处有华盛顿纪念碑、波托马克河和弗吉尼亚山。总之,华盛顿最美的景致尽收眼底。3月的夜晚被一长串路灯照耀着,路灯穿过波托马克河,与阿灵顿连成一片,真的让人欢欣鼓舞。

林肯曾经在此生活过,事实上,自从托马斯·杰斐逊以来,每位总统都在此度过长夜,壁炉架下有块石碑,说得很清楚。与白宫任何其他房间相比,这间大卧室与人的关系显得更私密。其他房间见证了很多有意义的历史事件和重大招待会,一间接一间地,每一位美国总统都以此为家,在此居住和生活。

毫无疑问,房间摆设一直都在变,但还是有许多古老而有趣的地方。房间最醒目的是一张巨大的四柱床,上面有个巨大的弧形华盖,用料是厚重的蓝白织锦,有个镀金的鹰雕。听说1860年威尔斯王子来时曾经在此过夜休息。虽然第一夜我感觉到它有趣的一面,但其实我并不那么喜欢。于是我换了两张桃花心木小床,重新调配了床幔。房间的窗户上也有同样的金鹰华盖,窗帘、家具、沙发、椅子,都用了同样颜色的蓝白织锦作为装饰。有些家具属于维多利亚风格,有些属于殖民地风格。殖民地风格的家具非常好,所有卧室用的都是这类家具。但书桌和衣柜又绝非时尚漂亮的维多利亚式,于是我置换了几乎所有的床、化妆台和椅子等,都换成殖民地风格,也是我唯一为白宫购置的家具。另外,我用印花棉布替代锦缎帷幔做家具装饰,撤去所有华盖,卧室不再显得过于沉重。套房角落的小房间用作塔夫脱总统的更衣室。

大厅对面的套间，两位罗斯福小姐曾经住过，我分给女儿海伦·塔夫脱·曼宁。我相信，之前威廉·麦金利夫人也是这样安排的。爱丽斯小姐结婚后，罗斯福夫人给艾瑟尔·罗斯福小姐配了一套漂亮的印花棉布，我们保持原样没变。

我沿着楼梯去大厅看了看，下面只有一张巨大的桌子和几幅总统肖像。楼梯间并没有任何墙壁隔成的空间可供陈列画作，站在楼梯上还可以看到白宫图书馆，图书馆位于白宫南区中心位置。因为南边门廊屋顶挡住了阳光，图书馆即使在白天也显得有些昏暗。图书馆是西奥多·罗

艾瑟尔·罗斯福（1891—1977）（左）与希欧多尔·罗斯福

第16章 美国总统

斯福夫人最喜欢的房间，里面有许多她最喜欢的物件。但她已经离开白宫，我才刚搬进来，所以看起来光秃秃的，像是缺了什么。家具一直没怎么装饰，看起来有点破旧。稍晚些时候，我重新翻修家具，重新粉刷墙面，挂上我买的东方挂毯，摆上远东家具等，房间立即变得生动活泼起来。这间屋子我们用得挺多，尤其有客人来的时候。但我们家常用的是大厅顶头的客厅，那是我们最喜欢聚在一起聊天的地方。

图书室对面有个短廊道，一直延伸到前廊屋顶下面的大窗户。短廊道上的门，每打开一扇，都有个小卧室。所谓小卧室，只是相对于与之相同的四个大卧室而言。总体上，与普通的房间相比，这些房间还是要大很多。其中一间我分给了管家，剩下的给我两个儿子住。男孩们的房间很黑，因为窗户在门廊下面。再说，家具也是紫红色，这种颜色不会给黑暗带来光明。之所以让男孩住，主要是因为他们既是家庭最不关注的成员，也是终将远离家庭的成员。

远离房屋的中央大厅有个大楼梯，正对着楼梯一直下去，就到了总统书房。这栋建筑的最东面一直用作办公室区域，直到后来建了新的办公室才腾出来。那时候可供选择的房间很有限，尤其是家庭成员多的总统，一家人困在顶西头，的确感到不舒服，因此，白宫曾经按照最初的结构设计翻新。事实上，曾经有位总统夫人认为，对于大家庭来说，白宫的住处比五房式结构还小。我相信西奥多·罗斯福总统一家人住进来之后，再也不可能安排任何客人住进白宫了。

曾经有个故事，说的是普鲁士王子亨利来华盛顿的尴尬。西奥多·罗斯福总统邀请他一起骑马，王子答应了。可是当他穿着便装出现在白宫，而骑马服就在贴身侍者手里的时候，白宫居然找不到一间适合王子换衣服的房间。他当然希望在白宫换衣服，但总统不得不让高贵的王子阁下重新返回德国大使馆换衣服。当时众议院拨款委员会成员对于到底要拨多少钱修缮白宫犹豫不决，我相信这件事的影响挺大。

参议员麦克米兰当时任地区参议院委员会主席一职，他一生致力于以先行者的精神改造华盛顿。以先行者的精神制定未成年人成长规划，以先行者的精神判断未来体系和变革。他主动与西奥多·罗斯福夫妇、拨款委员会参议员阿利森磋商。1902年春天，参议院最终通过了一项修正案，议长约瑟夫·葛尼·坎农和众议院拨款委员会同意为修缮白宫提供必要的资金。幸运的是，整个工作都交给了詹姆斯·麦克金先生以及他的合作伙伴——威德和怀特。他留下了很多天才之作，相比之下，修缮白宫更能证明他的确有超乎常人的艺术天赋。他在白宫两侧加建阳

约瑟夫·葛尼·坎农（1836—1926）

台，再配上符合标准的装饰电灯，看起来优雅漂亮，不但与原来的建筑物协调一致，而且使用起来精巧灵活。西边那条路加工改造得非常庄严便捷，一直通到地下室，供举办大型娱乐活动的大公司使用。这条通道的每一侧都安装了衣帽架，客人们现在可以把行李放在那里，轻便地直接走到通往一楼大厅的楼梯上。

南边柱廊下有个巨大又通风的地方，供负责内务的官员和侍从们活动。这地方原本只是白宫地下室一条隐蔽的通道，完全不与外界相连。新设计极大地增加了白宫的容纳空间和行政办公大楼的便捷，与北门廊风格和外观非常相配，低矮而古朴，丝毫无损于总体效果，也丝毫不影响美国首席治安法官办公室的庄严。

白宫重建期间，西奥多·罗斯福总统和夫人有时住牡蛎湾，有时住离白宫拉斐特广场只有几步之遥的私人住宅。白宫内部设施改造期间，

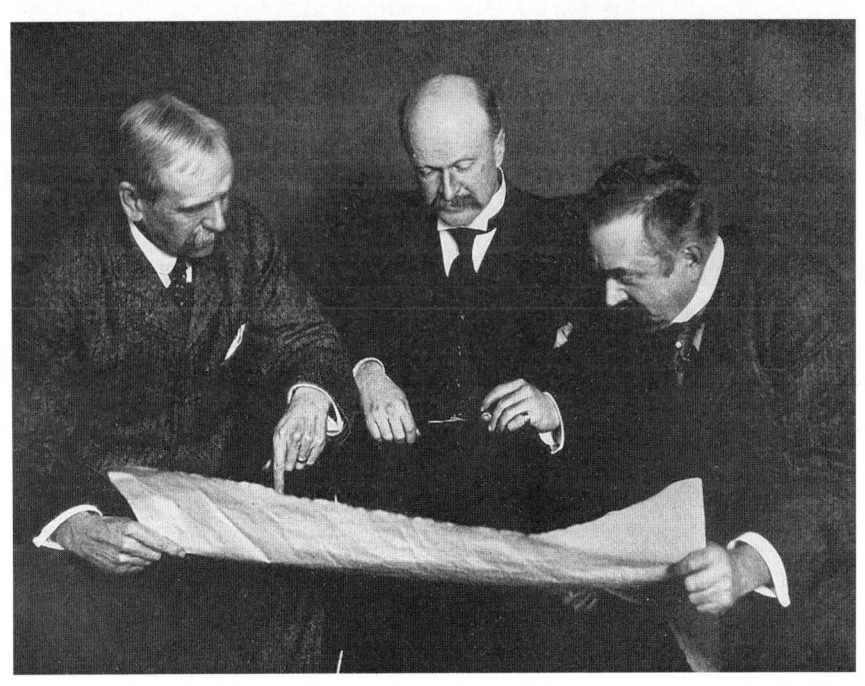

威德（左）、詹姆斯·麦克金（中）与怀特（右）

詹姆斯·麦克金先生经常征求西奥多·罗斯福夫人的意见和建议，最后的确采纳了不少，足以说明新白宫很关注女性生活所需。

修缮工作历时较长，又超出预算，引来很多批评的声音，主要集中于建筑物及其影响。詹姆斯·麦克金先生的目的并不在于改变建筑物表面状况，而是尽可能扩大内部居住空间。就此而言，他获得了极大成功。根据詹姆斯·麦克金先生的方案，日常拜见总统不再走有白色柱子、历史悠久的正门。入口移到简单方便的商务办公室，但似乎有点冒犯掌握政府实权的人，多少造成了一点心理失衡。内部改造难以赢得参众两院议员们的赞同，因此，他们提出了很多批评意见。他们想搞清楚，到底谁真正拥有政府的权力，是立法机构的代表，还是和总统有交往的客人。现在看起来一切都很明朗，反倒是对詹姆斯·麦克金先生的攻击，显出了无知、敌意和偏见的一面。而真正有价值的意见，包括美国民众的意见，都认为应该让美国最伟大的建筑师能够最大程度地、自由地发挥建筑师的智慧，将白宫改造成适合共和国首脑办公的地方。此外，还要既适应现代需要，又不失典雅完美。

我的观察并不仅仅针对这一处，但入住白宫第一天晚上最打动我的思考就在于此。我很庆幸自己入住白宫时，一切都修缮改造得非常好。谁能想到，就在不久前，这幢大楼还一直让住着的人感到极不舒服。

总统的书房现在依然是书房，也是唯一没有改造成卧室的办公室。相比新办公楼的办公室，总统在这里可以接听更私密的电话。壁炉下有个铜牌，上面有简明的字句介绍这间房屋的历史。从安德鲁·约翰逊开始，所有总统都在这里召开内阁会议。威廉·麦金利总统在这里签署了停止与西班牙敌对状态的协议。墙上一幅查特兰的画作记录了这次政治事件，挂在屋里的画真的让人感觉一切都历历在目，那些参与者看起来栩栩如生。威廉·麦金利总统当时担任美国国务卿，国际司法日那天，他和法国大使坎本先生的面孔特别引人注目。以往这间屋子里有很多西

成为美国第一夫人的海伦·赫伦·塔夫脱

奥多·罗斯福先生收集的个人纪念品，我们入住的那天晚上，也就是他们离开白宫后，几乎什么都没了，只剩下照片、那块铜牌和油画。除此之外，几乎没有什么东西能使人们想起它见证的重大事件。然而，那天晚上，当我在四周转悠时，我记忆中曾经生活于此的伟人，那些充满魅力的女人们不时涌入我脑海。也许，正是因为下榻于此，她们度过了自己人生中最激动人心的时刻。像我这样一个平凡的人怎么也没有想到，有朝一日，居然真的可以和她们在一起，不过这种感觉很快就消失了。尽管我意识到，白宫历经了整整一个世纪的沧海桑田，但还是像任何一座我住过的房子一样，给了我家的感觉。此时此刻，那间书房作为美国历史不可分割的一部分，仿佛与暂时拥有它的塔夫脱家庭没什么关系。反倒是后来描绘威廉·霍华德·塔夫脱生涯的搞笑卡通，还有展示他各种经历的耶鲁纪念品，让我们意识到书房之于威廉·霍华德·塔夫脱的特殊意义所在。

我们之前曾经作为西奥多·罗斯福总统的客人在蓝屋过夜，蓝屋属于四角套房之一。我打算把它分给我姐姐埃莉诺·赫伦、路易斯·摩尔太太和她丈夫。其中一小间，我分给托瑞小姐。在我们入住白宫期间，迪莉娅姨妈几乎就是这个国家的迪莉娅姨妈。早在博德曼家的时候，她就一直和我们在一起。走遍华盛顿，你都找不到比她更欣赏她外甥就职演说的人。最后一套房间，粉色锦缎装饰，结构类似蓝屋，分给了我丈夫的妹妹和妹夫，圣地亚哥的爱德华博士及其夫人。

完成探险和安排后，我看了看粉屋的钟，几乎没时间梳洗打扮了，就职典礼舞会是整个庆典仪式的最后一幕，也是最好的一幕。

我匆匆忙忙赶回自己的房间，化妆师正等候着。我轻快地坐下，满是期待和耐心，完全沉浸在她的侍弄中。可能是因为场面太壮观，虽然她早就熟悉我的发质，居然紧张到梳了两次，拆了两次，勉强扎好，却远不是我希望的模样。我相信总统就职典礼这天，这次做头发最让我紧张。

第 16 章　美国总统

做头发的时候，我发现摆在床上的新裙子显得非常耀眼。这几天我一直犯愁穿什么好。订制的时候，纽约的裁缝答应至少提前一周完工，以便有充足时间改改不合适的地方。但一天天过去了，有关礼服的消息像绝了缘。直到 1909 年 3 月 3 日，我不得不拍电报前去询问。

最后终于得到可靠消息，礼服由专人送来华盛顿，不过还在路上。可是，和其他人一样，来人被暴风雪困住了几个小时。就在我们前往白宫的路上，我十分沮丧，很怀疑就职典礼舞会开始的时候，这人如果到不了，我到底该穿什么。就在我担忧的时刻，裙子终于到了博德曼家。一见散开的裙子在那里等着我，我顿时放松下来，悬而未决真让人害怕。

裙子用料为白色缎面，专程送到东京做了刺绣，懂行的人才看得出技艺有多么精湛。金黄色秋麒麟草，用银线勾勒出轮廓，巧妙地镶嵌在礼服裙里。除低胸处的花边外，并没有其他剪裁，简洁的设计总是很打动我。

尽管一切都出乎意料地糟糕，但我还是希望在养恤金办公室入口处下车的时候，自己的样子看起来很不错。

养恤金办公室并不是专门建作舞会所用，当然也并不是专门建作这次总统就职典礼所用。1909 年 3 月 4 日，经过一天冰雪融化，入口处早已没什么特别吸引人的地方。有关人员也没给我分派一间更衣室。近年来，这里曾经有过几十台打字机不断敲击着，发出了很多重要的声音。然而，自从四年前西奥多·罗斯福总统第二届政府就职典礼舞会后，这里就再也没有出现过比职业衬衫和裙子更精致的服装了。我的确并不需要精心化妆打扮，所以很快地就和总统一行人会合了，我挽着总统一起前往总统包厢。总统包厢其实是个圆形小廊道，平时主要用作办公室，也就是养恤金办公室的主要工作间，从这里可以通到上面大舞厅入口处。

大厅面积巨大，看过去呈现一派万花筒般的繁茂景象。红色大理石柱子，配上相同颜色的墙面。大厅挤满了人，几乎再也没有多余的空间。清淡的灯光与女人们衣服上的光芒毫无和谐美感，倒是和外交人员的正规服饰很搭。陆军和空军部队的军官们戴着庄严的徽章，成百上千的人穿着黑色晚礼服。这样闪耀的人群比我一生见过的任何一次景象都壮观。除非直接站在包厢下面，否则几乎认不清人脸，完全认不清谁是谁。但我向下看时，映出了无数张仰望着我们的脸。人声喧闹得有些可怕，即使最响亮的乐队奏乐也会被淹没其中。现场色彩艳丽，注视着我们的人脸上看起来友善又快乐。我感到自己多少有点得意，但还好，也不至于完全忘乎所以。

环顾包厢，我的眼睛首先停在迪莉娅姨妈身上，她安坐在包厢靠后的椅子上，在挡不住的快乐气氛中喝着什么。迪莉娅姨妈那时候已经八十三岁了，但现场的每一件事都很吸引她，她的确没有错过生命中最辉煌的一天。因为没有孩子，多年来，她一直习惯和外甥、外甥女们分享自己的所思所想。她一直陪伴着我们，见证了我丈夫几乎整个职业生涯。甚至可以说她的专注度不亚于我，当然，也像我一样充满了激情。这天由海军助理里德中尉负责她的行动安全。她从一个仪式转到另一个仪式，由里德搀扶着，她充满期待地应邀赶赴各处。甚至深夜晚餐她都来了，禽肉、沙拉和冰块，这些都是舞会结束前提供的美食。她安静地坐在总统包厢里，有最好的发型师为她打理柔软的白发，那身昂贵的老式天鹅绒裙装，精致的旧式蕾丝花边装饰，一看就是件不同寻常的衣服，也衬托出此时此刻的不同寻常。

副总统詹姆斯·S.谢尔曼和他夫人比我们晚些到，我们共用一个包厢。他们也举行了一场大型家庭派对，两家人都处于欢快之中，几乎忘了礼仪。傍晚时候，不停有尊贵的朋友和官员前来祝贺，自家亲戚等客人逐渐稀少了，才间或前来碰杯言欢。

可以说我丈夫和我都有个大家庭，这时候他们全都在华盛顿。对我

第 16 章　美国总统

威廉·霍华德·塔夫脱（左）与詹姆斯·S.谢尔曼（1855—1912）（右）

们来说，好像华盛顿到处都有亲人陪伴左右。查尔斯·菲尔普斯·塔夫脱先生及其夫人租住在一处舒适的地方，待了十天后才离开华盛顿，贺拉斯·塔夫脱先生那时候在新威拉德。

晚上 11 时左右，我和总统一起在舞厅出现，一同前往的还有副总统及其夫人。按照礼仪，我们得缓缓走下去，然后走进大厅拥挤的人群中。人群一见到我们，赶紧让出一条道。我们在大厅隆重巡游一圈，并没有想象的那么令人难以忍受。当然，可能多半因为可以挽着我丈夫的手臂。另外，因为人太多，看上去并不很私密，因此，如果不是担心有人踩到我的华丽的裙裾，总体上我还是很平静。

舞会还为客人们提供了简便的晚餐，晚餐的房间比较私密。总统和我一直待在包间，凌晨1时，我们再次乘坐早已经安排好的汽车疾驰而去，我们都需要休息。

　　那天我有点精力过剩，睡意朦胧间我问威廉·霍华德·塔夫脱："不知明天一早我们在哪儿吃早饭。"我丈夫哈哈大笑起来。虽然那天事故百出让人难以忘怀，但他的笑声更让我难以忘怀。

第17章
白 宫

我的家庭成员，尤其是孩子们，天生性情良善，好说话。我对家庭责任的态度非常严肃，他们也很享受这一点。孩子们认为我的方法就是绝对坚持自己的主张，平白无故地让他们在成长过程中需要克服的困难、需要经历的磨炼增加了无数倍。

坦率地说，在改造白宫的过程中，我的确有点过于坚持自己的主张。但作为这幢房子的女主人，如果对如何修缮的细节完全没有兴趣，恐怕反倒不合适。

当然，对多数第一夫人来说，管理白宫难免有点艰巨。顺便说一句，如果毫无准备，"投射在宝座上的光"有时也会让美国首席执行官和他的家人不舒服。我所做的几乎每一件事，哪怕最微小的创新，都有记者所说的"新闻价值"。虽然多年来我早已习惯于此，但我还是会常常感到震惊。因为有很多在其他国家生活的经历，我不会轻易低估外在形式的重要。不过，我很尊重民主简单原则，但是我讲的并不是人们通常引用的"民主简单"原则。

事实上，入住白宫后，我对白宫的改变很少。除非美国总统的妻子愿意，不然没必要这样做。白宫是政府机构所在地，所有一切都有序地运转着。每一位白宫女主人都有绝对的自信和权利按照自己的意愿去做一些改变，就像以往改变她曾经住过的任何一所房屋一样。最初我只限于改变与房屋服务相关的小问题。我想在白宫安排几个自己选择的工作人员，我的确这样做了。后来，我还对一些重要的社交惯例作了调整。

　　白宫有些常规职责，与此相关的工作通常由同一拨人负责。一届又一届政府，每一位新上任总统的妻子都发现这些人真的有非常宝贵的经验，堪称奇人。我敢肯定，倘若没有他们，白宫真的难以运转。譬如，沃伦·S.杨先生担任了三十年社交联谊会执行干事；克鲁克上校从1865年林肯政府时期就担任首席保管员，至今依然还在这个岗位上。

林肯（1809—1865）

第 17 章 白宫

有些人的职责可以说极度精细,他们很清楚极微小的细节。作为负责白宫事务的女性,我很难向公众说明他们的价值所在。

至于我自己的改革创新,首选白宫入口的守卫。我要求必须由穿制服的服务人员接待来访者,并指导来此观光的人该如何行事。我进住白宫之前,只有"引荐官",他们和这个城市的其他人并无二致。我有几次曾经看见陌生人逛到入口处,然后往里面打探,有些人想问些问题,或者递张名片,当然,结果一无所获。"引荐官"依然保留,引荐官的领导胡佛先生从格罗弗·克利夫兰政府开始,已经为白宫服务多年,深受信赖。但我让六名有色人种的男子着制服站在入口处,两人一班,轮

格罗弗·克利夫兰(1837—1908)

流换岗。我想，这对胆小的游客尤其是福音。不经意间，他们在入口处营造了某种之前完全缺乏的正式而又典雅的气氛。

这些门童会接待任何想进入白宫的游客。如果有个旅行团在规定的公众开放日来访，他们会负责带领游客参观。来访的人无论男女，都可以请到某个客厅。我以为这样很审慎，可是，后来的总统夫人们批评了这种做法，认为这样太过夸张，不过是"民主的天真"而已。

另一改变就是由女管家代替了男管家，我希望有女管家能够和我一起勘察男人们意识不到的细节。白宫急需一个警觉的好管家，足以勘察任何房屋。看看是否有堆积起来的灰层；镜子和裱画的玻璃是否因为潮气的侵蚀而变得模糊了；窗帘是否过于软塌塌而失去活力；地板是否失去光泽；小地垫是否四角翻转起来了，或者末端出现磨损；椅子套是否碎裂；垫子是否压变了形；等等。一般情况下，东西都会损坏，房子太大，事事需要照应。厨房的帮手容易粗心大意，毫不在意如何爱护光亮的铜罐、平底锅和水壶等。厨房里的年轻男佣粗枝大叶，总是忘了要把盘子和玻璃杯擦得光溜溜。女佣也一样，忘了什么是完美，恰到好处地收拾家庭日用品。这些人像任何一个家庭雇佣的仆人，缺乏女性指导和管理。我在总统就职典礼前雇佣了一名女管家，她在1909年3月5日一早正式报到上班。

我记得很清楚，每年圣诞节总统要送出上百只火鸡。因此，白宫到底有多少服务人员也就不言而喻。所谓服务人员，事实上是以各种方式雇佣的人员，从重要的白宫官员，到职位较低的官员，还包括不同级别的侍从、园丁、马童和司机等，一应俱全。

严格意义上的白宫工作人员很少，也就十八到二十人吧，包括厨师、厨房女佣、管家、服务员、打扫房间的女仆等。只雇佣了一位有色人种，爱丽丝，专为仆人餐厅准备食物，她在白宫干了二十年。

我雇的厨师领班是个瑞典人，堪称厨师中的奇迹，她的品位特别浪

第17章 白宫

漫、时尚。四十岁的时候,她嫁给了一位白宫警察,很快就有了孩子。但刚结婚一年多,她丈夫就感染了肺结核。我们一直很关心她,想到她不得不转向以家庭为主,即将离开白宫,就深感惋惜。了解到她的不幸后,塔夫脱总统立即采取行动让她把丈夫送到新墨西哥州的贝亚德部队结核病疗养院。厨师每个月可以挣到七十五美元,她把婴儿送给保姆照看,自己重新回到白宫。从此,我们可以得到很多有关病人和婴儿的消息,两人的进展状况都如我们期望的那样越来越好。

另外一些白宫的服务人员收入相对大众化。每月二十五美金到五十美金不等,并不比在其他人家做工拿的钱多,也不比人家钱少。整个白宫工作人员的薪水都由政府支付,我们自己聘用的私人仆役是跟随塔夫脱总统多年的菲律宾贴身男仆,另外还有我的女仆。

事实上,除了用餐等费用,白宫一应开销均由政府支出,塔夫脱总统一贯坚持认为国家给总统的待遇已经够好了。他是第一位年薪七万五千美金的总统,就在他的总统提名成为重要政治议题时,他毫不犹豫地提出增加总统年薪的要求,并认为绝对有必要从五万美金提升到新标准。

但塔夫脱总统并不希望一年就把七万五千美金用得干干净净。他总是精打细算,再加上西奥多·罗斯福总统的经验,他说一年至少得花费五万美金。塔夫脱总统认为总统也应该享有公民权,也应该为家庭提供一小笔资产。而过去的二十年,因为政府官员收入太低,他并没有为此做过什么。他已经是个五十岁的老人了,三个孩子,两个儿子和一个女儿都还在中学和大学。作为战争部长,他一直入不敷出。但美国对总统很好,当然,凭这些薪水,无论如何,他不会因此而富有。只要他足够理智,温和谨慎地远离贪婪,也就足以继续体现他慷慨大方的个性。

我丈夫就职典礼那天晚上,我勘察白宫只是偶然的行为,第二天我正式接手管理职责后,又进行了一次彻底的调查,结果令人不安。

我发现因为不断破损以及重新装备的需要，白宫家庭用具完全达不到餐桌需求。之前西奥多·罗斯福夫人作为白宫退休总统夫人，自然不可能依据继任者的需求做某种改变。作为白宫女主人，每一届政府得到的修缮费用都是总统妻子将白宫调整到适合自己居住模式的机会。

也许白宫的晚宴最能体现第一夫人的个性。至于我，不仅完全陶醉于西奥多·罗斯福夫人营造的宁静氛围，也很满意自己有机会重新配备之前上百套破损的餐具。我很享受在小型午宴和晚宴上使用有历史沿革的盘子，林肯时期留下了很多这类盘子，正好够举办三十人的小型派对。尽管我认为不同的设计表达不同的个性，但其实不同时期的流行品位远胜于个人特定的喜好。总之，陈列在东廊的各色盘碟展现了不同时期的就餐礼仪，算是白宫最有趣的展览之一。

西奥多·罗斯福夫妇与孩子们在白宫的合影

第17章　白宫

从我丈夫成为总统那天起，每天只有到了餐厅，我才能确定中午到底有多少人就餐。他也相信无论什么时候告诉我确切的用餐人数，我都能不可思议地安排好一切。早在他就任菲律宾总督期间，以及之后在华盛顿出任战争部长期间，我总是处于紧急待命状态。到了白宫，我对礼仪的乐天态度有所改变，而且有点难以满足他的要求了。相比而言，他的偶发性友善、慷慨和关心，更多倾注在雇员身上而不是我。当然，他这种天赋，也极大地激励着我们这些家庭工作人员，因此，有时候我居然可以忙碌地在厨房连续待一个多星期，安安心心地为他做个厨子。

我们在白宫的第一个春天，为了修改关税，塔夫脱总统频繁地与不同的参议员和代表举行会议。会议结束后，塔夫脱总统几乎每天都和参议员一起吃中餐、晚餐，甚至吃早餐也是常有的事。

我总是先和管家和厨师长商量后再确定每天的菜单。

厨师每天必问："午餐多少人，夫人？"

我总是回答："我还不知道呢。"

如果没有正式邀请的客人，按照我的经验，我就告诉他们按照家庭成员的数量准备即可，有什么临时应急需求也可以理解。有人会把这一天的安排送给社会事务执行办公室的杨先生，他的办公室在白宫行政楼。然后我继续去做熟悉的事，真要发生什么令人吃惊的事，我也会毫不意外。

11时左右，家里的电话铃必然会响起来。如果电话铃不响，也会送来一个便条什么的，详细通知我们，某某先生应邀与总统及其夫人一起用午餐。这时候要准备摆好桌子，厨房的服务人员站在一旁等待最后的命令。再过半小时，可能会告知第二位来用餐的客人，或者一群人，于是，很友爱的男仆们就得忙着重新安排餐桌。只有到午餐前半小时，厨师才会考虑开始最后的准备工作。但即便家里觉得一切安然，可以按部就班地开始了，塔夫脱总统还可能会晚半小时到一小时回来。然后，回来的时候可能会有个额外的客人，或者好几个客人，可是他根本就没有提前告诉我们。

这就是我在白宫四年看到的组织体系，也可以说根本没什么组织体系可言。但我和我能干的、心甘情愿服务于此的服务人员完全尽职于总统，尽量调整自己适应总统的工作需要。餐桌上，不期而遇的尊贵客人也的确给我带来了不少乐趣。

我极力坚持应该尊重晚餐时间，这一点做得的确不错。我们举办了不少非正式的小型晚宴，从塔夫脱总统上任后的第一季，1909年3月到1909年5月，几乎每个夜晚，实事求是地说，都是宾客盈门，直到1909年5月我生病之后。白宫生活扮演了重要的官方功能，其中有些娱乐活动是我计划进行改革的一部分。

就职典礼后的第八天，也就是1909年3月12日，我们举办了第一次官方娱乐活动，外交官茶话会。西奥多·罗斯福夫人离开白宫后腾出来的位置我还没来得及布置好，这次茶话会我们邀请了整个外交使团，包括所有特派驻外负责人、所有秘书和随员以及他们的妻子。

这是新总统上任后外交使团第一次露面，我认为没有什么比这更严肃、更重要。尽管我们在华盛顿社交界有几年经验，也很熟悉其中一些人，但程序上我们还是要尽美国政府所能，礼遇各国外交官。

我们将印刷信函发给华盛顿每一位外交代表，明确告知他们参加茶话会的礼仪要求。虽然这样做令人感到压抑，但因为客人多半很熟识，所以在某种程度上我们并不会被刚性的礼节束缚，反而营造了一种与众不同的友好气氛。

并不熟悉华盛顿生活的人可能对此类活动中的法定礼仪很感兴趣，起初他们都以为我很难对付。当然，我早就对美国政府尊贵的做派习以为常。

客人们刚抵达那会儿，总统及其夫人并没有前往迎接。客人们按照

第17章 白宫

要求"着制服,从东门进来,下午5时前在东厢集中。其间,他们有足够的间隙按照职位高低排队进入白宫,特派驻外最高长官的随从、驻外大使及全体人员紧随其后"。国务卿和其他部门官员,还有白宫当值的侍卫在东厢迎接。

总统及其夫人这时在蓝屋准备好一切,下午5时整,东厢的门大开,宣布让大家准备好,预备接见。

外交使团团长移步前往蓝屋,路过有哨兵把守的大门,然后由资深的军事助手带领他们前往觐见总统。总统轮流接见每个人,然后很快由另一位引去觐见总统夫人。最后是特派驻外最高长官觐见总统夫人,每一位大使按照严格的职位列队,紧随其后的是全体大使馆工作人员,从红屋进入餐厅,那里有茶和其他小点心。

接见结束后,总统及夫人通常会离开。由邀请的专业人员主持茶话会,好让客人们享受正式的款待。但塔夫脱总统和我随大家一起进了餐厅,和他们一起喝茶。这样做不符合以往的礼仪,但这于我和塔夫脱总统最自然不过。我早已经忘了客人们的态度,好像起初外交官感到有些不解,因为事先没人告诉他们会出现意外情况,他们也并不知道这种情形下该做什么。最后我让一位助手非正式地向这些要员的妻子们宣布,没什么特别的要求,如果想离开,不用辞行。之后有人告诉我,人人都很满意这一改变。在白宫的官方日志中建议今后所有类似场合都遵循这种方式,我想白宫日志有利于保持这一先例。

我们举办的第一次国宴有三十二位客人参加,包括副总统詹姆斯·S.谢尔曼夫妇、所有内阁成员、参议员代表。在参加这些活动时,即便是我这个总统夫人,也觉得男主人和女主人不立即去迎接客人多少让人觉得奇怪,当然,这也足以证明我为什么要主张日常方式简单化。无论在马拉卡南宫还是在其他地方,作为女主人,我都有很多不同寻常的经历,"最后时刻"我通常都在准备晚餐,然后匆匆忙忙地,用破纪录的速度穿上晚礼服。我认为只有这样我才能以充满期待和等待良久的神情去迎接第一位客人。

　　来白宫的客人无论去哪个房间，其实都有事先安排和准备，客人一般都按照职位高低，在入口处等待总统及其夫人。这次国宴安排客人在蓝屋会面，副总统及其夫人当然是首先前往蓝屋的夫妇。他们站在通往走廊最近的门边，后面有内阁官员、参议员和众议员代表，按资历依次排列。

　　我们一出现，乐队就开始演奏《星条旗》。顺便说一句，门德尔松的《婚礼进行曲》根本无法跟上塔夫脱总统的步伐节奏。演奏这支曲子，刚刚够我们走到蓝屋门口。一一握手后，年长的助理人员挽着谢尔曼夫人走到塔夫脱总统身边，宣布晚餐准备就绪，然后塔夫脱总统把胳膊伸给谢尔曼夫人一起动身前往餐厅。

　　第一次晚宴我选择用爱尔兰玫瑰装饰餐桌，真的很难表达我的喜悦之情。因为我可以根据需要发出指令，然后这些玫瑰花就送到了。白宫的花房和苗圃总是可以给我带来很多乐趣。我曾经在植物特别繁茂的地方生活过，房间没有植物意味着毫无魅力。白宫的园艺家会说，我主管白宫期间，非常看重他的棕榈树、蕨类植物和花盆灌木。白宫拨了专项额外财政津贴，整个东厢的窗台上、壁炉边都摆满了植物，几乎所有可能的场合都用上了植物。

　　国宴餐厅靠近东厢，是威廉·麦金利总统期间重点改造的地方，基本上可以算是白宫最美观大气的房屋建筑。面积并不是很大，最多容纳不超过百余人。

　　房屋结构匀称，核桃壁板装饰的墙面瑰丽无比。一侧有壁炉和雕花壁炉台，明显有古色古香的皇家贵族气息，几只驼鹿头和麋鹿头是房间墙壁上唯一的装饰物。

　　我们有各种形状、各种尺寸的餐桌，但如果举办大型晚宴，就不得不启用新月型餐厅，餐厅的形状以新月形延伸至房间三面，不同方向。

第 17 章 白宫

如果晚宴接近六十人,可以启用一个大型的,有椭圆屋顶的餐厅。木匠可以调整餐厅的大小和尺寸。的确,我曾经见识过它巨大的空间被塞得满满的,以至于椅子背后的侍者不得不挤来挤去,相当不舒服。这张桌子上有詹姆斯·门罗总统从法国进口的镀金和白银装饰,再配上成套的法国瓷器、摆钟和小雕像,这些器物依然摆放在白宫各个房间的橱柜和壁炉架上。

桌子上的装饰品让人想起塞里尼时期银匠在银器精美设计上的竞争。另外还有一块块长方形玻璃镜,每面约有三英尺长,一直延伸到桌

詹姆斯·门罗(1758—1831)

子中间，首尾相接，五彩缤纷的装饰栅栏衬托出水晶花瓶完美的姿态。与之相配的装饰，如镀金烛台、主花瓶和水果碟子，看起来都那么美，很适合白宫经常举行的国宴礼仪。

白宫有很多银器，非常精致。每一样都打上了"总统府"标记，就像我在本书开始时介绍的，其中一些已经相当古老，很值得珍藏。

但这些银器很随意地存放在橱柜里或盒子里，我刚到白宫的时候，对此非常吃惊。于是决定拯救这些银器，当然，这样做不得不打破白宫管理人员的限制。储藏区通常在地下层，一个大办公室带几间储藏间，储藏间有互通的门，旁边另外还有一个更小的房间。我在小房间的顶端建了个有拱门的储藏间，拱门安装密码锁。这样就有足够的空间隔成许多小隔间，几乎所有贵重物品都有特别的收纳处。银制的取菜餐具放在抽屉内的天鹅绒托盘上，每一只都可以分别拉出来查看。这些银制品储藏间给阿瑟·布鲁克斯的生活带来了很多乐趣，他曾经是战争部的联络员，我丈夫担任战争部长时，他是我们家庭事务的得力助手。塔夫脱总统上任不久，就任命他为白宫管理人员。

我每周安排三个下午接待前来白宫拜访我的女士，通常她们通过打电话、写信表示希望和我见上一面。在白宫的"家里"接待她们，也可以很随意。通常安排在红屋，点上蜡烛，打开壁炉，场面壮观又温馨。通常一次接待二十多位来访者，我发现这种会面方式有很多乐趣，同时也是人和人之间更容易相互接近的一种方式，我可不想举办盛大的招待会。

第一次举办的众议员夫人招待会尤其值得一提。这次招待会签发了四百份邀请信，除了几位应邀来主持茶会的女士外，我并不想用助理，所以我得独自完成这项工作。我还邀请了塔夫脱总统出席，这事对他来说从来都不难。招待会除了塔夫脱总统，并没有邀请其他男士，因此，他爽快地应诺下来，很开心地和几百名妇女握手寒暄。不过我发现在东

第 17 章 白宫

厢接待客人其实是一种错误的安排，起初我以为这样可以让招待会显得不那么正式，后来才发现这种安排只是成功地让东口的楼梯人满为患而已。按照常规和惯例，通常会安排女士们在东厅集合，然后前往餐厅，途中在蓝厅迎接客人。好笑的是，阿奇博尔德·巴特上尉在"官方日志"中详细记录了我犯下的所有错误。当然，也记录了我的成功，主要是为未来其他入住白宫的第一夫人们争取可能的利益。

我并不希望给公众留下这样的印象，好像白宫完全是一种公共娱乐之地。白宫每个季度都有计划好的类似活动，就像召开国会会议一样。各种大型官方娱乐招待活动间隙，还有下午茶、午宴、音乐会和小型晚宴、花园派对和舞会等活动。有些傍晚时分，我们只是和少数几个亲密无间的客人在一起，偶尔才有机会一家人单独进餐。

第一个春天来临的时候，我们开始利用白宫最有吸引力的门廊和露台招待客人。白宫有一个很长的露台，一直延伸到东厢。春天温暖的傍晚，带着客人沿着露台一起散步会很惬意。有时在室内就餐难免让人感到些许不愉快，举办大型宴会的时候，白宫从餐厅延伸出来的露台就会显得特别有价值。

众议院整个夏天有一系列例会和晚宴，最后一个晚宴，塔夫脱总统决定安排在大露台。有件奇特的事给人留下了很特别的记忆，据说有位应邀的参议员从未踏进过白宫的门槛，原因是他对白宫的感觉很不好，因此，他通常完全忽略自己收到的邀请函。无论受邀者是否接受正式邀请函，都需要正式回复，最迟回复时间是晚宴前一天。他特意致电白宫，询问是否要穿礼服。胡佛先生接听了他的咨询电话，回答道穿晚礼服是参加白宫晚宴的惯例。电话另一头，这位参议员嘟嘟囔囔，胡佛先生问他是否打算参加晚宴，他回答道猜想自己会来，然后迅速挂断电话。

第二天傍晚，参加派对的客人整整等了一个半个钟头才决定落座，即便这样，还是给他留了座位。可是他始终没露面，也不为自己不同寻常的行为道歉。我想，如果托马斯·杰斐逊还在世，对我们今天表现出来的所谓杰斐逊式简朴一定会感到遗憾。

白宫的北阳台尤其舒适，但缺乏南廊特有的幽僻和宁静。南廊以波托马克公园、波托马克河和华盛顿纪念碑为背景。椭圆形的蓝屋环绕，俯瞰下面，南面花园的大型喷泉尤其显眼。这里很快成了我们最喜欢的静修之地。夜色越来越长的春天，我们常常坐在那里呼吸玉兰花的芬芳。因为有灯光的装点，草坪上的树显得格外美丽。灯光下的纪念碑，远远地显出它从未有过的气势。这时候我们才完全意识到，生活在美丽的总统之家真是荣幸之至。

塔夫脱总统在蓝屋放了个维克多乐牌唱机，傍晚时分，他会放些喜欢的曲目自娱自乐，我们发现唱机音乐会简直就是一场随心所欲的消遣，非常怡情。置身于完全不同的各式音乐之中，从梅尔巴和卡鲁索到性感女郎露西娅，古老的英式旋律，活泼的拉格泰姆曲调，没有掌声，无需专注，总之不需要任何努力。我丈夫发现安静的夜本身就是一种放松，让他可以享受任期内第一个原本难以忍受的夏季。

如果说马尼拉让华盛顿有很多借鉴之处，可能有人会吃惊。卢内塔公园作为马尼拉的公共机构，用途不可低估。塔夫脱总统担任总统之前我就看见过类似卢内塔的波托马克公园设计方案。凉爽的空气，绿色的草地，如果可能，我会决定把波托马克公园改造成美其名曰为卢内塔的地方，四通八达至华盛顿任何一处，无论步行还是乘坐交通工具都很方便。下午5时后，会有乐队表演。在美国，我想没有任何地方比华盛顿更能负担得起这样的消遣。

负责公共建筑和广场花园的部队军官们在白宫椭圆办公室顶头建了个乐队台子，每周三、周六安排乐队演奏的音乐会很快成了最令人叹为观止的地方。我们还决定将以往名为"高速路"的一段长途公路改为"波托马克公路"。

波托马克公园

华盛顿纪念碑

第17章　白宫

1909年4月17日下午5时，塔夫脱总统和我乘坐一辆小型迈巴赫敞篷汽车前往参加周六的音乐会。傍晚，我们坐在拥挤的人群里，公园到处都是来消遣的人。草坪和人行道上一样，车道完全被各种交通工具塞满，景象难以描述。摩肩接踵，人人都很友善，互相问候着，这就是当年我们在马尼拉聚会场所卢内塔看到的景象，我感觉这次冒险很成功。我特别期待音乐会逐渐成为波托马克公路一带独特的风景。

我以为波托马克公园也可以举办日式樱花节。无论是自然景观还是气候特征，华盛顿都很适合实现这样的野心。因此，我建议查查全美苗圃到底有多少樱花树，结果发现只有大约上百株。东京都知事（市长）听说我们要模仿日本高雅的樱花文化，主动提出赠送给我们两千株树苗。我们当然深表感激，并欣然接受，后来发现其中一批树苗有某种传染病必须毁掉。有段时间我以极大的兴趣观察种在波托马克公园的樱花树，长势非常好。我真的很怀疑是否每棵树都能长得异常壮美，就像我们在日本看到的那样，逐渐长成古老而又招人喜爱的模样。

生活在华盛顿的快乐之一就是可以满怀自信地招待远道而来的朋友，让朋友们获得快乐，得到不同寻常的体验。经常有老朋友从全美不同的地方来访，譬如，辛辛那提、纽黑文、菲律宾等，都是多年的至交，我丈夫当选总统他们由衷感到欢喜。

被人注目当然并不总是令人愉快，你得一直保持清醒的自我意识，好在我们多多少少习惯了被人注视。但我更享受某种塔夫脱总统得不到的自由。他无论走到哪里，都会立即被陌生人认出来，而我大多数时候还是像个不起眼的公民，可以随意走动。这时候，自由反倒成了宝贵的特权。

我女儿海伦·塔夫脱·曼宁喜欢提起她在费城的经历。那时候她还在布林茅尔学院读书，但常去费城购物，每次去费城，她都要买鞋。鞋店有个售货员女孩极大地挑战了海伦·塔夫脱·曼宁的耐心。其间她会一直唠唠叨叨不厌其烦地告诉海伦·塔夫脱·曼宁应该穿什么，怎么穿，炫耀如何穿着才能赢得他人的尊重。但海伦·塔夫脱·曼宁完全不懂她为什么这么唠叨。有一次海伦·塔夫脱·曼宁挑了几双鞋子后决定用我的户头付账，她以为这样就可以让这个自以为高人一等的年轻人知道她是谁。年轻的女孩拿了便签本和铅笔来开支票。

"付账户头请开威廉·霍华德·塔夫脱夫人。"我相信海伦·塔夫脱·曼宁说这话的时候一定非常傲慢。

"地址？"

"华盛顿。"

售货员拿着铅笔的手依然悬在便签本上，等着下面没说完的地址。

"D.C？"她对海伦·塔夫脱·曼宁所说的讯息没有半点惊奇，有的只是每个售货员在完成一单生意后的心满意足。

第18章
白宫的礼节

我丈夫入主白宫后,我基本不再像以前那样积极主动地参与他的工作。当然,他还是很乐意让我知道他面临的复杂政治环境,为此,我也很愉快。我的生活充满了各种不同寻常,而他也很快陷入像迷宫一样繁琐的局面。因为过于专注白宫各种琐事,我其实很难长时间深入了解他面临的一切。

寄居白宫的前几个月,我完全沉浸其中。1909年5月我突然病得很重,整整一季,我几乎完全远离社交,以便有足够的时间照顾自己,更快地康复起来。其间,我的姐妹们、路易斯·摩尔太太、查尔斯·安德森太太、劳克林夫人和玛利亚·赫伦常常来探望我,还时常在需要的时候代我行使女主人的职责。尽管我间或休养一段时间,但一旦恢复健康,我总是能很快地以极大的兴趣继续投入白宫的各种事务中。通常我会在二楼指挥安排社交活动,结果也很成功,丝毫不逊色于我亲临现场的时候。

第一年我几乎没机会举办花园派对,尽管花园派对只是一种招待会而已,但我相信,这样做会让这届政府显示其不同寻常的一面。花园派对在远东地区非常受欢迎，或者我就是在那里喜欢上了室外派对，同时我了解了花园派对的奢华观念到底是什么。

日本天皇及皇后每年都要举办两次花园派对。一次在春天，庆祝樱花开放。还有一次在中秋，举办菊花展和红叶展。东京每年的花展分别标示着社交季的开始和结束，花展通常需要提前几周准备，你无法预料天皇什么时候会发出邀请，完全取决于皇家花园樱花绽放的机缘巧合。一旦花儿盛开到最美丽的时候，天皇会提前两天邀请大家赏花。人们穿着漂亮的长衫，放下手里的工作前往观赏，真是太美了。"花之都"日本因为花而美丽，因为花而举办派对，并不需要什么别的特殊理由。

哪里也比不上白宫南花园，它是最理想的室外娱乐场所。宽敞的草坪、巨大的喷泉、遮阳的树荫。从两个宽敞的露台俯瞰下去，一切尽收眼底。我必须告诉你另外一件特别吸引我的事，那就是美国普遍良好的卫生状况。这在热带地区简直不可想象。在热带地区，你不可能像我们这样坐在地上或者躺在地上小憩一会儿，那里的国家很不卫生，所以他们举办的并不是坐在花园或在地上和衣而卧的派对，他们的快乐只是去感受脚下的大地。

我很早就计划在白宫举办一次花园派对，春天来了，一切变得完全有可能。1909 年 5 月 7 日，我发出了七百五十份邀请，计划在整个季节举办三次活动，时间是每个月的某个星期五。

我在生活中经历过很多次大自然对我的不友善，因此，对不可预知的天气有十足的防范。为了避免糟糕天气的影响，我们只写"下午 5 时到 7 时在家举行"。无论什么时候，只要我打算举办游园会，我就会像凯瑟琳·德·美第奇①恳请占星家一样，满怀期待地向气象预报员咨询。无论我多么谦卑、低调而诚挚，每次举办大型室外派对时，多半还是会

---

① 凯瑟琳·德·美第奇（Catherine de Médicis，1519—1589），出身于意大利贵族，一生历经法兰西五代国王，在法兰西的政治生活中具有广泛的影响。——译者注

第18章 白宫的礼节

遇到倾盆大雨。因此，天气成了令我胆战心惊的威胁。很多时候，我不得不在乌云压顶的情形下祈祷。居然很多次，的确迎来了阳光灿烂的日子。然而，更多时候，我并没有室内安排和计划，可是一大群人却不得不移入室内。

这一次，我在花园的西北角搭了个帐篷，专门供应点心等小食，同时也方便厨房提供服务。树荫底下放些桌子，有足够的伺者来回送茶水。以往白宫任何户外娱乐活动，海军乐队都处于草坪中心位置，也就是在南边的廊道和大喷泉之间，这次安排在绿屋栏杆处。乐队因为靠近房屋的墙壁，我们会感觉音乐被墙面反弹到地面穿越而来，好让所有人都听得清清楚楚。我选择站在一棵繁茂的大树下，这个位置非常好，可以远眺南面的景色和来往的客人。

我的相关计划刚一妥帖，气象预报人员就预测有雨。的确，老天不出所料地下起了雨。但我对此有太多经验，知道怎么做。我总是充满希望地坚信雨不会来，每次都要眼见着洪水滔天才死心。

大约下午3时30分，滂沱大雨下了起来。我们还没把招待会必需的物品搬进屋，就都成了落汤鸡。下午5时，客人开始到场的时候，雨停了。可是草地满是雨水，树枝沉甸甸地滴着雨水。我不得不指挥乐队换到一楼长廊上，就像以往白宫下午茶招待会一样。摆放点心的桌子移到国宴厅，我在那里会见东厢的客人，那时候我只对东厢房比较熟悉。

一周后，我的运气好多了。我发出了同样的邀请，做了同样的准备，只不过装饰相对没那么精细。1909年5月中旬，天气好极了。客人们从东门路口处进来，沿途下到一个长廊，经过衣帽间，再走过一个很长的绿地斜坡，塔夫脱总统和我站在树荫下迎接客人。阿奇博尔德·巴特上尉也和我们在一起。接下来有个花园派对，我要求先生们着白衣服，就是那种薄薄的夏日套衫，或者他们自己喜欢的款式，总之，不要穿双排扣的正装。有些年轻人会一直在操场上打网球。天气很暖和，穿上白色凉衫，撑上遮阳伞，再舒适不过。喷泉在太阳光的照耀下反射出彩虹一样的艳丽景象，这恐怕也是非正式室外派对最宜人的景色。自那以后，每年5月4日的花园派对都是社交季最受欢迎的娱乐活动。

如何选择总统的度假地点一直是个非常严肃的问题。去默里湾度假几乎是我们多年如一的选择，所以总是不确定是否要换个地点，可是其他地方又没亲近感。

最后我们选了几个可能乐意的去所，但又一一否决。有的地方太热，有的地方以蚊子多出名，还有的地方太远，没有方便的铁路交通，没有邮政和电报设施，等等，都成为选择的障碍。还有的地方，缺点是没有高尔夫俱乐部。对塔夫脱总统来说，没有高尔夫俱乐部绝不可以忍受。

默里湾

第18章 白宫的礼节

高尔夫球是他主要的锻炼和娱乐方式,而且全家一致认为必须去海边,最后选择马萨诸塞的比弗利和格洛斯特海滨,人们通常称其为北岸。北岸可以满足我们的所有要求,包括两个极其出色的高尔夫俱乐部,迈欧皮亚和埃塞克斯郡俱乐部。当然,住在那里的朋友们也是吸引我们前往的原因之一。

还是在春天的时候,我就早早地和朋友梅布尔·博德曼小姐去比弗利农场打探了一番。我们整整花了三天时间选房子,最后选中了一处地点靠海的居所。尤其是那里的草坪,看起来像天鹅绒一样。从阳台上观景,塞勒姆港到马布尔黑德尽收眼底。

房屋为现代框架式结构。别墅内的一切都非常简洁,又恰到好处。阳台很精致,还有个带窗户的穹顶,算是三楼。对于我们这样的家庭和

马布尔黑德

游客来说，房子得足够大，因为我们不可避免地有相应配套的工作人员。和我们一起来的有阿奇博尔德·巴特上尉，还有一干秘书和打字员，更不用说西尔弗舰长。总统的小游艇处于随时待命状态，供工作人员调派。当然，还有行政办公室，可是我认为在假期完全不需要。如果不得已，假期也要带上行政办公室，那只好做到从思想上摒弃它。总统并不期待任期内的第一个夏天有多少时间可以离开华盛顿度假，但我相信，一旦看到比弗利，他至少会觉得自己应该稍稍离开一下工作。因此，我们在镇上的海边租了另外一幢房屋，很适合首席执行官和白宫其他办事人员居住，譬如阿奇博尔德·巴特上尉等人。特勤局的人很可怜，看起来我们一直都在一起，虽然他们从来不会住在任何我们住的地方，但要一直在附近。他们从来不穿制服，看起来像是普通游客，总是蹲伏在附近，而不是坐在凳子上或椅子上休息观景。因此，当他们突然从灌木丛或者其他隐蔽的地方出现时，常常会吓到来访者，这种特勤方式是不是有点不得当呢？我还真不确定。他们有时会让你觉得滑稽好笑，有时会让你难以忍受。但只要世上有思想奇怪、精神失常的人，为了总统的安全起见，这种小心谨慎就很有必要。无论如何，人们很快就习以为常了，忘了他们为什么存在。

初夏时节，我们并没有去比弗利，直到1909年7月3日我们才动身。阿奇博尔德·巴特上尉为我们安排了1909年7月4日的招待会，服务人员早几天就已经到了。我当时的身体状况一直欠佳，有必要避免骚动的人群。因此，当我们的私人小轿车"五月花"抵达比弗利时，大量欢迎的人群在火车站等待。欢迎仪式故意安排得很有节制，应塔夫脱总统的要求，没有安排演说。不久，我们就抵达比弗利市长家，在场的人都号称是公民委员会成员。市长发表欢迎致辞，塔夫脱总统热烈回应，双方就此建立了友好关系。尽管那天是1909年7月4日，但并没有举行其他盛大的国庆庆典活动。

比弗利的街头

塔夫脱总统只和我们在一起待了一天，然后匆匆忙忙地前往各地处理相关事务，之前华盛顿众议院关于税法改革事宜还处于热烈讨论之中。

1909年8月，塔夫脱总统回到比弗利，我们在一起待了一个月，那时候，海边的小殖民地的确可以看作夏季之都。除了热情好客的居民，四周安静得像森林一样。人人都觉得到比弗利拜见总统很方便，只不过在比弗利他也一样忙碌不堪，甚至比在华盛顿还要繁忙。他每天都要在迈欧皮亚俱乐部打一局高尔夫，常常因为自己的好成绩欢欣鼓舞。不过大多数情况下，他似乎总是在处理总统该处理的事宜。如之前所说，还有一个行政办公室，附近总有那么四五个人在阳台上瞭望。庆幸的是在他的大房间里有个秘密入口供他自由出入，好在我们很快就适应了陌生人闯进我们的生活但我们又可以视而不见，假装完全生活在自己的隐私之中。

比弗利的海滩

第 18 章 白宫的礼节

那年夏天最有趣的来访者莫过于日本王子和公主殿下,他们环游世界顺道访问美国。陪同他们的有宫廷大臣的妻子长崎夫人,她曾经促成了我丈夫第一次与日本天皇的会晤。另外还有军事助理九久栗田上校和日本驻华盛顿大使馆临时代办松井先生。

战争部代表美国政府负责护送他们前来华盛顿。我从未见过殿下本人,但塔夫脱总统和爱丽斯·罗斯福小姐曾经在日本受到过接见,因此塔夫脱总统邀请爱丽斯·罗斯福小姐、尼古拉·朗沃斯夫人及其丈夫一同会见两位殿下。

陪同他们参观的那天,塔夫脱总统刚好从西部长途旅行归来,所以我们也是一直捱到深秋时节,才相约从不同地方前往华盛顿见面。

12月的内阁晚宴标志着华盛顿又一个社交季的来临。内阁晚宴其实是常规宴会,计划和安排一概周到详实,简直让人嫉妒。其他正式的宴会还有外交晚宴和最高法院的晚宴,我们新加了"议长晚宴",所以现在有四种晚宴。都是些纯粹的国事活动,只要运用一点点艺术手法,日常国事活动就会成为最令人愉快的事情。内阁晚宴通常只邀请副总统及其夫人、内阁成员及其夫人等参加,只有少数内阁成员以外的要员及夫人会得到邀请。

女主人不用担心内阁成员的座位问题,一切都按先例由社交事务执行官安排。内阁官员的高低位次并不是想当然而定,而是按照该部门创立的最早时间,按照各自职位的重要性而定。

只有元旦的时候,总统才会完全以友好而民主的状态出现。他会在新年招待会上尽量接待更多各界人士,从上午11时到下午2时30分至3时30分之间,他都一直在与来宾握手,互致新年问候。只要身体许可,总统夫人、副总统及其夫人、内阁成员及其夫人,都会和他一起接待来宾。这一切做法大多是我们代代相传的习俗而已。尽管有时候我必须用第三人称书写——他的夫人,但我的思考毫无疑问得用第一人称。

华盛顿复杂的社交生活也让我们发现了一些最有趣、最受欢迎的人。不熟悉华盛顿社交生活的人，会以为新年招待会并不考虑职位高低或者优先等级，其实不然。新年招待会属于全国规模的庆祝日，和其他国事活动一样，安排得非常周密。

通常上午 11 时整宣布开始，总统要接见副总统、内阁成员和外交使团的来宾；11 时 20 分，接见最高法院、哥伦比亚地区司法委员会成员、前内阁成员、前美国外交代表等；11 时 30 分，接见参议员、众议员和国会代表等；11 时 45 分，接见陆军军官、空军、海军和哥伦比亚地区民兵组织；中午 12 时 15 分，接见史密森学会理事兼秘书、各个委员会、政府其他部门，各部助理秘书、副检察长、助理总检察长、助理邮政局长、美国司库、国会图书馆馆长、公共印务员、各局负责人和哥

塔夫脱总统夫妇与内阁成员

第 18 章　白宫的礼节

伦比亚聋哑人研究所所长；中午 12 时 30 分，接见辛辛那提市政府秘书长，1847 年阿兹特克俱乐部秘书、1846 年到 1847 年战争中的退伍军人、美国忠诚军团军事教团、大共和国军、获得荣誉军团勋章的人、老兵军团联盟、西班牙人民兵联盟、美国革命之子和哥伦比亚区最古老居民协会成员；下午 1 时整，接见市民。

所有人按照服务部门和等级秩序着装，或者佩戴上自己在划时代活动中赢得的勋章。这一切为人们理解有组织的美国爱国主义运动提供了最具启发性的视角。

招待会还有私下会见的传统。就是在蓝屋招待一些特殊的客人，有点所谓开后门的意思，意味着可以选择性地邀请一些特殊的客人。

开后门作为一种制度化的调节，难免处理不当，引起嫉妒和不满。对此，我们决定，如果可能的话，任何情况下都应该尽量避免偏袒倾向。因此，塔夫脱总统任期内第一次新年招待会，对外交使团、助理部长和我们自己的客人等，均加以限制。

我们的做法使民众之间的区分仅仅在于官阶，消除了平民社会的精英发表不愉快评论的可能。例如，有关司法部招待会问题一直很微妙，即最高法院的法官是否优先于外交使团成员。

法官们争辩说，只有在他们自己的招待会上，才启动这样的优先秩序。事实上，对此有不成文的规定，那就是任何低于总统或副总统级别的人，都不能凌驾于主权的直接代表——大使之上。我们的解决方案是先行邀请所有代表团团长到蓝屋接受新任总统的欢迎。而且只要他们愿意，就可以在白宫短暂逗留。以往不是这样，通常要等到面对迎宾队列时，总统才接见这些人。这一解决方案几乎让所有人都感到满意，尤其是外交人员。

白宫的新年招待会有很多必须的特殊安排。每一次国事活动或大型派对活动，总有许多临时聘用的男仆、警察、警卫、侍者、衣帽间服务员和门房。元旦那天，如果服务人员不是分散在人山人海中，他们的队伍一定最庞大。所有参加招待会的人员都不得超过迎宾队列，但其实许多人并不会上前来，只是找个有利的位置观望，看看白宫关门闭户之前，总统怎样与六七千人握手。等候的人群一直排到开阔的广场、街道，甚至拐角处。一直到我目力不及的视野之外。来来去去的马车秩序井然，不许猛冲急奔，每一位车夫都必须出示卡片，卡片上都有特殊的颜色表明他的出入口在哪里，这些事我永远都搞不懂。

所有细节都必须由大批助理人员事先安排好，每个部门，包括警察和特工人员，也都事先用打印好的纸张给出了明确指令。譬如："任何饮酒、行为不检或夹带广告的人均不得入列。包括那些看起来明显很脏的人也不许入列。"另外还有就是除了情况特别紧急，"不能把马车夫赶下车，实施抓捕。等第二天一早，根据他的名字和地址再去抓捕也不迟"。

新年招待会结束后，白宫满目狼藉，即便我们事先采取了一切可能的措施，小心翼翼地尽可能降低损毁度，也无济于事。譬如，用宽大的条形地毯换掉精美细腻的地毯，以保护抛光的地板，使损坏尽可能轻微。像人群这样大举涌入后，必定得有以往一直负责清理白宫的人员去收拾残局，好在我们可以很快恢复整个房屋的常态。这让我想起罗马竞技场，人们设计了不同的场景，一切都井井有条，整理和清洁并不影响演出的连续性。

新年招待会后大约三天，我们举行了本季又一次大型活动——外事招待会。人们早就知道，美国总统的主要工作就是握手。我很感动于自己对这一情景的观察，记忆里，总是有成千上万人等候在白宫附近警戒线外，他们一个个从总统和我身边经过，向我们介绍自己，每个人都伸出不知疲倦的手，接受或给予热情而又诚挚的一握。这一握，为所有善良的美国人所珍视。没有比这更疲劳、更锻炼人的工作。如果不是因为

第18章 白宫的礼节

热烈、友好的人群以及音乐、灯光和节日气氛带来的精神刺激，握手一定会让人难以忍受。

塔夫脱总统没有我这种感受。长期公共职业生涯，让他历经各种政治运动的洗礼，得到了很多锻炼。但对我来说，就要困难得多。我的朋友一向不理解我怎么能忍受得了这种场面，但只要健康状况允许，我并不觉得这种过度紧张的活动之后恢复起来有多么难。一旦我感觉身体没那么强壮，我就会以各种简单的借口暂且让自己短暂地休息一段时间。

对我来说，长时间站立的确会感到辛苦。但我很快就会乐于牺牲外表，换上低跟平底拖鞋，尽可能让自己感到舒适。

毫无疑问，白宫每年的国事活动中，外事招待会最耀眼。但之后的晚宴更有趣。华盛顿有三十九个外国大使馆及工作人员，每位大使和公使都有与众不同之处，有些甚至佩戴象征王权的王冠。每一位武官，无论陆军还是海军，都得着军装。大多数时候，他们看起来像是一道风景画，而且往往是一幅非常炫目的风景画。

外国女子都打扮得很精致，许多人戴着冠状头饰，珠光宝气，齐聚在华丽的、亮闪闪的大桌子旁，堪称一幅五彩斑斓、华美壮丽的油画。华盛顿任何其他场合都见不到这样的场面。

我时常疑惑他们怎么才能融洽相处。美国给人造成了一个错觉，好像除美国外，没有一个国家敢于向外国派驻不懂法语的外交官。事实并非如此，华盛顿就有许多国家的外交官并不懂法语，他们的妻子们更是如此。外事宴会并不考虑晚餐伙伴能否自由地交流，只是严格按照官衔给男人、女人排位。当然，大家都会说英文，但很多人说得并不那么完美。口音恐怕真的有三十九种之多，试想，如果中国公使夫人坐在萨尔瓦多和古巴大使夫人中间，或者日本大使夫人坐在德国大使和哥斯达黎加大使夫人中间，情形会怎么样。

位次高低完全取决于他们在华盛顿待了多长时间。我第一次去白宫时，意大利大使是外交使团的团长。其次是奥地利大使。来自暹罗和哥斯达黎加的大使比其他所有人的位次都高。如果海地的大使在华盛顿待的时间足够长，他的位次可以超越西班牙大使。海地大使是外交使团中唯一一位黑人外交官，我主导白宫内务的时候，安排他与那些和他地位相当的使节坐在一起——新月大餐厅边缘接近外面的位置。

外交人员的妻子和随从会占据国宴厅很多空间，所以外事宴会基本不可能邀请很多外人参加。无论是招待会还是晚宴，塔夫脱总统从来不考虑空间的有限性，而我总是习惯于过一遍客人名单，尽量在有限的空间里安排下所有人。遗憾的是，我删掉的名单永远赶不上他重新加进来的多。多亏有他，新行政大楼才成功举办了有史以来最大的晚宴。

威廉·麦金利先生在关于修缮白宫的报告中说，国宴厅将可以容纳一百人。事实上，我塞进去最多的一次是九十二人，否则会很拥挤。但哪怕九十二人也让众人吃惊得很。我们本可以在新月国宴厅空中吊张餐桌，看起来星光闪烁，不仅与餐厅的新月相配，还可以容纳更多人，可惜直到面对如此多贵宾的时候我才想起来。我很高兴塔夫脱总统从来没想到过，以他的豁达，有时甚至膨胀的性情，一定会真的去尝试一番。

我竭尽全力削减招待会人数，不至于太过混乱。这样做的理由很简单，如果一次有两千人进入白宫，那就意味着"过于拥挤"，谁也不可能玩得开心。招待会期间，我们通常先在蓝屋跳舞，每个人都因此欢畅起来。尤其是年轻人，热情洋溢。凡是进到室内的客人，都有小点心招待，这可能是我们离开白宫后得到最大支持和推崇的做法。通常我们会在下一次招待会上邀请上一次被削减的客人。事实上，两千人的自助晚餐可以很好地解决空间过于紧张的问题。相比每桌提供九到十道菜的正式晚宴，人数并不会显得过多。无论哪种晚宴方式，都不那么简单。但白宫的厨房和储藏室又大又充足，加上高效的工作人员，几乎从未发生过任何意外或尴尬的事情。

第18章　白宫的礼节

几乎每一次大型招待会之前，厨师都会在案板上堆起一团又一团生面团，事先做好一切准备。招待会正式开始那天，会招来足够多的帮手，一切准备都显得很容易，沙拉、三明治、冰激凌和糖果，柠檬水和潘趣酒[①]等，各种所需，一应俱全。至少，我们日常家庭生活从未因此受到明显影响。木匠和装饰工修缮国宴厅时，我们在小型家庭餐厅吃饭，居然还在那里成功举办了晚宴和派对。

提到茶点，我就会想起塔夫脱总统上任不久后发生的一些事，其实几乎所有总统都经历过。那就是，他随便说句话都很可能被大众解释为正式演讲，他最平凡的行为都可能成为广为宣扬的"榜样"。尽管他被尊崇为所有精英的楷模，但也总是陷在同一个问题中："他会怎么做？"但当选之前完全是另外一番景象。

在弗吉尼亚州温泉城的晚宴上，有位客人曾经拒绝他递过去的酒杯，说自己已经十八年没喝过酒了。塔夫脱总统以最平常不过的方式跟着说了句，这两年他一直尽量少喝酒，他也希望继续这样下去，结果这事在报纸上引起轩然大波。他所说的一切，所做的一切都非常富有戏剧性，等同于发表了原则声明，甚至是在阐释总统未来政策走向。他立刻被自己的丰功伟绩淹没，一些最值得尊敬的基督徒和禁酒组织纷纷表示赞同，并给予他各种嘉奖。人们想当然地以为他会禁止任何形式的饮酒行为，包括白宫也一样会禁酒。他不得不坦率地告诉尊敬的先生们，他没有发表过任何声明限制白宫的好客，他也不想干涉任何正常人的个人习惯，作为总统，他未来也无意这样做。

事实上，我丈夫是个十足的戒酒派，他一生从未沉湎于任何刺激物，任何刺激物无论如何都不可能吸引他。不得不出去用餐的时候，他会拒绝几乎所有的白酒和红酒。不过他天生节制，所以总是不想因为这种美德受到赞扬。

---

① 一种果汁饮料，又译为宾治。——原注

与此同时，我也遇到了一个奇怪的麻烦。我丈夫一当选，我就开始收到大量从世界各地发来的信件。来信会提出各种各样的要求，其中有一封来自巴尔干新型国家的妇女组织，她们主要从事政治和社会改革工作。该妇女组织希望我能提供帮助，让她们有机会在美国建立一个类似的组织。

　　我尽可能以优雅和礼貌的方式拒绝各种请求，而不是命令或仔细考虑怎么帮助她们。只要我稍微想象一下就会有令人惊讶的发现，我的答复很可能立即就会被收信人理解为一种个人兴趣所在，理解为我对那个国家和人民命运的同情。她们还会宣布我是这个年轻国家的好朋友，也是它所有敌人的敌人。这事会成为华盛顿的外交主题，而国务院必须想方设法，让我温和地摆脱所谓积极参与巴尔干问题带来的麻烦，我也会因此得到教训。

　　白宫四年，我几乎每天都会收到令人吃惊的信件，但我很快学会了坦然面对来自各方的求助。如果你知道总统妻子到底会收到多少信件，一定会大吃一惊。其中大多是全国各地小型慈善机构写来的信。节假日之前，特别是复活节和圣诞节之前，凡是举办义卖或教堂交易会活动的组织都会想方设法要求我做出某种贡献。他们从不会直接要求金钱援助，而是希望我赠送一件有意义的物品，当然必须是我使用过的，我尽量满足他们的要求。西奥多·罗斯福夫人曾经用白宫的照片作为个人物品，我决定参照她的做法。南门廊风景很不错，于是我挑选了南门廊照片，约8×10英寸大小，在一角签上姓名，请求对方以我的名义惠存。这张签名照片可以算是最令人满意的纪念品，我粗略地估计了一下寄出的签名照片张数。因为同时制作几百张，花销并不那么多，捐助给慈善事业也不会有铺张浪费的感觉。另外，手帕也很受欢迎，我总是随身带上些手帕以便不时之用。

　　感觉有点跑题了。回忆白宫每一个社交季的目的是什么呢，我其实

担任美国总统期间的威廉·霍华德·塔夫脱

特别想告诉大家各色招待会和晚宴的人员组成，另外还有白宫的时尚和格调形成的历史过程等。既有一脉相承的特点，又在不断变化之中。和我一起生活了四年之久的白宫工作人员，想必每个人都和我一样，知道点点滴滴。但我总在提醒自己，这本书并非完全为他们而写，还有未曾来过华盛顿的读者。他们远离华盛顿，根本无从知晓这一切，但他们也一样有权了解美国首都。这本书同时也是为想知道美国总统到底如何处理立法、行政、外交或社会事务的人而写。

第19章
尾 声

我们在比弗利的第二个夏季以造访西奥多·罗斯福先生为开端。前总统离开美国一年半,等他重新回到美国时,时间已经是1910年6月18日。塔夫脱总统派了两名内阁成员,海军部长和农业部长以及他的助理阿奇博尔德·巴特前往纽约迎候。并请他们代为向西奥多·罗斯福先生致以双重欢迎,既有官方的,又有个人的。阿奇博尔德·巴特上尉在官方日志中这样写道:

> "凯塞林·奥古斯特·维多利亚"号一抵达阔伦廷,总统的几位同僚就通过绳梯从轮船侧面上船,前往西奥多·罗斯福先生的特等舱,向前总统表示问候。阿奇博尔德·巴特先生着军装,向西奥多·罗斯福先生致敬,并呈上总统先生的亲笔问候信和欢迎辞。西奥多·罗斯福先生阅后深表感激和荣幸,尤其感谢塔夫脱总统派遣'南卡罗来纳'号和其他军舰一起护送他从阔伦廷前往纽约。阿奇博尔德·巴特先生又呈上塔夫脱夫人的邀请信,补充说明塔夫脱总统对西奥多·罗斯福先生及其夫人的邀请。欢迎

海军部长乔治·冯·伦格克·迈耶(1858—1918)

农业部长詹姆斯·威尔逊(1835—1920)

他们即刻前往白宫，或者任何他们感觉合适的时候造访白宫……西奥多·罗斯福先生一一表达了他诚挚的谢意，并请阿奇博尔德·巴特先生转达。

西奥多·罗斯福先生抵达华盛顿时，我已经离开白宫前往比弗利，所以我一直等到十天后与塔夫脱总统会合，才有机会面见西奥多·罗斯福先生。我还是想摘录些阿奇博尔德·巴特上尉的详细记录：

> 1910年6月30日下午3时30分，前总统西奥多·罗斯福由参议员洛奇陪同前往白宫表达他对总统的敬意。阿奇博尔德·巴特上尉前往白宫入口处迎接，并通报说前总统光临。总统立即迎出来，向来访者表达最亲切的问候，他直接称呼他西奥多。
>
> 罗斯福先生双手握住总统的手说：
>
> "总统先生，看见你精神状态这么好真是太高兴了。"
>
> 总统笑着说："为什么称我为总统先生？"
>
> 罗斯福先生回答："因为过去我们俩是总统先生和威尔，现在是总统先生和西奥多。"
>
> 总统带着尊贵的前任总统一同往侧廊走去。他们边走边回忆西奥多·罗斯福政府时期令人愉快的事情……罗斯福先生在白宫待了两个小时，给总统讲述了旅行中的许多趣事。

我也出席了这次会谈，我记得整个过程很愉快。记得那时西奥多·罗斯福先生对我丈夫的态度十分有争议，但塔夫脱总统认为他们之间除了友谊，没有任何其他杂质。以往我并不完全同意，但这一次，我高兴地发现，他们精神上依然意气相投，而我本人恰好可以证明怀疑和争议并没有可靠的理由和根据。

第 19 章　尾　声

西奥多·罗斯福先生到英国的时候，正赶上爱德华国王去世。他代表美国总统参加葬礼，葬礼庄严壮观，几乎让他这一年半经历的所有事情瞬间黯然失色。他生动地描述了中古式独特的列队游行，特别强调葬礼沉重又令人崇敬的一面。正是在那种情形中，他发现了自己幽默的一面，这也让我们感受到了极大的乐趣。

他发现面对国王、皇帝和沙皇——这些传统上处于权力巅峰的人物，哪怕次等国家的封建统治者，总统实在是个难以确定等级的职位。他不明白为什么未成年的王室成员位次竟然会高于法国、美国等大国派去吊唁的代表。更不消说墨西哥、巴西、瑞士等大大小小的民主国家，他们派去的代表位次更低。

爱德华国王（1841—1910）

葬礼期间，西奥多·罗斯福先生费了很大周折找寻自己的座位。当然，找座位期间他不断地遇到一些熟悉的国王和其他王室成员，自然会受到大家的礼遇。那段时间，伦敦一下子集聚了很多王室成员，以至于他粗心大意，完全没发现自己犯下了许多可笑的错误。因为没有受过专门训练，他居然不知道如何向宫廷人员表达敬意。与各国选派来伦敦的人相处简直是一种奇遇，滑稽可笑的事情时有发生。而他对此很有欣赏力，加上天生的描述才能，可以说我们一起度过了有生以来最愉快的一个下午。

这次和西奥多·罗斯福先生的愉快会晤真的让我们回味无穷。他依然以极大的真诚支持我丈夫，并给予他很高的评价。他的态度让我丈夫确信，有关他们之间产生了某种隔阂的谣言，完全没有根据。

1910年7月中旬，我们乘坐"五月花"号游轮短期出游，几乎是塔夫特总统任期内唯一一次出游，总统其实并没有真正的假期。但如果他碰巧像个不错的水手，从不晕船，最好的休息方式就是登上总统的游艇，离开拥挤的人群。

那次只有一小队人马与我们同行，包括我丈夫的哥哥贺拉斯·塔夫脱先生、我姐姐、路易斯·摩尔太太、梅布尔·博德曼小姐以及海军部长、比克曼·温斯洛普、还有阿奇博尔德·巴特上尉。当然，巴特上尉总是和我们在一起。

我们向北一直开到缅因沿海，东港是我们停留的第一站。东港是个很有趣的渔业城市。刚一抛锚，市长就上了我们的船。市长做了愉快的欢迎演讲，并着手制订观光和庆贺仪式。按照他的安排，我们可能要在那里待上相当长一段时间。一路上，其实哪儿都一样热情。结果，我们除了同意乘汽车游览当地发达的堰鱼业，参观沙丁鱼罐头制作过程，几乎拒绝了所有安排。很少有总统会去东港参观，所以街上很热闹，人头攒动，看起来像过节。

第19章 尾 声

我们在离海岸线很近的地方遇见了从坎波贝洛岛来的代表团,代表团邀请我们乘四轮马车去兜风,听起来像是家常而又悠闲的娱乐活动。但坎波贝洛岛属于英国,塔夫脱总统很想打破不成文的规定——总统不得踏入美国领土之外的地方。但最后他决定,最好不要这样做。不过,其余人都决定要去,虽然一路颠簸,但很愉快。我们最后在富兰克林·罗斯福夫人的避暑之家结束了这个夏季。

我们所到之处无不受到热情款待,每个港口和城镇都有美丽的家园和欢乐的主人。在时尚的巴港,居然有一群我们的朋友,他们冬季住在华盛顿,夏季搬来巴港。塔夫脱总统尤其喜欢在巴港打高尔夫球,当然,无论在哪里,每天都有午宴、晚宴,更不用说茶歇和大型招待会了。除了发表演讲,塔夫脱总统还要会见缅因州的政治家。我们也可以在行走

巴港

的"五月花"号上度过宁静的夜晚，沿岸可以断断续续看到峭壁和岩石。有时候，船停泊在某个安静的港口，柔和的海浪声穿透寂静，根本不需要有人做任何说服工作，我只想无限期待在船上。

"五月花"号通常用于海军检阅活动，或者用作与海军仪式相关的官方正式仪式。总统上船时，礼节严格。这种情形下，任何平民百姓都会感觉自己像个毫无见识的新兵。

官方正式礼仪的整个过程非常有趣。总统经过的时候，每个穿制服的人都会呆呆地站在那里，注视着总统，几乎忘记了这并非是自己寻常时候的样子。

然后鸣枪。枪声真的会让人的神经颤动起来，震耳欲聋的声响仿佛要穿透耳膜，也是最激动人心的时刻，总统礼炮为二十一响。我终于知道海战是怎么回事了，听觉上应该和这种仪式有点相同。当然，塔夫特总统并不会亲自去检阅每一艘军舰。

小游轮把我们从缅因海岸送上"五月花"号不久，智利总统蒙特先生和夫人恰好到访，他首先向美国总统表达了敬意。蒙特先生前往欧洲治病途经纽约，应美国政府和塔夫脱总统邀请前往比弗利，他打算乘专列前往波士顿，并与阿奇博尔德·巴特上尉在"五月花"号见面。蒙特总统病得很严重，前往比弗利途中，心脏病发作，每个人都被他吓到了，以为他根本无法上岸。最后他居然完全康复，成了我们舞会上最快乐、最有信心的成员。我们任期内接待的贵宾，他和蒙特夫人算是最受欢迎的客人了。正式礼仪和交换两国之间的敬意后，我们在一起用午餐，一起度过了数个小时，有趣而令人难忘。因为我们朴素的避暑小屋没有足够的房间，而他的随行人员又太多。因此，其他人的午餐在船上进行。阿奇博尔德·巴特上尉和"五月花"号的洛根船长负责招待工作。

席间，他们为彼此的总统、军队、海军、部长、随员以及他们能想到的每一个人干杯，热烈而有趣。过后有人告诉我说，他们之间建立了

智利总统蒙特（1849—1910）

相当友好的关系。蒙特先生一周后在英格兰去世，他死在寻求健康的旅途中，智利失去了一位杰出公民。

塔夫脱总统一直和我们待在比弗利，打高尔夫、处理日常事务、接见络绎不绝的来访者，同时准备演讲等一系列事务。直到1910年9月，另一段喧嚣混乱的日子到来了，一切都等着他去处理。1910年9月3日，他怀揣印刷好的行程安排，从波士顿出发，前往圣保罗参加世界贸易保护大会。

其间，塔夫脱总统要发表两次演讲，一次在国会，一次在明尼阿波利斯博览会，更不用说芝加哥还有另一场演讲。他多次在火车站台发表简短演讲。1910年9月8日，他出席了在波士顿举行的航空会议，我们在一起观摩世界上最棒的飞行表演。

短暂休息后，塔夫脱总统又去纽黑文参加耶鲁委员会的会议，然后去辛辛那提参加俄亥俄峡谷博览会。他迅速完成演讲，并谢绝各种殷勤好客的款待，返回华盛顿。

那时，政治天空乌云密布，他召集民主党的国会收集讯息。即将来临的冬天充满变数，实在没有什么吸引力。

我离开华盛顿期间，总统官邸历史上第一次成了单身汉娱乐中心。我丈夫总是邀请一两位，甚至更多人和他在一起。他还会安排助手和秘书住在白宫，这样的安排让我不至于因为擅离职守有太多歉疚。

塔夫脱总统一回到华盛顿就把整个内阁党团聚集在自己的屋檐下，这样他可以每天召开三次内阁会议，还不算他在办公室召集的其他会议，结果华盛顿和报社记者为此担忧了很长时间。

太多危机必须去面对，各种人为的曝料和谜团，拟议的立法措施有待讨论。但就形式看，不过是家庭会议。当时内阁成员的夫人们都在别处消暑，对政府行政部门来说正是加班加点的绝好机会。尊贵的先生们不得不挤在白宫的房间里。我常想象他们挤在屋子里，几乎不怎么睡觉

第19章 尾　声

的情形。国务卿和财政部长住最南边的屋子；海军部长和内务部长住最北边的屋子；邮政局长住罗伯特·阿尔方索·塔夫脱的房间；农业部长住管家的房间；总统秘书长住查尔斯·菲尔普斯·塔夫脱的房间。我以为这其实是某种特别的家庭派对，只不过如果政府部门再多一些的话，总统就得增建新宿舍了。

阿奇博尔德·巴特在官方日志中这样写道："塔夫脱夫人今晨带着刚刚开始穿成人长裤的儿子查尔斯·菲尔普斯·塔夫脱前往纽约。"

这让人想起某些不愉快的记忆。我和任何敏感但明智的妇女一样，哪怕大儿子已经在耶鲁，女儿也已亭亭玉立，即将走进社会。只要还有一个儿子没有成人，我永远不会承认自己已经抵达生活的顶点。随着小儿子查尔斯·菲尔普斯·塔夫脱即将穿上成年人的衣装，我也感到"上了年纪"这种让人不悦的情形正在逼近。

这个夏天我们在比弗利常聊的话题之一就是查尔斯·菲尔普斯·塔夫脱的个头和大长腿。在我认识并接受这一点前，几乎人人都提醒我，到时候了，该给他穿有型又体面的男式服装了。

有天一早，电话响了，海伦·塔夫脱·曼宁去接听电话，发现另一头有个声音在说：

"请接转查尔斯·菲尔普斯·塔夫脱少爷。"

"有人找你，查尔斯·菲尔普斯·塔夫脱。"海伦·塔夫脱·曼宁说完后，真的像个姐姐一样站在一旁，想看看对方和她未长大的弟弟说些什么。听到一半，她就因为查尔斯·菲尔普斯·塔夫脱严肃认真的谈话而吃惊。

"谁这么说的？"

"当然不是。"

"哦，有人一直给你错误的讯息。"

"完全否认。"

"哦,如果你要引用我的话,你可以这样转达我的话,传言是错误的,完全没有根据。"

"好,再见。"

海伦·塔夫脱·曼宁吓了一跳,她有种预感,作为总统的儿子,查尔斯·菲尔普斯·塔夫脱正在扮演不良的角色。她立刻盘问查尔斯·菲尔普斯·塔夫脱,他承认那个给他打电话的人是记者。她又提醒弟弟别忘了自己死板僵硬的判断力源自他天生优越的处境。

他说:"你看我们说话的方式,猜不出他是个记者吗?"

查尔斯·菲尔普斯·塔夫脱听过很多类似的谈话,早就习得了某种"语气"。但他坚持认为自己与记者谈话的主题是"纯粹个人的",与他姐姐没有任何关系,也没有涉及任何与政府相关的重要问题。

塔夫脱总统夫妇与儿子们的合影

第19章 尾声

他承认，如果记者真想报道有关他成长中的问题，他必须意识到这一切会指向他的父亲——美国总统。

他说："但如果那不是个人问题，我想知道那是什么？"

当时，查尔斯·菲尔普斯·塔夫脱正处于强烈的喜悦之中，"绝对否认"事情有完全相反的一面。我给他准备好上学的一切所需，把他当个小孩子一样吻别，送走的却是一个青年男子。等到圣诞节再见到他的时候，我恐怕就能适应他的想法了，我心里隐约生出一丝感激之情。

回白宫不久，我就开始重返社交季的日常生活。我们给内阁成员举办了常规晚宴，所有内阁官员也回到各自家中，之后还有各种派对，音乐剧、午餐、小型宴会、茶会等。1909年年底，我的女儿进入社交界。

1909年冬天，海伦·塔夫脱·曼宁开始在华盛顿崭露头角。她经常从学校回家参加我举办的娱乐活动。有一次我身体不舒服，她甚至担起了女主人的担子，负责招待日本伏见亲王和公主。因为她从未正式露面，1910年冬天，我为她首次亮相社交界举办了两次派对。为了这次派对，女儿说她"包下了华盛顿所有鲜花"，派对从下午开始。1910年12月30日晚，我们又为她举办了夜场舞会，当时东厢挤满了成百上千年轻人，大声喊着"再跳一个"，舞会直到凌晨2时才结束。

新年酒会后，外交、国会、司法和其他国家事务接踵而至，冬天像梦一样过去了。花园派对的节日即将来临，之后又迎来了我们在白宫四年最盛大的节日——我们的银婚纪念日。

结婚二十五年以来，塔夫脱总统只有一年时间不在公共服务部门工作。因此，白宫举办周年纪念对我来说并没什么不适应，我们应该做的就是设法让碰巧目睹和参与其中的人难以忘怀。

感谢上帝，我们的结婚纪念日是夏季。因此，几乎每次结婚纪念日派对都安排在户外。沐浴在银婚纪念的喜悦里，随之而来的欢乐气氛让我们忍不住决定二十五周年结婚纪念日必须庆贺一番。

我全力回想，才记起到底派发了多少邀请信，恐怕还是难免出差错。最后大约有四五千人出席，以往从没见过这么多光彩照人的客人一起前来白宫做客。

那天夜间，灯光璀璨无比，每棵大树和灌木都被无数星星点点的小电灯点燃，庄严的大楼被黄白色灯光晕染着，像是镶了一层炽热的花边。凡电线所到之处，就有一串串摇曳奇妙的灯笼，巨大的彩虹喷泉不停地向制高点喷去。一切都那么不同，让你难以描述。

高处有两盏探照灯不断地闪烁着，映照得华盛顿纪念碑上闪闪发亮。白宫顶上的旗子在微风中飘扬，清晰可见。

为了更好地恭迎客人，我们选择站在喷泉和南边柱廊之间的大树下。白宫完全开放，餐厅和门厅随处都有供应茶点的桌子。我最有资格充满热情地重现那次派对的记忆，没有热情，就不可能有一切。为什么不坦率地感谢这次成功的派对呢？

随之而来的社交季和我之前提及的大同小异。因此，我的故事不得不到尾声。当然还有一个更长、更丰满的故事供大家分享，但它并不属于我，它属于因为其职业生涯而让我的故事更值得讲述的人。

塔夫脱总统被重新提名后，或者更确切地说，在共和党分裂的情况下，芝加哥第二次大会后，我开始着手未来不在白宫扮演任何角色的计划。我不再阅读反对派的报纸，我发现充满政治斗争的描述给我留下的印象太深刻了，远远超出对我丈夫的友善豪爽性情的描写。持续处于愤怒状态对我没有任何好处。

在担任总统期间，塔夫脱总统从不屈服于辛辣的批评和大规模的攻击。我想我也形成了某种习惯，那就是我认为没什么好批评的。批评者认为他天生不懂，或者他本不屑于玩弄政治游戏。这种批评，威廉·詹宁斯·布莱恩先生的支持者曾经在 1908 年使用过，可是并没起到任何作用。他二十年无批评的纪录一直保持在那里，也坚持着这项记录。

第19章 尾 声

一旦我们确信刊登在反对派报纸上的文章大多既不公平也不公正，我们就会为了避免过多干扰而不再阅读这些报纸。塔夫脱总统很喜欢林肯的名言，国务卿诺顿先生将之拍了下来，放在办公桌上的相框里：

"我不会尝试阅读攻击我的文章，更不用说去应对和解决他们所说的问题，他们也会因为任何其他的事攻击我。我知道怎样才能做得最好，也知道我能做得最好。我的意思是我会一直这样，一直坚持到最后。如果结局证明我是对的，反对意见自然也就毫无意义可言。如果结局证明我是错误的，再多天使发誓说我做得好也无济于事。"

我自然希望他连任，但我从不对此满怀期待，反倒渴望他能早点结束烦忧，让疲惫的头脑休息休息，重新与生活中美好的事物相遇。所幸我们是个开心、爱笑的家庭。无论塔夫脱总统还是孩子们，都尽力从一切事物中获得乐趣，事实也如此，我的确给他们带来了乐趣。他们很喜欢讲一些关于我的故事，虽然我并不觉得特别有趣。

上一次竞选，我独自在比弗利待了很长一段时间，一旦塔夫脱总统来和我相聚，少不了会带上共和党总部，其中包括一些与他在一起磋商相关事务的政治支持者。

我们有个很好的老朋友，永远充满热情，他是塔夫脱总统永远的支持者。那时候，他正为了塔夫脱总统英勇战斗。他坚信一定总统能胜利，并向我保证一定能获胜。他还向我解释，他们将怎么获得胜利。他指出塔夫脱总统的力量所在，告诉我人们对他多么友好。

他说："塔夫脱夫人，记住我的话，1912年11月，总统一定会再次当选！"

我说："哦，你可能是对的，但我打算把亚麻布和银婚纪念品一并带走，就像我离开比弗利的时候，我几乎把所有东西都打包收拾好带回家。"

1912年，托马斯·伍德罗·威尔逊当选十天后，威廉·霍华德·塔夫脱在纽约洛托斯俱乐部举行的晚宴上是这样说的：

忘忧果的传说告诉我们，食了忘忧树果实的人，只剩下哲学上的平静状态，完全忘记了自己的国家发生了什么，也不想再次上船返回。

回想当初有人问我是否参加这次宴会时，我并不清楚委员会的所思所想。所以我犹豫不决，甚至有点不愿接受，唯恐晚宴上因为自己是客人的身份而兴趣全无，又害怕自己从以往非常有活力的国事参与者变成一道正在消散的风景。

我知道，大凡这种场合，就餐者的动机不外乎想看看来客中是否有人能使他们更紧密地与伟大的当下和未来联系起来，而不仅仅是提起过往。然而，俱乐部让我更深刻地感受到你们并不是冷酷、自私地探索自己快乐的人。相反，你们有组织地为有着深深遗憾的人提供慰藉，给即将被遗忘的人提供被铭记的机会，为即将消失的人寻求一首天鹅之歌。

总统是个伟大的职位，一种巨大的荣誉。尽管它肩负着沉重的责任和使命，但栖居在无尽的快乐和享乐之中，为表象和肆意的攻击留下了明显的痕迹。当然，衡量总统这一伟大职位是否能得到真正持久满意度的标准，得看他是否做了一些让同胞永久受益的事情。职位给我们带来的快乐非常短暂，除非你能牢记，行使总统权力的目的是取得真正的进步。否则，无论总统的权力、尊严或者他在人们心目中的地位有多高，都不会有真正的快感。

我恳请你们相信，尽管选举结果让我离开白宫，但我还是要向美国人民表达我最深切的谢意，感谢他们赋予我担任这一职务的荣耀。很遗憾，在总统任职期间，我没有取得更大的成就。但我真诚地希望能回顾一下我所做的一切，也切实期待人民已经因为我的所做所为受益。我最大的遗憾是，我未能确保参议

托马斯·伍德罗·威尔逊（1856—1924）

院通过美国与法国、英国签订的仲裁协议。我相信，这将是迈向世界和平的重要一步。我希望我所做的一切的确有助于和平事业，但协议是否得到通过才是具体而有实质性的步骤。无论最终成败与否，我都不会绝望，我们必须在希望中继续努力。

专有名词英汉对照

Cincinnati	辛辛那提市
Chicago	芝加哥
Cleaveland	克利夫兰
Mississippi	密西西比河
Baltimore	巴尔的摩
Washington	华盛顿
Cumberland	坎伯兰
Alleghenies	阿利根尼山脉
Pittsburgh	匹茨堡
Ohio River	俄亥俄河
St.Louis	圣路易斯
New Orleans	新奥尔良
East Walnut Hills	东沃尔纳特山
Mt. Auburn	奥本山高地
Clifton	克利夫顿
Frederick Hassaurek	弗雷德里克·哈索尔克
Carl Schurz	卡尔·舒兹
Theodore Thomas	西奥多·托马斯
Stanley Matthews	斯坦利·马修斯
Manning F. Force	曼宁·F. 福斯
Mr. Spofford	斯塔福德先生
John Williamson Herron	约翰·威廉姆森·赫伦
Benjamin Harrison	本杰明·哈里森

Miami University at Oxford, Ohio	俄亥俄州迈阿密大学牛津分校
Alphonso Taft	阿方索·塔夫脱
Issac Clinton Collins	伊萨克·克林顿·柯林斯
Pike Street	派克大街
Mr. Larz Anderson	拉兹·安德森先生
Sinton	辛顿
Mr. Martin Baum	马丁·鲍姆先生
Nicholas Long Worth	尼古拉·朗沃思
David Sinton	大卫·辛顿
Charles P. Taft	查尔斯·菲尔普斯·塔夫脱
Miss Nours	诺斯女士
Harriet Collins	哈里特·柯林斯
Lowville	劳维尔市
Eli Collins	伊莱·柯林斯
Rutherford Birchard Hayes	拉瑟福德·伯查德·海斯
Mrs. Hayes	海斯夫人
Lucy Hayes Herron	露西·海斯·赫伦
Fanny Taft	范尼·塔夫脱
Secretary of War	内阁战争部长
Attorney-General	司法部长
Pike's Opera House	派克戏院
Unity Club	团结俱乐部
Unitarian Church	一神教会
Madison Road	麦迪逊路
Grandin Road	格兰丁路
Tom Campbell	汤姆·坎菲尔
Hoffman	霍夫曼
Miller Outcalt	米勒·欧卡特
Benjamin Butterworth	本杰明·巴特沃斯
Collector of Internal Revenue	美国国税局
Berner	伯纳
Dr. Kemper	肯珀博士
Kittredge	基特里奇
Ramsey	拉姆西
Bayreuth	拜罗伊特
Nellie	内莉
Judson Harmon	加德森·哈蒙
Hoadly	霍德利
Johnston	约翰斯顿
Colston	柯尔斯顿

专有名词中英对照

Edward Lauterbach	爱德华·劳特巴赫
Jerry	杰瑞
Ryan	莱恩
Old Ebbitt House	艾比特大厦
Joseph Choate	约瑟夫·乔特
Henry Cabo Lodge	亨利·卡波·洛奇
John Hay	约翰·海伊
Dupont Circle	杜邦广场
Bobby	博比
Federal Circuit Bench	联邦巡回法院
Mountain Lookout	卢考特山
Marquette	马凯特
Charles Krippendorf	查尔斯·克里本道夫
Ingalls	英格尔斯
Mrs.Charles Fleishmann	查尔斯·弗莱什曼夫人
Mr.Seidl	塞德尔夫人
Mr. Schradick	施罗德克先生
Van der Stucken	范德·斯塔肯先生
Mrs. C. R. Holmes	C.R. 霍姆斯夫人
William Mckinley	威廉·麦金利
Livingston	利文斯顿
old Palace Hotel	圣弗朗西斯科古宫酒店
United States Amy Transport	美国陆军运输舰
USS Hancock	"汉考克"号
USS Arizona	"亚利桑那"号
USS Grant	"格兰特"号
USS Sherman	"谢尔曼"号
USS Sheridan	"谢里丹"号
USS Thomas	"托马斯"号
Brooklyn Navy Yard	布鲁克林海军基地
General Luke.Wright	卢克·E. 赖特将军
Henry C. Ide	亨利·C. 伊德
Dean C. Worcester	迪安·C. 伍斯特
Bernard Moses	伯纳德·摩西
Katrina	卡特里娜
Pinochle	皮纳克尔纸牌
Green Mountain State	绿岭之州
New Hampshire	新罕布尔州
Samoa	萨摩亚群岛
Apia	阿皮亚

Robert Louis Stevenson	罗伯特·路易斯·史蒂文森
Dr.Kneedler	坎德勒医生
Mr. Bourke Cochran	伯克·科克伦先生
Minister to Spain	西班牙公使
Mr.Shane Leslie	谢恩·莱斯利先生
Battle of Manila Bay	马尼拉湾战役
Connecticut Yankee	康涅狄格州人
Mr. Arthur Fergusson	阿瑟·弗格森先生
Mr. Frank Branagan	弗兰克·布兰根先生
Diamond Head	钻石山
Punchbowl	庞奇包尔死火山
Swell	西维尔
Hayward	海华德
Nuuani Pali	努阿努帕里
King Kamehameha	卡美哈梅哈二世
Mr. Mott Smith	莫特·史密斯先生
King Kalakaua	卡拉卡瓦一世
Yokohama	横滨
Tokyo	东京
Queen of the Mountains	山峦皇后
Bessie	贝西
Kempff	柯普福
Captain Mccalla	麦卡拉舰长
Mr. Choate	肖特先生
Aguinaldo	阿奎那多
Grand Hotel	格兰特大酒店
Boers	布尔人
General Young	杨将军
Luzon	吕宋
Japanese Court	日本皇室
Nikko	日光
Mr. Nagasaki	长崎先生
Smithsonian Institute	史密森学会
Imperial Album	皇室相册
American Legation	美国公使馆
Mr. Buck	巴克先生
Russian Legation	俄罗斯公使
Baron Rosen	罗森男爵
Baron Sanomiya	三宫男爵
Baron Tajiri Inajiro	田尻稻次郎男爵

专有名词中英对照

Princess Oyam	大山公主
Eldridge	埃尔里奇
Foreign Settlement	横滨租界
Malays	马来人
Artacho	阿塔乔
L.Charles	L.查尔斯
T.Williams Melvor	T.威廉姆·麦基弗
Ms.Scidmore	西德摩尔夫人
Eliza Ramaha Scidmore	伊莉莎·拉玛哈·西德摩尔
Kamakura	镰仓
Hakone	箱根山
Miyanoshita	宫下温泉
Arthur MacArthur	阿瑟·麦克阿瑟
Colonel Crowder	克劳德上校
Americanistas	亲美派
Chief Justice Arellano	卡耶塔诺·奥雷拉诺·朗松
Mr.Benito Legarda	贝尼特·列加达先生
Mr. Pardo De Tavera	帕多·德·塔维拉先生
Pasig River	帕西格河
Palace of the Ayuntanmiento	市政大厅
Malolos	马洛洛斯
Ilocos	伊罗戈省
Tagalog Rebellion	塔加路叛乱
Pedro A. Paterno	佩德罗·A.帕特诺
Peace of Biacnabato	《皮亚那多和约》
Malacanang Palace	马拉卡南宫
Amnesty Fiesta banquet	大赦狂欢宴
Mr.Pratt	普拉提
Corregidor	科雷吉多尔岛
Gibraltar	直布罗陀海峡
Meriveles	马里韦莱斯山
Cavite	甲米地
Santiago	圣地亚哥
Escolta	伊斯科塔
Bridge of Spain	西班牙大桥
Cook	库克群岛
Ah Man	阿仁
Tondo	通东
Bancas	螃蟹船
Buencamino	布恩卡密路

Hoar	霍尔
Juan de Juan	胡安·德·胡安
Castelar	卡斯特拉尔
Daban	大班
Macabulos	马卡布洛斯
Montenegro	门德内哥罗
Pepperman	柏博曼
Treaty of Paris	《巴黎条约》
Count de Caspe	卡斯珀伯爵
Alhambra	阿罕布拉宫
Guadalquivir	瓜达基维尔
Benito Legarda	本尼托·勒格达
Batamgas	巴坦加斯
Calamba	卡兰巴
Jose	乔斯
Capito	卡皮托
Mr. Legarda	莱加德先生
Quezon	奎松
Araneta	阿拉内塔
Banking Corporation	汇丰银行
Uli-Uli	留里
Baro von Basch	巴洛克·巴什
Tomaso Del Rosario	托马索·德尔·罗萨里奥
Mohammedan Moros	穆罕默德·摩洛
Recolletos	里科雷托斯
Jesuits	耶稣会
Capuchins	天主教
Benedictines	本笃会
Paulists	保禄会
Pope Leo	教皇利奥十三世
San Jose	圣何塞
Dominican	多米尼加僧侣
Figueroa	菲格罗阿
Felipe Calderon	费利佩·卡尔德龙
Archbishop Chapelle	查佩尔大主教
Walled City	禁城
Mrs. LeRoy	罗伊夫人
Durango	杜兰戈
Mr. Hay	海伊先生
Archbishop Nozaleda	诺扎莱达大主教

专有名词中英对照

Ambrosio Flore	布罗西奥·弗洛雷斯
Partido Federal	联邦政党
Bilibid	马尼拉大监狱
Balanga	巴郎牙
Bataan	巴丹省
Batan	巴丹海湾
Jack Branagan	杰克·布拉纳根
Arkinson	阿特金森
Springfield	斯普林菲尔德
Llorente	略伦特
Lucena	卢塞纳
Star Spangled Banner	《星条旗》
Laguna	拉古纳
Marinduque	马林杜克岛
Boak	博克
Romblon	郎布隆
Mashate	马斯巴特
Iloilo	怡朗
Bacolod	巴科洛德
Negros	内格罗斯
Bacolod	巴科洛德岛
Jolo	霍洛岛
Sulu Islands	苏禄群岛
Moroland	摩洛兰
Moros	摩尔人
Juramentado	摩尔侠士
Zamboanga	三宝颜市
Cottabato	卡托塔托
Fortress Del Pilar	德尔皮拉古堡
Datto Mandi	曼迪酋长
Datto Midel	米德尔酋长
Illana Bay	伊利亚纳湾
Cotabato	哥打巴托市
Del Mindano	棉兰老岛
Rio Grand	格兰德河
Piang	皮昂
Ali	阿里
Colonel Brett	布雷特上校
Major MacMahon	麦克马洪少校
Iligan	伊利甘市

Davao	达沃
Surigao	苏里高省
Misamis	米萨米斯
Dapitan	达皮丹
San Jose Antique	圣何塞安迪奎
Capiz	卡皮斯
Bohol	保和岛
Leyte	莱特岛
Samar	萨马岛
Albay	阿尔拜省
Camarines	卡马里内斯
Sorsogon	索索贡省
Civil Governor	国民总督
Mrs.J.Franklin Bell	J.富兰克林·贝尔夫人
Mr.Wilcox	威尔科斯先生
Mr.Nolan	诺兰先生
Major Rice	赖斯少校
Major Stevens	史蒂文斯少校
Captain Shearer	希勒上尉
Captain Haight	海特上尉
Bangued	邦贵
Common Lao	菲律宾人
Candon	坎东
Concepcion	康塞普西翁
Windy Wilson	温蒂·威尔森
Suali	苏阿里
Igorrote	伊哥罗特
Santa Cruz River	圣克鲁斯河
Sagada	萨加达
Bontoc	邦都
Benguets	本格特
Ifugaos	伊富高
Ilongots	伊隆戈
Kalingas	卡林加
Bishop O'Gorman	奥·戈尔曼大主教
Tiber	台伯河
Monsignor Kennedy	肯尼迪主教
Cardinal Martinelli	马蒂内利红衣主教
Cardinal Satolli	萨托利红衣主教
Mrs.Horace Taft	贺拉斯·塔夫脱夫人

专有名词中英对照

Apo-apo	阿波
Canyaos	卡尼亚奥斯
Ganza	甘扎
Don Jose Mills	何塞·米尔斯
Lepanto	勒班陀
Nueva Viscaya	新比斯开
Benguet	本格特
Bued River Canyon	布德河峡谷
Dagupan	达古潘
Burnham	伯汉姆
Phelps Whitmarsh	菲尔普·惠特马什
Naguilian	纳吉利安
Milwaukee	密尔沃基
Chaffee	查非
Katipunan	卡蒂普南
Calle Pariente	亲戚街
Straits Settlement	海峡殖民地
Faneuil Hall	法奈尔大楼
Aparri	阿帕里
Balangiga	巴兰吉加
Lucban	鲁克班
Mr. Gonger	康格尔先生
Robert Hart	罗伯特·赫德
Omaha	奥马哈
Franciscans	方济各会
Dominicans	道明会
Augustinian	奥古斯丁
Suez Canal	苏伊士运河
Red Sea	红海
Indian Ocean	印度洋
South Dakota	南达科他州
James F. Smith	詹姆斯·F. 史密斯
Army of Pacification	菲律宾和平军
Irish Catholic Democrat	爱尔兰天主教民主党
Major John Biddle Porter	约翰·比德尔·波特少校
Good Samaritan Hospital	大撒玛利亚医院
Millbury	米尔伯里
hotel Quirinal	彻纳尔酒店
Pope Leo XIII	利奥十三世
Cardinal Rampolla	兰波拉红衣主教

Mr. Laffan	拉凡先生
Dr. Hillis	希利斯博士
Princess Rospigliosi	罗斯皮廖西公主
Mr. McNutt	麦克纳特先生
Pamphili Palace	帕姆菲利别墅
College of Cardinals	枢机主教团
Grande Alberto Castello de Arabella	阿尔贝托卡斯特洛酒店
Vallombrosa	瓦伦布罗萨
Naples	那不勒斯
Gregorio Aglipay	格雷戈里奥·阿格里佩
Ilocano	伊洛卡诺
Northern Luzon	北吕宋岛
Jose Rizal	圣黎刹
Monsignor Guidi	吉迪主教
Dominador Gomez	多米尼克·戈麦斯
Tomaso G. Del Rosario	托马索·G. 德尔·罗萨里奥
Venetian Carnival	威尼斯嘉年华
Mrs. Rafael Reyes	拉斐尔·雷耶斯夫人
Mr. John Barrett	约翰·巴雷特先生
Mr. Wallace	华莱士先生
Colonel Gorgas	戈加斯上校
Iris Club	爱丽丝俱乐部
Pearl Islands	珍珠岛
General Kuroki	黑木将军
Grand Central Hotel	中央大酒店
Nicaraguan	尼加拉瓜
Hay-Herran Treaty	《海伊–赫兰条约》
Colonel Goethals	戈瑟尔斯上校
Gatun Dam	加屯大坝
Salem Harbour	塞勒姆港
Marblehead	马布尔黑德
Mrs. Longworth	朗沃斯夫人
Social Executive Secretary	社交事务执行官
Costa Rica	哥斯达黎加
Punches	潘趣酒
Beekman Winthrop	比克曼·温斯洛普
Eastport	东港
Campo Bello	坎波贝洛岛
Bar Harbor	巴港
Thomas Woodrow Wilson	托马斯·伍德罗·威尔逊

专有名词中英对照

General Terauchi	寺内将军
Krag-Jorgensen	美式来福枪
General Kodama	儿玉源太郎将军
Louisiana Purchase Exposition	路易斯安那商业博览会
Dickinson	迪金森
Arthur Brooks	阿瑟·布鲁克斯
Senor Obaldia	森纳·奥贝迪亚
Charles G. Magoon	查尔斯·G. 马冈
Nelson W. Cromwell	纳尔逊·W. 克伦威尔
Governor Blanchard	布兰查德州长
Archbishop Chapelle	夏佩莱大主教
Pensacola	彭萨科拉
Colon	科隆
Arosemana	阿拉索马拉
General Davis	戴维斯将军
Mrs.Newlands	纽兰斯夫人
Southampton	南安普敦
Tomas Estrada Palma	托马斯·埃斯特拉达·帕尔马
Robert Bacon	罗伯特·培根
Cabanas	库巴那斯
Captain McCoy	麦考伊上尉
Captain Jose Marti	何塞·马蒂上尉
Captain Cloman	克洛曼上尉
Julio de Cardenas	胡里奥·德·卡德纳斯
Swance River	斯旺斯河
Governoon Magoon	伽沃努·马贡
Chesapeake	切萨皮克
Potomac	波托马克河
Hampton Roads	汉普顿港口区
Fort Monroe	门罗堡
D'Artagnan	达达尼昂
Athos	阿多斯
Idaho	爱达荷州
Steunenberg	斯蒂文伯格
Illinois	伊利诺伊州
Nebraska	内布拉斯加州
Wyoming	怀俄明州
Kansas	堪萨斯州
Oklahoma	奥克拉荷马州
Culebra Cut	库莱布拉水道

Down East	新英格兰
Pocatello	波卡特洛
Governor Hughes	休斯州长
Boise City	博伊西
Athos	阿托斯
Hearst	赫斯特
Porthos	波尔托斯
Boronsville	布朗斯维尔
Murray Bay	默里湾
Trans-Siberian Railway	西伯利亚横断铁路
Columbus	哥伦布
Yellowstone Park	黄石公园
Gardiner	嘉丁纳
Colonel Henry Allen	亨利·艾伦上校
Mammoth Springs Hotel	猛犸温泉酒店
General Clarence Edwards	克拉伦斯·爱德华兹将军
Shiba Detached Palace	芝离宫
Young Men's Christian Association	基督教青年会
Chinese guilds of the city	城市行业协会
Astor Hotel	阿斯特酒店
W.Cameron Forbes	W. 卡梅隆·福布斯
Benguet Road	本格特路
Igorroter	伊哥罗特人
Vladivostok	海参崴
Hemphill	亨普希尔
Mr. Fred C. Carpenter	弗雷德·C. 卡朋特先生
Prince Bariatinski	巴里纳蒂斯基亲王
Admiral Hemphill	亨菲尔上将
South Dakota	南达科他州
Mr. Willard D. Straight	威拉德·D. 斯崔特先生
Mukden	奉天
Orloff	奥尔洛夫马
Czar-Koeselo Palace	科塞罗宫
Mrs. Post Wheeler	波斯特·惠勒夫人
Boulogne	布伦
Mr.Gompers	冈帕斯先生
Orchestra Hal	管弦音乐厅
Terrett Cottage	特雷特小屋
Bon Sir Hotel	邦斯酒店
Gatun Lake	加屯湖

专有名词中英对照

Captain Archibald Butt	阿奇博尔德·巴特上尉
William J. Boardman	威廉·J. 博德曼
Miss Mabel Boardman	梅布尔·博德曼小姐
Admiral Cowles	考尔斯上将
Nicholas Longworth	尼古拉·朗沃斯
Mr. Moore	摩尔先生
Senator Rainer's	雷纳参议员
Knox	诺克斯
Bacon	培根
Senate Chamber	参议院会议厅
Miss Alice	爱丽斯小姐
Miss Ethel Roosevelt	艾瑟尔·罗斯福小姐
McMillan	麦克米兰
Appropriations committee	拨款委员会
Allison	阿利森
Joseph Gurney Cannon	约瑟夫·葛尼·坎农
Mr. James Mckim	詹姆斯·麦克金先生
Meade	米德
Lafayette Square	拉斐特广场
Andrew Johnson	安德鲁·约翰逊
Chartran	查特兰
Justice Day	国际司法日
Mr. Cambon	坎本先生
Aunt Delia	迪莉娅姨妈
Lieutenant Reed	里德中尉
New Willard	新威拉德
America's Chief Executive	美国首席执行官
Mr. Warren S. Young	沃伦·S. 杨先生
Social Executive Officer	社交联谊会执行干事
Colonel Crook	克鲁克上校
Chief Custodian	首席保管员
Mr. Hoover	胡佛先生
Grover Cleveland	格罗弗·克利夫兰
Bayard	贝亚德
Military Tuberculosis Sanatorium	部队结核病疗养院
Executive Social Office	社会事务执行办公室
Diplomatic Corps	外交使团
Chief of Mission	特派驻外最高长官
James Monroe	詹姆斯·门罗
Potomac Park	波托马克公园

Washington's Monument	华盛顿纪念碑
Melba	梅尔巴
Caruso	卡鲁索
Lucia Sextette	性感女郎露西娅
Bryn Mawr College	布林茅尔学院
Mrs. Laughlin	劳克林夫人
Maria Herron	玛利亚·赫伦
Catherine de Medici	凯瑟琳·德·美第奇
Beverly	比弗利
Gloucester	格洛斯特
Myopia	迈欧皮亚
Essex County	埃塞克斯郡